阅

阅读成就思想……

Read to Achieve

心理学普识系列

EXPERIMENTS WITH PEOPLE

Revelations From
Social Psychology, Second Edition

人性实验

第2版

改变社会心理学的 28 项研究

[美] 库尔特 · P. 弗雷（Kurt P.Frey）[英] 艾登 · P. 格雷格（Aiden P.Gregg）著
白学军 等译

中国人民大学出版社
· 北京 ·

图书在版编目（CIP）数据

人性实验 ：改变社会心理学的28项研究 ：第2版 / (美) 库尔特·P.弗雷 (Kurt P. Frey) ，(英) 艾登·P.格雷格 (Aiden P. Gregg) 著 ；白学军等译. -- 北京 ：中国人民大学出版社，2021.3

书名原文：Experiments With People：Revelations From Social Psychology, Second Edition

ISBN 978-7-300-28960-1

Ⅰ. ①人… Ⅱ. ①库… ②艾… ③白… Ⅲ. ①社会心理学—研究 Ⅳ. ①C912.6-0

中国版本图书馆CIP数据核字(2021)第032271号

人性实验：改变社会心理学的 28 项研究（第 2 版）

［美］库尔特·P.弗雷（Kurt P. Frey）
［英］艾登·P.格雷格（Aiden P. Gregg） 著

白学军　等译

Renxing Shiyan: Gaibian Shehui Xinlixue de 28 Xiang Yanjiu (Di 2 Ban)

出版发行	中国人民大学出版社		
社　址	北京中关村大街 31 号	邮政编码	100080
电　话	010-62511242（总编室）		010-62511770（质管部）
	010-82501766（邮购部）		010-62514148（门市部）
	010-62515195（发行公司）		010-62515275（盗版举报）
网　址	http://www.crup.com.cn		
经　销	新华书店		
印　刷	天津中印联印务有限公司		
开　本	720 mm × 1000 mm 1/16	版　次	2021 年 3 月第 1 版
印　张	24.25　插页 1	印　次	2025 年 3 月第 10 次印刷
字　数	380 000	定　价	99.00 元

/ 推荐序一 /

严格意义上的社会科学是在对自然科学的学习中，或者说，是在转向实证主义的过程中确立的。众所周知，严格意义上的心理学的确立，更是以使用实验法为标志的。较为传统或保守的西方人文学者在回应逐渐渗入人文领域的实证主义时不断强调社会现象的特殊性以及与这种特殊性相一致的社会科学的特殊性，他们在各自的研究实践和方法论理论上也有着不同于实证主义的立场。这些立场有的离实证主义近些，有的离实证主义远些，但一般而言，都是相对不甚清晰和难以掌握的，对我国学者来说尤其如此。我国学者进入西方学术的捷径是实证主义，深入理解实证主义之后，我们才能把五花八门的各个学派恰当地区分开。而进入实证主义的捷径，在我看来，正是实验法。在这个意义上，白学军教授不辞辛苦，把一本集中而深入地讨论社会心理学实验和实验法的书介绍到汉语世界，实在是用心良苦而功莫大焉。

这本书原名叫 *Experiments With People*，直译是“用人做实验”或“有人的实验”，而“有人”正是社会科学和自然科学的一个根本区别。实验法在多大程度上适用于人，而不只是适用于原子、分子，我们在什么意义上把实验法得到的结论称为“人性”，相信读者在读完全书之后会得到直观的判断。质言之，我们切不可仅仅把这本书视为一本实验手册。

早在原书第 1 版的导言中，三位作者就强调，这不是一个“读本”，不是对书中收录的 28 个实验研究的翻版重印，除了对每项研究加以细节上的完整呈现之外，作者还对研究的前因后果、来龙去脉做了详尽的说明。我想强调的是，这不是一本入门书，而是一本登堂入室的书。即使没能在方法论上得到启示，跟随着作者的思路，读者也能在方法上受到训练，从而窥见实验研究的堂奥。这样一来，自然地想一个社会心理学问题，独立而非亦步亦趋地进行一项社会心理学的实验研究，就不再是一件遥不可及的事，而是一件水到渠成的事了。

原书第 1 版出版于 2003 年，我曾大概翻阅过。第 2 版出版于 2017 年，更新了第 1 版的五项研究：前言中说更新了四项研究，事实上，第 1 版的第 23 章“数字诊断”亦不见于第 1 版。而且，第 2 版中的各章是按“本章文献”中那篇论文的发表时间排序的，时间跨度从 1955 年到 2014 年。而第 23 章“本章文献”中的那篇论文发表于 2016年，这一章或是按另一篇参考文献作的排序：Banaji, M. R., & Hardin, C. D. (1996). Automatic Stereotyping. *Psychological Science*, 7(3), 136-141.，尚祁读者明察。中译本在原书第 2 版出版之后三年即告问世，多赖于白学军教授的国际视野和“前瞻性”。在原书第 1 版导言后面，三位作者之一，而今已故的罗伯特·保罗·埃布尔森（Robert Paul Abelson）深情地提到了 20 世纪 40 年代中期麻省理工学院杰出的实验社会心理学家——勒温、沙克特、费斯廷格等人，我想，我们的师辈——奠定中国社会心理学和实验社会心理学基础的各位老先生——见到本书，亦必感到欣慰。

汪新建

南开大学心理学教授、中国社会心理学会会长

/ 推荐序二 /

社会心理学工作者是一个具有学术情怀、关注社会现实、承担社会责任、履行学科使命的研究群体。他们有一双聚焦现实的眼睛，随时扫描着存在于日常生活中的社会万象。一场球赛、一个案件、一个争论，甚至一则寓言、一个故事，等等，都可以成为他们研究问题的思考起点。他们用嫉恶如仇的社会情绪解析生活现象的冷暖，用冷静犀利的社会思考直射生活现象的本质，用执着不屈的研究实力探寻生活现象的真谛。他们擅长用心理学原理去诠释世间之事实，碰撞世间之人性，运行世间之操行。

《人性实验》一书，不仅书名抓人，目录也吸引人，内容更令人叹服。社会心理学的经典研究网罗其中，一个个熟悉的研究，被作者描述得如此引人入胜，每个实验的展示充满了灵动的流畅性。本书具有以下几个特点。

1. 各种社会心理效应尽在其中

每个实验结果都被研究者赋予了一个很恰当又很“炫”且易于记忆的名字，你会发现社会心理学家们不是死板的科学家，而是极具造词能力的“文学家”，这体现出了心理学文理兼备的学术训练范式。读者可以在书中的实验研究中看到什么是心血辩护效应、沉默成本效应、登门槛效应、单纯存在效应、外群体同质性效应、行动者-观察者偏差现象、沾光效应与撇清效应、男友偏好效应、单纯曝光效应、错误共识效应、自我实现预言、防御性自我设障、优于常人效应、特殊性效应、污染井效应、死亡凸显效应，等等。

2. 实验充满研究思想的启迪性

书中介绍了28个经典实验，在这些成功的实验研究中，我们能够看到研究者们是如何处理实验研究的难点与技术的。例如，实验伦理的问题、实验条件的人为性、虚假情境与虚假被试、结论如何推广至人类社会行为等，还有最简群体范式、内隐联想测验等研究技术。每位研究者都煞费苦心地去寻找心理启动元素并创新实验启动方法，在实验室条件下，以奇妙的设计复制出现实环境下的社会心理效应，探查事件的因果关系，确立社会现象背后的心理机制，检验心理学的研究假设，形成社会心理学的理论。这些研究流程让我们学到了社会心理学的研究范式，其中书中展现的一个重要特点就是：没有高级的统计方法，结果统一显示的是百分数的柱状图，但是如此简单的结果呈现方式却说清了如此深奥的原理。实验研究之所以成为经典，就在于这些大师首创出的研究思想与技术，成了我们现在研究常用的经典方法。

3. 叙述框架层层递进

书中的每一章都聚焦一个社会心理主题，研究主题的叙述风格别具一格。每章由这样几部分组成：开篇用名人名言引入，显现了高端文雅性。**“背景”**展现了研究者发现问题的路径，通过描述一件活生生的社会现象，找到一个热点研究问题。在我们常常苦思冥想地去找研究问题时，不妨向周围看看我们身边发生的事情，那就是我们研究的问题点。**“做了什么”**介绍了实验过程，告诉我们研究者是如何依据问题设计实验研究，运用了什么方法与技术，将研究操作化的。**“发现了什么”**告诉我们研究的结果是什么，是否验证了假设。但是，研究并没有就此结束。**“又怎么样了”**介绍了研究的延展性，展示了同一问题的不同实验变式，在不同实验情境中得出一致的结论，提升了研究效度。**“后记”**总结了研究价值，例如，阿希对从众实验的意义评论道：社会生活需要共识，当共识受到从众支配时，社会过程就被污染了，个体就放弃了让他能够去感知和思考的力量。**“启示”**则由实验室再回归到社会，归纳出研究的社会价值，例如从众实验给我们的启示是：无处不在和不可抗拒的规范支配着社会生活，其中群体发挥着巨大的规范性影响，只有少数勇敢的灵魂才能反抗。最后是**“你怎么想”**部分，讲的是在学习完这一主题研究后，读者还有什么需要思考和回答的相关问题。这种与众不同的叙述框架，就像一篇小论文结构，潜移默化地传授给我们社会心理学实证研究的流程。

综上，此书具有学术功能、思考功能、社会功能，值得一阅。

许燕

北京师范大学心理学院院长、中国社会心理学会前会长

推荐序三

由白学军教授领衔翻译、美国著名心理学家弗雷和格雷格编写的《人性实验》一书与大家见面了。本书所收录的 28 项社会心理学研究在一定程度上体现了半个多世纪以来社会心理学家对人和人性的探讨。这些研究可以说是经过了时间的检验，已成为心理学的经典之作。作为一名社会心理学工作者，我建议大家看看本书，因为这本书从科学心理学的视角探索了人性的基础。有几个理由值得我们去读这本书。

首先，从主题上讲，对人性的研究是社会心理学面临的最大的挑战，这种挑战不仅来自心理学研究的对象和方法，而且取决于我们对“人是什么”的理解。人是什么？人性是什么？即使是现在，这些问题在心理学的不同领域也有不同的理解。马克思把人看作各种社会关系的总和，只有通过对社会关系的分析，才能理解人的本质。但弗洛伊德认为人是由本能决定的，生存本能和死亡本能构成了人性。这两种观点终于在社会心理学家的研究中走到了一起——要理解人性，不仅要关注人的自然属性，而且离不开对人的社会属性的分析。本书所收录的研究为我们理解人性提供了实践基础，从中我们既可以看到谢利夫、阿希和米尔格拉姆等人对社会情境影响人类行为的经典分析，又可以看到心理学家对人类态度和相互吸引方面的分析。这些成果构成了现代社会心理学的基础。

其次，从方法上讲，本书所收录的经典研究基本上是实验研究，这种方法奠定了主流社会心理学理解人性的基础。人们常常有一种误解，认为以调查为基础的相关研究是社会心理学的主流，但实际上在主流社会心理学领域，实验研究才是主流。这种观念不仅在社会心理学诞生之时就已经被崔普利特等人所确立，而以《人格与社会心理学》（*Journal of Personality and Social Psychology*）杂志为代表的心理学学术阵地近百年来一直坚守着这样的理念。如果我们想融入心理学这个大家庭，就需要在方法上坚守这些信念。这本书中的每一个研究领域都在坚守这一理念，因此成了经典。

最后，从收获上讲，这本书不仅通过揭示人性深化了我们对人的认识，而且也教会了我们如何去阅读心理学的研究。本书的每一章都从“背景”“做了什么”“发现了什么”“又怎么样了”“后记”“启示”“你怎么想”以及相关文献等方面对该主题进行了深入的分析。这种思路也是我们从一项心理学研究中吸取知识的思路，所以如果你用这种思路去阅读心理学的研究报告，相信一定会有所收获。

侯玉波

北京大学心理学副教授、中国社会心理学会常务理事

译者序

伟大的物理学家牛顿曾经说过一句意味深长的话："如果我看得更远一点的话，是因为我站在巨人的肩膀上。"

这句话之所以意味深长，是因为我在从事教学科研工作多年之后，特别是在科学研究的道路上走了许多弯路，在不断反思的过程中，有一天读到了牛顿的名言后，突然产生了一种醍醐灌顶之感。这种感觉主要有以下两个层次的含义。

第一，拜"名师"。名师之所以有名，首先是教会自己如何做人。我的成长得益于许多老师的教育和培养。其中最关键的是林崇德先生和沈德立先生。他们名字中都有一个"德"字，且都是全国模范教师和全国先进工作者。他们首先用自己的行动告诉我，什么是"人以德立"，其次才是教我如何选择好的问题开展研究。科学家波尔曾指出："准确地提出一个科学问题，问题就解决了一半。"科学研究的起点是"问题"。作为研究者，其问题意识是否强，是否对问题敏感，是否找到了关键的科学问题，在很大程度上决定了其最终的成败。

第二，读"名著"。2012 年诺贝尔文学奖获得者莫言说："若当初没有读过世界著名的文学经典，那么我根本就不会有今天这样的成就！"德国诗人歌德也曾说："读一本好书，就相当于和一位高尚的人对话。"在学习心理学的过程中，"名著"一词有三个方面的含义：一是有名的专著；二是有名的单篇论文；三是作者是名人（常常是心理学某一领域的开创者）。本书就是由社会心理学发展过程中具有重要影响的单篇论文组成的，这些论文的最大特色是思考问题的视角新或方法独特，同时采用科学程序对问题进行了探讨，结果启发人们更进一步地去思考、去实践、去创新。

本书的书名是《人性实验：改变社会心理学的 28 项研究（第 2 版）》。全书包括 28 项社会心理学家完成的知名实证研究。这些研究从不同的角度揭示了在社会生活中，涉及个人或群体中男男女女们的人性本质及其产生的根源。阅读这些研究的过程，就是与国际知名学者对话和思考的过程。这 28 篇研究不仅能使读者学到如何思考和发现问题，而且还能学会如何解决问题或揭示问题的本质，即学会如何用科学的方法来探究问题。

随着我国社会进入新时代，社会主要矛盾从人民日益增长的物质文化需要同落后的社会生产之间的矛盾转变为人民日益增长的美好生活需要和不平衡不充分的发展之间的矛盾。作为一名心理学工作者，如何用自己的所学专业，为社会发展做出应有的贡献，将成为我们这一代心理学者必须的担当，特别是如何利用心理学知识更好地促进社会稳定与和谐，更好地促进少年儿童健康成长，更好地使青年人为梦想而不懈奋斗，更好地使成年人担当起社会的责任，更好地使老年人老有所乐、晚年幸福。

本书是我指导的博士研究生和已经获得学位的博士们翻译的，他们的具体分工如下：前言、第 20 章，贺斐；第 1 章，原胜；第 2 章，宋璐；第 3 章、第 9 章，谭秀娟；第 4 章，章鹏；第 5 章、第 21 章，牛宏伟；第 6 章、第 16 章，杨宇；第 7 章、第 10 章，陈怡馨；第 8 章、第 22 章，鹿子佳；第 11 章、第 15 章，白璐；第 12 章、第 26 章，都旭；第 13 章、第 18 章，邵梦灵；第 14 章、第 25 章，赵冰洁；第 17 章、第 24 章，符颖；第 19 章、第 23 章，张琪涵；第 27 章、第 28 章，张明哲。

在大家翻译完后，我对本书进行了校对。鹿子佳同学为本书做了许多编辑和统稿工作。翻译工作是一项艰苦工作，同时也是一个不断追求完善的过程。没有最好，只有更好！我很高兴通过翻译，不仅使我自己对心理学的理解更深了一层，而且也体会到了“得天下英才而教育之”的神圣感和责任感。弟子们为了使这些名家研究成果的翻译语言实现“信、达、雅”，一起讨论和交流，从而不断地取得进步。学中干、干中学、学以致用、学思结合的确是培养学生的好方法。

因为本书涉及的领域比较广，书中可能还有一些表达不准确的地方，请大家批评指正。

白学军

教育部“长江学者”特聘教授

国家“万人计划”哲学社会科学领军人才

全国文化名家暨四个一批人才

教育部高等学校心理学类专业教学指导委员会副主任

前言

欢迎阅读这本书！本书的内容与社会心理学有关，虽然这些内容常被误解，但是非常吸引人。本书包括 28 项有趣的研究，旨在揭示人类的社会心理和行为。其中大部分研究是实验室研究，涉及的主题包括服从群体规范、肆无忌惮的暴行、应对死亡预期、谣言的作用以及内省的缺点。这些研究有助于人们理解许多社会现象，如果没有这些研究，这些现象会一直令人困惑，例如为什么有人会对不正当群体绝对忠诚、无意识偏见的原理、紧急情况下人们为何会袖手旁观、社会排斥导致的悲惨结果，以及爱的本质。我们之所以选择这些研究，是因为它们或是提出了具有理论意义的问题，或是解决了具有实践价值的问题，且设计巧妙、实施过程严谨。

需要注意的是，这本书不是初级读物，也不是对实验过程的照本宣科。我们不会照搬（律师请注意！）任何期刊上的文章；相反，每章都提供了关于特定研究的详细说明及相关评论，共包括七个部分。第一部分“背景”介绍研究者提出的问题；第二部分“做了什么”描述研究是如何进行的；第三部分“发现了什么”深入探讨研究的结果与发现；第四部分“又怎么样了”旨在强调研究的深刻意义及其与直觉不同的方面；第五部分“后记”与更广泛的概念性、实践性或道德性问题相联系；第六部分“启示”所述的重要事实将促进人们的社会性智慧；第七部分“你怎么想”将通过一个或多个问题引发读者进行进一步的思考。

本书的目的之一在于，为社会心理学研究中的实验总结出一个个令人信服的案例。通俗地讲，“实验”一词意味着尝试一些新的想法或技术。我们的用法更有技术性，具体来说，它指许多参与实验的人（又称被试）被随机分配到不同的小组中。除了一个或一些关键方面（又称为自变量）之外，被试所接受的处理是相同的。然后，再通过评估自变量对被试的思想与行为（因变量）的影响来明确实验操纵是否有效。实验法在因果推论（X 引发 Y）上具有独特的优势，而且可以有效地排除对实验结果的其他解释。

上面的内容有些抽象，接下来，我们用更直观的方式进行描述。我们经常把心情愉悦与爱好交际放在一起讨论，换言之，两者“相关”（correlated）。那么，究竟是心情愉悦让人更爱好交际，还是爱好交际使人心情更愉悦，抑或是由于其他原因，如性格外向的人更爱好交际且心情愉悦呢？显然，仅仅观察积极情绪与社交能力之间的相关，并不能解决上述问题。

那么，该如何进行进一步的研究呢？为了考察情绪是否就是爱好交际的原因，我们可以设计实验进行证明。研究者操纵的自变量就是情绪，例如，安排被试分别听两种类型的音乐，一种是节奏欢快的，一种是节奏悲伤的，从而使他们在前一种条件下更快乐，在后一种条件下更悲伤；与此同时，其他所有条件都保持不变。假设在每种条件下被试都是同质的（equivalent），毕竟，研究者没有理由让他们只接受一种实验条件而不接受另一种。由于测量的因变量是社交能力，因此，在不同实验条件下观察到的被试在社交能力上的差异，都可以明确地归因于研究者对情绪的操纵，而不是其他任何因素，因为这其中不存在任何混淆因素。

尽管我们不能断言实验法可以提供绝对的知识，但可以确定的是，它能使研究者更好地区分社会动态相关理论的正误。事实上，当社会心理学的研究结果与常识观念相悖时，人们常常会对这种差异感到震惊。要知道，不是所有研究结果都像情绪与社交能力间的关系那样既符合预期又看似合理。

尽管如此，任何一个心理学实验都面临着伦理和人为性（ethics and artificiality）这两个棘手的问题。

第一，伦理。社会心理学家经常被描绘成穿着白大褂实验服的怪物，他们毫无顾忌地利用不知情的被试。的确，就连本书的书名《人性实验》都会让人产生一种不寒而栗的感觉！这种说法当然与事实不符。实际上，社会心理学家非常在意实验程序对被试的影响。例如，他们的标准做法是事先告诉被试在研究中将会发生什么，并征得他们的“知情同意”（informed consent），即表示愿意接受所述程序。此外，在进行任何研究之前，他们都必须获得伦理委员会的批准。这些预防措施都会让实验研究朝着好的方向发展，但应该指出的是，大多数社会心理学研究很少引发伦理问题（即使有研究存在对被试的欺骗）。大部分被试认为，参与社会心理学实验研究的半小时是有趣和有益的，而且在实验结束之后也常常会和研究者进行友好的交流。这使得后者有机会向被试澄清（即事后说明）研究的目的和理由（即让被试了解研究目的），并得到他们的反馈。人类被试是社会心理学的命脉，研究者当然希望他们能够尽可能多地从中获益。

第二，人为性。很多对实验法的批评集中在实验环境与现实环境间的差异上，因为大多数时候，实验情境无法告诉我们太多关于现实世界的东西。有一些证据表明，这种批评其实是“似是而非的”（看起来是那么回事，实际上并无根据；见 Mook, 1980）。最主要的原因是，人为性是必要的。如果一个人想要明确是什么“引起”了什么（即因果关系），那么消除混淆因素（confounds，即可能解释两个变量间关联的其他因素）的最佳方法就是，在剥离现象表象的同时保留其基本要素。以“硬科学”为例，如果你想测试金属元素钾是否可燃并发出色光（确实可以，下称“焰色反应”，指某些金属或其化合物在无色火焰中灼烧时火焰呈现特殊颜色的反应）。不幸的是，由于钾的化学反应性，它在自然界中总是以盐的形态存在，即钾盐。为了验证钾元素本身能产生焰色反应的假设，你必须首先人为地提纯钾盐，以免那些与钾元素自然结合的其他元素掩盖其焰色反应，或其他元素的燃烧产生误导性的发光现象。通过类似方法，为了检验任何关于社会心理或行为的假设，你必须先在实验室中对感兴趣的现象进行提纯，以防日常生活中的起起落落掩盖其真实本质，或者产生类似这样的误导性印象，即某种现象的真实本质与它实际呈现出的样子并不相符。

如果研究者试图将其研究结果立即推广到特定环境或某个群体中去，那么实验的人为性的确是一种妨碍。不过，研究者会花费大量时间检验一般理论或论证各种效应。因为这些理论知识不仅能够丰富我们对具体问题的理解，还可以使我们依据其基本原理提出解决方案，所以针对社会心理学的研究是一项有价值的事业。因此，基础研究可以通过系统的方式指导实际的干预。此外，社会心理学实验并不总是“人为的”，日常生活也并不总是“真实的”。例如，在本书引用的部分研究里，被试需要做各种有趣的事情，如欺骗别人、把手浸在冰水里、回忆自己的经期症状、为癫痫患者提供帮助、准备发表演讲或是传递小道消息，等等。而且，我们敢说，这些活动与许多日常行为，如看电视、开车或做汉堡一样真实（Aronson, Wilson, & Brewer, 1998）。

上述示例都被称为操作化（operationalizations），指对那些映射于某理论的元素进行操纵、测量的过程。如果某位社会心理学家提出某种理论，认为 X 会引发 Y，那么在任何给定的实验中，他都可以选择操纵一个属于自变量 X 的例子，并选择测量一个属于因变量 Y 的例子，然后观察会发生什么。在几项不同的研究中，他也可以选择属于 X 或 Y 的其他例子，以确保自己的研究结果不是由单一方法造成的假象。所以，假设有位社会心理学家建构了一项理论，认为积极情绪使人更善于社交，而消极情绪使人更不愿意社交，那么在设计实验时，她就可以通过请被试聆听或快乐或悲伤的音乐、与或快乐或抑郁的人交谈、回忆或愉快或不愉快的经历等多种方法来操纵情绪。同样，她还可以通过让被试评价他们自己对社交活动的兴趣，来量化他们与同伴（研究者的助手，假被试）谈话内容的多少，或者由同伴评价他们在互动中的友好程度，从而衡量他们善交际的程度。如果研究者预期的结果出现在所有或大多数的操作中，那么“积极情绪使人更善于社交”的理论就可获得良好的实验支持。

如果社会心理学家完全放弃实验，只研究人们日常生活中的经历，会发生什么呢？多年前，巴克（Barker, 1965）开创了一种研究方法，即他所谓的“研究人类行为的生态方法”。他和同事的目标是在美国堪萨斯州的一个小镇里，请大量观察者在不同位置记录人们的日常活动，如在杂货店、公园长椅、冷饮店附近等地收集大量数据。尽管收集到的观察资料加在一起构成了许多关于这个小镇真实情况的古怪事件，但是几乎没有一件能真正帮助我们更深入地了解社会现象。而实验室正是创造条件的地方，这些条件能够帮助人们检验关于社会心理和行为的理论。

正如前文所述，我们认为，实验法是一种具有独特优势的研究方法，它能够增进人们对社会情境中的人的了解。如果没有实验法，研究者就无法明确是否存在某种因果关系，预测变量关系的理论能否成立也不得而知。不过还必须指出，虽然实验可能是获取知识的必要条件，但并非充分条件。也就是说，尽管实验是确定最终事实的最佳方法，但只使用它往往还不够，特别是在短时间内。单个实验，甚至是一系列实验，可能并不能一劳永逸地解决问题，甚至可能导致研究者暂时走上一条错误的道路。在本书第 1 版面市时，可重复性危机（replication crisis）的隐患（Ioannidis, 2005）就一直存在；这种危机不仅见于社会心理学研究，在生物学、医学研究中也存在。因此，我们也会对此进行说明。

在不断追求真理的过程中，越来越多的研究者开始仔细审查长久以来积累的大量实验结果，这些由不同研究者进行的实验往往采用了不同的操纵方法。比如，元分析（meta-analyses）结果经常表明，已有研究结果中混杂着“击中”与“漏报”[①]；尽管如此，研究者仍可以从元分析结果中得出稳健的总体结论（例如，“击中”结果的统计优势可支持某种理论）。然而，事实往往好坏参半，这促使人们进一步思考不同研究结果各异的原因。一种原因是，某种效应出现的前提是某些先决条件［所谓的调节变量（moderators）］；另一种原因是，由于统计原因，可能没有检测到实际存在的某种效应［所谓的第二类错误（type II error）］，或者错误地探测到了某种实际上不存在的效应［第一类错误（type I error）］。为了考查上述问题，富有经验的研究者已经开始更频繁地对早期研究进行系统性重复（即重复研究，以核实新研究的结果是否与前人的研究结果相符）。不幸的是，有时重复研究出人意料地会让人感到棘手。在社会心理学中，一些研究结果很微弱（当然不是本书关注的那些，本书涉及的研究发现通常都经得起时间考验），或者根本不会出现（Open Science Collaboration, 2015）。

对上述情况的解释可谓“仁者见仁，智者见智”。对于悲观的评论者来说，矛盾的结果听起来就像是实验科学的丧钟。他们声称，实验研究的发现根本不可信，整个实验过程也是自欺欺人。不过，对于我们这类较乐观的评论者来说，这种现状如同警钟，警示大家科学事业永不终结，并且建构真理的过程可能比预期的时间长得多。

正如上文所概述的那样，原则上，实验法的逻辑是完全合理的。但实际上，由于实验研究操纵的情境很广，各种偏差和不足也会随之而来。例如，有些因素可能会使研究者在无意中倾向于强调阳性结果（即存在某种效应）。首先，实验结果未能观察到某种预期效应的状况常常令人困惑不解。比如，它到底是意味着某种效应的确不存在，还是实验研究的设计有问题呢？如果研究失败，研究者往往会自担其责，并尝试改进研究。但是，如果最初的研究就是成功的，那么研究者往往会就此打住。因此，“漏报”可以给未来的“击中”带来第二次尝试的机会；然而，先前就“击中”（发现某效应存

① 击中指有些研究发现存在某种效应；漏报指另一些研究没有发现这种效应。——译者注

在）的研究却很少会给未来可能出现的“漏报”[①] 留下机会。这种情况有助于确证某种理论（而非证伪）。其次，从传统上看，激励措施往往不奖励那些重复前人研究的科研工作者，而是奖励那些追求创新研究途径的人。重复研究，即重新审视可能已解决的旧问题，一般被视为无聊、保守的做法。在“不发表文章就出局”的环境下，重复研究无法推动研究者的科研事业。最后，力图讲述建设性和引人入胜故事的愿望可能会使研究者不太重视那些具有较少“协作性”（多因素）的研究发现，而是转而关注那些预期效应明晰的操纵和观测。

好消息是，社会心理学和其他领域的科研工作者已经开始正视这些重要的问题。例如，越来越多的领先学术期刊要求研究者报告所有发现，以及实验操纵和处理的具体细节。此外，对这些问题的重视促进了开放科学（open science）的兴起，开放科学强调研究者之间免费共享研究材料和原始数据。并且，为消除发表偏倚，人们还设计了一种新方法，即预先登记备案（preregistered report）。它要求一个或多个研究小组提前提交实验方案的详细内容，如果通过了同行评议（peer review，即由同一研究领域中随机选择的研究者进行审查），那接下来这项研究就可严格按照实验方案来实施，其结果无论如何都能发表。需要注意的是，社会心理学家本身就是带头倡导这些创新性预防措施的人。科学进步的一种方式就是批判其先前的方法。

因此，我们可以自信地断言，作为一门科学的学科，社会心理学无疑是充满生机与活力的！我们也把这份信心带到了你手中的这本书里。《人性实验》第 2 版修订、更新了部分章节，删除了第 1 版中的四个章节，还增加了四个新的章节（分别基于发表在 1971 年、2012 年、2012 年和 2014 年的研究）。与第 1 版一样，第 2 版也包含各具特色的研究或附加的其他研究。我们要对那些感到被不公正地排除在本书之外的研究者说声抱歉。尽管如此，我们仍相信书中陈述的研究对读者而言一定是意外之喜。祝你阅读愉快！

① “没效应（效应不显著）”的结果会为研究者提供再次尝试实验并促成未来实验结果“发现显著效应”的机会；而先前就“有显著效应”的实验结果却很少使研究者再次进行研究，即重新发现“没效应”结果的可能性不高。——译者注

目录

第 1 章

迎合：服从群体规范

> 社会人都是梦游者。
>
> 加布里埃尔·德塔尔德（Gabriel de Tarde, 1843—1904）
>
> 法国社会学家和犯罪学家

背景

社会生活是由规范（norms）构成的，规范是指群体成员共同认可，并说明哪些行为合适的规则。规范规定了某些行为（可以做某事），并禁止了其他行为（不可以做某事）；规范影响着大多数社会情境，如求职面试、初次约会、高级餐厅、丧礼仪式，甚至是拥挤的电梯。最近有一次，在挤进一部电梯后，我脱口而出："七楼，谢谢。"然后站在对角的某个人（我看不到这个人）就按了七楼的按钮，我可以在脑海中数出其他三四个与电梯有关的规范（另一个可能的规范是，不要与陌生人面对面站着）。规范能使社会互动顺利进行。

规范可以存在于整个国家或文化的层面，并且有些规范几乎是普遍存在的。社会责任的规范强调一个人有责任去帮助身边急需帮助的人——帮助一个明显迷路或受伤的孩子是每个人的责任。互惠规范要求人们对他人给予的礼物或恩惠予以回报：如果一些人参加过你的婚礼，那么拒绝他们发出的邀请会很尴尬。虽然存在一些普遍的规范（如禁止谋杀、盗窃、绑架和强奸），但不同文化中的成员对这些规范的期望或接受程度存在很大的差异。有的文化很看重"准时"（要么不来，来的话就准时到），而有的文化则尊重"随性"（什么时候到都行）；有的文化鼓励婚前性行为，而有的文化则认为新娘应该是处女；有的地方追求浪漫的爱情，而有的地方则提倡包办婚姻；在有的文化中，女性从头到脚都裹得严严实实，而在有的文化中，她们几乎什么都不穿［见《国家地理》杂志时尚版（*National Geographic Fashion*）］；有的地方的人用银器吃饭，而有的地方的人用筷子吃饭，还有的地方的人则用手抓饭吃；在有的文化中，人们尊重坚定的握手方式，而在有的文化中，人们更欢迎温和的握手方式；在有的国家中，将脚底或鞋子朝向另一个人是对他的侮辱，而在其他地方，有谁会在乎这些呢？在世界上的不同地方，人与人之间的个人空间和谈话距离也不同。如果不了解这些，我们可能会认为某个外国人很冷漠、不友好，或者过于亲密，甚至咄咄逼人。因此，规范定义了社会中的“罪恶”（做了不应该做的事）和不作为（没有做应该做的事）。

甚至我们的饮食也受到了规范的影响。过去一直有人说：“美国人吃牡蛎，但不吃蜗牛；法国人吃蜗牛，但不吃蝗虫；祖鲁人吃蝗虫，但不吃鱼；犹太人吃鱼，但不吃猪肉；印度人吃猪肉，但不吃牛肉；俄国人吃牛肉，但不吃蛇。”这些话虽然夸张，但却凸显了饮食文化的差异。

人类学家和社会学家常常对性行为规范的差异着迷（如果不是兴奋的话）。让年轻女孩和她们未来的大龄丈夫进行性行为是梅尔维尔岛（位于澳大利亚海岸的西部）的提维人的性行为规范，因为他们认为这样做可以刺激青春期的开始（Goodall, 1971）。新几内亚的萨比亚人认为，年轻男孩也需要性刺激，男孩们会为了获得男子汉气概而吞咽精液（由当地男子提供）（Herdt, 1981）。巴西中部的梅西纳库人则生活在一套不同的规范下，他们会避免与儿童产生性接触。然而，他们认为孕育孩子是一个集体项目，即多名男性与一位女性进行性行为，从而共同促成受孕（Gregor, 1985）。人们想知道这些规范是否会继续存在。

规范可以出现在各种规模和类型的群体中，如宗教、职业、帮派、观众或家庭，甚至在个人的人际关系中也存在规范。一段亲密关系就像当年的德国（包括东德和西德）包含了两个国家的规范。每一段友谊或恋情也都有其独特的运作方式：她做饭，他收拾桌子、洗碗；她说：“我上楼小睡一会儿。”他说：“我也要。”

观察日常生活中的规范就可以发现，它们是多么普遍和重要。我们通常自动地、毫无疑问地遵守它们——人们往往遵守其所在群体的规范。在很多方面，我们都是梦游者，在社会规范的影响下梦游。

兰格、布兰克和查诺维茨（Langer, Blank, & Chanowitz, 1978）的一项实验说明了人们在日常社交场合中是多么地盲目。一名研究助理询问不知情的被试，是否可以让自己插队到复印机前复印五页文件。她以下面三种方式进行提问：或是给出一个合理的理由（她需要在临近的截稿日期前复印），或是给出一个虚假的理由（她要求使用复印机是因为她想复印），或是根本不提供理由（只是提出复印要求）。正如你所预料的，当助理给出一个合理的理由时，被试的服从度更高（94%），而当她完全不提供理由时，被试的服从度相对较低（60%）。然而，令人吃惊的是，被试在虚假理由条件下的服从度（93%）与合理理由条件下的服从度一样高，仅仅听到有人为将要发生的事情提供一个理由就足以激活社会规范——即每个人都应该尊重别人的正当请求。而且，重要的是，当助手询问是否能够插队到前排复印 20 份文件时，被试的服从度降低了，特别是在虚假理由和无理由条件下（两种条件下被试的服从度仅为 24%，而在合理理由条件下的服从度为 42%）。显然，当面临更多时间和精力上的需求时，人们就会停止对规范的自动服从。

穆扎费尔·谢里夫（Muzafir Sherif, 1936）是第一批在实验室里研究规范［这里指感知规范（perceptual norms）］的出现及其延续的社会心理学家之一。在一个黑暗的房间里，研究者给被试呈现了一个持续两秒的静止光点，产生了一种名为“游动效应”（autokinetic effect）的光学错觉：静止的点似乎在跳跃（由于眼球的生理震颤运动）。当要求被试判断光点移动了多远时，他们通常的估计是 1 到 10 英寸[①]（虽然有一名被试声称光点移动了 80 英尺[②]）。当要求一组被试连续几天大声宣读他们的估值时，一种规范自然而然地出现了。他们的估值逐渐趋于一致——一旦建立起这样的规范，即使一些小组成员被新成员取代，后者的估值也很快就与之前建立的规范相一致。雅各布斯和坎贝尔（Jacobs & Campbell, 1961）研究发现，当一名假被试（假装成研究被试的人，实际上是实验者的同伙）给出一个极端的估值时，群体的感知规范就会受到影响。当假被试被另一名真被试取代，之后这名被试又被另一名真被试取代时，以此类推，

---

① 1 英寸 ≈ 2.54 厘米。——译者注

② 1 英尺 ≈ 0.30 米。——译者注

已经形成的夸张规范在群体成员经过五次更替后依然存在。

在谢里夫的研究中，被试无法确定光点移动了多远，因此，其他人的估值就提供了有价值的信息，将这些信息纳入他们自己的判断是合理的。正在形成的规范很有可能是被试对其他人估值内化（同意其他人的估值）的结果。雅各布森和坎贝尔（1961）的实验证明被试确实内化了这些规范，因为他们在几个月后的单独测试中仍然遵守它们。

在谢里夫的研究 20 年后，所罗门・阿希（Solomon Asch, 1955）重新审视了这一问题。他想知道，如果刺激并不是模糊的，会发生什么呢？如果其他人不同意你对一些显而易见的事所做的判断呢？一个人可能在多大程度上遵从他人的错误判断，哪些因素可能会影响他们的从众程度呢？

做了什么

在阿希（1955）的研究中，被试为七名大学生，他们围坐在一张桌子旁。研究者向他们展示了一系列大的白色卡片。在一张卡片上有一条竖直的黑线（标准线），在另一张卡片上有三条长度不同的竖直黑线（比较线）。其中一条比较线的长度与标准线完全相同，而另外两条线的长度则与标准线不同。被试依次报告这三条线（a、b 或 c）中的哪一条与标准线的长度相同。这一实验过程重复了 18 个试次以上，每次的标准线和比较线的长度都不相同。一个简单的问题是，被试选择正确的比较线的概率有多大？

在正常情况下，超过 99% 的人都能说出正确的选项，因为答案太显而易见了。然而，实验中的情况却有些不同：小组中只有一名成员是真被试！这位孤独的被试没有意识到其他小组成员都是假被试——后者事先接受了培训，在事先安排好的试次中给出了一致的错误答案。

包括第六位真被试在内的每个人，在第一个试次中都选择了正确的比较线，第二个试次的结果与第一个试次一样。然而，在第三个试次中，前五名假被试（真被试有充分的理由相信，假被试与他们一样也是该研究的实际被试）中的每一个人都以随意但自信的口吻说出了错误的答案。真被试感到惊讶并有些不安，最后，与其他五名假被试一样，他也选择了同样的错误答案。接下来，在 15 个试次中的 10 个试次中，其他成员（假被试）都再次全部给出了错误的答案。阿希让每位真被试（每组一个人）

都接受了相同的实验程序。

读到这里，请思考片刻。一个孤独的少数派，内心会经历什么呢？在这种情况下你会怎么做呢？也许你会忽略大多数人，并说出明显正确的答案；也许你对自己的判断有坚定的信心，认为其他小组成员像温顺的小绵羊一般，跟随了第一个近视的被试，或者他们都患有某种视幻觉；也许尽管你认为大多数人的观点可能是正确的，但仍然觉得有责任给出自己不同的答案；也许你会忽略自己看到的信息而随大流，甚至认为自己与众不同的看法是令人尴尬的，是需要隐藏的。阿希研究中的被试在后续的访谈中报告了上述这些不同的反应。

阿希从几个方面对他的基本范式进行了研究。例如，他要确定在从众的过程中，哪个因素更加重要，是多数派在人数上的规模，还是作答的一致性程度呢？他首先改变了小组成员的数量。有时除了真被试之外，只有一名群体成员（一名假被试），有时又有多达 15 名群体成员（全部是假被试）。群体成员的数量是否会决定被试的从众倾向呢？此外，阿希有时会在小组中安插一名反对者，以打破多数人意见一致的情况。这名反对者要么是一名真被试，要么是被研究者要求总是给出正确答案的假被试。这位同伴会对被试服从多数人的程度产生什么影响呢？他的出现会不会削弱群体对被试的影响呢？阿希还想知道，这名反对者之所以能够对群体产生影响，是因为他的答案与大多数人不同，还是因为他给出了正确的答案。所以在一些情况下，他安排假被试给出一个不同但错误的答案。此外，阿希还探究了在实验进行到一半时，这位同伴站到大多数人一边或干脆离开小组（因为他和系主任有约）对真被试的影响。最后，阿希系统地操控了标准线和其他线之间的差异大小，探究是否存在一个临界点，当大于这个临界点时，被试会认为大多数人的答案错得太明显，从而给出自己不同的答案。哎呀！做这么多实验，社会心理学家不累吗？

发现了什么

阿希的研究结果让人很惊讶，他发现尽管每个试次的正确答案都很明显，但被试通常还是会与大多数人保持一致。在大多数人给出错误答案的关键试次中，被试在三分之一（准确地说是 37%）的时间里重复了大多数人的结论。谁能想到会有这么多从众现象无缘无故地发生呢？为什么被试经常不说出明显正确的答案呢？

重要的是，被试在从众程度上存在差异。一方面，大约有 25% 的人（独来独往的人）从来都不同意大多数人的错误看法；另一方面，一小部分人（胆小鬼）几乎完全站在了大多数人的一边（8% 的人至少服从了 12 个关键试次中的 10 次）；大多数被试处于这两个极端之间。

那群体的规模是否重要呢？是的，它很重要。当只有一名群体成员持相反意见时，被试选择错误的比较线的比例为 4%；当有两名群体成员持相反意见时，被试的错误率跃升至 14% 左右；当有 3~15 名群体成员持相反意见时，被试的错误率在 31%~37% 之间，而群体规模在这个范围内的任何变化，都没有造成统计上的显著差异，换句话说，当群体规模达到三名或四名成员后，群体影响力似乎就达到了最大值，此后没有再观察到服从程度的增加（如图 1–1 所示）。

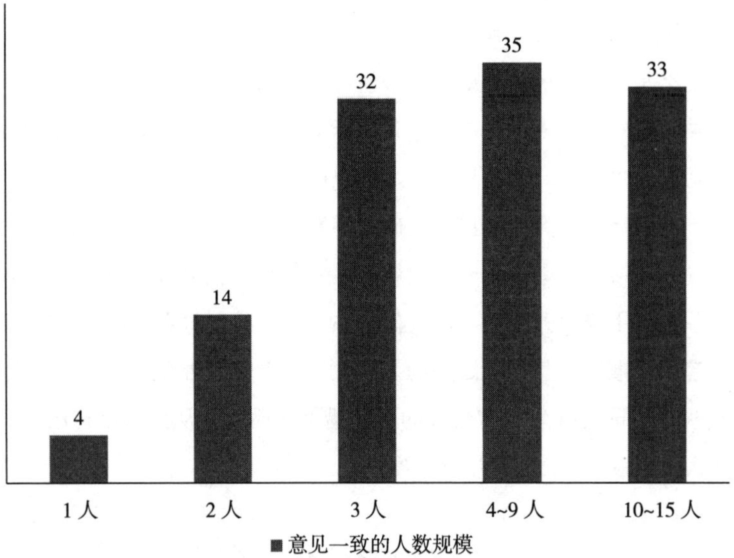

图 1–1[①] 不同群体规模下，被试与大多数人保持一致的试次的比例，即被试将长度明显不同的线，报告为与标准线长度一致的比例

① 图 1–1 中的纵坐标为被试与大多数人保持一致的试次的比例，分数越高表示被试与大多数人保持一致的试次越多。——译者注

群体中有个支持自己的同伴是否会使这种情况变得不同呢？确实会让情况变得不同。阿希发现，“打破大多数人的一致性意见，具有惊人的效果”。

同伴支持的存在（被试没有意识到其他群体成员是提前安排的或被要求总是正确作答）严重削弱了其他人对被试的影响。在存在同伴的实验中，被试回答错误的比例，仅为其他群体成员都持相反意见时的四分之一。错误答案较其他群体成员少的同伴，使被试的从众率降低了约三分之一，而错误答案较其他群体成员多的同伴则使被试的从众率降低了三分之二。在后一种情况下，被试回答错误的比例只有 9%。

在六个试次之后，当同伴加入多数人的行列时，被试的错误率就会上升到没有同伴时的情况（被试在剩余的实验中超过三分之一的比例服从该群体）。换句话说，一旦同伴的支持减弱，被试表现出的独立性就会消失。然而，当同伴直接离开群体（屋子）时，其对被试的影响依然存在。在他离开之后，被试的错误率明显增加，但没有增加到服从群体大多数人时那么多。

最后，当标准线和比较线之间的区别达到七英寸时，将会发生什么呢？阿希发现，即使是到那时，仍然有相当多的被试服从该群体做出的极不准确的判断。

又怎么样了

阿希（1955）的研究生动地说明了人类服从群体的倾向。然而，他的被试不太可能在每个试次中都将多数人的立场内化（真的被说服）。标准线与比较线之间的正确匹配太明显，以至于被试不可能真的认同大多数人的答案。但即便知道这些答案是错误的，许多人还是说出了与其他假被试相同的错误答案。虽然他们服从了大多数人的意见，但并没有被真的说服，他们的从众大概只是为了合群。

显然，一个人不需要付出太多就能获得大多数人的支持。阿希（1955）发现，一旦群体规模达到三名或四名成员，群体中从众的比例就达到了最大值。其他研究也得到了类似的结果（见 Bond, 2005）。例如，在米尔格拉姆、比克曼和伯科威茨（Milgram, Bickman, & Berkowitz, 1969）的研究中，研究者让 1、2、3、5、10 或 15 个人在纽约市拥挤的街道上停下来望向六楼的窗户，随着群体规模从 1 个人增加至 5 个人，跟风者的数量也随之增加，但随着群体规模的进一步扩大，跟风者的数量并没有继续显著增加。仅仅一小群明显分心的人就会引起多达 80% 的其他在场的人模仿他们的行为——也向上望。重申一次，小群体可以产生巨大的影响，而越来越大的群体似乎并不能产生更多的影响（Gerard, Wilhemy, & Conolly, 1968）。

在阿希的研究中，同样明显的是同伴的存在所造成的差异。显然，对一个“落单”的人而言，多数人给出一致的答案往往会产生不可抗拒的影响，但只要有一位持不同意见的同伴，另一个人就有勇气抵抗社会压力，其他研究也证实了这一点。例如，尼梅斯和奇利斯（Nemeth & Chiles, 1988）让被试公开判断红色幻灯片的颜色，与此同时其他人（很明显是假被试）则声称幻灯片是橘色的，结果被试进行正确报告即判断幻灯片为红色的比例只有 30%（错误报告的比例是 70%，即声称幻灯片是橙色的）。然而，当他们观察到有一个人错误地将幻灯片判断为蓝色，而大多数人都正确地回答幻灯片为绿色后，当再次判断红色幻灯片的颜色时，他们正确报告的比例就增加到了 80%。因此，观察到有人与大多数人的回答不同，即使是错误的答案，也能够增强一个人的独立性。

人们为什么会从众？多伊奇和杰拉德（Deutsch & Gerard, 1955）区分了信息影响（informational influence）和规范影响（normative influence）。在信息影响的情况下，其他人之所以能够影响我们，是因为我们认识到他们的意见往往反映了事实。我们愿意接受他们的影响，并出于对正确答案的渴望而顺从他们的想法。在谢里夫（1936）的研究中，由于不确定光点实际移动了多少（它们实际上是在黑暗中移动的），因此被试受到了其他人估值的影响。他们在一定程度上认可了这些估值的有效性，并据此调整了自己的估值（通常是妥协）。然而，在规范影响的情况下，由于在某种程度上感受到了压力，所有人都会随大流。我们感到这个群体正在试图让我们服从，而我们也希望按照它的规范去生活，而不是去显得另类或扎眼、反常或奇怪。阿希（1955）研究中的被试其实都知道哪条比较线与标准线相同，他们之所以顺从大多数人的判断，不是因为他们缺乏信息，而是因为他们不想“与众不同”，他们想被接受和喜欢（见第 25 章，当人们发现自己长期被拒绝时会发生什么）。阿希研究中的被试被夹在追求正确答案和被人喜欢的愿望之间，但被人喜欢的愿望往往被证明更强烈（见 Insko, Smith, Alicke, Wade, & Taylor, 1985）。当然，一个人要想融入社会，就必须接受大家认可的行为准则。

正如个体很容易服从群体规范一样，群体也希望个体具有服从性。个体的“异常”会威胁到群体及其日常规范。一个群体，就像行驶在轨道上的火车：越轨会使火车脱轨。不符常规的行为会削弱群体存在的理由，因此很少受到欢迎。纵观历史，在世界上的各个角落，群体都强调服从。在宗教法庭时期的西班牙，天主教会会折磨和谋杀异教徒；黑手党对任何不遵守规范的成员都准备了一双“水泥鞋”；阿富汗的塔利班政权甚至会残忍地“处理”轻微违反伊斯兰宗教激进主义原则的人：不穿罩袍的妇女或不留胡须的男子会遭到有组织的殴打。目前，恐怖组织伊斯兰国（ISIS）有一项行为准则，违反该准则的人将会被鞭打、截肢或钉在十字架上。那么，其他相对进步的社会需要何种形式的服从呢？

一个群体的凝聚力越强，就越需要服从性。沙克特（Schacher, 1951）在 60 多年前进行的一项研究中，研究了高凝聚力和低凝聚力的群体，结果发现，它们对一名特别任性的少年约翰尼·罗科（Johnny Rocco）的处理方式各不相同。沙克特在群体中安插了三名假被试：偏离者、圆滑者和模仿者。偏离者的意见始终偏离大多数人，圆滑者开始的时候偏离大多数人，但后来就倾向于同意大多数人，模仿者总是站在大多数人的一边。这些群体尤其是高凝聚力的群体对偏离者施加了巨大的压力，试图让他与群体保持一致。由于偏离者始终偏离大多数人，群体成员最终放弃了他，不再与他交流。不用说，当群体分配工作时，偏离者得到的是最不理想的工作。难怪人们会害怕与同伴不一样（即使是最高法院的法官，也会避免成为唯一的反对者，见 Granberg & Bartels, 2005）。

后记

最后，我们来思考两个问题。第一个问题是，留意在阿希（1955）的研究中，成员较多的群体是怎样产生的。在每一个实验群体中，除了一名真被试外，其他所有人都是阿希的“同谋”。克拉奇菲尔德（Crutchfield, 1955）开发了一种更经济的方法来研究从众。每位被试都单独坐在一个小隔间里，他们面前的盒子上有可以记录自己反应的开关，以及记录其他人反应的灯光。实验者告诉每位被试，按照预定顺序，他是最后一位来回答问题的人，并且用一句托辞让被试相信这种情境的合理性；然而，被试不知道的是，所谓的其他被试的反应是实验者已经设置好的，因此，他们每个人都会误以为其他被试也在做出反应，并根据自己的答案做出了自己的反应。有了这个系统，就不需要有偿招募和培训热心的研究助理团队了。需要，或者说是节约，是发明之母！克拉奇菲尔德的研究并没有发现阿希研究中那么强烈的从众性，显然，正如阿希的研究所发现的那样，规范的压力在面对面的情况下更强大。

第二个问题与越轨行为有关。历史证明，正如群体可以影响其成员一样，某些个体和亚群体也可以影响他们的群体或普遍存在的社会秩序（Maass & Clark, 1984）。事实上，少数群体有时候能左右多数群体，从而成为社会变革的有力推动者。这与阿希的研究发现相呼应：那位孤独的、持不同意见的同伴对群体产生了巨大的影响。

试想一下，伽利略在低倍望远镜的帮助下，发现了围绕木星运行的四个行星以及月球上的山脉和陨石坑。这些发现使他声称，正如哥白尼之前所说的那样，地心说是错误的，天体上坑坑洼洼，并不完美。虽然他在软禁中度过了晚年，但是他所提供的证据不仅没有消失，反而对世界产生了重大的影响。再想想莫罕达斯·甘地（Mohandas Gandhi），他领导了一系列和平抗议和游行，这些抗议和游行违反了印度的盐法，而盐法正是令人讨厌的英国殖民者统治印度的象征。尽管遭到了残酷的警察暴力，特别是在达尔萨纳盐场，但甘地和他的追随者勇敢、坚强地坚持反抗，为 17 年后印度的独立铺平了道路。再想想罗莎·帕克斯（Rosa Parks），1958 年，在美国亚拉巴马州伯明翰市，她拒绝坐在公交车后座。这一大胆的行为是全美国民权运动的催化剂，最终促成了种族隔离政策的废除。再想想“9·11”恐怖袭击，在一些人看来，这些行动是为了扰乱美国的经济和军事中心而发动的一场“圣战”，只有时间才能告诉我们它们的最终影响。即使是在更小的圈子里，比如，在信徒中也有无神论者，在肉食者中也有素食主义者，在同辈施压时选择说“不”的那些人，即使在数量上占少数，也往往会带来显著的影响。

对此最具戏剧性的描述之一是一部经典电影——《十二怒汉》（*12 Angry Men*）。一名少年因被控谋杀罪而受审，陪审团必须对此案做出裁决。在举手投票时，亨利·方达（Henry Fonda）是唯一一个反对快速定罪的人。这部电影展示了他缓慢但不屈不挠地将 11：1 的有罪投票变成了 0：12 的无罪投票的过程。虽然研究表明，陪审团最初的立场通常对他们最终的判决具有很强的预测作用，而且小组讨论只会导致意见两极分化，但这部关于少数群体影响力的电影仍然是一部经典之作。

“离经叛道”的个人或者少数群体可能并不总能取得这种戏剧性的成功，但他们仍然可以产生相当大的影响。研究发现，尽管大多数人的意见一致会激发个体做出启发式的判断（他们的绝对数量会让人们觉得他们一定是正确的）与服从（“我最好同意他们的观点”），但是少数群体的不同意见可能会激发对争论更系统的思考，还有可能激发其他成员在内心接受他们的立场（Nemeth, 1986）。虽然多数群体往往对公众的服从产生更大的影响，但少数群体往往对个人的服从有更大的影响（Chaiken & Stangor, 1987）。

研究发现，最有说服力的个人和少数群体，往往是那些毫不动摇、自信地坚持自己与众不同的立场的人（Nemeth & Wachtler, 1974）。如果人们不认为他们是在为一己私利而争论，或者不认为自己古板、僵化或精神失常，那就很可能被他们说服。此外，如果一个人一开始服从了群体，那么他就有更好的机会影响这个群体。如果意见相左者之间建立了充分的人际信任，那么偏离规范的行为也会更容易被接受（Hollander, 1958）。

从历史上看，少数人的观点和“异常”行为一般不容易被容忍。人们对任何试图破坏规范的人既没有耐心也不够仁慈。众所周知，黑心的公司就会解雇敢于抗议其不人道工作条件的雇员；同样，劳工组织也被认为会敲碎不愿意参加罢工行动的人的头骨。不少偏离规范的人感到自己脖子上的绞索越来越紧，或者已经走上了被公众处决的道路。虽然持不同意见的人通常被认为是能干、诚实的人，但人们通常不喜欢他们（Bassili & Provencal, 1988）。偏离规范的行为最容易被地位高的人所接受，被地位低的人所期待，但很少被地位中等的人所容忍。中等地位的人，既不享有高位的荣耀，也不像地位低的人那样，没有什么好失去的。

违反规范不仅会招致公众的谴责，还会导致自我惩罚。违反社会规范会带来心理上的痛苦。在米尔格拉姆和萨比利（Milgram & Sabini, 1978）的一项研究中，研究助理要求地铁上的乘客为他们让座。据报道，提出这样的要求会让人非常不安，尽管人们通常得到的最糟糕的回答仅仅是一个简单的“不”。我们不愿因违反社会规范而受到惩罚或自责。除非一个人本性好斗且厚脸皮，否则不被受尊重的人所接受，一点都不好玩，被社会排斥也毫无乐趣（Williams, 1997; Williams, Forgas, & Hippel, 2015）。

然而，在生活的每一个领域中，都有一些人愿意成为局外人，这往往是为了社会利益。披头士乐队成员约翰·列侬（John Lennon）用下面的话表达了他的特立独行（他的话带着浓重的利物浦口音）：

> 我不会改变我的外表，也不会改变我的感觉去适应任何事。我一直是个怪胎，所以我这辈子都是个怪胎。我必须这样生活，你知道的，我就是那种人。

如果说反抗是令人痛苦的，那么服从也是令人痛苦的。一个人会因为不得不遵循一些荒谬或令人反感的规范而闷闷不乐，而且即使从众不会带来真正的痛苦，也会使当事人产生有害的麻木感。它可以摧毁一个人的灵魂，正如英国小说家弗吉尼亚·伍尔芙（Virginia Woolf）所说的："一旦循规蹈矩，一旦因别人做了什么而去做什么，她的神经和灵魂就会受到损伤。她就会变得徒有其表而内心空空，变得迟钝、冷酷、冷漠。"

显然，健康的社会生活需要在从众与自主、服从与反抗之间取得巧妙的平衡。一个人在生活中必须学会的事情之一，就是什么时候应该随心所欲，什么时候应该止步不前，抵制社会群体的趋势和影响。所罗门·阿希（1955）对他在研究中发现的服从程度感到担忧：

> 社会生活需要共识，这是一个必要条件，但是，要想达成共识，需要每个人根据自己的经验和洞察力做出独立的贡献。当共识受到从众支配时，社会过程就被污染了，同时个体也放弃了力量，放弃了让他能够去感知和思考的力量。我们发现，在我们的社会中，随大流的力量是如此强大，以至于相当聪明、善意的年轻人愿意把白的说成黑的，这个问题值得关注。这对我们的教育方式和指导我们行为的价值观提出了质疑。

或许，我们也应该像阿希一样，为此感到担心。

启示

无处不在和不可抗拒的规范支配着社会生活，其中群体发挥着巨大的规范性影响。只有少数勇敢的灵魂才能反抗。

你怎么想

人们常说，一个人应该永远做自己，说出自己的真实想法，做自己真正想做的事情。如果是这样，那为什么从众的压力如此之大？成为盲从中的一员有什么好处吗？在人群中会感到更安全吗？

第 2 章

认知冲突：行为如何改变态度

> 世界上最仁慈的事情……是人类大脑无法将其所有内容联系起来。
>
> 霍华德·菲利普·洛夫克拉夫特（Howard Phillips Lovecraft, 1890—1937）
>
> 美国邪典小说作家

背景

“酸葡萄”通常用来形容输不起的失败者对实至名归的胜利者的失礼态度。然而，字典中的定义与此稍有不同，这可以追溯到经典的古希腊伊索寓言《狐狸和葡萄》。该寓言讲述了一只饥饿的狐狸正在四处觅食，抬头一看，正好瞧见一串葡萄从缠绕在树上的藤蔓上长出来，令人垂涎欲滴。狐狸大胆地爬上高高的树去摘葡萄，可惜它的四肢不适合爬树，总是滑回地面。最后，狐狸筋疲力尽，放弃了摘葡萄。它一边跑开一边安慰自己：“我敢打赌，这些葡萄根本没有熟！”此时，我们从狐狸身上所看到的，与其说是对葡萄的愤怒，不如说是对行为结果的合理化（rationalization）。也就是说，伊索寓言告诉我们，当事情因我们的所作所为而变得糟糕时，我们倾向于将实际上的糟糕程度最小化，以使自己感觉更好。

一项关于末日邪教的田野研究生动又真实地反映了这种趋势（Festinger, Riecken, & Schachter, 1956）。玛丽安·基奇（Marian Keech）太太是一位来自美国明尼苏达州的家庭主妇，她自称受到了神灵的启示。在她的引导下，其教派成员宣称我们所知道的世界将于 1954 年 12 月 21 日毁灭，在上帝的指令下，洪水将会淹没所有陆地，地球上的一切生物都会溺毙而亡。但是，在世界毁灭的前夜，少数忠实的信徒将会被飞碟送到另一个星球居住，直到地球上的洪水消退。

庆幸的是，邪教的可怕预言并没有发生，因此，让研究者感兴趣的是，邪教成员对预言的失效做何反应，他们是否开始怀疑邪教的教义？为了寻找答案，研究者潜入邪教团体，发现很多成员确实如此，他们因幻想破灭而离开了邪教，对所谓的救世主从此充满怀疑。但是，仍然还有一些人顽固地坚持自己的信仰，一直致力于这项事业，放弃了一切世俗财产，宁愿为这个美好的结局进行辩解。他们认为，正是由于信徒们表现出的虔诚和忠心，上帝才赦免了这个难以控制的世界。在这种巧妙的（更不用说奉承）、合理化的鼓舞下，邪教成员开始比以往任何时候都更努力地劝说不信教者归附邪教。他们重新燃起的热情似乎是出于社会认可的需要——只有让其他人同意他们的观点，他们才能确认自己的信仰一直都是正确的。

人们不仅在牵强的预言失败时会运用合理化策略，在日常情境下使用得更多。例如，在做出选择时，相对于未被选择的方案，人们会增强对所做选择的喜爱程度（Brehm, 1956），还会认为自己做得不好的任务不如自己做得好的任务重要（Crocker & Major, 1989），甚至会将受害者的困境归咎于其自身，以此作为不捐助他们的理由（Lerner, 1980）。

现在，假设你是一位社会心理学家，想要提出一个通用的合理化理论以解释前面列出的所有发现。你该如何进行？你可能会选择关注这样一个事实：在某种程度上，合理化总是使后期的思想和行为与早期相一致。例如，虽然帮助预言已被推翻的末日邪教传教几乎没有什么逻辑意义，但如果人们已经花了好几个月的时间帮助邪教进行传教，那这就有了很多心理意义。坚持不懈能让他们避免尴尬地承认自己一开始就错得很离谱。因此，从一致性的角度理解合理化，为社会心理学家提供了一种分析其多种表现形式的方法。

与心理一致性相关的理论已经被提出了很多年，然而，费斯汀格（Festinger, 1957）提出的认知失调（cognitive dissonance）理论，在影响范围和影响力方面至今仍无与伦比。费斯汀格提出，成对的认知（cognition）可以是协调的、失调的或者互不相关的。协调认知是指在心理意义上彼此暗含的认知，如“我会帮助老太太过马路”和“我是一个乐于助人的人”就具有一致的理念。失调认知是指在心理意义上相反的认知，如“我不会帮助老太太过马路”和“我是一个乐于助人的人”。最后，无关认知是指互相没有心理意义关联的认知，如“我会帮助老太太过马路”和“我数学很好”。

费斯汀格认为，认知失调会导致不愉悦的心理紧张状态。并且失调认知的数量越多、对个体的重要性越大，所导致的紧张程度就越强。一旦紧张状态被唤醒，就会推动个体去缓解紧张。尤其是个体会寻找方法，以解决导致紧张的认知失调。几种可用的策略都涉及某种形式的合理化（Abelson, 1963）。

费斯汀格尚未明确说明如何在不同的环境中减少不协调，只是推断它会以某种方式实现。不过，他对引起认知失调的先决条件做了非常具体的预测，这种预测适用于特定情境诱发人们采用和自己的某个重要态度相矛盾的行为方式，即表现出反态度（counter-attitudinal）的行为时。例如，假设米格尔喜欢一部电影，但是他告诉打算去看这部电影的玛丽亚说这是个烂片。说谎行为和米格尔的真实态度是相悖的，而且由于想法和行为是有关联的，因此“我告诉玛丽亚电影是烂片”和米格尔之前的想法“我喜欢这部电影”是相冲突的。

费斯汀格（1957）的预测是，只有当执行反态度行为的诱因刚好足够完成工作时，才会引起认知失调。例如，如果是出于私心这样做，那米格尔就可能会体验到认知失调，他主动告诉玛丽亚电影是烂片，这样她就会愿意和他一起去看另一部他还没看过的电影。然而，如果有黑手党把米格尔绑进车里，威胁要杀了他，除非他告诉玛丽亚那部电影是烂片［听起来像伍迪·艾伦（Woody Allen）的电影］，这种条件下则不会导致认知失调。

当下，人们减少认知失调的方法之一就是转变自己的态度，使其更好地与行为保持一致。例如，米格尔在对玛丽亚撒谎说自己不喜欢这部电影后，可能会真的认为自己不喜欢这部电影。这种观点的修正可以使其感到“无愧于心”。费斯汀格认为，在人们试图通过改变态度来减少认知失调的情况下，当有一个较小的诱因使他们去做反态度行为时，他们的态度改变会比诱因较大时要多。

这与人们凭直觉所猜测的情况背道而驰。事实上，费斯汀格时代的普遍观点是，支配动物行为的奖惩原则也应该支配人类行为。从这个观点来看，如果一个更大的诱因能够使动物产生更多的行为变化，那么该诱因也应该能够在人类身上引发更多的态度变化。然而，认知失调理论认为，人类的大脑并非如此运作的；相反，一个更小的诱因可能会引发更多的态度改变，因为这意味着人们可以自由地采取反态度行为。

为了进行实证检验，费斯汀格与他的学生卡尔·史密斯（Carl Smith）联手进行了一项巧妙的实验，在给予被试一个或大或小的诱因后，研究者说服他们做一些与自己的态度不一致的事情。

做了什么

费斯汀格和卡尔·史密斯（1959）招募了 71 名斯坦福大学心理学专业的男性大学生作为被试，要求他们进行两项乏味的任务。在执行任务之前，被试被告知他们正在参与一项涉及“绩效评估”的研究。在前半个小时，他们需要努力地往托盘里装线轴，待装满后再用一只手清空托盘，就这样一次又一次地重复。接下来的半个小时仍然不轻松，他们需要在一块木板上顺时针地、一个接一个地旋转 48 个方钉，每个方钉旋转四分之一圈。为了增加被试的乏味感，实验者没有提出任何具体的绩效目标，只是让他们按照自己的节奏工作。当被试打着呵欠执行这两项任务时，一个带着秒表的实验者坐在后面进行记录。

当旋转完最后一颗钉子后，被试无疑会松一口气，然而事实上，研究才刚刚开始。实验者对被试控制线轴或钉子的能力毫无兴趣，他们只是想让被试对研究持有负面态度。也就是说，在真实研究的初始阶段，被试对研究的看法是负面的，而实验者真正感兴趣的是，被试对这项研究的态度会如何随着实验操作而变化。

为了强化研究结论，研究者重新设置了秒表，并开始询问被试是否猜出了实验目的。实验者声称研究内容是“积极期望如何影响精细运动的协调”，以掩盖实验的真实目的。实验者接着告诉被试，他被分配到了无期望条件，在这种条件下，被试参加实验前得不到任何关于研究的信息，除此之外，还存在积极期望条件，即被试在参加实验之前被（错误地）告知研究是有趣和令人愉悦的，这些信息通常是由一名由实验人员假扮的刚完成实验的学生提供的。实验者还声称，伪装成学生是必要的，因为与教授的保证相比，被试更愿意接受“同学”的说法（实际上整个说辞都是假的，真实的研究与预期无关，也没有实验人员的伪装，精心设计的说辞只是为了让后续的实验操作看起来更合理）。

此时，这位到目前为止一直表现得自信和流畅的实验者，显得既犹豫又焦虑。他很尴尬地解释说自己陷入了困境，另一名实验人员没有来，而下一个被分到积极期望条件的被试正在等待实验开始。他小心翼翼地请求被试帮个忙：是否愿意代替缺席的实验人员，以及以后这种场合是否也愿意来帮忙？

如果被试表现出任何不情愿的迹象，实验者就会向他们保证，不会花费很长时间，而且以后需要他们帮忙的机会也很少。在这种保证下，所有被试都愿意来帮助实验者。实验者解释道，他们的任务是与另一位被试进行随意的交谈，并告知后者研究是有趣和令人愉悦的。实验者向被试提供了一张纸条，纸上详细地说明了届时应该说什么。然后，实验者将被试带到办公室，此时另一名被试（一名女大学生）已在等待。

“另一名被试”其实是实验者的同伙。在随后的对话中，她按照预先计划的方式做出回应。她让被试先开口说话，而当被试讲到研究主题并开始称赞时，她“愤怒地”表现出惊讶，声称自己的一个朋友已经参加过这项研究，发现非常枯燥，并建议她如果有可能的话退出这项研究。为了回应质疑，被试需要重申他们的看法，即这项研究是引人入胜和有趣的，并且参加者肯定会乐在其中。为了验证对话是否按计划进行，实验者用磁带录了音，以备日后检查。

考虑到这项研究的“路线”比过山车还要复杂，我们做一下全面分析：被试参加了一项非常枯燥的研究，对研究留下了非常负面的印象；然而，他们现在发现自己是在自愿误导异性被试相信这项研究是有趣和令人愉悦的。很明显，被试私下相信（我不喜欢这项研究）和他们公开做的（我告诉别人这项研究很有趣）是不一致的。简言之，认知失调已经产生，因此被试将体验到一种不愉快的内在紧张感。费斯汀格和卡尔·史密斯推测，被试将试图通过使认知冲突恢复和谐来缓解这种紧张，达到这一目的的一个方法就是对研究采取更喜欢的态度。

在实验环境中诱发认知失调已经很难得，然而，费斯汀格和卡尔·史密斯还希望通过操纵使被试表现出反态度行为的诱因的大小，来测试是否能防止认知失调的发生。他们预测，一个强大的诱因将减少或消除认知失调，因为它将使被试产生另一个与他们的欺骗行为相协调的认知观点，即“我这样做是因为我接受了一个强大的诱因”。强大的诱因给了他们一个误导同伴的正当理由。

因此，实验者提供给其中一组被试每人 20 美元被试费，而其他组则只有 1 美元，要求被试去劝说女性被试研究是有趣和令人愉悦的（如果追溯到 20 世纪 50 年代，20 美元为数不少，即使对斯坦福大学的富裕学生来说也是如此）。第三组被试为控制组，他们只需要忍受单调乏味的任务，不必欺骗其他女性被试。控制组的实验结果可以作为基线与其他两组的结果进行比较。

实验操作结束后，实验者需要测量被试对研究的最终态度，然而这有些难度。怎么能确定被试报告的内容反映了他们的真实感受，而不仅仅是他们觉得应该报告的内容？假设你参加了一个枯燥的实验，然后不得不告诉下一个被试实验很有趣。为了避免尴尬，或者出于对获得实验酬劳的感激，你可能会告诉实验者自己也觉得实验很有趣。为了避免这种可能性，实验者并没有亲自测量被试的态度；相反，他将这一任务托付给了未参与先前实验程序的助手。此外，实验者还“顺便”提到，大厅里有一些心理学专业的学生正在做调查，目的是评估如何提升心理学系的研究质量，如果被试有任何意见或抱怨，这是一个“吐槽”的好机会。

实验者带领被试来到助手的办公室，并在路上告诉被试，这项研究总体上是广受好评的，这么说是为了帮助被试说服自己这项研究确实是令人愉悦的——如果认知失调已经把他们推向了这个方向。在实验者与他们道别后，助手假扮成学生对被试进行访谈，询问被试是否认为这项研究很有趣，是否从中学到了很多，是否认为这项研究在科学上很重要，以及是否期待再次参加类似的研究等。被试对以上问题分别进行等级评定，评分等级从 -5 分（一点也不）到 +5 分（非常）。

到此，研究就真的结束了。最后被试会被询问是否怀疑实验的真实目的，基于此，有 5 名被试的实验数据被剔除，还有 6 名被试因没有执行指导语而被剔除，一共剩下 60 名被试，每个实验组中有 20 名。

发现了什么

正如所预测的那样，获得 1 美元报酬的被试在传递错误的信息后，对研究的态度明显比作为基线的控制组被试要积极。大概是为了减少认知失调，获得 1 美元报酬的被试的态度改变与他们公开告知的更一致。然而，获得 20 美元报酬的被试虽然做了同样的事情，但并没有表现出类似的态度转变，更大诱因的出现显然预先阻止了认知失调。总之，两位研究者的主要预测都得到了明确的证实（如图 2–1 所示）。

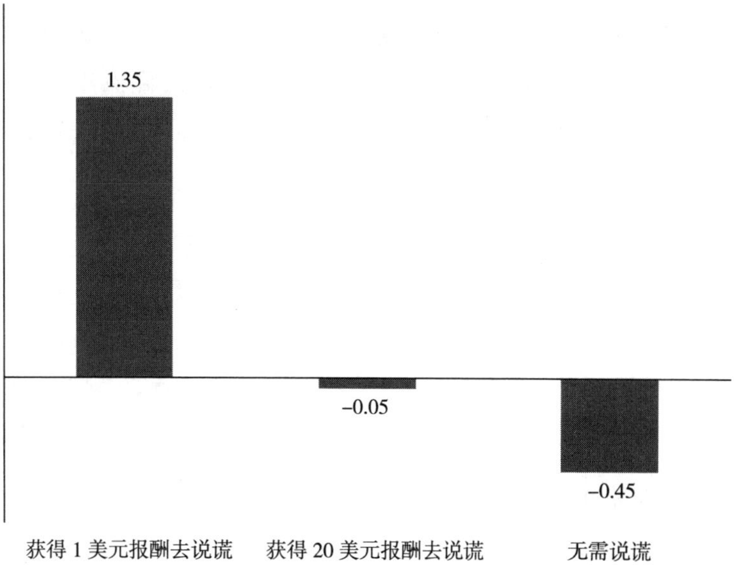

图 2–1[①] 被试获得 1 美元报酬或 20 美元报酬后谎称研究很有趣，或者未被要求说谎时，对枯燥研究喜爱程度的评定

同样的结果模式也出现在被试对再次参加类似实验意愿的评定中，尽管结果不那么显著。考虑到对认知失调的控制主要是为了影响态度，而不是行为，这并不意外。在其余两项关于研究的教育价值、科学重要性的评定中，三个实验条件下的结果差异不大。同样可以预料的是，考虑到这些测量方法所探讨的态度，最多与被试的行为有非本质的相关，因此，这些态度的改变不会使被试减少由行为引起的认知失调。

又怎么样了

首先，研究说明了如何从认知一致性的角度更好地解释合理化。费斯汀格和卡尔·史密斯（1959）设计了一种情境，在这种情境下，被试先是产生了一种不适的失

① 图 2–1 中的纵坐标为对研究的喜爱程度，分数越高表示越喜欢。——译者注

调认知，然后使用了一种有效的方法来协调认知，即改变他们的态度。这一发现支持了一个假设，即保持认知协调是人类的主要动机，并且能够对我们的信念和情感产生强有力的影响（Gawronski，2012）。事实上，保持认知协调可能比满足其他欲望更重要。第二次世界大战时期，法国领导人戴高乐曾公开宣布，他将永远戒烟。当被问到他是如何成功抵制了对尼古丁的渴望时，他回答说："戴高乐不能食言！"这种公开承诺能够使人们更信守承诺，因为如果违背承诺，他们所体验到的认知失调将会特别强烈。

这项研究还表明，不仅态度会引发行为，行为也会引发态度（见"你怎么想"小节中的问题）。在许多情况下，通过诱导人们做出某种反态度行为，甚至可能比让他们仔细考虑有说服力的论据更容易改变他们的想法。你认为本研究的被试能被说服，把他们做过的枯燥任务看作有趣的吗？似乎不太可能。认知失调的"魔力"也显示出说服过程潜在的非理性。我们的态度不仅受客观事实的影响，还受主观动机的影响。

最后，费斯汀格和卡尔·史密斯的研究说明，当试图改变人们的想法时，采用一些不易察觉的方式效果要好于公开的方式。诱因越大，失调越小，这一发现对于有效管理儿童的行为具有实际意义。举个例子，假设小艾米莉不喜欢菠菜的味道，并且拒绝吃菠菜，那么你该怎么办呢？最好的做法可能是让她先吃一点（也就是说，先做一些温和的反态度行为），从而使认知失调引发其产生更愿意接近菠菜的态度。但是该如何鼓励艾米莉开始吃第一口呢？答应给她巧克力蛋糕似乎是个好策略，然而，目前的研究表明，这种直接的给予只会使认知失调可能产生的作用失效，会让艾米莉认为菠菜确实是一种令人讨厌的食物，只有在能获得美味甜点的前提下才值得去吃（第 9 章探讨了公开奖励的动机消耗特性）。

更好的策略是给艾米莉一个能够让她开口吃菠菜的诱因——也许是一个温柔的鼓励，这样她就更可能认为吃菠菜是由于自己喜欢。同样的道理也适用于"大棒和胡萝卜"：惩罚越轻，说服力越强。如果严格警告孩子而不是轻声告诉他不要玩被禁止的玩具，那么他们之后会更喜欢这个玩具，并且更可能会在大人不在的时候玩（Aronson & Carl Smith, 1963; Freedman, 1965）。这可能是因为他们倾向于表达自己的自主性，而无视限制性的权威（Brehm & Brehm, 1981），或者是因为他们认为凡是被禁止的事物通常都是有吸引力的（Bushman, 1996）。无论如何，这种说服力与效果量之间的反向相关都提醒我们，如果过于简单地解释人类的行为和态度，恐怕会掉进陷阱。

后记

认知失调理论提供了一种理解人类思维和行为更多方面的方法，为人们解开了不少困惑。然而，该理论多年来一直受到批判与修订（Harmon-Jones & Mills, 1999）。我们简要介绍一些关于这一理论的进展，以便读者了解社会心理学理论是如何随着研究的开展而不断发展的。

在这项研究发表后不久，一些研究人员对结果的真实性提出了质疑。他们要么指出各种混淆因素影响了研究效度（Chapanis & Chapanis, 1964），要么进行了其他研究，发现实验结果与认知失调理论不符（Rosenberg, 1965）。然而，50 多年过去了，无数研究已经有力地证实了认知失调效应是真实的，且可以重复验证（Cooper, 2007）。

社会心理学家坚信他们正在研究真实的现象，于是开始争论如何对现象进行最佳的解释。费斯汀格（1957）提出，正如我们所看到的，反态度行为会唤醒不愉快的感受，改变态度是消除这种感受的一种方法。贝姆（Bem, 1967）不同意这一说法，认为潜在的作用方式没有那么复杂，他认为，我们了解自己的态度就像了解他人的态度一样，即通过观察行为来了解。与其说我们通过窥视自己的灵魂去发现自己的感受，不如说我们先观察自己的行为来了解，然后据此进行推测。从这个角度来说，“我不喜欢菠菜”的认知来自我无数次地抱怨它、拒绝吃它，等等，而不是任何对自身感受的知觉。反态度行为通过引导人们冷静地推断出他们持有的态度“应该”与他们的反态度行为是一致的，从而引发态度的改变。费斯汀格和卡尔·史密斯研究中的被试很清楚他们告诉其他女性被试这项研究很有趣。根据贝姆的说法，这使他们觉得，他们也发现最初的任务很有趣（或者至少比其他任务要有趣）。换句话说，态度是通过简单的自我知觉来改变的，不会引起任何不愉快的内部紧张。

费斯汀格和贝姆的理论都是直观易懂的，那哪个是正确的呢？目前的共识是两者都正确，但适用于不同的情况。当人们表现出极端的反态度行为时，就会产生认知失调，而当人们表现出轻微的反态度行为时，就会产生自我知觉（Fazio, Zanna & Cooper,

1977）。所以如果我很讨厌吃比萨饼，而你巧妙地引导我吃了一些，那么我会更喜欢比萨饼，因为这是一种解决内在失调的方法。但是，如果我只是轻微地不喜欢比萨饼，而你巧妙地引导我吃了一些，那我可能就会通过注意到自己吃比萨饼的行为，推断出自己喜欢吃，从而变得更喜欢吃比萨饼。但是我们怎么能确定不愉快的唤醒会导致失调呢？证据缘于一些研究发现：在向被试解释不愉快的唤醒来自何处后，他们产生的态度改变就消失了（Losch & Cacioppo, 1990; Zanna & Cooper, 1974）。例如，如果告诉被试他们所产生的不愉快的紧张感是因为刚刚吃了药片，那么他们的态度就不会发生改变。

研究者还试图阐明认知失调发生的必要条件。费斯汀格（1957）已经确定，人们对“轻推”的反应比“猛推”要好，但后续研究认为，他们还必须（a）可以自由地执行反态度行为；（b）预见到行为将产生负面后果；（c）将不愉快的唤醒归因于行为本身（Goethals, Cooper, & Naficy, 1979; Linder, Cooper, & Jones, 1967; Zanna, Higgins, & Taves, 1978）。在费斯汀格和卡尔·史密斯最初的研究中，这些条件都得到了满足。这些发现也为库珀和法齐奥（Cooper & Fazio, 1984）重构费斯汀格的理论提供了启发。他们认为，认知不一致本身与认知失调效应的产生无关，那些由于认知不一致而引发的现象，只发生在人们认为自己对已预见到的不想要的后果能够自由选择的情况下。

举例来说，想象一下费斯汀格和卡尔·史密斯研究的镜像版本。在这里，被试先要完成两项令人愉快的任务，然后主动告诉另一名女性被试，这些任务很枯燥。如此一来，被试是否会对任务产生不那么积极的态度？我们认为不会，或者至少在某种程度上不会。因为事实上，说谎的预期后果不是负面的（一个好的而不是坏的、一个惊喜的结果在等着被试），这就消除了合理化的需要。然而，其所产生的认知不一致的程度并不亚于最初的研究，只是它的极性被颠倒了。这些实验的结果得到了实证研究的支持，研究表明如果一个自由做出的行为会产生可预见的不想要的后果，那人们的态度就会发生变化，即使这种行为与他们最初的态度是一致的（Scher & Cooper, 1989）。

然而费斯汀格可能会赢到最后，毕竟最近的研究支持了认知一致性。首先，认知失调效应似乎仅作用于那些将一致性视为某种人格特质的人（Cialdini, Trost, & Newsom, 1995）。此外，即使人们的行为没有直接带来负面后果，其态度也会发生变化。例如，仅仅让被试自愿在纸上写下他们喜欢一种难喝的饮料，就会使他们之后对该饮料的评价更高（Harmon-Jones, Brehm, Greenberg, Simon, & Nelson, 1996）。此外，如果让被试说出一些关于使用避孕套益处的言论，并提醒他们以前没有使用避孕套，那么被试之后就会补偿性地购买更多的避孕套（Stone, Aronson, Crain, Winslow, & Fried, 1994）。费斯汀格（1957）最初的理论可以解释这些发现，而库珀和法齐奥（1984）重构的理论则不能。讽刺的是，认知一致性研究本身产生了不一致的结果！

然而，如果我们假定当自身有价值的方面（valued aspect of the self）受到认知失调处理措施的威胁时，人们会随即采取措施修复受损的自我形象，那么理论整合在一定程度上是可能的。保持积极的自我形象是人类的重要动机（Sedikides & Gregg, 2008）。有研究表明，这是认知失调背后的原因，在这些研究中，被试被给予机会去维护他们的自我形象。假设在费斯汀格和卡尔·史密斯的研究中，被试在对其他女性被试撒谎后可以立即为他们最喜欢的慈善机构捐款，这种行为很可能足以使他们的自我感觉变好，从而消除任何通过修正对无聊研究的看法来确认自我形象的动机（证明他们不仅仅是无耻的骗子）。在同样思路的研究中，对认知失调进行操作后所带来的态度改变，被做好事或维护重要价值的机会所消除（Steele, 1988）。因此，与其说人们的潜在动机是解决不一致，不如说是维护正面的自我形象。

还有一些简洁且折中的观点认为，与其说各种认知之间是相互协调或失调的（正如费斯汀格最初所说），不如说它们与自我价值的方面是协调或失调的，比如诚实、能力、个体一致性或其他（Aronson, 1969）。从这个角度看，费斯汀格和卡尔·史密斯研究中的失调认知并不是“我不喜欢这项研究”和“我告诉别人研究是令人愉快的”，而是“我是一个诚实的人”和“我谎称研究是令人愉快的”。这种观点的优势在于它保留了费斯汀格原始理论中的认知不一致的概念，同时指明了认知之所以重要的原因，即它与自我形象的相关性。

然而，自我形象在认知失调中的作用仍不明确。例如，没有直接的证据表明采取反态度行为会使人们暂时“看轻”自己；相反，他们似乎只是经历了一种普遍的不安或不适感（Elliot & Devine, 1994; Harmon-Jones, 2000）。此外，基于费斯汀格和卡尔·史密斯研究的一项有趣的延伸研究发现，即使被试尝试真诚地告知同伴任务是枯燥的，他们后来也会认为任务更有趣（Girandola, 1997）。如果折中的道德原则是认知失调的最终根源，那为什么诚实会比欺骗导致更大的态度改变呢？

所以我们在这里进行了讨论。奥斯卡·王尔德（Oscar Wilde）评论说，真理很少有纯粹的，而且从不简单，这种观点当然也适用于认知失调理论。然而不可否认的是，该理论的不断完善使我们对人类动机的理解日益清晰，未来，社会心理学家将继续揭开仍然存在的谜团。

启示

如果你想改变某人的观点，巧妙地诱导他以相反方式行事是一种行之有效的策略。这个策略之所以有效，是因为人们容易合理化那些自己不能接受的行为，他们感到有责任调整自己的态度以匹配行为。

你怎么想

在《自我之歌》（*A Song to Myself*）中，美国诗人沃尔特·惠特曼（Walt Whitman）写道："我自相矛盾吗？那好吧，我是自相矛盾的（我辽阔广大，我包罗万象）。"你也有同样的感觉吗？一个人是应该与自己的矛盾之处和谐相处，还是应该尝试解决它们？

第 3 章

火的洗礼：困苦成就喜好

> 狂热是在忘记了自己的目标后仍加倍努力。
>
> 乔治·桑塔亚纳（George Santayana，1863—1952），
>
> 西班牙裔美国哲学家

背景

第 2 章的内容表明，当我们被极小的诱因刺激，做出与态度不一致的行为时，我们的态度往往会转变为与我们的行为更一致（Festinger & Carlsmith, 1959），这是一种缓解认知失调的方法。之所以会产生认知失调，是因为我们知道自己自愿做了一些令人尴尬或不道德的事情。因为无法否定行为，也无法逃避责任，所以我们通过采取一种为行为辩护的态度，并相信我们一直持有这种态度来维护我们的尊严或正直。

然而，认知失调也可能会通过其他方式产生并得到解决。正如同卵双胞胎杰茜和苔丝，她们通常是形影不离的，但这次她们两人碰巧观看了不同场次的同一部电影。杰茜花了 20 美元看了首映，而苔丝只花了 5 美元买了便宜的午后场。不幸的是，她们观看的电影相当令人失望，至少，影迷和影评人后来都这么认为。几天后，杰茜和苔丝开始讨论她们各自的观影体会。通常，她们对每件事的观点都很一致，但这次对这部电影优点的看法却不一致。苔丝有着大多数人的失望，而杰茜则热情地赞美了该影片。

这对双胞胎意见的不同可以用她们消费金额的不同来解释。杰茜一直为自己是一位明智的消费者而自豪，因此，心甘情愿地承认在一部糟糕的电影上浪费了很多钱对

她来说是难以接受的，避免这一点最直接的方法就是认为这部电影很好，甚至比一开始认为的还要好。苔丝也一直为自己是一位明智的消费者而自豪。然而，由于只花了较少的钱去看这部电影，因此她觉得没有必要改变对这部电影的看法。

认知失调理论可以解释为什么杰茜比苔丝更喜欢这部电影，但是要注意，产生失调的反态度行为（支付 20 美元）发生在态度形成（对电影的印象）之前，而不是像第 2 章所述的那样发生在态度形成之后。这种颠倒的事件顺序指向了另一类认知失调效应的运作。它可以总结为：如果我们最初以相当高的成本得到某事物，那后来就会偏向于对它做出有利的评价。对于杰茜和苔丝来说，成本是金钱，但是其他成本如努力、困境、痛苦也会引起认知失调。在所有的情况下，个体越难以忍受，其随后的态度变化就会越大。

你可能觉得这个结论很有道理。也许你已经观察到人们投入的精力与他们对结果的重视程度之间存在相关。例如，一个为获得学位而勤奋学习的人比一个敷衍了事以求获得学位的人更觉得学位有价值。然而，这种相关性本身并不足以证明心血辩护效应（effort-justification effect），心血辩护效应是指在一件事情上付出越多，你就越喜欢它。原因包括以下两点。

第一，人们在某件事情上投入精力的多少通常决定着质量的高低。例如，如果一个学生在学期论文上付出了努力，那他对论文的好评代表的就是论文的质量高而不是自己所付出的努力多。

第二，那些更努力去实现结果的人很可能在一开始就更重视达到那种结果。因此，假设为了进入学校排球队，春菊尽了最大努力，而易英几乎没努力，结果两人都进入了排球队。事实证明春菊后来比易英更喜欢留在队里。这是由于春菊投入了更多的努力吗？不一定。很有可能是由于春菊一开始就更愿意加入团队，因此才更努力地让自己成功加入。因此，仅凭观察只能为心血辩护效应提供间接证据。

社会心理学家该怎么做？他需要进行一项实验，其中，获得结果的成本是变化的，而其他一切因素都保持不变，包括结果的质量以及原始意愿的强度等。在这种情况下，结果评估的差异可以准确地归因于初始成本的差异，而不是其他任何原因。

阿伦森和米尔斯（Aronson & Mills, 1959）着手获取相关数据。他们专注于一种普通又重要的社交活动：加入一个团体。研究人员意识到，成为团体的一名新成员有时会是一种挑战。他们预测，一个人申请加入团体时的考验越严峻，就会越喜欢这个团体，也会对成为其中的一员更看重。

做了什么

为了清楚地检验他们的假设，阿伦森和米尔斯必须人为地创建一个满足两个条件的社会团体。首先，它必须在入会程序设置上有合适的理由，以便入会难度可以变化；其次，它必须足够有趣，使被试在了解入会程序之后仍想加入。为了应对这些挑战，研究人员创建了一个小组，并宣称每周都会讨论一个最有趣的话题：性。有 63 名女大学生自愿报名参加。

入会程序包括一个令人尴尬的测试，该测试旨在确定被试在公开谈论性话题时是否觉得舒服。被试入会所经历的尴尬程度是被系统地操纵的。在严苛的入会条件下，被试必须大声说出 12 个非常“淫秽”的单词（包括某个四字母的单词），并大声朗读两段描述大尺度性行为的散文。更糟的是，她们不得不在男性实验者面前这样做，与此同时，男性实验者会密切注视她们是否有任何犹豫或脸红的迹象。在温和的入会条件下，被试的任务并没有那么使人“望而却步”，她们只需大声朗读五个温和的与性有关的单词（如处女、抚摸）。在控制条件下，入会程序完全被省略。在严苛和温和的入会条件下，实验者解释说，为了确保所有被试都能积极地参与小组讨论，令人尴尬的测试是必要的。他们声称，这么做的原因在于他们需要关注讨论过程的动态特征，而不愿意发言将影响这些动态特征，重要的是，如果不这样做，她们就不能成为小组成员，但实验者也强调被试没有参加测试的义务。这确保了所有被试都是自愿参加测试的（已知的认知失调发生的必要条件；Linder, Cooper, & Jones, 1967）。不对被试施压也可以减轻读者对该研究的一些道德担忧——一名被试确实行使了不参加尴尬测试的权利。

实验者还向被试解释说，为了避免面对面讨论性行为可能造成的尴尬，所有被试将被安排在不同的房间，她们可以通过麦克风和耳机组成的对讲系统进行交流。然而，这仅仅是一个精心设计的骗局，旨在掩盖一个重要的事实，即讨论组实际上并不存在！事实上，所有被试通过耳机听到的都是“假想的”小组成员之间进行的相同的讨论录音。

为什么要精心设计骗局？为什么不使用一个真实的团体？答案是，研究人员试图减少实验中的无关变量。无关变量就像收音机的背景嘶嘶声使得频道难以被听清一样，会导致操纵的效果更难以检测。如果被试是面对面互动的，那么随后的讨论将难以控制，并且会在实验中引入许多无关变量。然而，在所有被试听到的内容都一样的情况下，我们就能够排除无关变量。

当然，为了维持骗局，研究人员不得不阻止被试参加讨论。为了达到这一目的，他们会首先询问被试有没有读过一本名为《动物性行为》（*Sexual Behavior in Animals*）的书。（很明显）所有人都回答了：“没有。”然后，实验者向被试解释说，很遗憾，她们无法参加当前的讨论，因为其他小组成员都读过这本书，现在加入没有读过这本书的人会干扰讨论的正常进行（被试在早些时候被告知，小组讨论已经进行了好几周，所以这个结果并没有让她们感到奇怪）。不过，被试被告知可以旁听小组讨论，以了解小组的情况。

被试被引导并相信小组讨论已在进行中，实验者通过麦克风打断了小组的谈话，并向她们解释说，有一位新成员（他给出新成员的名字）会旁听。就在被试戴上耳机的那一刻，三个预先录制好的声音逐一做了自我介绍，然后“重新回到”了她们的讨论中。

那么这些虚构的小组成员讨论了哪些有趣的话题呢？被试本希望通过旁听小组讨论加深对性的理解，结果却非常失望。研究人员自己对录音的描述说明了原因：

> 录音……被故意设计为尽可能地乏味和平淡。一个人干巴巴、吞吞吐吐地描述低等动物的性行为，还一不小心就自相矛盾；接着，另一个人嘟囔着不合逻辑的话，说着一些不完整的句子，时而吞吞吐吐，时而支支吾吾……总的来说，他们进行了一场你可以想象得到的最没有价值、最无趣的讨论。
>
> （Aronson & Mills, 1959, p. 179）

讨论结束后，实验者要求被试填写一份关于她们对讨论和其他小组成员的看法的问卷。被试被告知，小组中的每个人都做了同样的事情。该实验预测，在严苛条件下入会的被试，由于经历了更多的认知失调，因此会更加重视小组讨论以及小组成员本身。

事实证明，托词和精心设计的程序非常成功。只有一名被试在事后接受询问时，对讨论小组的存在表现出怀疑（她的数据被丢弃）。同样值得注意的是，当最终将研究的真正目的告知被试时，没有人因为被欺骗或已执行的入会程序而感到失望。事实上，研究人员报告说，大多数被试都对这项研究很感兴趣，甚至在学期结束时还回到实验室去了解研究结果。

发现了什么

结果很明确。与温和入会和无入会条件的被试相比，严苛条件下入会的被试对讨论和讨论者的评价更高，这为心血辩护效应提供了有力的证据（如图 3–1 所示）。正如预测的那样，被试加入一个团体的难度越大，就越喜欢这个团体。为什么？最有可能的原因是她们经历的认知失调。具体来说，被试知道（a）她们已经心甘情愿地接受了一个令人不愉快的入会程序；（b）团体成员是令人失望的。她们无法否认自己行动的自主性与入会程序的不愉快，因此便通过“玫瑰有色眼镜”去看待团体成员，并推断成为团体的一员是一种有价值的经历（有关感知偏差的更多信息，见第 17 章；有关回顾性偏见的更多信息，见第 21 章）。

另外两个实验结果也值得评论。首先，在被试如何评价讨论和讨论者方面，温和入会和无条件入会之间没有差异。似乎温和入会条件几乎没有给被试带来任何尴尬，因此她们产生的认知失调也较小。研究人员可能更倾向于让团体的可爱程度与初始阶段的入会严苛程度同步上升，但他们很难事先预测，严苛程度的增加会与可爱程度的增量相对应。其次，被试对讨论质量的看法，比他们对小组成员的可爱程度的看法更多受到入会严苛程度的影响。这可能是因为贬低讨论的质量对于减少失调更为重要。或者，被试可能只是不愿意直接批评同学。

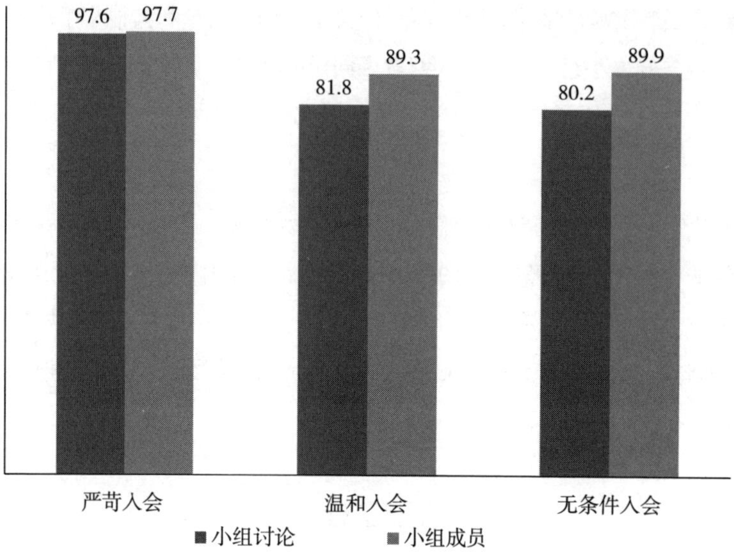

图 3–1[①] **接受严苛入会、温和入会或无条件入会的被试，对小组讨论和小组成员的评分**

有研究者指出，还有其他心理机制或许可以解释这项研究的结果。例如，在严苛条件下入会的被试之所以对小组讨论有更积极的印象，是因为与刚刚通过的令人尴尬的测试相比，小组讨论显然是令人愉快的。或者，尽管这些被试经历了令人尴尬的测试，但她们可能仍然对性话题感兴趣，因此更喜欢讨论乏味的动物求爱话题。令人高兴的是，随后的研究排除了这些可能的解释。在一项严格控制的重复研究中（Gerard & Mathewson, 1966），入会难度是通过给被试实施不同程度的安全但令人不快的电击来操纵的（与著名的米尔格拉姆的服从研究不同，那项实验中实际上并没有电击；见第 4 章）。从科学的角度来看，这种新的操作方法的优点在于，入会程序的内容不再与讨论组的内容有关，这会同时消除几个可能的混淆变量。此外，研究人员还对被试是否相信自己是他们后来评价的小组成员和讨论的一部分进行了操纵。这使得研究人员能够区分开其他相同的负面经历的影响：一个与团体入会有关，一个与后来对这个团体的态度有关。研究者还采取了其他一些控制措施。尽管进行了严格的额外控制，但

① 纵坐标分别代表对小组讨论质量和小组成员可爱程度的评分。其中，分数越高表示对小组讨论质量的评价越高，也越喜爱小组成员。——译者注

所获得的结果与心血辩护效应非常一致。

又怎么样了

研究表明，在成为团体成员的过程中，克服令人不快的障碍会使人们更加重视而不是更少重视自己的团体成员身份。这有助于我们理解，为什么在日常生活中，一个人即使面对看似大量且反复出现的离开动机，对团体的忠诚也会随着时间的推移而增强。

从常识来看，让人们加入某个团体，并确保他们长期保持成员身份的方法是消除所有可能的入会障碍，并慷慨地奖励他们的忠诚。从某种意义上说，这显然是正确的。如果不需要做任何特别的事情就可以加入一个团体，并且作为其成员，还能够获得丰厚的报酬，那为什么不加入呢？然而，尽管这种强大的激励机制能够有效地塑造我们的行为，但却不一定能使我们对团体的忠诚内化。也就是说，你可以贿赂人们加入一个团体，但你不能贿赂他们产生忠于团体的感觉。如果你想改变人们真实的感受，那你最好明智地采取一种更间接的方式。本研究记录了一种有一定权力地位的人可以采用的策略：诱使人们心甘情愿地经历一些困难，以此作为加入某个团体的先决条件。认知失调将确保人们对团体的个人态度往积极的方向转变，因此，你不需要通过提供奖励来维护团体成员，自我辩护的过程就可以确保他们为了自己的利益而重视自己的成员身份。

当然，问题在于如何激励人们向成为团体成员迈出第一步。有时，团体的吸引力本身就足够了。加薪、提升地位或获得独特机会的承诺，可以激励那些即将加入的成员忍受他们遇到的任何初期困难。具有讽刺意味的是，正是那些一开始就很渴望加入团体的人，才能忍受严苛的入会程序，进而加强自己对团体成员身份本就积极的态度。接下来的这个例子说明了社会条件是如何共同作用，使先前存在的态度变得更加极端，从而形成了一个自我强化的循环（Abelson, 1995）。在这方面，还请考虑这样一种情况：一位候选的小组成员最初被要求为能成为团体成员做出小的牺牲，但后来逐渐被诱导做出更大的牺牲。这一过程中的每一次增量都很小，以至于当事人在做出了之前的牺牲之后，不可能不认为下一次的牺牲也是合理的。这种滑坡谬误甚至会吸引那些最初不太热衷于成为团体成员的人（关于如何使用滑坡谬误来解释服从权威，请参见第4章）。

有证据表明，为了让承诺深入人心，这一滑坡谬误甚至不需要这么逐步诱导。起初做出象征性的让步，就能够导致个体在之后做出更大的让步。例如，在一项研究中，研究者询问本科生是否能在早上七点来参加有关思维过程的研究。一半的人同时被告知实验开始的时间，而另一半人则是在同意参与研究后才被告知实验开始的时间。这一细微差异导致参与实验的人数产生了很大的差异。在立即被告知实验开始时间的本科生中，只有不到四分之一的人到场，而在那些先口头承诺会参与研究的本科生中，有超过一半的人出现了（Cialdini, Cacioppo, Bassett, & Miller, 1978）。

销售人员经常使用类似的技巧让顾客花掉他们辛苦赚来的钱。我们的作者格雷格从一位调查记者那里了解到，一家狡猾的汽车金融公司是如何利用承诺技巧，牺牲顾客的利益来为自己赢得更多的利益的。例如，在销售策略上，他们故意让客户等待数小时，而交易本应该早就完成。你能看出这是在如何促使客户接受经销商的最终报价的吗？

通过各种可以强化承诺的精妙手段，你现在是否开始认识到人们是如何被卷入令人厌恶的组织的。这些组织的做法和信仰在外人看来是荒谬和极端的，然而，我们不能忽视这样一个事实，即心血辩护效应并不仅仅适用于边缘组织，它在主流社会也随处可见。想想那些需要以牺牲为先决条件才能加入的社会机构：大学兄弟会以魔鬼般的方式“欢迎”新成员；军队把新兵安排在炼狱般的训练营；睡眼惺忪的实习生在成为医生之前没日没夜地工作。在人们意识到这些条件可能会引起认知失调之前，这种苛刻的加入团体的先决条件的基本原理是不清楚的。这种失调可以通过成员对团体采取更积极的态度来解决，而这种态度反过来又会促进更高程度的忠诚、服从和团队精神，所有这些都能够促进团体凝聚力。

坎特（Kanter, 1972）对19世纪乌托邦邪教的分析强调了心血辩护和承诺在保持团体团结方面的核心作用。她发现，那些要求成员做出重大牺牲的邪教往往更成功。例如，让成员交出所有个人物品的邪教比不要求交出的邪教存在的时间要长得多。因此，历史数据很好地证实了阿伦森和米尔斯的实验结果。

后记

在结束对心血辩护效应的讨论之前，让我们再次考虑杰茜的困境，她花了所有的钱去观看了一部令人失望的电影。假设杰茜对认知失调理论非常熟悉，那么已经支出的 20 美元就不会影响她的判断。当电影放到一半时，她会勇敢地承认自己犯了一个错误。那么她现在应该如何理智地做？是留下还是离开？你可能会怀疑，毕竟已经付了这么多钱，最好还是留下来。然而，稍做思考你就应该清楚，杰茜应该尽快离开。毕竟，无论她做什么，电影票钱都没人会退给她。可是，如果她离开，那她至少不需要再坐在那里观看一部无聊透顶的电影了。钱已经花了，现在唯一重要的是杰茜接下来的生活的品质，因此，她应该尽快走出电影院，从而避免一个常见的被称为沉没成本错误（sunk cost error）的行为陷阱。沉没成本错误指的是个体不理性地倾向于认可不可挽回的损失，从而导致其目前和未来的福祉受到损害（Arkes & Blumer, 1985）。例如，一项实验研究发现，即使投资环境明显变得不利，人们也倾向于在盈亏平衡点之后继续投资（Rubin & Brockner, 1975）。

由于花钱买了票而不理性地坐在那里观看一场无聊的电影，就是一个相对较小的关于沉没成本错误的例子。但当高官们坚持将公共资金浪费在毫无意义的项目上，以证明他们已经浪费的所有公共资金的合理性时，事情就严重得多了。一个著名的例子是美国的田纳西 – 汤比格比运河。建造它耗资 20 亿美元，而且还需要占用比巴拿马运河更多的土地。今天，这条运河从亚拉巴马州延伸到密西西比州，全长 234 英里[①]。然而，在工程进行到一半时，人们断定这条运河的预估经济价值将远远低于完成这条运河所需的成本。尽管如此，亚拉巴马州参议员杰里米亚·丹顿（Jeremiah Denton）却为继续施工辩称："终止一个已经投资了 11 亿美元的项目，是对纳税人税款的不当使用。"（Dawes, 1988，p. 23）这位优秀的参议员似乎忽略了一个事实，即最初的 11 亿美元已经一去不复返，再花 9 亿美元只会进一步不当使用纳税人的税款。今天，田纳西 – 汤比格比运河主要用作煤炭和木材产品的运输路线，并没有达到其预期的效用。

另一个潜在的浪费是美国的 F-35 隐形战斗机，这是历史上最昂贵（也可能是最错

① 1 英里 ≈ 1.61 千米。——译者注

误）的军事武器系统。该项目在每个环节都受到了批评，现在它已退出研发，投入了生产，估计最终成本高达 1.5 万亿美元。在无用花费之后继续投钱，是不是又犯了沉没成本错误，时间会证明一切。无论如何，不管是个人还是集体，我们绝不应该不明智地为了坚守承诺去肆意挥霍；相反，我们应该刻意减少损失，继续前进。考虑到我们不愿面对已遭受的损失，这可能很困难（Tversky & Shafir, 1992）。事实上，由于沉没成本错误往往是一个自我辩护的过程，因此引入一个更客观的第二方监督正在进行的投资决策是有帮助的（Gunia, Sivanathan, & Galinsky, 2009）。

启示

当人们自愿经受不愉快的经历去成就某件事时，他们会更加看重这件事。这有助于解释为什么即使成为团体成员需要做出相当大的入会牺牲且报酬很少，人们也还是会成为团体的忠实成员。

你怎么想

人们常说："成功者从不放弃，放弃者永不胜利。"但是，当前进变得不可能或不太可能时，不放弃就会成为失败的原因。要想在生活中取得成功，就像打扑克一样，不就是"知道什么时候该取，什么时候该舍"的问题吗？

第 4 章

服从命令：令人震惊的服从权威实验

> 服从，是毁灭一切天才、美德、自由、真理的祸根，它使人沦为奴隶，使人成为一个没有思想的机器。
>
> 珀西·比希·雪莱（Percy Bysshe Shelley，1792—1822）
>
> 英国诗人

背景

服从就是不管自己的意愿如何，完全按照别人的意愿行事。一般来说，服从是件好事，因为它能确保社会的正常运行，尤其是在完成大规模目标时能确保不同层级间的相互协调。追随者只有按照领导者的要求做事，才能把事情做好。古希腊哲学家苏格拉底就推崇服从国家的重要性，并坚决地服从了雅典陪审团的命令，喝下了毒槿汁（以腐蚀雅典青年思想的罪名）。但服从并不总是一件好事，柏拉图就是因老师苏格拉底的死亡而开始质疑雅典法律的不公正。历史上充满了由服从导致的令人心酸的悲剧，这些悲剧启示后人应该具有反叛精神。

在越南战争进行得如火如荼的时候，发生了一件“美莱村惨案”。由于美军怀疑敌人就驻扎在美莱村，因此他们屠杀了村里的所有人。一位参与屠杀的士兵在证词中承认，在长官的要求下，他们把村庄里的男女老少都赶入了一个峡谷中，并开枪射击（Milgram, 1974）。这位军官就是本杰明·凯利（Benjamin Calley）中尉，但是他辩称说自己也是听从上级的命令。1978 年发生了著名的“琼斯镇惨案”，美国邪教组织人民圣殿教的 900 多名信徒在教主吉姆·琼斯（Jim Jones）的要求下，喝了下氰化物并中毒而亡（尽管有些人是在枪口下喝下的，但大多数人都是自愿喝下的毒药）。1993

年，在被联邦调查局包围后，大卫·考雷什（David Koresh）[①] 仍然要求跟随他的教徒们向接近的执法人员开火进行抵抗，他们在位于得克萨斯州韦科市的住所里被困了数周（当然，突击的政府军同样服从于他们的上级）。最后大院被夷为平地，造成大约 80 名大卫教派教徒死亡，其中 20 名还是儿童，对峙终于结束了。这只不过是惨痛的历史事件中的一小部分，这些事件引发了很多人的感悟，其中一条名言说道："回顾漫长而阴郁的人类历史，你会发现以服从的名义所犯下的罪行远多于以反抗为名的罪行。"（Snow, 1961, p. 24）

社会心理学家非常清楚人类历史和人类世界的恐怖，他们的研究也受到了时代精神（zeitgeist: spirit of the times）和地域精神（ortgeist: spirit of a place）的影响。当美国政府在 1961 年做出猪湾事件的错误决定时，社会心理学家意识到有必要研究影响群体决策的因素；当旁观者目睹一名女子在酒吧的台球桌上被强奸却毫无反应时，社会心理学家意识到需要去研究旁观者干预（以及相关理论，见第 5 章）；当女性总体收入低于男性时，社会心理学家开始着手研究性别刻板印象。与其他领域的科学研究相比，社会心理学的研究更受当下社会事件的影响。

斯坦利·米尔格拉姆（Stanley Milgram, 1963）当年是耶鲁大学一名年轻的社会心理学助教，他对人类历史上非常可耻的事件——纽伦堡战争，特别是对阿道夫·艾希曼（Adolf Eichmann）的审判进行了研究，这个人是犹太人大屠杀中执行"最终方案"的主要负责人，被称为"死刑执行者"。从外表上看，艾希曼与普通人无异，他在面对耶路撒冷法庭对其罪行的控诉时以"一切都是奉命行事"作为回答。正是像艾希曼这样的"普通人"的举止让社会评论员汉娜·阿伦特（Hannah Arendt）在 1965 年写下了一篇名为《平庸之恶》（*Banality of Evil*）的文章，文中指出这种罪行正是由像你我这样的普通人犯下的。艾希曼的说法令米尔格拉姆感到困惑——搞不清他到底是个邪恶的人，还仅仅是服从上级命令的无辜者？是艾希曼的行为受到了以抨击犹太人而闻名的理论家所激起的异常情绪的驱使，还是他只是一个普通人，碰巧陷入了仇恨和复仇的漩涡？邪恶到底有多平常？

可以说，社会心理学实验中最著名（或最臭名昭著）的一个观察实验的灵感就来

① 美国邪教组织大卫教派的最后一任教主。——译者注

源于下面的内容：

> 在 1933—1945 年间，数百万无辜的人遭到了大规模的屠杀。屠杀者建造毒气室，看守死亡集中营，每天死亡的人数与制造出的工具的数量相同。这些不人道的行为可能仅仅源于某个人的一句命令，但只有在大多数人都服从命令的情况下，这些政策才能大规模地实施。
>
> （Milgram, 1974, p. 467）

上面的内容引出了一个显而易见的问题：执行者为什么会服从如此令人发指的命令？或者更具体地说，人们服从权威的倾向有多大，以及哪些因素可以减轻或加剧这种倾向？

研究者米尔格拉姆坚信这是由文化差异导致的。他认为，纳粹党人在第二次世界大战期间盲目服从的行为，是由其独特的“德国”性格导致的。为了证明这一观点，他设计了一种独特的方法来测量服从。具体来说，他对服从所下的操作性定义（operationalized），即他测量服从的方法是：让被试假扮教师，对回答错误的“学生”进行电击惩罚，学生答错的问题越多，电击的强度就越大，直到人类所能承受的生理极限。当然这些“学生”都是研究者的托儿，他们会故意答错问题。在提出这种要求后，米尔格拉姆认为“很少会有被试实施中等程度的电击，更不用说强烈的电击了，只有一小部分‘有病’的人才会对他人实施极端强烈的电击”（Meyer, 1970, pp. 3–4）。

米尔格拉姆的被试是来自耶鲁大学周边社区的成年人，这是一个相当有代表性的人口样本。他计划将这些普通美国被试的结果作为基准，与有纳粹特征的德国男性被试进行比较。然而，事实证明，他根本没必要收集德国被试的数据，因为他从普通美国被试那里得到的结果已经很令人震惊了。

做了什么

米尔格拉姆（1963）前后设计了许多项实验来研究服从，共有 1000 多名被试参与。这些实验中有许多是为了验证他最初的实验结果，有许多是为了确定服从的调节变量和服从的边界条件（boundary conditions）。我们首先对米尔格拉姆研究的基本范式和他首次发表论文的具体操作过程进行描述。

米尔格拉姆通过在当地报纸上刊登耶鲁大学需要招募一些人参加记忆实验的广告，招募到了 40 名男性被试。这些被试来自各行各业，年龄在 20~50 岁之间，实验结束后他们可获 4 美元的报酬（这相当于 2016 年的 30 美元）。被试一到达实验室，就会有一位 47 岁彬彬有礼的会计所假扮的第二位被试（假被试 / 研究助理）紧跟其后。主试（并不是米尔格拉姆本人）是一位 31 岁的身穿灰色外套的高中生物教师。当被试与假被试一起出现后，主试先给两个人讲了一个关于惩罚和学习之间假定关系的掩饰故事[①]（cover story）：

> 我们目前尚不清楚惩罚对学习的影响，因为没有人以人类为被试进行过真正的科学研究。我们不知道何种程度的惩罚是最有效的，也不知道实施惩罚的人是否会影响惩罚的效果——成年人是更容易接受年轻人对自己的惩罚，还是年长者对自己的惩罚，等等，所有这些问题目前都没有答案。所以在本项研究中，我们把不同职业和年龄的成年人聚集在一起，让一些人扮演教师，另一些人扮演学生，以此来探讨不同的人在扮演教师和学生时会对彼此产生什么影响，以及惩罚会对学习产生怎样的影响。因此，你们两人中会有一人扮演教师，另一人扮演学生。
>
> （Milgram, 1974, p. 468）

首先，两名被试需要抽签确定自己的角色，但是抽签的结果是提前安排好的，真正的被试一定会抽到教师的角色。之后，两人跟着主试来到隔壁的房间，“学生”被要求坐在房间里，并将手臂固定好。

主试解释说，用皮带固定手臂是为了防止实验中出现任何不当的移动或任何逃跑的企图。除此之外，主试还在“学生”的手腕上绑上了电极——这个电极与隔壁房间的发电机相连，并涂上了电极糊以避免“皮肤起泡和烧伤”。主试还让“学生”表现得很紧张，并专门设计了一段对话，当假被试主动询问电击会不会很疼时，主试冷静地回答说，虽然电击会让人很痛苦，但不会造成持久的伤害。在接下来的研究中，“学生”

① 有时，研究者会设计情境或一项其他的实验来增强目标实验的现实性，在这种情境中，被试可以自然地行动，并且他们的行动不会因知道自己的哪些行为正在被研究而受到妨碍。——译者注

还会主动提到自己有“心脏病”，以使真被试能够完全意识到自己是有危险的。

接下来，主试向“教师”和“学生”交代各自的任务。“教师”需要通过麦克风读配对的单词表（如 blue-sky、nice-day、wild-duck 等）给“学生”听，“学生”的任务就是记住这些成对的单词。之后“教师”先读出一个单词（如“blue”）再读出四个单词（ink、sky、box、lamp），“学生”则通过按键选出后面四个单词中，哪一个和前面的单词是配对的。在“学生”按键的同时，“教师”面前的答案显示器上对应的按键会变亮，答案显示器就位于电击装置的上方。

电击装置表盘上有 30 个电击开关，每个开关都清楚地标记着伏特数。最左边的第一个开关为 15V，第二个为 30V，第三个为 45V，以此类推，直到最右边的 450V。前三个开关标有“轻度电击”的标签，以此类推，每三个开关为一种标签类型，分别为中度电击、强烈电击、非常强烈电击、极度强烈电击、危险电击（严重休克）。最后两个开关被标记为不祥的“XXX”。每当按下开关后，电击装置表盘上的指示灯都会亮起，并伴随着电流的嗡嗡声，与此同时，电压表上的蓝色指示灯也会不停闪烁，刻度盘上的指针向右摆动。

为了使被试更加相信，主试对所有被试都演示了电击过程——在他们的手腕上安装了一个电极，并按下第三个开关，发出一个真正的 45V 的电击。被试的反应证明了他们受到的电击是强烈的，事实上，人们经常会高估自己受到的电击程度。主试告知“教师”，每当“学生”回答错误时，就要对其实施电击惩罚，从 15V 开始，每错一次就增加一个档次的电击强度（Milgram, 1974, p. 469）。

“教师”被要求以这种方式实施电击，直到“学生”可以正确匹配出所有的词对，即使这需要学习好几遍单词表才能做到。但是真被试不知道的是，主试已经提前安排好了“学生”的反应，要求其只回答对四分之一的问题，并且还要求其在接受 300V 的电击后，捶墙以表示难以承受这种程度的电击，但主试仍然不予回复并要求困惑惊慌的“教师”按照回答错误处理，将电击水平增加到 315V。接受电击后的“学生”似乎受到了惊吓，并再一次捶墙示意，之后就仿如死了一般不再有任何动静。

此时，“教师”会本能地询问主试是否应该继续，尽管他们通常会反对继续电击“学生”。主试会用礼貌但逐渐沉重的语气回答说“继续”“请继续”“实验需要你继续”“你必须继续下去”“你没有别的选择，你必须继续下去”。如果“教师”关注“学生”的身体状况，主试就会用自信且轻蔑的语气说：“虽然电击是令人痛苦的，但不会伤害他们的身体，所以请继续。”如果“教师”想退出实验，主试就会拒绝道：“不管学生喜不喜欢，你必须坚持下去，直到他正确掌握所有的单词对，所以请继续。”

米尔格拉姆收集了实验过程中各种类型的数据：通过单向玻璃拍摄的被试照片；主试（有时是其他观察者）记录的被试的任何古怪行为；从“学生”作答到被试按电击开关的时间；“教师”每次按压电击开关的时长。然而，主要的因变量是被试在拒绝继续实验之前所实施的最大电击。实验的主要目的是观察被试对主试即实验情境中的权威人物的服从程度。

实验结束后，被试需要回答一些与扮演教师的感受有关的开放性问题，并参与投射测验（墨迹测验）和态度量表。最后，主试需要事后解释（debriefed）实验的真正目的、“学生”的真实身份（实际上是研究助理），并告知被试在测试中没有任何人受到任何电击或伤害。在了解真相后，“教师”们脸上的表情显示了他们的震惊程度。

发现了什么

想象一下，如果你所认识的 100 个不同背景和个性特征的人来参加这个实验，会有多少人服从主试的命令，给另一个人施加 15V 的电击，又有多少人会施加 30V、45V 的电击，60V 呢……当另一名被试要求暂停实验，并猛击墙壁直到放弃挣扎时，有多少人会继续增加电击强度？又有多少人会施加 450V 的“XXX”电击？当米尔格拉姆让他的同事和耶鲁大学心理学专业的学生预测时，他发现绝大多数人都预测很少有人会实施超过“非常强烈电击”水平的电击，而最高电击水平时只有极少数人（0%~3%）会服从。与此同时，附近一所医学院的精神科医生也在考虑进行一项类似的后续研究，他们预测只有不到 1% 的人——即那些最扭曲、最暴虐成性的人才会实施最高程度的电击。当要求回答自己在这种情况下会怎么做时，绝大多数人都认为自己根本不会电击别人。

但是，米尔格拉姆（1963）实验的真实结果令人非常震惊。在“学生”捶墙前，40 名被试中没有一人拒绝实施电击。当电击达到 300V 时，40 名被试中有 5 人拒绝继续电击。在被施加 315V 的电击后，“学生”再次敲打墙壁，这时又有 4 人拒绝继续电击。随后，又有 2 名被试拒绝实施 330V 的电击，在接下来的三次电击（345V、360V 和 375V）中，“学生”不再捶墙，不再对电击做任何反应，但每次都只有一名被试拒绝继续实验。到此为止，其余 26 名被试都执行了 390V、405V、420V、435V 和 450V 的电击。换句话说，65% 的“普通人”用最极端和最致命的电击（“危险电击”和“XXX”；如图 4–1 所示）惩罚了未能记住单词对的学生。大多数被试表现出了不适、恐惧、不情愿和愤慨，但仍有少部分人表现得非常平静。米尔格拉姆（1974）记录了被试在完成实验后的行为：

> 当主试叫停实验时，许多“听话”的被试松了一口气，他们摩挲着眉毛，用手指抹着眼睛，紧张地摸索着口袋里的香烟；有些人不停地摇头，表现得非常后悔；但有的人从头至尾都非常冷静，很少有紧张的迹象。

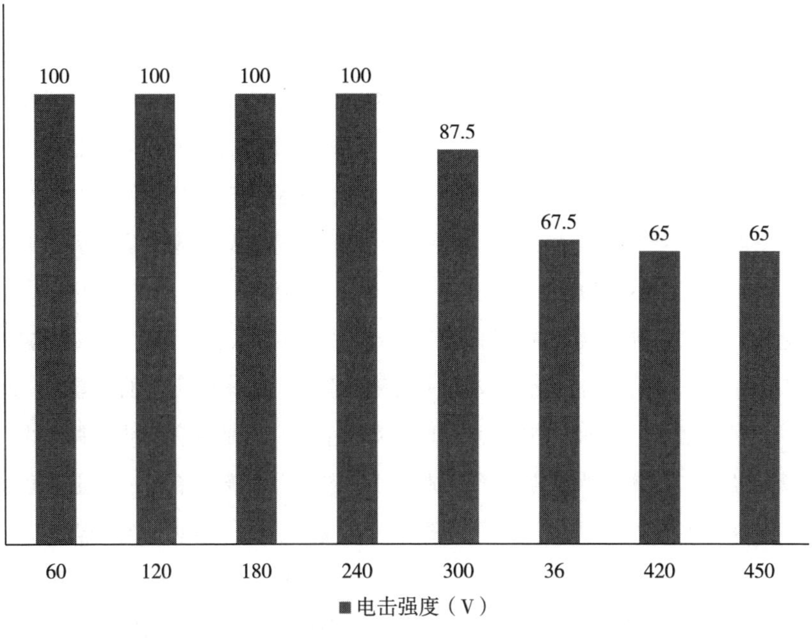

图 4–1① 随着电击强度增加，服从主试命令继续实施电击的人数百分比

① 图 4–1 中的纵坐标为服从主试命令继续实施电击的人数百分比，分数越高表示服从的人数越多。——译者注

米尔格拉姆的一些后续研究（1965）的结果仍值得注意。如前所述，在偶然发现了意料之外的结果后，他试图找出服从实验的影响因素。他推测研究机构（即耶鲁大学）的声望可能是其中一个原因，于是他把实验室搬到了位于康涅狄格州布里奇波特市中心的一栋破旧的商业大楼里。然而，拒绝继续电击的人只增多了一点点，仍有半数以上的被试服从了令人痛苦的命令。米尔格拉姆还想知道“主试”“教师”与“学生”在物理或心理上的距离对结果的影响。因此，在一项研究中，主试并没有当面对“教师”下指令，而是通过电话或录音机下的指令。结果只有 16% 的被试持续实施电击（还有些被试偷偷地降低了电击程度）。在另一项研究中,“学生”被安排在距离“教师”1.5 英尺（约 45cm）远的同一个房间里，与第一个实验相比，这种实验环境在疼痛的听觉线索之外又增加了视觉线索。因此，与第一个实验中的 65% 相比，本实验中只有 40% 的被试继续进行了实验，但拒绝人数仍低于预期。即使主试命令“教师”亲手将不情愿的“学生”的手放到电极板上（教师手上戴着绝缘的塑料手套），服从率仍达到 30%！

米尔格拉姆还测试了团体压力对服从的影响，他让 3 名“教师”（其中两名是研究助手假扮的）一起实施电击，并让真正的被试负责按按键。当另外两名“教师”顺从主试的要求，对陷入困境的“学生”置之不理时，真被试也倾向于做出同样的反应（72% 的人会施加极其严重的电击）。然而，当另外两名“教师”不服从主试的要求时（分别在电击强度达到 150V 和 210V 时退出），真正的被试则表现出了更多的勇气，只有 10% 的人施加了极端的电击（更多有关信息，请参见第 1 章）。有趣的是，在最初的实验程序中，如果允许被试选择每次回答错误时的电击强度，只有 2.5% 的被试选择了 450V；然而，当执行电击者旁边站着一位毫不阻止自己电击行为的“盟友”时，选择继续执行的人数就从 65% 上升到了 93%，实际上这个人是由实验助手假扮的。这就能解释为什么第二次世界大战期间，当纳粹分子实施大规模屠杀时，普通的德国民众却袖手旁观的现象。当然还有一个可以降低服从性的条件，那就是当“学生”是“教师”的朋友或亲戚时，只有 15% 的人选择了施加 450V 的电击。从表面上看，这似乎是一个好消息，但也许仅仅意味着纳粹分子不太容易服从伤害其他纳粹分子的命令。

最后，米尔格拉姆发现人格特征和人口统计学变量对研究结果的影响很小，道德和勇气在这种情况下不起任何作用。高权威主义（authoritarianism）特质（非常尊重权威，对弱者和被压迫者缺乏同情）的被试服从主试要求的程度略高于低权威主义特质的被试。罗马天主教徒的服从程度略高于新教徒或犹太人。与受教育程度高、收入高的人相比，受教育程度低、收入低的人的服从程度稍高一些。即便如此，参加米尔格拉姆实验的大部分被试（无论男女）的人格特征和人口统计学变量并不影响其对实施电击的命令的服从，只因一旁“专横跋扈”的主试要求他们继续按压面前看起来非常真实的电击装置。

又怎么样了

米尔格拉姆（1963）的研究结果令学术界乃至全世界都感到非常震惊。人们逐渐意识到：像你我这样的普通人在冷漠固执的权威人物的怂恿下，也会做出惨绝人寰的行为。用米尔格拉姆的话说：“只要是权威人士下达的命令，不管内容如何、是否符合良知，绝大多数人都会服从（1965, pp. 74–75）。”实验结果让人们意识到道德对无条件服从毫无影响，并开始让人们质疑自己是否也会像德国纳粹党人阿道夫・艾希曼、美莱村惨案中的凯利中尉、琼斯镇惨案中的自杀者或大卫教派教徒那样行事。

人们都认为自己是自由的，不易受情境压力的影响，但事实并非如此。米尔格拉姆的研究揭示了情境对行为的影响。很少有人会承认自己像小说家小库尔特・冯内古特（Kurt Vonnegut Jr.）描述的那样：“如果我出生在德国，那我可能会成为纳粹分子，到处殴打周围的犹太人、吉卜赛人和波兰人，把靴子插在雪堆里，即便如此还认为自己拥有善良的内心（1966, p. 69）。”

需要注意的是，尽管米尔格拉姆发现了情境对服从的巨大影响，但却基本没有对影响研究结果的心理变量（干预因素）进行研究。被要求继续施加电击的被试明显非常痛苦，但为什么还是会服从主试的命令？虽然米尔格拉姆并没有在理论层面对此进行解释，但后来的研究者却对这一结果提出了自己的看法。

有人认为，虽然米尔格拉姆实验中的被试表现得冷漠无情，甚至有些幸灾乐祸，但他们在实验中也遭受了巨大的压力和痛苦。有许多被试在实验中发出了不安的笑声，他们满头大汗、祈祷主试停止实验。显然，被试是关心受害者的，即使这种关心是自私的（参见第 18 章）。那些认为被试冷漠无情的人，在归因上犯了基本归因错误

（fundamental attribution error）——夸大了性格对行为的影响，而忽视了情境的决定作用（Ross & Nisbett, 2011; 见本书第 10 章）。

还有人用规范来解释实验结果，规范是指社会对人们如何行事的期待（见第 1 章）。例如，服从的规范要求人们服从那些拥有合法权威的人；而社会责任的规范要求人们帮助处于困境中的他人。这些规范往往应用于不同的情境，例如行人在警察的命令下走人行横道（服从的规范），路上遇到迷路的孩子我们会提供帮助（社会责任的规范）。在米尔格拉姆的实验中，存在两种相互对立的规范：被试既不想因为拒绝服从而遭到反对或鄙视，也不想因为故意伤害他人而痛苦。但是实验环境和主试不容置疑的话语——“你必须继续”让人难以拒绝，不得不服从。如果实验环境不那么严酷，主试的语气更柔和一些，用的是“小心不要伤害学生”之类强调同情心的话语，那被试可能就会产生不同的行为（Haslam, Loughnan, & Perry, 2014）。不幸的是，在日常生活中，人们往往会盲目地贯彻服从的规范，而不去考虑社会责任，因此会产生令人遗憾的结果。

低价揽客的行为和登门槛现象①也可以解释米尔格拉姆的实验结果。如果顾客因为商家的低价揽客活动而决定购买一辆樱桃红色的经典二手车，然后却被告知之前的价格报错了，实际价格要高一些，或者交易中不包含故障安全保修。此时，尽管二手车对顾客的吸引力降低了，但其仍有很大可能会购买（Cialdini, 2000）。精明的推销员会在顾客一进门就开始说服他：先做出一个较小的承诺，使他们在心理上很难放弃一个更大的承诺（Cialdini, Cacioppo, Bassett, & Miller, 1978; 见本书第 2 章和第 3 章）。在米尔格拉姆的实验中，被试在不知情的情况下开始执行一种看起来相当温和的操作，因为刚开始时的电击很弱，而且电击的目的是提高学习效率，是有科学研究意义的。被试肯定想不到“学生”竟然会犯这么多错误，而电击也这么快就达到了极强的程度。此外，如果被试服从主试的要求给学生施加了 45V 的电击，那他就没有理由拒绝 60V 的电击；同样，如果被试实施了 390V 的电击，那他也没有理由拒绝 405V 的电击。如

① 心理学家认为，在一般情况下，人们都不愿接受较高、较难的要求，因为它费时费力又难以成功；相反，人们却乐于接受较小的、较易完成的要求，在实现了较小的要求后，人们才慢慢地接受较大的要求，这就是“登门槛效应”对人的影响。——译者注

果要求电击强度每次增加 100 伏，而不是原先的 15V，那被试还会如此听话吗？显然，正是主试循序渐进的要求导致被试无法拒绝——那时被试已经逐渐迷失了自我，没有时间进行思考（Gilbert, 1981），所以他们意识不到自己刚开始无伤大雅的行为已经快速演变为了不合情理的行为。正如现实生活中有时会发生的那样，天真无邪的人变成了魔鬼。

也许米尔格拉姆实验中的被试之所以给学生施加危险的电击，是因为要服从主试的要求。事实上，米尔格拉姆（1974）认为，被试在实验中进入了一种“代理状态”（agentic state），即将自己视为主试的工具或实验情景下无情按压电击按键的工具。因此他们只专注于实验任务，对任务不再进行任何更高层级的加工（Vallach & Wegner, 1987）。当被试询问谁会对此负责时，主试明确回答“我会负责”，这减少了被试对自己行为所应承担的责任。

也许上述所有解释都不能完全令人满意，事实是，情境（主试的要求、任务性质、实验室的布置）在很大程度上影响了被试的行为。最为重要的是，米尔格拉姆实验的关键特征与日常生活中的很多情境都有相似之处。

后记

米尔格拉姆（1963）的方法极端吗？他是否越过了道德的界限，让被试承受了不必要的心理折磨？事实上，他本来可以做得更“恶劣”。相比之下，40 年前卡尼 · 兰迪斯（Carney Landis, 1924）所做的面部情绪实验更不人道。为了诱发被试表现出代表强烈情绪的面部表情，卡尼 · 兰迪斯让他们做了一些难以接受的可怕事情。例如，为了诱发被试产生强烈的恐惧情绪，兰迪斯让他们把手伸进一个装有三只青蛙的水桶里，想象一下让你把手伸进装着摸起来黏糊糊的、表面有疣还有腿的不知道什么东西的桶里，你会是什么感受；为了使被试产生疼痛感，他还往水里通入了强烈的电流；为了诱发惊恐情绪，他在被试的椅子下面放鞭炮。除此之外，他还让被试观看色情图片，以诱发震惊、兴奋、厌恶等情绪。最令人震惊的是，兰迪斯会用“实验需要这样做……你别无选择……请继续”等话语命令所有被试用生锈的黄油刀亲手杀死活老鼠。如果被试拒绝，兰迪斯就会要求他们观看杀死老鼠的场面。需要指出的是，这样不道德的研究在当今社会是不被允许的，任何地方的道德委员会都会禁止这样做。

米尔格拉姆的研究虽然没有那么明目张胆、肆无忌惮，但也并非无可指责。事实上，他的研究几乎已经成为“要公平对待人类被试”的代名词，与其他社会心理学家相比，他花费了更多的时间和精力来回应伦理方面的批评（Baumrind, 1964, 1985; Milgram, 1964, 1977）。人们批评的主要内容是，尽管米尔格拉姆的实验结果是令人信服的，但实验中被试承受了常人难以承受的心理压力，有些被试还经历了极端的胁迫，就连米尔格拉姆本人也承认：

> 我看到一位成熟稳重、面带微笑的商人走进实验室。不到 20 分钟，他就变成了一个抽搐、口吃、崩溃的人。他似乎已经到达了神经崩溃的边缘，不停地扯着耳垂，扭着双手，甚至还用拳头捶打额头，喃喃地说：“哦，上帝，快停止实验吧。”然而，他仍然对主试的每一句话都服从到底。
>
> （Milgram, 1963, p. 376）

为了避免影响实验结果，米尔格拉姆实验中的被试对实验程序完全不知情。米尔格拉姆在许多方面都欺骗了他的被试。最严重的是，被试被引导相信自己是在切切实实地伤害他人。即使在与“受害者”友好和解，并得到受害者实际并没有遭到电击的解释后，被试也永远知道了自己竟然会做出如此残忍的行为。显然，他们并没有要求对自己的内心有如此令人不安的洞悉。即使被赋予“认识你自己”这一古老使命的智慧，大多数人也还是宁愿不受欺骗地这样做。

米尔格拉姆依据后续的邮件调查结果，对上述批判进行了反驳。调查结果显示，无论是反抗者还是服从者都反馈说非常高兴能参加这次实验（但请注意这一发现与第 3 章所述研究结果之间的联系），有近 85% 的人表示今后还愿意参加类似的实验。米尔格拉姆还找来了精神病学家证明参加实验的被试不会受到任何长期有害的影响。但是，最近的一些关于该实验的调查发现，米尔格拉姆当时可能没有汇报所有被试的情况（Perry, 2013）。但无论如何，伦理上的愤怒都引发了人们对实验被试的讨论。大多数人认为应该用严格的道德准则来保护人类被试，使其免受研究人员的欺骗。这样的道德伦理准则逐渐变得丰富：明智的成本 – 收益分析；只有在合理的情况下才使用欺骗；避免被试受到不必要的伤害；保证被试的知情同意，并对实验进行充分的解释。

很多人都支持这样的实验原则。考虑到米尔格拉姆实验引起的伦理问题，我们不能再让被试接受如此残酷的考验，因此在检验实验结果的可靠性时存在一定的困难。

然而，伯格（Burger, 2009）却有了另外一种想法。他从米尔格拉姆的研究结果中发现，在那些实施了 150V 电击的被试中，五分之四的人都会实施最高强度的电击。因此，我们可以复制米尔格拉姆的实验，但是把最高强度的电击设置为 150V。这样既可以检验实验结果的可靠性也更符合伦理道德，因为被试不会承受那么大的压力。伯格的实验得到了道德委员会的批准。结果发现：米尔格拉姆的研究中有 82% 的被试服从了 150V 的电击命令，而伯格的实验中则有 70% 的被试服从，两者的实验结果类似。此外，有研究表明，性格对服从也有很大的影响，在“共情关注”（empathic concern）上得分较高的被试的服从程度较低。

在前人研究范式的基础上，伯格（2009）设计出另一种实验范式，即提前安排好被试实施电击的顺序，这样他们承受的压力就会小一些。但即便如此，实验结果也显示了较高水平的服从。在另一项研究中，22 名护士接到了一位不知名的医生的电话，这名医生命令护士给病人注射超过安全剂量的罕见药物。在警觉的研究助理介入前，只有一位护士拒绝，其他人全都服从了医生的命令（Hofling, Brotzman, Dalrymple, Graves, & Pierce, 1966）。在另一个系列研究中，主试要求荷兰学生给求职者一些压力，声称只有让求职者得不到工作，他们才能通过考试（Meeus & Raaijmakers, 1995）。同样，绝大多数被试都服从了主试的要求。这些相同的实验结果印证了一个结论：服从权威的现象并不局限于 20 世纪 60 年代康涅狄格州纽黑文市的被试。

最后需要关注的一点是，米尔格拉姆并没有系统地改变学生角色，在他的实验中学生一直都是由同一位中年男性扮演的。这就引发了一些有趣的问题，例如，虽然男女“教师”都遵守了主试的要求，让“学生”接受相同程度的电击，但如果电击的对象是女生，结果会怎样？男教师和女教师会以同样强度的电击惩罚学生吗？处在困境中的女学生是否更能激发男教师违抗主试的命令？或者不同性别的教师在电击男女生上是否存在差异（男教师会较少电击女生，或者会较少电击男生）。最近的研究（Reicher, Haslam, & Smith, 2012）表明，被试对学生的认同程度会影响其服从意愿，这就说明服从会受到群体动力的强烈影响。人们可能只伤害陌生人或群体外的成员，伤害认识或认同的人可能会激发个体反叛的本能。

启示

情境会使人们心甘情愿地服从权威人物，甚至犯下十恶不赦的罪行。

你怎么想

服从命令会让很多人做出邪恶的事情，那么人们应该在什么时候服从呢？如果人们从不服从命令，完全不听从权威政府的指挥，那世界是会变得更好还是更糟？此外，阿伦特（Arendt, 1965）提出的“平庸之恶”的概念在当今世界是如何体现的？邪恶是使人变得更加平庸还是更加极端？

第 5 章

“谁，我？”：紧急情况下，旁观者为何仅“旁观”

> 我一向依赖陌生人的好意。
>
> 布兰奇·杜博伊斯（Blanche Dubois）
>
> 出自电影《欲望号街车》（*A Streetcar Named Desire*）

背景

本章的研究是基于基蒂·吉诺维斯（Kitty Genovese）的悲剧故事展开的。《纽约时报》（1964 年 3 月 27 日）是这样报道的：

> 在半个多小时里，38 位受人尊敬的守法公民在皇后区的邱园目睹了一名行凶者接连三次袭击并刺伤一名女性。期间，这些目击者的说话声和周围建筑中突然亮起的灯两次打断了他，并把他吓跑了。但每次他都返回并找到这名女性，然后继续用刀捅她。在此期间，没有一个人打电话报警，只有一位证人在这名女性死亡后打电话报了警。

在这场致命的折磨中，基蒂·吉诺维斯曾多次尖叫着求救，包括“啊，天哪！他用刀捅我！请救救我！”其中一名旁观者曾试图给警察打电话，但他的妻子阻止了他：“别打了，现在肯定有至少 30 个人打过电话了。”还有一个在现场附近的人，在给朋友打电话寻求建议后，爬上自己所在建筑物的屋顶，然后越过几个屋顶下到了另一栋楼里。在那里他请一位老妇人打电话报了警。警方后来在他的公寓里找到了他，当时他喝得醉醺醺的，充满了负罪感（Rosenthal, 1964）。

虽然基蒂·吉诺维斯事件非常出名，但这并非没有英雄现身的个案。同样令人震惊的类似事件不时出现在新闻中。拉塔内和达利（Latané & Darley, 1970）描述了一个十几岁的男孩在乘坐地铁回家时被刀刺死的情景，其他 11 名乘客就这样眼看着他流血而死。即使是在行凶者逃离地铁车厢后，这些乘客都没有提供帮助。在另一事件中，一名年轻的女接线员独自在办公室工作时遭到了歹徒的殴打和强奸。她挣脱出来，赤身裸体地跑到街上，尖叫着求救。光天化日之下，那名强奸犯竟然试图把这名女子拖回楼里，当时周围有 40 名旁观者，但他们都没有伸出援手。幸运的是，两名警察碰巧经过，他们并没有像其他人一样转身视而不见，而是尽责地逮捕了歹徒。

记者、教授、政府官员等社会评论员都致力于探讨人们之所以对他人的困境如此冷漠无情的原因。在这些情况下，人们为什么不提供帮助呢？现场有那么多目击者，你会想当然地认为至少会有一个人提供帮助，但即使是拿起电话报警这么简单的事情都没有人去做。这真的是因为大城市的生活把正派体面的人们变成了像僵尸一样麻木不仁的旁观者，由于过度疲惫而无法关心自己的同胞吗？这类悲剧是否反映了我们文化中一种潜在的道德沦丧？

达利和拉塔内（Darley & Latané, 1968）尝试从社会心理学的角度对此进行解释。他们认为，目睹紧急情况尤其是像被刺伤这样令人发指的事情的人，会处于一种冲突状态。人道主义准则和良心的拷问促使他们进行干预，但与此同时，许多理性和非理性的恐惧则使他们望而却步。毕竟，个体在提供帮助时可能会受到伤害，也可能会经历众目睽睽下的尴尬或卷入警务案件的调查程序。那么情境的各种特征是如何决定旁观者内心冲突的解决方式的呢？

达利和拉塔内推测，有同样目睹紧急情况的他人在场实际上可能会阻碍人们提供帮助，而非促使人们提供帮助，原因有以下几点。首先，看到别人没有提供帮助，可能会导致个体将当下情况定义为非紧急情况，并因此认为没有必要提供帮助——“这可能只是情人间在争吵。”一群人未采取行动会导致更多人不采取行动。其次，个体可能不知道他人是如何反应的，这可能会导致其推断他人正在提供帮助，因此自己就没有必要参与了。达利和拉塔内把这种现象称为“多元无知”（pluralistic ignorance, Prentice & Miller, 1999）。事实上，许多观察到基蒂·吉诺维斯遭受攻击的人，看到附近公寓窗户上的灯光和人影，就知道还有其他人也在看，但却无法知道他们的反应，多元无知正是由此发生。最后，不介入可能是由达利和拉塔内所称的“责任扩散”（diffusion of responsibility）所致。之所以没有提供帮助，是因为帮助的责任扩散到了目击者群体中，对没有采取介入行动的任何指责也相应扩散。具有讽刺意味的是，如果只有一名晚睡者注意到了这起残忍的袭击，或者听到了基蒂·吉诺维斯的求救，并认为只有自己正在目睹这场凶残的袭击，那么他很可能会予以阻止，因为此时介入的压力会特别集中在这名目击者身上，结局也就不会如此悲惨。

下面引用的是埃文斯（Evans, 1980）的话，他描述了当基蒂·吉诺维斯谋杀案仍然是热门新闻的时候，达利和拉塔内之间进行的一次讨论（达利数年后的回忆）：

> 拉塔内和我与其他人一样感到震惊。在这个可怕的事件发生几天后，我们在晚餐时相遇，并开始从社会心理学的角度来分析事件过程。首先，社会心理学家关注的不是个体之间如何不同，也不是为什么那些人没能对行凶者做出反应，而是为什么在那种情况下，所有人都不约而同地选择了不介入，他们受到了怎样的影响以至于未做出反应。其次，我们想知道，群体中的人会受到什么影响。我们提出了一个阶段性模型，在这个模型中，个体必须先对情况的紧急程度进行评估，因为紧急情况不会自带“我是紧急情况”的标志。在将现场情况定义为紧急情况的过程中，个体会察看他人对情况的反应，并解读他们行为背后的含义。最后，当有多人在场的情况下，介入的责任并没有明确集中在任何一个人身上。在这种情况下，个体会感觉到责任的分散，因而不太可能承担起介入的责任。我们认为定义紧急情况和责任扩散这两个过程同时在起作用，它们可以解释发生的许多事情。

这一讨论导致达利和拉塔内提出假设，发生紧急情况时的旁观者越多，任何一个旁观者介入的可能性就越小，或者速度就越慢。之后他们对这个假设进行了实证检验。

做了什么

达利和拉塔内（1968）的实验需要一些舞台表演和戏剧效果。实验的实施过程如下：（a）发生了一个紧急情况，（b）被试无法与他人交流，也无法了解他人的行为反应，以及（c）研究者对被试对紧急情况做出反应的次数和速度进行评估。

72 名纽约大学的学生（男女生都有）参加了达利和拉塔内的研究。被试在到达实验现场后，发现自己置身于一条长长的走廊中，走廊一侧有一个小房间的门打开着（这是重要的细节）。一名研究者把被试带到其中的一个房间中（其他房间里的东西不让被试看到），并要求其坐在一张桌子旁，桌子上放着一个麦克风和一副耳机。被试在填写了一份信息表后，通过对讲设备来听研究者对研究的介绍。

研究者告知被试，这项研究关注的是正常大学生在高压力的城市环境中（记住，他们是纽约大学的学生）所面临的个人问题的类型。被试还被告知，这项研究的设计可以避免因与陌生人讨论个人问题而引起的任何尴尬。参与研究的每个人都是匿名的，分别坐在不同的房间中通过耳机与麦克风交谈，而非面对面交谈。被试还被进一步告知，由于其他人的存在可能会干扰讨论，因此研究者不会偷听，而是在事后通过问卷来了解情况；在整个过程中，每个人会依次发言，通过麦克风向其他房间的人透露个人问题；接下来，每个人都会对其他人所说的话发表评论，最后将进行公开的讨论；重要的是，发言会受到限制，也就是说，每名被试的麦克风只开通两分钟，在轮到某个人的时候，其他人的麦克风会关闭，这样每次都只有一名被试能在通话网络上被他人听到。

然而，被试不知道的是，所谓的“其他人的两分钟的发言”其实都是磁带录音。换句话说，他们听到的其他学生的实时口头发言，实际上只是磁带录音脚本。其中一位“男生”首先发言，我们称其为“受害者”，这样称呼他的原因一会儿就会显示出来。他首先描述了一些常见的问题，比如很难适应纽约市和他的同学们。他还带着明显的尴尬和犹豫不决的语调表示，他有时会癫痫发作，尤其是在努力学习或考试时。接下来，其他“被试”也一个接一个地透露了自己的一些问题，但没有提到癫痫发作倾向。最后，真正的被试也在精心设计的场景中扮演了自己的角色，透露了一些个人的困扰。当又轮到“受害者”说话时，他先是相对平静地评论了几句，然后开始明显大声和语无伦次地说：

> 我……呃……我想……我需要……呃……如果……呃……谁给我一点帮助，因为……呃……现在……我……呃……有一个……一个真正的问题，我……

呃……如果有人可以帮助我。那……那就……那就太好了……因为……呃……因为我……呃……有人会给我一点……呃……帮助……呃……可以有人帮我（窒息的声音）……我要死了……呃……我……要死了……呃……帮我……呃……（然后再也没有声音）。

你必须承认，社会心理学有它的灵感爆发时刻！

尽管有这么多复杂的场景设计，但主要的因变量却很简单。首先，被试是否通知了在大厅尽头的研究者有紧急情况发生？其次，如果他们这样做了，那是经过了多长时间才通知的？一旦被试报告了危机情况，或者如果在六分钟内没有报告，实验就会停止，研究者就会告知被试整个实验的真实目的（揭示研究的真相，并共情处理被试的任何不良感受）。

接下来，研究者要求被试完成一系列调查问卷，这些问卷测量了一些人格维度，如马基雅维利主义（machiavellianism，评估冷酷无情的程度）、失范（anomie，评估缺乏个人价值观的程度）、权威主义（authoritarianism，评估对权威的尊重和对被压迫者的蔑视程度）、社会期望（social desirability，评估寻求赞许的倾向）和社会责任（social responsibility，评估社会同情和帮助的倾向）。研究者可以通过这些附加测试来比较人格因素和情境因素对助人行为的影响。然而，我们要指出，在独立的背景中测量这些人格变量可能会更好，也许应在实验之前，在一个明显和实验不相关的时段。因为未提供帮助者尤其可能会夸大他们在这些人格维度上的得分，以弥补他们先前令人尴尬的不作为表现。这可能会掩盖任何真正的人格差异，而正是这些人格差异能够解释在提供帮助方面的行为差异。

在了解实验涉及一个或多个自变量的有意操纵后，你可能还想知道在这项研究中自变量到底是怎么精确操纵的。好吧，回想一下达利和拉塔内（1968）的责任扩散假说：紧急情况下旁观者越多，任何一名旁观者提供帮助的可能性就越小，或者速度就越慢。根据这一假说，达利和拉塔内操纵了被试“感知到的群体规模”（perceived group size）。为此，他们改变了实验前助手的指导语，也改变了在第一轮小组讨论中被试所听到的发言数量，从而使被试认为，该群体有两个人（只有被试自己和“受害者”）或三个人（被试自己、“受害者”和另一名被试）或六个人（被试自己、“受害者”和另外四名被试）。需要记住的是，只有被试自己是真人，其他“被试”只是磁带录音。

三人小组的构成也受到了操纵。在一种条件中，“另一名被试”的声音是女性的声音；而在另一种条件下，“另一名被试”的声音则是男性的声音，而且这名男性还提到自己是一名医学预科生，在急诊室短暂工作过，并且受过应对癫痫发作的训练。因此，主要的自变量就是群体规模和群体构成，而主要的因变量为被试是否向研究者报告癫痫发作以帮助“受害者”以及报告的速度。

发现了什么

被试报告说，他们真的相信“受害者”癫痫发作了，并且自己也受到了影响，这是一个关于“实验真实感”（experimental realism）的问题（被试在心理上感到被卷入了实验）。不管被试有没有介入，他们显然认为这种突然的癫痫发作是真实且严重的，他们会说：“天呐，他癫痫发作了！”“我怎么这么倒霉，碰上了这种事情。”或者“天呐，我该怎么办？”在被试不知情的情况下，研究者可以通过通话设备听到这些不同的评论。此外，被试们还会对走廊尽头的研究者说：“嘿，我觉得 1 号病得很重，可能他的癫痫发作了，或是别的什么。”尽管研究者表示已经对其进行了检查，并且“一切都在控制之中”，被试们仍然会问“有人在照顾他吗？”或“他没事，是吗？”但他们显然松了一口气。与米尔格拉姆（Milgram, 1963）的服从研究（见第 4 章）中的被试一样，他们似乎真的心烦意乱、忧心忡忡。

被试所认为的在场他人的数量，对他们是否提供帮助以及提供帮助的速度有着很大的影响。具体来说，认为只有自己一人在场的被试中有 85% 在“受害者”的通话被切断之前（即在两分钟内）报告了紧急情况，而认为有其他四人在场的被试中只有 31% 在“受害者”的通话被切断之前报告了这一情况。此外，两人组中被试 100% 在实验进行期间报告了紧急情况，而六人组中只有 62% 的被试在实验进行期间报告了紧急情况（如图 5–1 所示）。事实上，无论在任何时候，在报告紧急情况方面，两人组的被试报告的比例均高于三人组的被试，三人组的被试的报告比例均高于六人组的被试。而且，被试认为在场的他人越少，自己提供帮助的速度就越快。

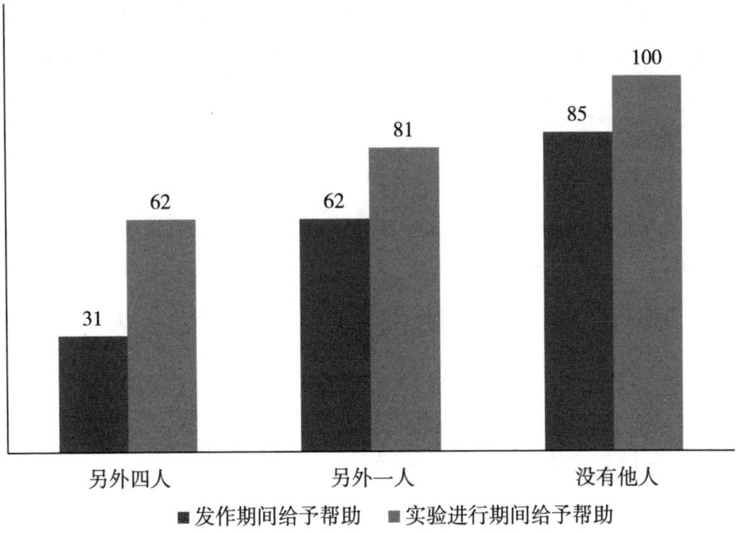

图 5–1[①] **这三种情况下，帮助“受害者”的被试人数的比例**

有趣的是，三人组中的被试认为不管其他被试（除“受害者”外）是男性还是女性，有没有医治能力，自己提供帮助的可能性与速度都是一样的。此外，尽管男性经常被赋予应对紧急情况的责任，或者被认为更倾向于在危急情况下承担救援者的角色，但在本研究中，男性被试并不比女性被试提供帮助的可能性大，帮助的速度也没有更快。这可能是因为本研究中的帮助仅仅是对紧急情况进行报告。

在这个实验中，还有其他因素能解释提供帮助的原因吗？答案似乎是否定的。被试在呈现给他们的清单中指出了他们在紧急情况下曾有过的想法（例如，“我不太清楚发生了什么”或“我不知道该做什么”）。不管是两人组、三人组还是六人组，被试们报告的想法都没有显著差异。虽然三人组和六人组的被试们报告说，尽管他们充分意识到了还有其他人在场（其他人也听到了癫痫发作），但他们声称这对他们的行为没有任何影响。然而，有研究发现，我们经常搞不清楚自己行为的真正原因（Nisbett & Bellows, 1977; 见第 14 章）。进行实验研究的优点之一就是，研究者能够准确地分离出

① 图 5–1 中的纵坐标为“受害者”明显的癫痫发作期间或整个实验进行期间，被试相信在场的另外四人或另外一人也听到求救声，以及没有他人在场。——译者注

导致某些结果的原因。在这项研究中，由于被试被随机分配到不同的条件中，因此尽管他们明显缺乏关于在场人数对其影响的了解，但除了被试注意到的其他在场人数这一不同外，没有其他因素可以解释帮助行为上的组间差异。

最后，正如其他证实情境所发挥作用的经典研究一样（见第 4 章和第 8 章），本研究没有发现任何人格测量结果与被试做出报告反应的可能性或速度显著相关。事实上，在提供帮助的速度方面，除了群体规模与之相关外，还有且只有一个变量与之相关，那就是被试从小生活的社区越大，其提供帮助的可能性就越小。无论你如何看待这个研究结果，都应当看到这样一个更为重要的结果：决定个体如何应对某位同学说“我想死”的绝望之举的，是在场的他人数量这样的个体外在因素，而不是简单的富有同情心和具有尽责的性格之类的个体内在因素。

又怎么样了

根据达利和拉塔内（1968）的看法，本研究中的被试经历了双避冲突（avoidance-avoidance conflict，一种你想要避免的冲突类型）。他们显然担心这名说话断断续续的“受害者”，如果他们不采取行动，那就很可能会为自己的行为而感到羞愧，但他们也不想仓促地下结论以显得自己很愚蠢。对于两人组（“只有‘我’和这个在另一个房间快要咽气的家伙”）中的被试来说，这个冲突很容易解决：“在这种情况下，我的帮助是至关重要的。”但是对于那些认为有他人在场的被试（“我们中有四五个人听到这个家伙情况越来越糟糕”）来说，如果事实上他们帮助的对象不需要帮助，那提供帮助就会带来尴尬，因此他们压抑了自身的人道主义本能，这加剧了他们的内部冲突——“我是应该让这个家伙继续遭受痛苦，甚至死亡，还是冒着让自己难堪的风险，向研究者发出警报？”被试并非有意决定不介入，相反，他们的内心在两种不想要的选择之间摇摆不定，但在行为上，他们表现出来的却是什么都没有做。几分钟过后，再去帮忙就不合逻辑或为时已晚了。

达利和拉塔内的研究结果让人们对“旁观者之所以不帮助他人是因为冷漠无情”这一解释产生了怀疑。这种解释认为，某些人之所以在看到有人遭受痛苦时袖手旁观，什么也不做，是因为他们在某种程度上与我们不同：现代文化使其变得麻木或者他们本就冷漠无情，否则怎么会忍心眼睁睁地看着他人被砍死而无动于衷？然而，这类有倾向性的解释可能过于简单了，以至于我们很容易否认，作为具有完美品格或极度仁慈的人，自己会在类似的情况下袖手旁观。事实上，在本研究中，没有发现涉及上述解释的任何人格变量与被试是否提供帮助以及提供帮助的速度有关。

如果你重新思考基蒂·吉诺维斯这起令人痛心的严重案件，或者前面描述的地铁乘客或接线员的悲惨案件，本研究的意义就显而易见了。遭遇不幸的人不仅是那些无情袭击的受害者，还有多元无知的受害者，以及其他本可以在紧急情况下获得帮助但因责任扩散而未得到救助的受害者。这种情况并不少见，我们应该对此有所了解。正如我们被鼓励学习心肺复苏术和回收利用塑料一样，我们也应该被鼓励去了解和抵制这种抑制帮助行为的情境压力？旁观者们不应毫无反应，而应该伸出援手。

后记

达利和拉塔内（1968）的研究巧妙地捕捉到了某些类型的紧急情况的关键特征，例如在基蒂·吉诺维斯谋杀案中，目击者知道还有其他人在观看，但他们既不能与他人交流，也不知道他人的反应，而且不确定是否应该由他人来提供帮助。其他研究者随后延续这一思路并开展了进一步的研究。在拉塔内和罗丹（Latané & Rodin, 1969）的一项研究中，在被试们忙着填写调查表时，一位年轻的女性研究者离开并走进旁边的房间取更多的材料。毫无戒备的被试听到她拖着一把椅子划过地板并站上了椅子，之后就是一声响亮的撞击声，听起来像是一个书柜翻倒了，接着是身体撞击地板的带有不祥预兆的声音。再之后，他们听到了那位女性痛苦的呻吟和哭泣：“哦，天啊！我的脚踝！它动不了了！我觉得它折了！”所有这些声音效果都是事先精心录制而成的，那位女性一进入另一个房间就开始播放录音。想想看：如果你是这项研究的被试，你会如何反应？你会不顾现场被试人数的多少而直接跑过去提供帮助吗？好吧，研究结果表明，70% 的单独被试提供了帮助，40% 的两人组中的某一被试提供了帮助，但当两人组中的一名成员是故意不提供帮助的假被试时，只有 7% 的真被试提供了帮助。

在实验室或现场环境中进行的 50 多项后续研究证实了群体规模与提供帮助之间的负性关系（Latané & Nida, 1981）。近期一项对许多个别研究的结果进行统计总结的元分析研究也支持这一结论（Fischer et al.，2011）。元分析研究还发现，在更严重的紧急情况（那些有人身危险和行凶者在场的紧急情况）下，旁观者就不会那么冷漠，这可能是因为紧急情况不那么模棱两可。这一发现也许会令人心安一些。

然而，可以肯定的是，达利和拉塔内的研究以及大量的重复研究，并没有阐明提供帮助或没有提供帮助的所有方面。旧问题一旦解决，有关这一主题的新问题就很快出现了。启迪孕育未知，这在科学中并不鲜见。其中一个新问题是，社会化是如何使人愿意帮助他人的？科茨、帕瑟尔和古德曼（Coates, Pusser, & Goodman, 1976）发现某些电视节目如《芝麻街》（*Sesame Street*）通过提供给学龄前儿童可以模仿的受欢迎的榜样来促进他们的助人行为；相反，过分奖励孩子的助人行为则是一种适得其反的策略（Fabes, Fultz, Eisenberg, May-Plumlee, & Christopher, 1989; 见本书第 9 章）。

另一个新问题是，一个人的情绪是否会影响其助人倾向？莱文和伊森（Levin & Isen, 1975）的研究发现，当人们在公共电话的投币处发现一枚一角钱硬币时（记得这样的情景吗？），他们的情绪就"高涨"了，之后就会更倾向于帮助"不小心"掉了一个文件夹的路人。此外，坎宁安（Cunningham, 1979）发现，人们在晴天时给的小费要比阴天或雨天时多［阳光撒玛利亚效应（sunny Samaritan effect）］。哈里斯、本森和霍尔（Harris, Benson, & Hall, 1975）发现，向神父忏悔前的天主教徒（研究者推测那时他们的内心充满了负罪悔恨感）通常会比向神父忏悔完的天主教徒（其负罪悔恨感得到了解决）捐赠更多的钱。

最后一个问题：性别或种族会影响助人倾向吗？伊格雷和克劳利（Eagly & Crowley, 1986）发现，男性通常比女性更乐于帮助陌生人。当有旁观者在场、参与帮助有潜在危险或需要帮助者是女性时，情况尤其如此。关于需要帮助者是女性这一点，韦斯特、惠特尼和施耐德（West, Whitney, & Schnedler, 1975）发现，如果一名女性驾驶员在高速公路上更换轮胎，会有25%的汽车停下来，而当驾驶员为男性时，只有2%的汽车停了下来（今天会是同样的情况吗？）。此外，布里格姆和理查森（Brigham & Richardson, 1979）发现，便利店的白人店员在发现顾客没有足够的钱购买某一商品时，如果顾客是白人男性、白人女性或黑人女性，那么至少在三分之二的情况下会卖给顾客，而如果顾客是黑人男性，那么只有三分之一的情况会卖给顾客。研究的确发现，个体与受害者的相似程度可以很好地预测其是否会提供帮助（Levine, Evans, Prosser, & Reicher, 2005）。事实上，这里关键的研究结果发生了反转：旁观者越多，个体越倾向于帮助朋友或小组成员（Levin & Crowther, 2008 年，见本书第 7 章）。这也许是由于个体知道自己“应该”帮助他们——在他人的注视下，表现得很害怕会显得自己是个懦夫。因此，就像基蒂·吉诺维斯的案例一样，人群中旁观者的冷漠可能只是一种局限于陌生人的现象。

这些研究发现和其他问题表明，紧急情况下的帮助和更普遍情况下的帮助是一个要从多方面考虑的现象，是多变量的复杂函数。此外，找出有利于促进帮助的社会条件并不能确定人们起初想要提供帮助的原因。在第 18 章中，我们将讨论一个更为深入的动机问题：帮助是否纯粹出于无私的原因。

启示

在紧急情况下，目击者越多，其中任何一个人伸出援手的可能性就越小。这是由于人们通常不了解他人的反应，或者不觉得自己需要为防止悲剧后果的发生负责。

你怎么想

你是否曾经帮助或救援过那些急需救助的人？描述一下在紧急情况下哪些因素会促使你提供帮助，以及哪些因素会阻止你提供帮助？假设在阅读了本章之后，你遇到了一个紧急情况，当时还有很多其他人在场。那你觉得自己更倾向于介入或者更有义务介入吗？

第 6 章

蟑螂与人：表现的社会提升与抑制

人类与蟑螂的主要差别就在于：人类会喋喋不休地抱怨自己的命运，而蟑螂则坚忍地辛勤工作，从不埋怨，甚至不会看过去一眼或者叹息本该是什么样子。

吉恩·谢泼德（Jean Shepherd, 1921—1999）

美国短篇小说作家、演员

背景

下面这项令人毛骨悚然的研究是一个多世纪前开始的一项研究传统的一部分。1898 年诺曼·特里普利特（Norman Triplett）在新发行的《美国心理学杂志》（*American Journal of Psychology*）上发表了《起搏和竞争的动力因素》（*The Dynamogenic Factors in Pacemaking and Competition*）一文。关于特里普利特，有两件事值得一提。第一件事是，他很喜欢自行车比赛，并且经常作为观众参与比赛，是这项运动的著名权威。事实上，正是他在 1897 年对美国自行车联赛记录的审视使他注意到一个明显的现象：那些与他人竞争或者受他人影响的自行车运动员似乎比那些与时间赛跑的运动员表现得更好。对于这种现象，特里普利特（1898）总结到，这是由于“另一名车手的出现刺激了车手的竞争本能……这是他释放自己无法释放的紧张能量的方法”。

关于特里普利特，我们要提到的第二件事是，他显然是一个天生的实验主义者。基于偶然观察和推测的猜想，他招募了 40 名当地的儿童来缠绕鱼线卷，每个鱼线卷都固定在一个 Y 形的框架上，他要求儿童们要尽快完成。有时，这些儿童被要求单独做这件事，有时则是两人一组（想象一下邻居们会怎么想：一定有什么可疑的事情发生了！）。与特里普利特预测的一样，孩子们在一起缠的时候速度会更快。这个结果表明，仅仅有其他孩子在场便会提高成绩。特里普利特对任务表现所受到的社会影响非常感兴趣，并尝试通过实验去探究这种影响，这使他成为社会心理学的一名重要先驱（Stroebe, 2012）。

在特里普利特的启发下，数以百计的研究观察了他人的存在与个体的任务表现之间的关系。邦德和提图斯（Bond & Titus, 1983）对这些研究中的 241 项进行了元分析（定量总结）。他们调查了几种不同的任务表现：做简单的算术、做复杂的计算、穿衣服、记忆无意义的音节、学习手指迷津、划掉元音、打台球和吃东西。这些研究都关注共同行动者（同时在做相同或不同任务的人）和观众在场对任务表现的影响。有趣的是，结果显示，其他人的存在仅仅在某些时候会提高任务表现［即社会促进（social facilitation）］；而其他时候则会干扰任务表现［即社会抑制（social inhibition）］。例如，尽管当其他人在场时，被试在报纸专栏中划掉元音的速度更快，但记忆无意义音节（如“bir”或“koh”）的速度却变慢了。在很长一段时间内，研究者们都对这种不一致的结果感到困惑。

之后，在 1965 年，罗伯特·扎伊翁茨（Robert Zajonc）提出了一个简明的解决这一谜团的方法。他提出其他人的在场提高了个体的唤醒水平（虽是生理上的，但并非与性相关——除非其他人刚好裸着！）。他重新提出了一个古老的行为主义学习原则，他还提出，更高的唤醒水平会促进优势反应（简单的、熟悉的反应），但会抑制非优势反应（复杂的、新异的反应）。例如，如果你是一名快速而熟练的打字员，那其他人对你的观察会激励你做出更敏捷的表现；但如果你是一名慢吞吞、笨拙的打字员，那其他人的围观则会让你的手指变成潮湿的法式炸薯条！

许多研究已经证明了这种独特的交互作用（对优势反应的社会促进和对非优势反应的社会抑制），其中最经典的研究之一是由扎伊翁茨和塞尔斯（Zajonc & Sales, 1966）所做的。研究者让男学生练习 10 个不同的土耳其语单词（事实上这些单词只是七个字母的无意义组合）。在这 10 个单词中，两个被呈现 1 次，两个被呈现 2 次，两个被呈现 4 次，两个被呈现 8 次，另外两个被呈现 16 次，顺序随机。接下来被试开始进入阈下（无意识的）感知阶段。研究者用速示器来呈现单词，每个单词呈现的时间非常短，被试的任务是在每个试次中猜测呈现的单词是什么。每个单词仅闪现十分之一秒。尽管如此，被试在 90% 的时间里都猜对了单词。在其他的试次中还会呈现 31 个由不规则的黑线构成的非词，但每个非词仅呈现百分之一秒。在这种更短的曝光时间内，被试无法区分词和非词。这些额外的试次让研究者能够估计被试的猜测趋势。被试一共观察了四个组块：每个组块由 10 个假土耳其语单词和 31 个假的假土耳其语单词（即由黑线构成的非词）共 41 项构成。

一些被试是独自完成这一猜测过程的（自动幻灯片投影仪和录音机的使用使研究者没有必要在场），而其他人则是在其他（不认识的）学生在场的情况下完成这个过程的，这些旁观者“顺从地”坐在几英尺外。这些学生实际上是研究者的“同谋”，但被试会被随口告知他们是在研究者的允许下来观察研究过程的。扎伊翁茨和塞尔斯预测观众的存在会促进优势反应，即被试猜测那些练习频率较高（8 次或 16 次）的土耳其语单词的正确率会提高，并且抑制非优势反应，即被试猜测练习频率较低（1 次或 2 次）的土耳其语单词的正确率会降低。结果正如他们所料。

这个研究及其他一些研究都支持了扎伊翁茨对所谓的“单纯存在效应”（mere presence effects）的解释。然而，这些结果仍然为其他合理的解释留下了空间。例如，也许其他人的存在会让被试产生恐惧，从而更努力地完成任务，但如果任务相对具有挑战性，则会影响他们的表现；或者为了获得赞赏，在有他人在场的情况下，被试会倾向于花更多的时间进行自我监控，从而分散了自己的注意力，导致了相同的结果。这样的解释提出了关于单纯存在效应的原因和普遍性的问题。在多大程度上是更复杂的认知加工（例如忧虑或自我意识）导致了这一结果？是否有可能用其他物种去证明这种效应，包括那些比较低级的物种？扎伊翁茨的理论能否准确地预测猿、猴子、狗或老鼠中是否存在单纯存在效应？或者甚至是地球上最不聪明的物种之一：蟑螂？为什么不“召集”一些动物或昆虫去探明呢？

做了什么

扎伊翁茨、海因加纳和赫尔曼（Zajonc, Heingartner, & Herman, 1969）预测，即使是在蟑螂中，仅仅是其他蟑螂的存在也会促进简单任务的表现或抑制复杂任务的表现。

研究者开始设想了一个简单的实验设计，即让蟑螂或是单独或与另一只蟑螂一前一后地在一个直线跑道中跑下去（相对简单的任务），或是穿过一个略微复杂的迷宫（相对复杂的任务）。这是一个 2×2 的设计，两个自变量各有两个水平。但是，他们发现一前一后的条件包含一个潜在的干扰变量：如果蟑螂与一个伙伴一起跑的时候跑得更快，那可能是由于两者的相互“唤醒”（aroused）（扎伊翁茨所提出的），或者它们在运用它们神秘的身体语言相互“指引”，也许是一次轻微的腿部抖动或一根触须的适时触碰。在事先看到这些可能性后，扎伊翁茨和他的同事采用了一种传统的方法，即让蟑螂们在“蟑螂观众”前执行任务［少有人知的是：一群蟑螂在学术上被称为“闯入者”（intrusion）］。尽管蟑螂观众可能会通过它们的单纯存在，影响执行任务的蟑螂们的表现，但却无法提供任何与任务相关的行为线索。

这项研究中被试是 72 只成年母蟑螂（东方蟑螂）。尽管它们没有签署同意书，但仍然得到了人道的对待。研究者体贴地让它们住在适宜的暗处，并享受美味的苹果切片。可惜的是，关于它们住的是哪间大学宿舍，科研论文上却没有记录。

研究的基础仪器是一个干净的树脂立方体，每条边大约有 20 英寸（约合 10 厘米），里面可以容纳一个蜿蜒的迷宫或一条笔直的跑道。当然，对于蟑螂的奔跑来说，前者显然是更大的挑战。一盏 150 瓦的照明灯照射在启动箱里，作为一个厌恶刺激（蟑螂与飞蛾不同，蟑螂讨厌亮光）。在跑道或迷宫的另一头，一个黑暗的目标箱在向它们招手。这些路线有断头台式的闸门和清晰的跑道。在一些条件下，沿着跑道或迷宫的大部分墙壁都设置了透明的观众箱。这些小孔可以传递嗅觉（与气味相关的）信号：气味会表明附近有蟑螂，以防灯光把它们照得头昏眼花。

打开照明灯并打开闸门，蟑螂们就会动起来。关键的变量是蟑螂穿过直线跑道或迷宫进入目标箱所花费的时间（当蟑螂的最后一条腿跨过目标箱的门槛后，最后一道断头台闸门“啪”地关上了）。

发现了什么

扎伊翁茨和他的同事们回到他们没有蟑螂的办公室分析了实验的数据，发现结果非常支持他们的假设。与单独穿越迷宫的蟑螂相比，一前一后穿越迷宫的蟑螂需要更多的时间，而与单独穿越直线跑道的蟑螂相比，一前一后穿越跑道的蟑螂需要更少的时间。当将观众条件与单独条件进行比较时，出现了（与人类被试）相同的结果模式：蟑螂观众的存在抑制了蟑螂走迷宫的表现，但却促进了其走直线的表现（如图 6–1 所示）。因此，共同活动和蟑螂观众对任务表现有相似的影响。这一结果（没有显著的三因素交互作用）是非常严格的，因为它排除了观察到的影响是由特定的行为线索所致的可能性。蟑螂观众不可能仅在直线跑道而不在迷宫中通过声音或姿态对行动的蟑螂发出暗示信号。这在很大程度上表明其他蟑螂的存在才是关键，而不是其他因素。

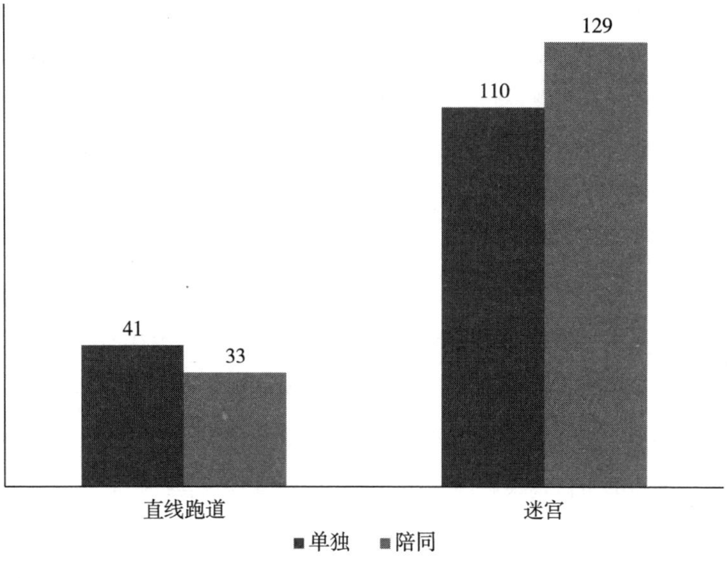

图 6–1[①] 当独自或有其他蟑螂陪同时，蟑螂穿过直线跑道或迷宫所需的时长（秒）

值得一提的是扎伊翁茨等人（1969）所做的另一个实验：跑道和迷宫的两侧都被安上了镜子，同时给蟑螂一个已经在蟑螂群里放了几天的臭鸡蛋纸盒或一个没有任何蟑螂味的新鲜鸡蛋的纸盒。同样，直线跑道与迷宫的操纵提供了简单任务与复杂任务的比较。镜子传达了一种错误的印象，即伙伴蟑螂仍然存在（蟑螂太笨了，以至于认不出自己）。有蟑螂味的或新鲜的鸡蛋盒是用来操纵嗅觉线索的，用来表示其他蟑螂是

① 图 6–1 中的纵坐标为蟑螂到达目标箱所用的时间，时间越短说明表现越好。——译者注

否存在。这个实验的结果并没有那么引人注目，但是镜子的使用和气味的操纵确实提出了一个有趣的问题：足以产生单纯存在效应的最小特征是什么？例如，蟑螂在有死蟑螂或被麻醉的蟑螂面前（假设这些不会动的同伴并不会使它们过度惊慌）会有不同的表现（在直线跑道上跑得更快，而在迷宫中更慢）吗？

又怎么样了

“又怎么样了”这一问题在涉及蟑螂的研究中很容易被问到。但是，要知道这项研究的背后有数十个关于单纯存在效应的其他研究的支持（Micheals, Blommel, Brocato, Linkous, & Rowe, 1982）。这些研究大部分是以人类为被试的，但是类似的效应在狗、鸟、鱼、老鼠、犰狳、果蝇、蜈蚣和蚂蚁中都已经被证明。例如，陈（Chen）1937 年发现，当有其他蚂蚁存在时，目标蚂蚁所挖的泥土是单独作业时的两倍。同样要考虑的是，扎伊翁茨等人（1969）并没有仅仅基于对东方蟑螂的观察结果就试图理解人类社会行为的复杂性。也就是说，他们并没有打算把研究结果直接从蟑螂推论到人类身上；相反，他们只是试图展示一种可能性：即使没有复杂的认知调节，单纯存在效应也可以发生。因此，他们进行了这样一个实验，排除了一些被认为是单纯存在效应必要原因的变量，如评价 – 理解、自我监控或一些类型的赞赏 – 寻找等。除非有人愿意辩称低等的蟑螂也会被许多感情和弱点包围，如同那些被感情和弱点包围的大二年级学生一样。生理唤醒可以用来解释为什么他人的单纯存在会提高或妨碍任务表现，即提升简单任务的成绩、降低困难任务的成绩。尽管人类与蟑螂毫无疑问在很多方面差异都很大，比如后者更可能从一场核爆炸中幸存下来，但两者也有很多相似之处，如都可以从同伴身上获得种族唤醒。

与此相关的是穆克（Mook, 1980）的一篇文章，标题颇具煽动性：《为外部无效度辩护》（*In Defense of External Invalidity*）。穆克敏锐地指出，实验研究服务于各种各样的目标，其中仅有一个目标是从一个种群或环境推广到另一个种群或环境。相反，人们常常想证明的是：一种效应是完全可能的，甚至在严格的实验室条件下经得起反复的验证。此外，人们通常只想检验由特定理论产生的假设，而不先考虑它的普遍适用性。例如，在我们的蟑螂研究中，扎伊翁茨等人证明：在不涉及太多认知的情况下，仅仅是他人的存在就可能提高或阻碍任务表现。他们同样含蓄地验证了每一种声称有比生理唤醒更重要的东西的理论都是错误的。换言之，实验室的人为条件，或者大二年级学生的这种独特的特点，通常都不是问题。事实上，实验室实验的优点就是通过削弱环境的复杂性来分离出特定的变量（见前言）。在日常生活中，常常有太多的事情需要我们弄清楚是什么导致了什么。因此，正如本书中许多实验研究表明的那样，实验室提供了一种发现罕见的社会心理学真理的途径。

后记

科学是以辩证的方式展开的。先主张一种理论，然后发现它在某些方面的不足，之后修改或替换它（Cialdini, 1995）。有时，为了为矛盾的解释寻找支持证据，人们常常得出这样的结论：一种效应的发生可能有不止一个原因。例如，仅仅是他人的存在（没有认知中介）导致了社会促进和社会抑制吗？或者某种认知中介，比如对他人评价的关心，也会产生这种效果吗？科特雷尔、瓦克、塞克瓦克和利特尔（Cottrell, Wack, Sekevak, & Rittle, 1968）的一项研究发现，被试在观众面前执行任务会表现出典型的交互模式（对优势反应的促进作用，对非优势反应的抑制作用），但是如果观众被蒙住眼睛则不会出现这种模式。这支持了“人类的单纯存在效应会受评价顾忌影响”的观点（Aiello & Svec, 1993）。然而，马库斯（Markus, 1978）同样发现，对于人类的单纯存在效应而言，评价顾忌并不总是必要的。

尽管如此，对蟑螂研究的结果还是让人怀疑，是否有必要用评价顾忌这种人类特有的东西来解释单纯存在效应（虽然就我们所知，目前并没有人尝试过蒙住蟑螂的眼睛！）。但是，如果不是对表现的焦虑，还有什么因素可能导致蟑螂在其他蟑螂面前改变它们的速度（有时走得更快，有时走得更慢）呢？桑德斯和巴伦（Sanders & Baron, 1975）认为是它们分心了。由其他行动者或观众引起的分心会造成一种是专注于任务还是专注于他人之间的冲突。这样的冲突会引发生理唤醒，从而促进优势反应并抑制非优势反应。事实上，突然的噪音或闪光已经被发现会产生相同的增强或减弱模式。因此，我们可以得出这样的结论：一小部分变量的混合会调节社会促进和社会抑制，这些变量包括：其他人的单纯存在、干扰，以及对被评价的关心（至少对人类被试来说）（Geen, 1991; Guerin, 1993; Kent, 1996）。

关于单纯存在效应，一个需要注意的问题是，某项给定任务的复杂性会随着任务的连续进行而下降。唤醒也是一个连续的过程，从非常低到非常高。这意味着唤醒水平越高，优势反应的表现越会得到促进。然而，高唤醒水平可能会干扰被试在即便是相对简单或训练有素的任务上的表现。以竞技体育项目为例，有充分的证据表明，运动队在主场往往表现得更好，这是因为他们会比从其他地方来的对手更受鼓舞，更有可能充分发挥。即便如此，鲍迈斯特和肖沃斯（Baumeister & Showers, 1986）仍然根据经验认定，当一场特定的比赛极其重要且具有挑战性时，例如美国职业棒球联赛的季后赛决赛，主场作战从统计上来说是一项劣势。确实，我们可以举出一些例子，说明一个人由于过强的唤醒水平以至于连最简单的任务也几乎无法完成。另一方面，一些人则会享受这些大场面。自恋狂（那些认为自己远超他人的人）在拥有能够骄傲地展示自己的机会时会表现得更好，然而非自恋者在压力下则更容易窒息（Wallace & Baumeister, 2002）。

社会促进和社会抑制的发现符合一种更普遍的观点：人与人之间的影响是巨大的。当我们与其他智人相遇时，会发生各种有趣的事情。人类的规范规定了我们的观念和行为（见第 1 章）；我们在人群中会感受到更少的个体责任和过错感（见第 5 章）；我们在人群中寻找可以拿来自我吹嘘的关系（见第 11 章）；我们会失去自我意识（见第 12 章）；我们遇见他人的次数越多，便越喜欢他们（见第 13 章）；并且人们会减轻我们对死亡的恐惧（见第 27 章）。“人影响人”这一主题之所以很吸引人，是因为它总是以微妙且多样的方式发挥作用。

启示

仅仅是他人的存在就足以促进简单任务的表现，并妨碍复杂任务的表现。即使没有复杂的认知中介，这种现象也会发生。

你怎么想

他人的单纯存在有时会抑制而有时会提高你在特定任务上的表现，这是怎么回事？你是否曾因压力过大而感到窒息，甚至当有他人在场时惊恐发作？此外，你对自己与低等的蟑螂有着共同的心理动机做何感想？还有，是蟑螂在有人类存在时跑得更快，还是人类在有蟑螂存在时跑得更快？设计一个实验方案来验证吧！

第 7 章

我们和他们：基于细小社会类化的歧视

> 故事是这样的，星肚史尼奇的肚皮上有星星，光肚史尼奇的肚皮上没有星星……你可能认为这样的小事不足为道，但是，因为这些星星，星肚史尼奇们开始吹嘘："我们是沙滩上品种最优良的史尼奇！"
>
> 出自《史尼奇的故事》(*The Sneetches*)

背景

1954 年夏，谢里夫、哈维、怀特、胡德及谢里夫（Sherif, Harvey, White, Hood, & Sherif, 1961）开始检验谢里夫新提出的现实冲突理论（realistic conflict theory）。该理论认为，当群体为稀缺、有价值的资源而竞争时，就会产生偏见和歧视。谢里夫组织了 11 名男孩（他们都是白人、中产阶级、新教徒）从美国俄克拉荷马城乘坐公共汽车到 100 英里外位于俄克拉荷马罗伯斯山洞州立公园的童子军营地。第二天，又有 11 名背景相似的男孩踏上了同样的旅程。在这个占地 200 英亩[①] 的公园里，这两队男孩起初被分隔开来，他们互相不知道彼此的存在。第一个星期，每队男孩一起徒步、游泳、烹饪和睡觉，这有助于建立群体认同与忠诚。每个队都给自己起了队名——老鹰队和响尾蛇队，还制作了队服和队旗，并自发建立了不同的群体规范（共同期望与行为；见第 1 章）。

第二个星期，两队被安排在公园的凉亭会面。他们被告知要参加棒球比赛和拔河比赛，赢的队将得到奖杯，包括个人奖杯和团队奖杯。竞争很快产生了仇恨与敌意，

① 1 英亩 ≈ 4047 平方米。——译者注

两队各自划出了自己的领地，并开始互相嘲讽。老鹰队率先烧了响尾蛇队的旗帜；作为报复，响尾蛇队洗劫了老鹰队的房间，掀翻了他们的床铺，偷走了他们的个人物品。为防止武力升级，研究者不得不将两队人分开。在冷静期间，男孩们列出了每个群体的特征。他们倾向于用好的词语描述自己的群体，用不好的词语描述另一队。显然，老鹰队不喜欢响尾蛇队，反之亦然。

研究的最后阶段，老鹰队和响尾蛇队被集结在一起为共同的目标而努力。他们齐心协力使一辆陷在泥里的校车脱困，并群策群力解决了供水问题。这种合作有利于减少初次竞争时出现的冲突。社会类化（social categorization，区分“我们”和“他们”）、竞争（以体育赛事胜者获奖的形式）以及合作（共同解决问题）都达到了预期的效果。由此，谢里夫和他的同事证明，将被试分组置于竞争环境中可能会产生偏见与歧视，而让他们为共同目标而努力也可以解决冲突。

该研究的一个重要特点在于，两队人是被外力刻意地推入竞争情境中的。假如竞争不是人为的，又会发生什么呢？如果他们只是发现了彼此的存在，而不需要比赛争夺奖杯，偏见与歧视是否依旧会出现呢？

14 年后，1968 年 4 月 4 日，民权运动领袖马丁·路德·金遇刺身亡。当天晚上，艾奥瓦州赖斯维尔镇的三年级教师简·埃略特（Jane Elliott）一边熨着打算在第二天印第安人课堂上使用的帐篷布，一边看着电视新闻。一段对黑人领袖的采访引起了她的注意，画面中，一名白人记者拿着麦克风问道：“当我们的领袖（指约翰·肯尼迪总统）几年前被杀害时，他的遗孀把我们团结在一起。那么谁将控制你的人民？”注意记者使用的词语：“我们”“你们”和“团结”“控制”。

第二天，埃略特决定把他关于印第安人的课与马丁·路德·金的事件结合起来。当她试图和班上八岁的白人孩子们讨论种族主义时，她意识到这些孩子并没有理解它们的重要性。所以她问孩子们是否愿意参加一项能让他们切身感受到被区别对待的活动。孩子们也很期待能从常规课程中得到休息，于是都同意参与游戏。

埃略特“煞有介事”地告诉孩子们，蓝色眼睛的孩子要比棕色眼睛的孩子优秀。她解释道，褪黑素会让孩子们的眼睛变蓝，也让他们更聪明、更善于学习。然后，她让蓝眼睛的孩子们在棕眼睛的孩子们的脖子上围上一条棕领巾，以使他们更具辨识度。

接下来，她宣布蓝眼睛的孩子们将被给予与他们的优势相匹配的特权。他们会坐在教室的前排，午餐时的食物也会多一份，并且享有额外的休息时间，拥有操场新攀援架的使用权，还可以喝教室饮水机里的水，而这些特权棕眼睛的孩子们都没有。此外，埃略特还故意挑出棕眼睛的孩子，指出他们的缺点和错误，并提及其“次等”的瞳色。

孩子们的行为很快发生了变化。蓝眼睛的孩子变得更快乐、更活泼，并且对棕眼睛孩子的态度开始变得傲慢、专横；与此同时，棕眼睛的孩子开始变得孤僻、胆怯、顺从。他们在操场的边缘挤作一团，感到羞愧和愤怒。在学业任务上，他们的表现也突然变差。对于棕眼睛的孩子们来说，这是漫长的一天。次日早晨，埃略特改变了态度。她声称自己撒了谎：事实上，棕眼睛的孩子比蓝眼睛的孩子更优秀。前一天组间的情形发生了逆转：鉴于棕眼睛的孩子们刚刚亲历了偏见与歧视带来的痛苦，他们并没有表现得那么戏剧化。

简·埃略特的课堂练习收到了来自同事和周围社区的各种反应。一些人认为她很聪明，勇敢无畏；而另一些人则想知道是什么让她敢让无辜的孩子们经历如此痛苦的过程。虽然黑人可能对这类待遇并不陌生，但赖斯维尔小镇的白人孩子们却并不熟悉。撇开争议不谈，埃略特很快出现在约翰尼·卡森（Johnny Carson）的脱口秀节目中，并在 15 年后参加了奥普拉[①]的脱口秀节目。她还被认为是现代多元化培训（diversity training）的创始人（Peters, 1987）。

值得注意的是，埃略特的课堂练习并没有像罗伯斯山洞研究那样引发激烈的竞争；相反，她只是赋予蓝眼睛孩子和棕眼睛孩子不同的特征和特权。但是，即使只是这种操作，也必然会产生偏见和歧视吗？孩子们仅仅是被明确了眼睛颜色上的差别，难道就能使两个亚群体之间产生敌对吗？

为了验证歧视的存在，我们可以设想用其他方法来实验性地操控组间动态差异。在社会环境中，有无数基于国籍、政治、宗教、文化、种族、民族、性别、社会阶级、职业、性取向、年龄等方面差异的歧视例子。然而，尽管这个世界被划分成了无数的社会群体，但其中一些群体间由于差异而产生的冲突却比其他群体要多。例如，白人

① 奥普拉·温弗瑞（Oprah Winfrey），美国演员、制片人和主持人。主持的电视谈话节目《奥普拉脱口秀》，平均每周吸引 3300 万名观众，并连续 16 年排在同类节目的首位。——译者注

与黑人之间的种族差异有时会恶化出暴力，但湖人和凯尔特人之间的体育纷争却很少导致暴力。而不同类型的艺术爱好者之间的冲突就更少了，不是吗？据此，塔吉菲尔及其同事（1970, 1971）提出了一个基本问题：刚刚能引起歧视的群体间的最小差异是什么？当时流行的假说认为该差异要么来自人格，要么来自社会张力。利己主义和对有限资源的竞争也被认为是必要的。然而，这些假说是否正确呢？诚然，成熟的成年人往日无仇、近日无冤，那仅仅是社会类化（“我属于这个群体，你属于那个群体”）是否足以产生歧视呢？

为了研究这些问题，塔吉菲尔、比林、邦迪和弗拉门特（Tajfel, Billing, Bundy, & Flament, 1971）创立了著名的“最简群体范式”（minimal group paradigm, MGP）——一种人们不会凭直觉认为会发生歧视的情况。为此，他们通过随机或看似细小的差别创建群体。两个群体之间无过往历史（例如，先前存在的敌意），群体成员与内群体（ingroup）成员或外群体（outgroup）成员之间均没有直接联系。他们甚至不知道自己的群体里都有谁，只知道自己属于哪个群体。此外，无论是直接的还是间接的人际互惠，群体成员的行为都不会给个体带来任何好处，他们未来也不会与群体内外的成员有任何互动。但即便如此，为何这些群体之间的成员依旧会相互歧视呢？

做了什么

塔吉菲尔及其同事（1970, 1971）进行了两个实验。在实验 1 中，64 名 14 到 15 岁的男孩参加了实验，他们来自英国布里斯托尔郊外。所有的男孩都来自同一所学校，彼此之间很熟悉，他们被告知实验与视觉判断有关。相应地，投影屏幕上闪烁着 40 个由不同数量的点组成的簇状集合，一次只有一个集合被快速呈现——快到无法准确数出到底有多少个点。每个男孩估计一个集合中点的数量，并把估计值写在答题纸上。

一名实验人员假装给男孩们的判断打分，接下来，男孩们被随机分配到两组中的一组。一半男孩被告知他们高估了集合中点的数量，而另一半男孩则被告知他们低估了点的数量。其实对男孩的分组与他们实际估计的准确程度无关，然而，由于他们无法准确地数出这些点，因此很可能被误导，并相信自己是“高估者”或“低估者”——在诸多群体类型中，相当微不足道的一种。

在被告知自己属于哪个组之后，每个男孩都被要求给组内的其他男孩分配点数。答案小册子包含了几个矩阵，它们被组织成上下两行，每一行都有不同的数字对。数字对中的一个数字代表分配给第一个人的奖惩金额，另一数字代表分配给第二个人的奖惩金额。负数，如 –14，表示惩罚；正数，如 23，表示奖励。每一个点数代表十分之一便士（在那个年代，1 便士仍有意义）。在每个矩阵中，顶行和底行分别代表奖励和惩罚，奖惩的对象是：（a）两名内群体成员；（b）两名外群体成员；（c）一名内群体成员和一名外群体成员。因此，男孩们必须从每个矩阵中选择一组数字对，表示他们想分配给其他两人的金额。虽然他们不知道得到金额的人是谁，但知道他属于哪个群体。实验人员还向被试强调，他们无法奖励或惩罚自己，但在任务结束时能够获得别人给他们的钱。

在实验 2 中，塔吉菲尔及其同事根据所谓的艺术偏好将上述 48 名男孩分为两组。他们让男孩们观看了 12 张彩色幻灯片，其中 6 张是保罗 · 克莱（Paul Klee，瑞士画家，于 1940 年去世）的画作，6 张是瓦西里 · 康定斯基（Wassily Kandinsky，俄罗斯画家，于 1944 年去世）的画作。黑板上写有“克莱”和“康定斯基”的名字，但是画作上并没有画家的签名。实验要求男孩从每次呈现的两幅画中选出更喜欢的那幅，然后像实验 1 一样给予他们虚假的反馈，并将其随机分配到“喜欢克莱组”或“喜欢康定斯基组”。

随后，每位男孩都被要求进行奖惩分配（同实验 1）。然而，此次塔吉菲尔及其同事主要关注的是三种分配策略中的哪一种最受欢迎：（a）所有成员都获得最高奖励（“最大化共同利润”）；（b）内群体成员获得最高奖励，不关心外群体成员获得多少（“最大内群体利润”）；（c）群体间奖励差额最大，偏好内群体（“最大差额”）。

发现了什么

在实验 1 中（点估计），塔吉菲尔及其同事主要感兴趣的是，当男孩们将一笔钱分配给内群体成员，将另一笔钱分配给外群体成员时，他们会怎么做。研究发现，绝大多数被试向内群体成员分配的钱都比给外群体成员的多。

在实验 2 中（艺术偏好），他们发现 34 名男孩（72.3%）支持自己所在的群体，4

名男孩（8.5%）会平均分配，9 名男孩（19.2%）支持了另一组（如图 7–1 所示），这重复了实验 1 的结果。此外，还出现了一个微妙的现象。令人惊讶的是，“最大差额”策略是最受欢迎的分配策略，而“最大化共同利润”最不受欢迎，“最大内群体利润”策略居中。也就是说，男孩们从极端自私的角度选择了一个非最优策略。显然，对于绝大多数被试来说，最重要的是内群体成员收益与外群体成员收益之间的绝对差额。他们牺牲了内群体成员的绝对奖励，只为了能使外群体成员获得相对较少的奖励，多么卑鄙！

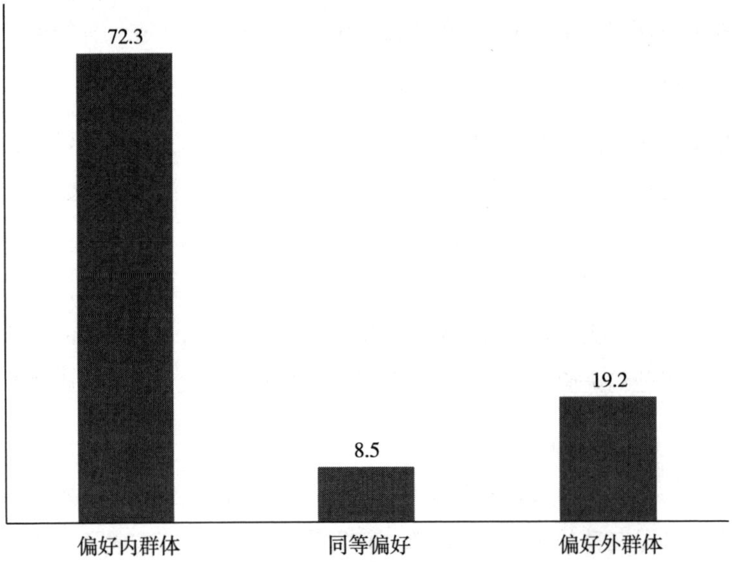

图 7–1[①] 被试的分配偏好内群体、同等偏好或偏好外群体的比例

因此，塔吉菲尔及其同事在两个实验中都发现，基于细小差别的社会类化足以产生内群体偏好（ingroup favoritism）。在实验 2 中，他们还发现被试在最大差额策略和最大内群体利润策略的选择上，更倾向于前者。尽管群体之间的划分完全是随机的，组间也无过往历史，亦不涉及个人利益，但仍然产生了上述结果，即细小的社会类化导致了内群体偏好与最大化群体差异。

① 图 7–1 中的纵坐标为偏好比例，分数越高表示某种分配偏好的人数越多。——译者注

又怎么样了

显然，群体间歧视的产生并不需要太多条件——最细小的社会类化就已足够。鉴于恶意歧视向来是人类所面临最严重的历史问题之一，这一结果令人震惊。它是一种无处不在且又似乎永无止境的社会瘟疫。如果连最简群体范式都能产生歧视，那种族、国籍、宗教所带来的更大差异，可能会导致更多的歧视（Mook, 1983）。歧视自发产生、不可避免，这一事实令人深省。

自塔吉菲尔等人（1970, 1971）引入最简群体范式以来，该范式已发展出标准版本。一般而言，被试需要完成基于计算机的点估计任务。例如，被试需要对 10 个快速呈现的点图案中点的数量进行估计。该任务又被称为数值估计风格测试（numerical style estimation test, NEST），被试被引导相信人们的评估风格是不同的，约有半数人会高估点的数量，而另一半则会低估点的数量。重要的是，被试被告知一个人的评估风格与其他认知倾向或人格特质无关。随后，电脑提供随机反馈，表明被试是高估者还是低估者。当然，反馈是编造的。NEST 实际上并不评估个体的知觉倾向，它只是提供了一种建立两个不同群体的方法。如此，生成的群体间无任何历史渊源，而且被试也不知道谁是自己内群体的成员，谁又是外群体的成员。分配的依据是数字编号，而不是名字。在实验过程中，实验者会提醒被试谁是内群体成员，这样他在参与后续任务时就知道面前的分配对象是内群体成员还是外群体成员。该任务涉及对内外群体成员的资源分配（例如，可以转换为金钱的点数）。实验人员使被试相信，他们会收到任意成员分配给他们的资源。所有成员都是匿名的，分配不会受到对特定个体的偏好或互惠（根据收到的点数进行分配）的影响。

除了内群体偏好之外，最简群体范式还能产生许多其他效应。其中一种效应与内群体成员和外群体成员对差异性的感知有关。人们倾向于认为外群体成员之间有更多的同质性（“他们都是一样的”），而内群体成员之间则有更多的异质性（“我们是多种多样的”）（Ostrom & Sedikedes, 1992）。这种外群体同质性效应（outgroup homogeneity effect）受人格特质的积极性或消极性的影响。也就是说，当涉及积极特质时，“我们”都是一样的；当谈到消极特质时，“他们”都是一样的。

当然，塔吉菲尔等人的研究结果并非毫无争议。事实上，每个人都应对科学的发现进行批判性思考，包括社会心理学的发现。例如，要求特征（demand characteristics，猜测实验人员的目的）在本研究中起了什么作用？也许这些男孩只是为了满足他们所认为的实验人员的预期——即他们会偏好自己所在的群体。此外，虽未提及，但在该研究中发现的内群体偏好还受公平感的影响。男孩们并没有在每个回合中都表现出内群体偏好，他们对这一趋势的背离表明他们也关注公平。这种积极发现（关注公平）是否没有消极发现（歧视）重要？此外，还有什么可以缓和内群体偏好效应呢？例如，年龄或文化在其中可能发挥了什么作用？被试（来自英国的青春期男孩）很可能受到了他们的自私心理或西方竞争文化的影响（Brown, 2001）。

后记

这一切的理论依据在哪里呢？请记住，科学理论在实证研究中有着不可或缺的作用，它们用以总结大量的研究成果，定义特定变量间的关系，并为后续研究提出假设——后续研究要么支持，要么不支持该理论。当理论不受支持时，很少会被立即抛弃；它们往往有一条“保护带”（protective belt），这条保护带赋予了它们被“无罪推定”的权利［著名哲学家伊姆雷·拉卡托斯（Imre Lakatos）曾强调过这一点；见 Larvor, 1998］。然而，如果出现足够多的不一致证据，那理论就可能会“失宠”或被完全抛弃（Popper, 2002）。无论如何，理论都是重要的。正如社会心理学之父库尔特·勒温（Kurt Lewin）所说：“没有什么比一个好的理论更实用的了（1952, p. 169）。”

最简群体范式代表了一种研究技术，用于创建相对细小的群体差异，并允许人们测试这些差异带来的后果。然而，它并不是一种理论。事实上，塔吉菲尔等人对自己的研究结果也感到惊讶。与我们其他人一样，他们也认为，必须先使群体变得更有意义，产生互动和竞争，然后才会出现相应的歧视。然而，事实证明并非如此。考虑到歧视在这种仅有细微差异的条件下确实发生了，而且效应稳定，我们现在需要一种理论。在塔吉菲尔等人（1970, 1971）引入最简群体范式近 10 年后，塔吉菲尔和特纳（Tajfel & Turner, 1979）提出了社会认同理论（social identity theory, SIT）。该理论认为，群体化的过程与社会类化（social categorization）、社会认同和社会比较（social comparison）三个认知过程相关。社会类化包括识别一个人属不属于某个群体，正如塔吉菲尔等人所证明的那样，最细小的差别就可以导致社会类化，且不需要群体间有任何历史互动。当群体成员认同内群体态度，顺从内群体规范，共享内群体目标，并参与内群体活动时，就产生了社会认同。最后，社会比较引起了对内外群体成员认知的对比。正如最简群体范式的研究表明的那样，这种认知倾向于更喜欢内群体成员。

究竟为何会出现内群体偏好呢？社会认同理论认为，我们喜爱内群体成员，贬损外群体成员的原因在于我们对积极区分的寻求。也就是说，个体之所以希望自己所在的群体比其他群体更好，是因为想获得相对积极的社会认同。认同包括两个方面：个体认同和社会认同。个体认同（personal identity）与自我感知的特征和自我成就有关，与群体成员无关；与此相反，社会认同（social identity）源于社会类化和社会比较。当我们属于成功的、受人尊敬的社会群体时，我们就获得了积极的社会认同。当我们属于不成功的、被诋毁的社会群体时，我们的社会认同便会受损。个体认同与社会认同的结合共同组成了我们的整体认同。我们的整体认同反过来又会影响我们的自尊。也就是说，个体如何看待自己会影响其自我感觉。由于我们渴望自我感觉良好，因此我们寻求积极的社会认同（Abrams & Hogg, 2006）。反之亦然。如果控制一个人的自尊（使他们对自己的感觉相对较好或较坏），那他们就会或多或少地倾向于贬低和歧视外群体成员（Crocker, Thompson, McGraw, & Ingerman, 1987。）而与群体认同及自尊相关的详细内容，见第 11 章。

考虑到我们对自我感觉良好的基本渴望，我们又怎么能指望大幅度减少——更不用说消除——偏见和歧视呢？我们有可能生活在一个和谐的乌托邦世界吗？一种解决方案是让每个人都意识到他们属于同一个包罗万象的内群体，即人类。这个世界性的内群体比其他较小范围的内外群体更突出、更重要。这可能有些牵强，但是想想如果地球被外星人攻击会发生什么。地球人代表着一个大的内群体，而外星人则代表着一个大的外群体。我们会突然对地球上的所有同伴产生认同。我们会不顾世俗的（现实）分歧，共同捍卫我们的种族。地球上有关群体间冲突的问题也会得到解决（至少会被忽视）。当然，我们仍然面临着严峻的群体间冲突问题：我们将会卷入星际战争（更多与全人类认同有关的信息，参考 McFarland, Webb, & Brown, 2012）。

最后，值得注意的是，塔吉菲尔的经典研究并不是“昙花一现的奇迹”，随后出现了大量关于最简群体范式的研究。塔吉菲尔的发现激发了接下来长达 45 年的研究，这些研究一致表明人们在观念、态度及行为上都偏好内群体。仅仅在过去五年里，就有大量研究证实了最简群体范式能够产生偏见。例如，拉特纳、多奇、维博尔德斯、范·尼彭伯格和阿莫迪奥（Ratner, Dotsch, Wigboldus, van Knippenberg, & Amodio, 2014）的研究表明，我们对在最简群体范式下产生的内群体成员和外群体成员形成了不同的心理表象。具体来说，内群体成员的视觉化信息可以引起更好的印象（例如，内群体成员的面孔被认为比外群体成员的面孔更值得信任）。此外，杨和胡根伯格（Young & Hugenberg, 2010）发现，与外群体成员相比，我们更愿意精确地加工内群体成员的面部表情，想想这会如何影响感知者的共情程度。艾布拉姆斯、兰斯利·德·莫拉和特拉瓦利诺（Abrams, Ransley de Moura, &Travaglino, 2013）发现，人们对内群体领导者严重过失的原谅多于对外群体领导者，想想这是如何使不同政党的成员产生偏见的。这些只是近期关于最简群体范式的一些发现。毫无疑问，塔吉菲尔的最简群体范式实验留下的是一份可延续的遗产。

启示

人类很容易把自己分成内群体和外群体。为了提高自尊，他们偏好内群体，即使内外群体的划分仅仅是基于人为的和微不足道的实验操纵。

你怎么想

每一种负面的概括都必然是一种偏见吗？有人能有合理的理由说某个群体在某些方面全部都是坏的吗？说黑人数学不好是一种偏见吗？那说亚洲人篮球打得不好呢？这两个问题都对还是都不对？此外，这个世界能永远远离偏见和歧视吗？为什么？

第 8 章

仁慈的撒玛利亚人：当情境因素战胜个人特质

> 如果你看到有人需要帮助，那你会不帮助他吗？在这个世界上有很多困难和贫穷的人，需要乐善好施的人去帮助他们。
>
> 方济各（Pope Francis, 1936—）
>
> 现任天主教教皇

背景

这本书里的实验可以被称为经验主义的寓言（empirical parables）（Ross & Nisbett, 2011）。它们的结果来源于严谨收集的数据，从这方面来说，它们是经验主义的；从另一方面来说，之所以说它们是一种寓言，是因为它们提供了深刻的、有时候甚至有寓意的妙语。我们现在描述的实验基于一则真实的寓言，这是一个毫无疑问激发了许多周日布道的实验：

“谁是我的邻居？”有人问道。耶稣回答：“一名来自耶利哥（巴勒斯坦乡村）的男子落到了强盗手中，他们剥去他的衣裳并把他打了个半死，然后丢下他就走了。此时一名牧师偶然经过，但他只是看了一眼这名男子就从另一边过去了。随后又有一位利未人（被上帝挑选出来专门侍奉上帝的）路过这个地方并做了相同的选择，没有理会这个可怜人。唯有一个撒玛利亚人路过时动了善心，上前用油和酒倒在他的伤口上，为他包扎好伤口并扶他骑上自己的牲口，把他带到旅店里去照顾。第二天，这个撒玛利亚人拿出两便士给旅店老板，并说‘照顾好他，无论花多少钱，我回头一定还你’。”你认为在这三个人中，哪个人是遇到劫匪的男子的邻居呢？”这个人说：“就是怜悯他的那位。”耶稣对他说：“那你也照此做吧。”

当你沉思这则寓言的时候，你想到了什么？坚信帮助处于困境中的人的重要性？不同的人对于做好事的偏好是不同的？你怀疑我们在试图说服你吗？

两位杰出的社会心理学家——约翰·达利和丹尼尔·巴特森（John Darley & Daniel Batson, 1973）认识到这则圣经小故事突出了两种影响人们行为的变量：倾向性变量（dispositional variables，即一个人稳定的、持久的特征）和情境变量（situational variables，即物理环境或社会环境的方面）。虽然耶稣一直在强调不乐于助人的牧师和利未人以及更富有同情心的撒玛利亚人性格上的差异，但是情境本身的特点也可能会影响帮助他人的决定，我们也可以从这一点来解读这个经典故事。例如，牧师和利未人等宗教工作人员忙于寺庙仪式和其他礼拜活动，或许会比撒玛利亚人肩负更多的社会责任和工作。用达利和巴特森的话来说：

> 可想而知，牧师和利未人都是杰出的公众人物，他们拿着写满会议日程的小黑书匆匆而过，并偷偷看了一眼日晷；相反，撒玛利亚人却很少被期待出现在某个特定时间和地点，因此与牧师和利未人相比，撒玛利亚人可能不会那么匆忙。

因此，考虑到仁慈的撒玛利亚人的寓言，达利和巴特森试图研究倾向性变量和情境变量对助人行为的相对影响。达利和拉塔内（1968）进行了一项关于在紧急情况下旁观者是否会进行干预的实验，这项实验广受好评（见第 5 章），实验说明了在场人数这一情境因素，对人们是否会帮助有困难的人会产生重大的影响。他们提出了“责任分散”的概念，用来解释为什么危机情境下的目击者越多，人们越不会提供帮助。同时，研究人员在研究与助人行为相关的性格特质时常常运气不佳。社会赞许性（social desirability，即试图取悦他人，并以一种社会认可的方式行事）和社会责任（social responsibility，即觉得有义务帮助有需要的人）等变量被认为可以强有力地预测助人行为，但实际上它们并没有起到预测作用。

此外，米歇尔（Mischel, 1968）对过度强调的“特质”概念和根深蒂固的“跨情境一致性”产生了质疑，例如，哈茨霍恩和梅（Hartshorne & May, 1928）发现道德行为并不是固定不变的人格特质：一个孩子在某个情境下的诚实品质可能在另一个情境下就不复存在了。

这些发现和主流观点在达利和巴特森的“从耶路撒冷到耶利哥”（Jerusalem to Jericho）研究中被紧密地结合在一起，从理论上确定了影响人们做出助人行为的因素，并且研究者随即为这些因素下了操作化定义（根据实验操作或测量的方式定义）。达利和巴特森研究了两个情境变量：被试是否明确知道社会责任的规范，以及有多匆忙。他们还调查了被试对宗教的倾向性（一个人有多虔诚）。达利和巴特森想知道：这些变量对助人行为有怎样的影响？撒玛利亚人被认为是落入强盗手中的人的好邻居是因为他有更仁慈的动机吗？还是说之所以说牧师和利未人对可怜的路人来说是差邻居，仅仅是因为他们背负着更大的社会责任和更忙碌的日程安排？

做了什么

实验的被试是 67 名来自普林斯顿神学院的学生（巴特森就是在此完成了博士学业并被任命为牧师）。这个据称是关于宗教教育和职业的研究由两部分组成。在第一部分中，被试完成了一些关于宗教事件和宗教动机的问卷调查，对他们的回答进行的统计分析（探索性因素分析）显示了三个不同的因素。前两个因素是“把宗教当作手段”（religion as a means）和“把宗教当作目的”（religion as an end）。这反映出著名的人格心理学家戈登·奥尔波特（Gordon Allport, 1961）所做的区分——外在的宗教（传统的和实用的）和内在的宗教（以信仰和宗教价值为中心）。第三个因素是巴特森在奥尔波特的两因素模型的基础上提出来的，即“把宗教当作追求”（religion as a quest），这涉及一个人对生命意义的追寻。达利和巴特森假设那些出于内在原因或对生命意义的追求而信仰宗教的人更倾向于帮助危难中的人；相反，那些为了获得外在奖赏而信仰宗教的人则不太倾向于这么做。

研究的第二部分包含了实验操作。被试会进行一段简短的谈话，关于神学院的毕业生将胜任什么类型的工作或关于仁慈的撒玛利亚人的寓言（事先已经提供文本供被试阅读并熟悉寓言故事）。接下来研究助手“漫不经心”地解释道：

> 由于这栋楼里的空间很紧张，我们在隔壁楼里租用了一间空闲的办公室来记

录这次谈话。我会指给你看如何到达那里（画地图并解释）。这是斯坦纳教授的办公室，如果你从这扇门进入（在地图上指给他看）……斯坦纳教授的另一名助手会在那里等着你并记录你的谈话内容。

这一环节结束后，助手会告诉被试以下三种情况中的一种："你迟到了，他们已经等了你一会儿了，我们得赶快走，那儿的助手在等着你，所以请你尽快到达，最好一分钟内赶到"（高匆忙情况）；"助手已经准备好了，请你直接过去"（中等匆忙情况）；"他们还得准备一会儿，你也可以现在过去，应该不用等太久"（低匆忙情况）（John Darley & Daniel Batson, 1973, p. 104）。

因此，本研究是一个 2 × 3 的设计：第一个自变量有两个水平（谈话的主题：工作和寓言），第二个自变量有三个水平（被试感到匆忙的程度：高、中、低）。每位被试被随机分配到六种情况中的一种。

在两座楼中间的小路上，每位被试都会"偶遇"一个人（研究人员的同伙），这个人倒在楼门口的地上，耷拉着头，闭着眼，一动不动，同时不断地咳嗽和呻吟。如果被试上前询问发生了什么或向其提供帮助，这位看起来似乎生病了的同伙就会这么回答：

> 谢谢你（咳嗽）……我没事。（停顿）我的呼吸有点困难（咳嗽）……医生给我开了药，我刚吃了一片……我在这儿坐一会儿休息一下就好了……非常感谢你停下来关心我（虚弱的微笑）。
>
> （想象一下，在这个实验中，你是这位戏剧演员的搭档）

这名同伙并不知道被试的宗教性得分，也不知道他的匆忙水平和分到的谈话主题，这么安排是为了避免他对被试的行为产生偏见。此外，这一部分的实验是在 12 月的美国新泽西州做的（非常寒冷），这使得同伙的境况看起来更加悲惨。

实验的因变量是被试是否会提供帮助以及会提供怎样的帮助。为了达到这个目的，实验结束后，小路上的同伙会根据以下标准给被试的行为打分：没有注意到无助者打 0 分；注意到无助者但没有提供帮助打 1 分；没有停下脚步但提供了间接帮助打 2 分（如告诉另一个人，有人需要帮助）；停下来询问是否需要帮助打 3 分；停下并将无助者扶进房间再离开打 4 分；将无助者带进房间并留下来照顾他打 5 分。

被试会在第二栋楼里遇到一名助手，助手会装模作样地记录下他简短的谈话。在这之后，被试被要求完成一份有关个人和社会伦理的问卷，包括以下问题：你上次看到有人需要帮助是在什么时候？你上次停下来帮助有需要的人是在什么时候？这些问题可以用来核实被试是否觉察到了小路上发生的事情［实验操作检查（manipulation check）］。

接下来，研究助手会向被试进行彻底的事后解释。达利和巴特森说："所有被试都比较容易理解欺骗的必要性，没有人表示出任何怨恨。"然而，人们不禁要问，那些没有提供帮助尤其是那些不慌不忙地去讨论仁慈的撒玛利亚人寓言的人，是否有相当一部分后来觉得自己不适合担任牧师一职，转而选择了一种不那么"田园"的职业，或许是在华尔街……

发现了什么

达利和巴特森（1973）预测，被试准备谈话的主题（仁慈的撒玛利亚人 vs 职业机会）并不会影响他们的行为，尽管这一预测与强调规范影响的重要性的理论相悖。换句话说，达利和巴特森假设，无论是否强调社会责任规范，被试都会提供同等的帮助。他们预测被试的匆忙程度会显著影响他们的行为表现：越匆忙，助人行为就越少。最后，他们预测那些拥有内在宗教动机的被试或以追求存在价值为信仰的被试会表现出更多的善意；相比之下，那些拥有外在宗教动机的被试表现出的善意则较少。

结果发现，40% 的被试提供了一定的帮助。重要的是，匆忙程度对被试的反应产生了较大的影响。结合两种谈话主题来看，在低匆忙程度下，有 63% 的被试提供了帮助；在中等匆忙程度下，有 45% 的被试提供了帮助；与此同时，只有 10% 的被试在高匆忙程度下提供了帮助（如图 8–1 所示）。同时，谈论仁慈的撒玛利亚人主题的被试有 53% 提供了帮助，然而谈论神学院学生工作优势主题的被试只有 29% 提供了帮助，虽然这一差异并未达到统计学上的显著水平，但从百分比上看仍有重要意义。事实也的确如此，格林沃尔德（Greenwald, 1975）重新分析了重点数据，发现在统计上达到了显著水平。因此，两种情境上的操纵——匆忙程度和谈话主题——都影响了助人行为。

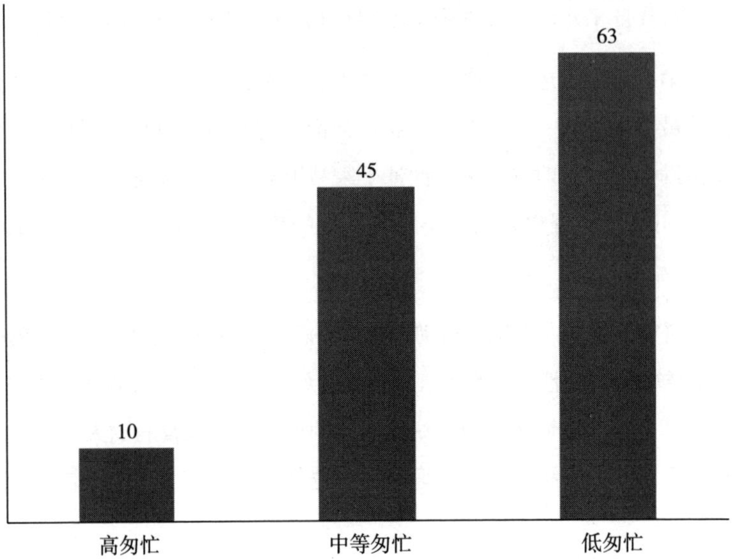

图 8–1[①] **被试在去参加布道的路上会帮助一个倒在小路上的人的可能性取决于他们有多匆忙**

相反，宗教性（倾向性变量）并不影响被试是否助人。唯一例外的情况是，“把宗教当作追求”这一因素可以预测助人行为。然而，这与达利和巴特森预测的方向相反，并导致他们难以解释事后检验的逻辑。

无论如何，达利和巴特森的结果都让他们得出了有挑战性的结论：

> 一个不太匆忙的人可能会停下来帮助一个处于危难中的人；一个很匆忙的人可能会直接走过。讽刺的是，他没有停下来是因为着急去讨论仁慈的撒玛利亚人的寓言，并无意中证实了这个寓言的观点（有时候，如果一个神学院的学生着急去讨论仁慈的撒玛利亚人的寓言，那他很可能会从无助者的身上跨过去）。

又怎么样了

许多引人注目的社会心理学实验都试图检验和挑战那些人们经常重复的格言或习

① 图 8-1 中的纵坐标为提供帮助的人数百分比，分数越高表示提供帮助的人越多。——译者注

以为常的假设。达利和巴特森（1973）的实验就是一个典型的例子。他们的实验巧妙地证明了情境的某些方面有时会影响接下来的行为，但是人格变量并不会。因此，这项研究与我们对他人行为做出人格归因的一般倾向相矛盾（Ross, 1977; 见第10章）。尽管我们假设一个人在聚会上很拘束是因为他本身就很容易害羞，而往乞丐帽子里扔几个25美分的硬币是典型的慷慨之举（倾向性归因），但是可能情境因素才是造成上述行为的原因（在前一个例子中，或许是因为聚会上的音乐让这个人感到压抑，又或许是因为他的朋友没有来；在后一个例子中，或许乞讨的人既幽默又迷人，让人无法拒绝）。行为的原因常常是“情境的”而非“个人的”，继续做相关实验是搞清楚这一问题的唯一办法。

有60%的神学院学生（一直受训为上帝工作）完全没有提供任何帮助，对此你是否感到惊讶或不解？考虑到所有的被试都注意到了小路上的无助者（从实验后的问题回答中可知），我们可以说没有提供帮助的人无疑就是冷酷无情的吗？巴特森及其同事（1978）所做的后续研究对于回答这一问题可能会有帮助。他们的实验程序与达利和巴特森（1973）的实验类似，而且同样发现被试的助人行为在匆忙情况下（40%）比不匆忙情况下（65%）要少。然而，研究进一步确定了导致被试的行为出现差异的主要原因是他们认为参与研究对研究者来说很重要。当被试被引导相信研究人员并不在意他们是否参与时，匆忙的人（70%）提供帮助的可能性与不匆忙的人（80%）就差不多了。换句话说，匆忙程度和对参与研究的看法一起预测了助人行为。当认为参与研究很重要时，高匆忙组（40%）和低匆忙组（65%）之间有25%的差异；而当认为参与研究不那么重要时，这一比例只有10%（80%–70%），两个因素间存在交互作用。

后来的结果说明两次实验中的被试既想帮助研究者又想帮助无助者，他们是在进行了成本–收益分析后才决定如何行动的。在达利和巴特森的研究中，那些没有提供帮助的被试仍可能是仁慈的撒玛利亚人，只是帮助的对象是研究者。他们承诺了要帮助研究者完成实验，相比之下，无助者只是偶然遇上的（并不是承诺的目标）。匆忙可能阻止了他们对无助者是否需要帮助进行确认，或者即使他们有足够的时间去确认，他们也认为对研究者道义上的责任才是最主要的。

或许耶稣寓言中的牧师和利未人也是类似的情况，因此可以被原谅。可以想象他们之所以决定在路过那名落入强盗手中的男子时不停留，是因为他们在耶利哥的工作使他们承担了更大的责任。如果耶稣在他的寓言中提到牧师和利未人（以及撒玛利亚人）都没有更紧迫的事去做，那他将能更充分地证明他的观点（尤其是对听众中的社会心理学家而言）。

后记

罗斯和尼斯贝特（Ross & Nisbett , 2011）在他们的著作《人与情境》（*The Person and The Situation*）中描述了社会心理学家的许多成功尝试，这些尝试试图展示情境对行为的影响，以及人格变量普遍不起作用。研究人员经常能够证明，特定的情境变量（旁观者可能无法理解）对行为有重大影响，而个性特征或人格差异（在人们看来起决定作用的因素）却经常被证明产生的影响是微不足道的。

罗斯和尼斯贝特还提醒我们注意库尔特·勒温——这一领域早期的巨人之一，对社会状况的细节的关注。他把这些渠道因素（channcl factors）视为行为的关键推动者或障碍者。在达利和巴特森（1973）的研究中，时间压力就是一种渠道因素。这是一种被微妙操作、但相当强大的决定同情行为的因素。当然，也有可能存在其他影响撒玛利亚人行为的渠道因素，例如，休斯顿、鲁杰罗、康纳和盖斯（Huston, Ruggiero, Conner, and Geis, 1981）对那些遇到过危险犯罪事件（银行抢劫、武装抢劫、街头抢劫）或在一旁袖手旁观的人进行了深入的采访。调查显示，那些不顾一切的人相对来说更强壮，有更多的救生、医务或警察训练经验，或者更倾向于把自己描述成强壮和好斗的人。换句话说，这些乐善好施的人并不一定更关心人道主义，他们只是身体更强壮，受过更好的训练而已。

最后需要指出的一点是，社会心理学家（更关注行为的外部决定因素）和人格心理学家（更关注行为的内部决定因素）通常是同一个人。许多心理学家觉得同时戴两顶帽子很舒服。事实上，人们经常会发现这两门学科在大学的心理学系是结合在一起的［事实上，该领域的一本一流期刊就叫作《人格与社会心理学杂志》（*Journal of Personality and Social Psychology*）］。然而，如果你单独考虑每一种方法，你就会看到它们是多么奇怪地“同床异梦”。对社会心理学家来说，人与人之间的差异是一种“噪音"，人格差异掩盖了社会心理学家正在寻找的"信号"(由实验操作产生)。在实验中，被试被随机分配到不同的条件下(因此，在任何特定的维度上，一种条件下的被试与另一种条件下的被试很可能并没有什么不同)是消除这种噪音的主要方法。相反，人格心理学家感兴趣的恰恰是人与人之间这些杂乱但持久的差异。他们注意的是人们之间的个体差异，反而把环境差异看作不必要的噪音来源。幸运的是，许多心理学家能够熟练地同时采用这两种方法，而不是让情境变量和人格变量相互竞争，看哪个对行为的影响更大。他们试图了解两者是如何互相补充，或者是如何相互作用的。记住著名的勒温公式：B=f(P, E)，其中B指行为(behavior)，f指函数(function)，P指人(person)，E指环境(environment)，即行为是人和环境的函数。例如，他们感兴趣的是情境的变化将如何影响人的行为且只对某些人有影响；或者，反过来，特定类型的人如何以特定方式行事，但只在某些情境中如此。他们还对人们如何寻找或创造不同的情境来影响自己[被称为利基建设(niche-building)]感兴趣。达利和巴特森的研究是关于人本身和所处的情境对一种重要的人类行为的影响的一次宝贵的检验：帮助一个看起来处于巨大痛苦中的人。

启示

看似微不足道的情境变量通常比人格变量对行为有更大的影响，但是我们经常错误地认为人格变量的影响更大。有时候像时间压力这样简单的因素就能影响像同情这样重要的行为。

你怎么想

在《圣经》的寓言中，撒玛利亚人因帮助犹太人——一个外国人而受到赞扬。那我们应该像帮助朋友一样帮助陌生人，像帮助本地人一样帮助外来者吗？一个人应该把自己一半的收入捐给最贫困的人吗？我们的义务的起点和终点在哪里？另外，请描述一个特定的渠道因素是如何决定你自己或他人生活中的重要行为的。

第 9 章

移除记号笔的魔力：奖励的隐性成本

> 工作比娱乐更有趣。
>
> 诺埃尔·科沃德（Noel Coward, 1899—1973）
>
> 英国流行音乐作曲家和剧作家

背景

有一则“感人”的故事：

> 一天，一位老人坐在他最喜欢的公园长椅上喂鸽子，遇到了一群讨厌的少年。在好几分钟的时间里，他们残忍地取笑他。他强忍着这段插曲，希望一切快点结束，再也不要重演。但当他第二天坐在长椅上时，少年们又出现了。事实上，他每次到公园后都会受到少年们的嘲讽，这已然成了一种常态。老人实在是受够了，最终他想出了一个聪明的计划来结束他们的恶作剧。当少年们再次取笑他时，他做了一件完全出人意料的事——付给他们每人一美元以奖励他们的嘲讽。这使得少年们大吃一惊，他们推测这位老人一定是老糊涂了。在接下来的几天里，他一如既往地如此慷慨，不管少年们对他有多坏，他们总能得到报酬。后来有一天，在没有任何解释的情况下，他突然停止了付钱。这激怒了嘲讽他的少年们，他们心想：对于我们的嘲讽他已经不付钱了，那我们为什么还要去嘲讽他？于是，他们带着一种轻蔑的神情永远离开了这位老人。老人笑了笑，低下头继续喂鸽子。

读者可能会从这则轶事中发现一些熟悉的主题。还记得小的奖励是如何引起更大的观点转变（见第 2 章），以及成为团体成员的障碍如何使人们更看重团体成员资格吗

（见第 3 章）？这些奇怪的发现与我们平时对奖惩机制的预期相矛盾。在这则轶事中，又出现了奇怪的现象——暂时的奖励（金钱）削弱了人们对一项活动（嘲讽）的兴趣，而不是增强了这种兴趣。本章揭示了这一似非而是的现象，并描述了一个在重要的应用环境中测试其有效性的实验。

根据大众心理学专家的说法，人类动机的主要问题在于动机的缺乏（Durand, 2000）。这种观点认为，只要人们有足够的动机，各种各样的社会和个人问题就会很快被解决。粗腰会变细，糟糕的考试成绩会迅速提高，穷人和弱势群体将开始实现美国梦。因此，寻找有效的方法来培养动机是当务之急。那如何做到这一点呢？

动机可以分为两种基本类型。我们之所以做某事，一方面是因为它本身可以为我们带来快乐和满足；另一方面则是因为它能为我们带来预期的结果。前一种情况下的动机被称为内在动机，后一种情况下的动机被称为外在动机。例如，如果本书的作者纯粹是出于对知识和文学的热情而写作，那他们的动机就是内在的；然而，如果写作的目的是为了赚取版税，那他们的动机就是外在的（当然，动机并不是除了内在动机，就是外在动机！重点是有这两种可能的类型）。现在，如果你想激励某人做某事，那你可以专注于增加他们的内在或外在动机。哪种策略适合你？

现在让我们从实际角度出发来考虑这个问题。假设你是一名钢琴教师，你的任务是把浮躁的年轻人培养成有成就的音乐家。如果你选择激发学生的内在动机，那你就会试图让你的课程尽可能地吸引人。例如，你可能会教他们一系列流行曲调，或者用音乐游戏来达到教育效果。你的目标是激发学生的热情，使他们可以充分利用自己的内在欲望来创作音乐。

然而，如果你选择从外部激励你的学生，那你会采用一种完全不同的方法。你要做的第一步就是对钢琴教学进行行为分析，也就是找出什么奖励能促进与音乐进步相关的行为（例如，有规律地练习、准时上课、弹出正确的音符），或什么惩罚会阻碍与音乐进步相关的行为。你的指导假设是，人们做出任何行为的动机都取决于外在的可能性，也就是说，取决于做出该行为的客观结果。如果做某事能产生令人愉快的结果，那人们就会更频繁地去做此事；而如果做某事会产生令人不愉快的结果，那人们往往会减少做这件事的次数（Skinner, 1953）。因此，以钢琴演奏为例，如果阿肖克每次练习时都能得到糖果，那他很可能会更加勤奋地练习；如果马杜米塔每次迟到都受到责骂，那她可能就会更准时。通过充分严格地控制和调整行为后果，阿肖克和马杜米塔可以被迫去做，也可以主动去做那些作为新手音乐家所需要做的大部分事情。他们的动机可以通过巧妙地使用“胡萝卜加大棒”来维持。

一些行为主义者（那些主张使用这种“胡萝卜加大棒”方法的人）认为，只有奖励才能被用作激励因素，因为惩罚有很多缺点。首先，惩罚是无效的，因为它造成的痛苦和焦虑会扰乱整个学习过程；其次，惩罚是低效的，虽然它消除了令人讨厌的行为，但并没有建立特定的新行为；最后，惩罚是不道德的，它会使人受到伤害，因此只能作为最后的手段使用。所以，由于演奏了错误的音符而敲打阿肖克和马杜米塔的指关节，既不能帮助他们集中注意力，也不能教会他们如何弹奏正确的音符，而且还侵犯了他们的人身权。

相比之下，对做正确事情的人进行奖励似乎是一种更开明和更有建设性的方法。奖励能有效地激励人们，也更容易被人们接受，而且是对努力工作的一种适当回报。事实上，在西方文化中，人们普遍认为奖励是了不起的发明。环顾四周，你会发现到处都有奖励机制——满分的金星、加班的奖金、激励研究的诺贝尔奖等。

然而，奖励真的像人们所说的那样有用吗？毫无疑问，它们是能够起作用的。当有奖励的任务被要求执行时，人们通常会希望完成它，并朝着这个目标努力。那么问题在哪里呢？再想想我们这两位初出茅庐的钢琴家——阿肖克和马杜米塔。教育的目的不仅是让他们遵守指令，更是要激发他们对乐器的热爱，使他们在学习结束后的一生中都愿意继续弹奏钢琴。哪种激励方式——是内在的还是外在的——最适合实现这一长期目标？内在的方法试图让学生为了演奏而弹奏，似乎是一种很有希望的方法，因为它的目的是播下兴趣的种子，以便日后结出果实。但是外在的方法呢？如果学生最初因为演奏布基伍基（Boogie-Woogie）①而获得了奖励，但后来不再有奖励了，那么他们以后演奏布基伍基的可能性会比他们从未得到奖励的情况更大吗？看起来似乎是可能的，这些奖励能够让学生们进入状态，为他们提供开始和继续学习所需的动力。

① 布基伍基（Boogie Woogie）是 20 世纪 20 年代节奏摇滚（Blues Rock）的一个重要支流，其起源于 19 世纪 70 年代，曾经有一段时间，人们对这种音乐情有独钟。——译者注

然而，事实恰恰相反。

做了什么

莱珀、格林和尼斯贝特（Lepper, Greene, & Nisbett, 1973）猜想，有条件地奖励进行某项活动的人，不仅不能促进他们对活动的兴趣，实际上还会削弱他们的兴趣。为了在实验中验证这一假设，研究人员采用了以下策略。首先，他们确定了一种人们自发参与的活动：X。其次，他们测量了人们在机会出现时参与 X 的频率（这是对兴趣的间接衡量）。再次，他们对其中一部分参与 X 的人提供了奖励，对另一部分人则没有。并且，奖励是分两种情况提供的，一半人的奖励是“预期的”（他们提前被告知会收到奖励），而另一半人的奖励是“意外的”（作为一种惊喜收到）。最后，研究者评估了这些操纵对人们随后参与 X 的频率的影响。

莱珀和他的同事预测，预期奖励条件下的人会比原来更少地参与 X。他们认为，这些人会把参与 X 的原因归结为有奖励，而不是个人爱好；相比之下，无论是无奖励条件还是意外奖励条件下的人，参与 X 的频率都会像以前一样，而不是会失去兴趣，因为他们之所以参与 X 是因为他们想参加，而不是因为奖励。创设意外奖励条件是很重要的，因为它能够让研究人员检验，除了“得到奖励”，“期望得到奖励”是不是也会削弱动机。

这项研究是在一所幼儿园进行的，这种环境很适合测试有条件奖励的实际效果。被试是 51 名 3 至 5 岁的儿童，来自中等收入家庭，其中三分之二是女孩。在教室里，孩子们一整天都可以自由地参加任何娱乐活动。其中一项是目标活动，即玩魔法记号笔。之所以选择这项活动，是因为（a）儿童认为它很有趣；（b）可以很容易测量他们的兴趣程度（用玩记号笔的时间来衡量）；（c）该活动看起来与其他课堂活动一样。

实验设置如下：在教室一侧的一张桌子上，放有几支记号笔和一捆画纸。两名观察者巧妙地躲在一面单面镜子后面，记录孩子们在桌子旁玩记号笔的时间。如果这些成年观察者被孩子们看见，那后者的行为可能就会无意中受到影响，研究结果也会大打折扣。为了防止可能的记录偏差，两名观察者都不知道分配给孩子们的实验条件。

孩子们最初对记号笔的兴趣，是根据他们连续三天在教室的第一个小时里玩记号笔的频率来评估的。这提供了一个基线，可以与随后的兴趣程度进行比较。然后是三到四周的实验操作，在操作结束后的三天里，研究人员对孩子们玩记号笔的最终兴趣进行了评估。因此，他们的最终兴趣就反映了实验操作的影响。

实验的具体操作过程如下：在预期奖励的条件下，孩子们会因自己的绘画能力而获得奖励——他们事先就被告知画得好会有奖励；在意外奖励的条件下，孩子们得到了同样的奖励，但没有事先被告知会得到奖励；在无奖励的条件下，孩子们没有得到任何奖励，也没有事先被告知会得到奖励。请注意，他们的实际绘画能力并没有被考虑在内，孩子们是被随机分配到这三种条件之一的。

实现这些操作需要一个场地。一位亲切的实验员朝着孩子们挨个走了过去，并和他们聊天、玩耍。然后这位实验员邀请每个孩子和他一起到一个会有惊喜的房间。尽管有几名孩子拒绝了他的邀请（看上去是合理的，毕竟他是陌生人），但大多数孩子都接受了。在这个会有惊喜的房间，每个孩子都被安排坐在一张小桌旁，桌上放着记号笔和画纸。然后实验员告诉孩子们，另一位“大人”很快就会过来，看看大家喜欢画什么画。

正是在这里，条件之间的差异被引入。在预期的奖励条件下，孩子们被告知“大人”将为高水平的绘画作品颁发“优秀选手奖”。为了吸引孩子们，奖品被设计成彩色的 3 英寸 ×5 英寸的卡片样式，上面装饰着一颗闪亮的金星和一条红色的丝带，并写有孩子的名字和学校的名字。实验员给孩子们展示了一个样品奖，并询问他们是否愿意获奖。而在意外奖励和无奖励条件下，实验员并没有向孩子们展示这个奖励，而只是问他们是否愿意为即将到来的“大人”画一幅画。

随后，“大人”（并不知道实验条件）来到这里扮演他的角色。他让第一位实验员离开，然后坐在孩子们对面的桌子上，请他们开始画画。在孩子们画画的六分钟里，“大人”试图表现出对他们作画的兴趣，但不一定表示赞同。

画完画后，无奖励条件下的孩子们被立即送回教室，他们都得到了口头鼓励并相信自己画得很好；然而，预期奖励和意外奖励条件下的孩子都留了下来，并获得了“优秀选手奖”，赢得了热烈的欢呼和掌声。第二位实验员自豪地把他们的名字和学校的名字写在奖品上。然后，孩子们被邀请把自己的奖品挂在一个荣誉榜上（上面展示了类似的奖励），这样所有人都会知道他们是优秀选手。

发现了什么

这些操纵对孩子们几天后的行为有什么影响呢？正如预测的那样，那些用记号笔画画以期获得“优秀选手奖”的孩子们，随后对这些记号笔的兴趣比那些意外获得或根本没有得到奖励的孩子们要少。结果相当显著，预期奖励条件下的孩子最终玩记号笔的频率仅为其他两种条件下孩子的一半（如图 9–1 所示）。

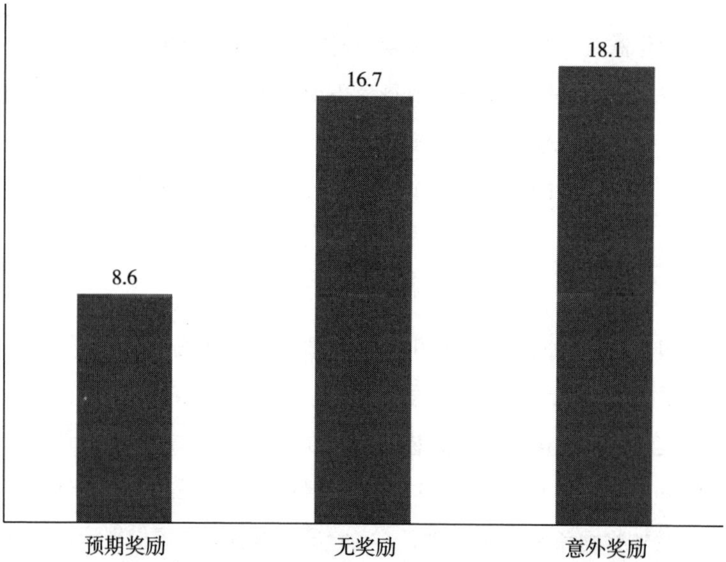

图 9–1[①] 儿童被试在获得预期奖励、意外奖励或没有获得奖励后玩记号笔的时间百分比

鉴于儿童玩记号笔的兴趣基线也得到了评估，因此可以分析在这三种条件下，他们的兴趣是因操纵而上升还是下降。与预测一致的是，预期奖励条件下的孩子表现出了明显的兴趣下降，而其他条件下的孩子则没有表现出实质的变化。

一些有趣的次要结果也出现了。当意外奖励条件下的孩子被分成两组时——一组

① 图 9–1 中的纵坐标代表玩记号笔的时间百分比，分数越高表示兴趣越高。——译者注

最初对玩记号笔感兴趣，而另一组则没有兴趣，结果发现最初对玩记号笔没有兴趣的那组也开始变得有兴趣了，也许是因为意外获得“优秀选手奖”使他们对活动有了良好的印象。相比之下，当预期奖励条件下的孩子以同样的方式被分成两组时，那些原本对玩记号笔特别感兴趣的孩子，兴趣降低的幅度更大（尽管两组孩子的兴趣都下降了）。这一结果表明，活动越有趣，外部奖励越削弱内在兴趣。

最后一个惊人的发现出现了。这种操纵还影响了孩子们画画的质量（根据三个不知道孩子们的分配条件的评分者做出的判断）。预期奖励条件下的孩子们随后的画作质量比另外两种条件下都差。显然，外部奖励的不良影响不仅限于削弱兴趣，而且会延伸到降低能力表现。

又怎么样了

该研究表明，把活动中的能力表现作为获得奖励的条件最终会削弱人们对该活动的兴趣。奖励确实会在短期内有效地改变行为，但从长远来看，它们的副作用是让人们对原本喜欢的活动感到厌倦。

研究人员认为，外部奖励会削弱学龄前儿童参与有趣活动的动机。这种效应具有普遍性吗？的确如此。文献综述证实，许多奖励措施都会降低人们对各种任务的热情（Deci, Koestner, & Ryan, 1999）。此外，年轻人和老年人都容易受到影响（尽管有形的奖励对年轻人的影响更大）。接下来，我们将描述两个具体的例子，说明外部奖励是如何削弱一个人对某项活动的兴趣的。

第一个例子与吸烟有关。一项大型研究测试了不同的自助戒烟方法的有效性（Curry, Wagner, & Grothaus, 1991）。一些被试会因每周提交吸烟情况的进展报告而获得奖励；一些被试会获得个性化的反馈以帮助他们戒烟；一些被试会同时得到奖励和反馈；还有一些被试两者都没有得到。一周后，仅获得奖励条件下的被试表现得最好。然而，三个月后，情况发生了根本性的变化，仅获得奖励条件下的被试表现得最差，他们比那些既没有得到奖励也没有得到反馈的被试更频繁地吞云吐雾。此外，唾液测试显示，这些获得外部奖励的被试，在吸了多少根烟上撒谎的频率是其他人的两倍。

第二个例子与儿童的良好行为有关。尽职尽责的父母们都会努力把孩子培养成有合作精神和乐于助人的人。然而，考虑到外部奖励会破坏内在动机，为达到养育目的而使用贿赂和奉承可能最终就会适得其反，培养出来的将是小恶魔而不是可爱的天使。实际上，经验证据已经证实了这种猜疑。例如，那些从母亲那里得到有形回报的孩子，在家庭和实验室中都不太可能提供帮助；那些经常因做正确的事情而受到表扬的孩子，随着时间的推移，再做这些事的可能性也会降低（Fabes, Fultz, Eisenberg, May-Plumlee, & Christopher, 1989; Grusec, 1991）。虽然对这些研究的解释很复杂（也许问题孩子需要更多的贿赂），但另一些研究确实表明，对做好事的人进行奖励，会让他们觉得自己不太可能再自发地去做善事（Kunda & Schwartz, 1983）。

为什么外部奖励会削弱内在动机呢？对此已经有三种不同的答案，需要注意的是，它们并不是互斥的。第一种解释与自我认知有关，它是在早些时候被提出来的，并得到了昆达和施瓦茨（Kunda & Schwartz, 1983）研究的支持。当我们因做了某件事而得到奖励时，我们会推断我们做这件事是为了奖励而不是为了事情本身。因此，一旦没有奖励，我们就会觉得不再有理由做这件事了，我们的行为就会根据自我认知停止。莱珀和他的同事（Lepper et al., 1973）把这个过程称为过度合理化（overjustification），因为外部奖励给做某事提供了太多的理由。

第二种可能的解释是，每当某事被描述为达到某一目的的手段时，它就被认为是不受欢迎的，因为达到某一目的的手段往往是不受欢迎的。我们从日常生活中就知道这一点。我们通过刷牙和使用牙线来避免蛀牙，通过扫地和使用吸尘器来保持房间的清洁，通过睡眠和运动来保持健康。因此，每当我们为了得到奖励而做某件事的时候，我们就会下意识地想起一些自己为了得到奖励而做的不受欢迎的事情，此时这件事情就会自动变得负面。莱珀、萨戈茨基、达福和格林（Lepper, Sagotsky, Dafoe, & Greene, 1982) 设计了一个巧妙的实验来测试这种可能性。他们首先注意到学龄前儿童喜欢玩耍，不仅喜欢玩记号笔，还喜欢玩蜡笔。然后他们设置了两个外部奖励条件：一半的孩子被告知，为了玩记号笔，他们必须先玩蜡笔；而另一半孩子则被告知相反的情况。结果呢？两周后，孩子们花在绘画器材上的时间减少了，因为玩一种绘画器材变成了玩另一种器材（目的）的手段（一个前提条件）。

第三种可能的解释是，外部奖励被认为是令人不快的控制。与低等动物不同，我们不会盲目地对胡萝卜加大棒做出反应。我们是在理解的基础上对被控制执行的事件做出反应的。例如，假设杰克只有在他的狗 Duchess 为他拿了一根棍子时才吻它。按照公认的工具性条件反射原理，再加上 Duchess 是一条顺从的狗，不会反抗，这很容易训练 Duchess 去拿棍子。然而，假设杰克只有在女朋友吉尔从冰箱里给他拿啤酒时才亲吻她，那吉尔则不大可能像狗一样听话，她肯定会怨恨杰克如此明显地操纵别人。因此，吉尔拿啤酒的内在动机以及她这样做的频率很可能会降低，而不是增加。

虽然上面的例子是开玩笑的，但原理是真的。如果某种情况破坏了我们的自由意志，我们就倾向于退出或反抗它（Brehm & Brehm, 1981）。无论什么时候，当我们为了获得回报而工作时，我们便会觉得是我们自身之外的东西在决定我们做什么，而不是我们的内心。我们会觉得自己更像是棋子，而不是人。根据自我决定理论（Ryan & Deci, 2000），这使得我们对自主（autonomy）的基本需求得不到满足［该理论还假定了另外两种基本需求：关系（relatedness）和胜任（efficacy）］。因此，外部奖励与威胁、最后期限、检查和评估属于同一类别。所有这些都对内在动机有削弱作用（Kohn, 1999）。

公平地讲，应该指出的是，外部奖励不仅仅是控制，它同时也为人们的表现水平提供有价值的反馈。假设人们热衷于提升自己的技能，那它确实可以有效地促进内在动机。然而，考虑到这种反馈也可以在没有外部奖励的情况下给出，我们很难为使用外部奖励提供有力的辩护。

后记

不幸的是，外部奖励的不良后果不仅限于削弱内在动机。回顾一下，在本研究中，希望获得“优秀选手奖”的儿童画出了质量较差的画作，这并非巧合。例如，在另一项研究中，学生记者提出好标题的能力受到了全程操控。其中，一部分人每提出一个标题就会得到一定的报酬，而其他人则没有。事实证明，有报酬的学生很快就会停止进步，而无报酬的学生则会继续进步（Deci, 1971）。实际上，当人们执行各种需要投入创造性的任务时，如果事先承诺有回报，那结果就不会那么有创意和启发性（Amabile, Hennessey, & Grossman, 1986）。

外部奖励也会降低一个人问题解决的能力。在一项经典研究中，研究人员给被试提供了火柴、一盒图钉和一支蜡烛，要求他们仅仅使用这些材料把蜡烛固定在墙上，并且确保当蜡烛燃烧时，融化的蜡油不会滴到地板上（你能做到吗？提示：使用所有的材料）。结果发现，获得不同程度奖励的被试解决这个问题所花费的时间，几乎是没有获得奖励的被试的 1.5 倍（Glucksberg, 1962）。另一项研究（使用的是一种特殊的序列按键任务）发现，提供奖励不仅干扰了被试发现隐性规则的能力，还使其不愿意放弃之前赢得奖励时使用的、但不再适合当前情境的规则（Schwartz, 1982）。

这种对创造力和问题解决能力的削弱，大概是因为人们全神贯注于获得奖励的预期。狭隘的视野使他们在思考和行动时变得贪婪且不灵活，从而干扰了自己在充满复杂可能性的环境下冷静思考。事实上，当奖励的获得有风险时，人们通常会选择最容易获得奖励的任务（Pittman, Emery, & Boggiano, 1982）。

我们可以继续讲述有关奖励的不良影响的警示故事。例如，即使是对于蹒跚学步的孩子来说，如果把魔方玩具作为表现良好的奖励，那他们也会变得不那么专注于学步（Warneken & Tomasello, 2008）。然而，与其诅咒黑暗，不如燃起蜡烛。实用主义的问题是：如何增强内在动机？尤其是，什么能让学生带着好奇心和热情去学习？这是一个特别关键的问题，因为好的成绩可能是最容易让人失去动力的奖励之一（问问任何一位大学生，他们对学一些考试不考的东西有多么感兴趣）。

一个可行的方法是在规定好的学习活动中加入一些特别内容，以满足学生对刺激、掌握和自主的潜在需求。例如，让学生参加一些不太吸引人的活动，如学习如何按照正确的层次顺序使用运算符号（如 +、−、×、÷），以及如何在必要时添加覆盖层次结构的括号（这是一项让很多学生不知所措的任务）。科多瓦和莱珀（Cordova & Lepper, 1996）让小学生玩一款电脑游戏，在这个游戏中，成功与否取决于对数字和运算符号的正确使用。简而言之，孩子们必须在每个回合中产生最大的数字，才能尽快得到目标数字。这款游戏本身就很有吸引力（并且可能是口头传授算术规则的改进）。然而，为了让这项任务更有吸引力，研究人员为它增设了三个特别的地方。第一，使游戏更个性化，电脑并没有笼统地发布公告，而是在各个关键环节都点名与孩子们对话（例如，“愿力量与你同在，康斯坦丁指挥官！”）。第二，游戏被嵌入名为“太空冒险”的幻想场景中，这使得游戏更加情境化。现在的目标不仅是获得一个任意的数值目标，而且要在外星人到达地球之前到达埃克塔（Ektar）星球并收集宝贵的钛矿，从而把地球从全球能源危机中解救出来。第三，游戏的非主体部分变得更加可控。例如，孩子们可以选择他们将要乘坐的宇宙飞船的类型（例如，星际飞船）和名字（例如，企业号 NCC1701）。结果表明，每一个增设的点都增强了孩子的内在动机。由于孩子们更多地参与到了这项任务中，他们开始能够写出更复杂的算术公式，从而加快了他们的学习速度。此外，玩增强版游戏的孩子比玩非增强版游戏的孩子表现出了更强的意愿和能力感。如果能够全面调整教育课程，考虑到每个阶段学生们的兴趣点，那么学校教学就可能会少一些烦琐，少一些教条。

到目前为止，我们一直在批判外在动机。然而，在结束之前，我们应该提到两个可能对它有利的论点。第一，它提供了一种使人们的行为合乎需要的经济的方式。有一定权力地位的好心人可能会借助胡萝卜（或大棒），使喜欢追求不当目标的下属追求值得称赞的目标。例如，一名新教师在面对一群喜欢做出不礼貌行为的学生时，可能要借助一套奖惩体系来建立秩序。一旦这个基本目标实现了，他就可以转而培养他们的学术兴趣。第二，正如前面所说，并非所有的内在动机都值得培养。例如，有些人可能会从背后说别人的坏话、犯罪或欺骗伴侣中得到乐趣。这样的活动不太可能给他们或其他人带来持久的快乐。因此，对此类行为实施外部控制，无论是正式的还是非正式的，都是正确的。

启示

因做了某事而受到奖励会使人们更多地做这件事，但是当奖励被撤销后，人们甚至会比受到奖励前更少地做这件事。

你怎么想

作为一名学生，你最愉快和 / 或最成功的学习经历是什么？你受到的是外部奖励还是内在奖励的激励？它们是什么类型的？如果你今天要教学生，那你会运用本章中介绍的哪些经验？

第 10 章

窃贼情境：行为中的行动者 – 观察者偏差

> 人民需要知道他们的总统是不是一个骗子。当然，我不是骗子。
>
> 理查德·尼克松（Richard Nixon, 1913—1994）
>
> 美国前总统

背景

你正在超市排队，抵制着（收银台前）一排排糖果的诱惑，突然你前面的女人开始发火，你的眼睛扫过小报的标题——《宠物猪狂吃婚礼蛋糕》。她坚持让已经打折的商品（或类似的东西）再使用优惠券，但收银员解释说这不符合规定。然而这个女人拒绝让步（队伍越来越长），并坚持要和经理对话。她开始东拉西扯地谈论对顾客的服务之道和其他超市的政策。她的声音开始颤抖，并再次提高，于是你下意识地退后一两英尺。她会做出一些戏剧性的事情吗？她是不是精神有问题？还是起床方式不对？是什么导致了她的表现？

当天晚些时候，你发现自己也处在了相似的情境中（虽然你不这么认为）。作为一名并不富裕的学生，你发现自己买了一本并不需要的书，于是想退货。然而，由于日程过于繁忙，你没能及时退回，导致这本书一直躺在你的书包里。收银员向你解释说已经错过了 30 天的退货期限：“我再说一遍，已经不能退款了，抱歉！”但你推算了一下，虽然确实是迟了，但只迟了一周，如果再算上周末和节假日书店关门的话，就更少了。这种僵化的甚至是非法的政策令你火冒三丈。“对不起就完了吗？”你大声说，“我要见你们的经理，我就站在这里直到他来为止！”在你怒火中烧的时候，其他排队等候的人开始后退并发现了你的攻击目标：势力的收银员、高价的教科书，还有万恶的资本主义，但其他顾客对你并没有多少同情。他们认为是你不负责任、不讲道理，是你挑起了战争。就像今天早些时候你的注意力集中在前面的女人身上那样，他们的注意力也集中在你的身上。

前面的小插曲突显了所谓的行动者 – 观察者偏差（actor-observer bias）。琼斯和尼斯贝特（Jones & Nisbett, 1971, 1972）等人首先提出，行动者（那些做出某种行为的人）和观察者（那些目睹他人做出某种行为的人）往往会做出不同的因果归因（解释）。这一观点认为，行动者倾向于将自己的行为归因于突发事件和外部刺激，而观察者则倾向于将行动者的行为归因于他的人格。因此，我们所意识到的自己承受的压力，与别人感受到的是不同的。这种偏差被称为基本归因错误——作为社会感知者（观察者），我们倾向于用人格特质而不是情境因素解释他人的行为（Ross, 1977）。社会心理学的优势之一就是通过揭示对人类行为有普遍作用的外部影响，引起人们对这一潜在错误的关注。

韦斯特及其同事（West et al., 1975）的一项研究或许能够形象地说明行动者 – 观察者偏差。当年，水门事件占据了新闻头条，震惊了全国，也引起了韦斯特及其同事的关注。1972 年 6 月，五名男子因盗窃华盛顿水门大厦的民主党委员会总部而被捕。在那一年的总统竞选期间，这一拙劣的闯入与企图掩盖真相的行为被曝光。国会随后举行了弹劾听证会，并最终导致了尼克松总统的下台。这是一件需要解释的大丑闻。媒体将这些罪行归因于尼克松政府的偏执与不道德，而尼克松的支持者则为这些行为辩护，声称这些行为是对激进左翼邪恶目的的自然反应。在一个单一事件发生后，不同的局内人和局外人的解释接踵而至。有些人在作恶者身上看到了魔鬼，有些人在情境中看到了魔鬼（见第 17 章，同样的事件如何引发截然不同的感知）。

针对水门事件的不同解释似乎又是一个行为者 – 观察者偏差的例子。受此启发，韦斯特及其同事（1975）试图诱发被试做出与水门事件相似的行为，然后考察他们以及其他人对这类行为的解释。行动者会更偏向于情境主义（situationalism，认为外部力量在起作用），而观察者则会更偏向于秉性主义（dispositionalism，认为内部原因在起作用）吗？

做了什么

韦斯特及其同事（1975）进行了两项研究。在第一项研究中，实验人员（当地有名的私人侦探）邀请 80 名犯罪学专业的学生（男女都有）到他自己的家中或当地的餐厅讨论一个他正在进行的项目。所有被试都接受了这个神秘的邀请。

实验人员的同伙（助理）陪同参加了这次秘密会议。就像 B 级影片中演的那样，私家侦探携带一个公文包（没准装有手铐），里面有抢劫当地一家广告公司的详细计划（正在筹备中）。毫无戒心的被试被随机分配到四种实验条件之一。在第一种条件下，这起盗窃案获得了美国国税局（Internal Revenue Service, IRS）的支持。这家著名的广告公司涉嫌隐藏一系列伪造的账务记录，用于骗取美国政府每年数百万美元的税款。据称，该机构是迈阿密一家投资公司的幌子。这些记录是原件的副本，需要对其进行微缩拍摄，以便国税局获得搜查令和传票以查获原件（注：当时并不是人人都有智能手机。间谍们使用的是 11 × 8 毫米胶片的 Minox 相机）。被试被告知，如果他们被逮捕，美国国税局将会担保他们免于起诉（如果你觉得这一切现在听起来很牵强，那么请想象一下当时的场景：在一家烟雾缭氲的餐馆灯光昏暗的角落里，一位精明干练的私人侦探向一群有抱负的犯罪学家介绍情况，一切就会显得十分自然）。

第二种实验条件与此类似，只是被试被警告一旦被逮捕他们将不能免于起诉。在第三种实验条件中，背景故事描述的是另一家广告公司如何秘密地以 8000 美元的价格购买了该广告公司开发的某套设计的复制品。如果盗窃成功，那被试将私下获利 2000 美元（对于 20 世纪 70 年代中期经济拮据的大学生来说，这是一笔不小的财富）。在最后一种实验条件中，被试被告知他们需要破门而入，但不需要盗取任何物品，只是为了查看私人侦探的盗窃计划是否可行。没有一位被试对“犯罪”计划提出异议。

在所有的条件中，助理均被介绍为盗窃团队的成员，并负责“放风”。私人侦探（实验人员）则负责监控楼内办公室的报警系统。团队的第三名成员（实际上并不存在）是一名接受过大量军事情报训练的开锁与安全专家，也会协助作案。被试则负责潜入楼内承担实际的微缩拍摄工作。

实验人员和助理向被试展示了大楼和当地区域的航拍照片、城市和州警察巡逻的路线与时间点以及大楼的设计图。所有的一切都给人一种精心策划、专业的印象。被试可以提问，但他们提问的内容多数是关于计划的技术细节。然后实验人员安排了第二次会议。被试有充分的时间考虑要不要犯罪，助理并不知道实验人员的研究假设，只负责记录被试是否打算加入团队以及他们的理由。

任何有道德顾虑的人都会非常乐意得知入室盗窃从未发生。被试是否同意实施盗窃，以及他们给出的理由是主要的因变量。在获得关于实验真实目的的信息后，他们就会被仔细询问，并得到实验人员对欺骗行为的解释。

真是个精心设计的诡计！我们真希望当时藏有针孔摄像机。事实上，仅仅是第一项研究就足以生动地展示出服从。但仍有必要进行第二项研究，以更全面地考察行动者 – 观察者偏差。在记录了行动者的行为与解释后，现在有必要获取观察者的看法。

实验人员向第二项研究的 238 名被试（心理学导论课上的所有学生）详细描述了第一项研究的四种条件之一。每个人都被问道："'如果向 100 名学生提议，你猜有多少人会同意参加？' 以及 '你愿意参加吗？'。"所有学生都被要求必须用"愿意""也许"或"不愿意"来回答，并写下理由。最后，实验人员向一半被试呈现以下场景："假设约翰是佛罗里达州立大学（研究进行的地点）的一名本科生，他在听取了该提议后，同意参加，用 2~3 句话简要说明为何约翰会做出这个决定。"另一半被试也被提供了同样的场景，不同的是约翰拒绝了提议。第二项研究的目的是考察观察者对一个人为什么会同意或拒绝非法闯入当地公司并窃取信息的解释。将这些解释与第一项研究中被试给出的解释进行比较，就可以直接考察行动者 – 观察者偏差。

发现了什么

第一项研究的结果或许会让关心 20 世纪 70 年代中期大学生道德标准的人感到安慰：大多数被调查的人都不愿意参与盗窃。然而，同意参与的比率却因条件而异：在 2000 美元奖励条件下有 4 名被试（20%）同意协同作案并复制所需文件；在"查看计划是否可行"条件下有 2 名被试（10%）同意；在"政府发起但无豁免权"条件下仅有 1 名被试（5%）同意。这些条件之间的差异在统计学意义上并不显著（考虑到相对较小的样本量，差异检验力较低）。然而，在"政府发起且有豁免权"条件下，20 名被试中有 9 名同意参与（45%）。由于被试是被随机分配的，且所有的外部变量都得到了仔细控制，因此可以假定最后一个条件服从率更高是由条件本身的特征所致。显然，豁免权或其与政府支持的交互作用，代表了一种高影响力的情境，产生了令人震惊的服从率。

在第二项研究中，观察者是否会认为，如果处在同样的情况下，他们也会加入犯罪团伙呢？结果是，几乎没有人认为自己会，因此韦斯特及同事（1975）决定把“愿意”和“也许”两个答案结合起来，以便进行更有意义的分析（被试普遍认为，他们不会参与盗窃，这与人们认为自己在需要展现良好品格的情境中会做什么或不会做什么类似；见第 4 章）。观察者也倾向于认为，与其他条件相比，如果盗窃是由政府发起的或行为者能获得豁免权，那他们就可能会协助实施盗窃。有趣的是，男性和女性作为行动者在参与入室盗窃的同意率上并没有总体差异（与其他研究中男性的犯罪倾向是女性的数倍不符；Wilson & Herrnstein, 1998）。而作为观察者，在只阅读了相关内容的情况下，报告愿意参与犯罪的男性数量是女性的两倍（这与男性更高的犯罪率相符合）。

然而，服从并不是本章的主要内容，归因才是。研究者对行动者和观察者对为什么行动者或约翰（假设的佛罗里达州立大学学生）同意或拒绝参与盗窃行为的归因进行了编码（分类，以便进行统计比较）：1 表示内部倾向归因；3 表示情境归因；2 表示两者兼有。哪一种归因类型在行动者中更常见？在观察者中呢？是否存在行动者－观察者偏差？

答案是，行动者更多地做出情境归因，而观察者则更喜欢进行内部倾向归因。虽然这种效应会随情境变化（有政府支持、无豁免权、有奖励或控制）而变化，但整体的行动者－观察者偏差是普遍存在的，并影响着个体同意或拒绝参与犯罪的归因（如图 10–1 所示）。因此，韦斯特及其同事巧妙地证实了行动者－观察者偏差。

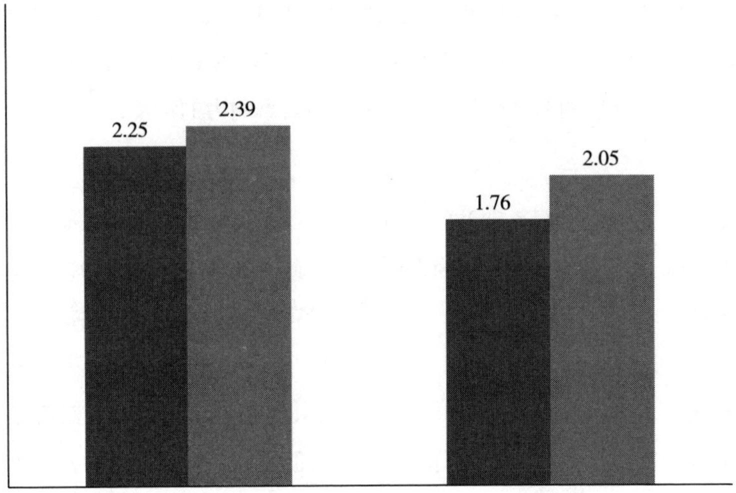

图 10–1[①] 行动者和观察者将行动者同意或拒绝参与盗窃归因为情境因素而不是内部倾向的程度

又怎么样了

在某些特定情境下（如有政府支持且免于起诉），将近一半被试——还记得吗？这是一群将可能从事与犯罪学相关职业的学生，而不是注定要实施犯罪行为的罪犯——表示愿意参加一项违法性质的活动：闯入公司的私人总部，窃取机密文件。为什么呢？弗里德曼和弗雷泽（Freedman & Fraser, 1966）的一项研究表明，这或许是一种登门槛现象。在这项研究中，一位实验人员到女性的家中拜访她们，声称自己是“安全驾驶委员会”的成员，并询问她们是否同意把一个大的、难看的“小心驾驶”的标牌钉在自家门口的草坪上。结果只有 17% 的人同意了该要求，这并不令人惊讶。然而，这不是唯一的实验条件。在两周前同意在车子或房子窗户上贴上 3 英尺 ×3 英尺贴纸的女性中，有 76% 的人同意在草坪上竖立更大的标牌。在早些时候签署过一份与安全

① 图 10–1 中的纵坐标为归因为情境因素的程度，分数越高表示行动者或观察者越认为同意或拒绝参与盗窃是由于情境因素。——译者注

驾驶或有关或无关的请愿书的人中，有将近一半的人同意了这一要求。显然，登门槛是一项诱导服从的有效技术。在韦斯特及其同事（1975）的第一项研究中，同意到私家侦探的家里或附近餐馆昏暗的角落里参加会议，有可能就等同于默许做一些阴暗的事情。然而，登门槛现象无法解释不同实验条件下服从模式的不一致。高服从率只表现在特定的条件中，其特征是有国税局的批准以及对豁免权的承诺。显然，类似水门事件的行为之所以发生，政府批准以及承诺豁免权，或许还有登门槛现象，都起到了一定的作用。

除了服从，还有什么能够解释韦斯特及其同事（1975）发现的行动者 – 观察者偏差呢？琼斯和戴维斯（Jones & Davis, 1965）的对应推论理论（theory of correspondent inference）主张，如果一个人的行为是不为社会赞许的（纵容犯罪行为往往如此），是脱离角色（偷窃不是正常大学生应该做的）以及自由选择的（与韦斯特等人的研究一致），那我们就倾向于认为他的行为源自或反映了他的内部倾向特征。虽然这个理论并没有明说我们应该在对他人的判断（而不是对自己的判断）中做更多的对应推论，但许多研究发现，我们确实应该如此。

在罗斯、阿玛比尔和斯坦梅茨（Ross, Amabile, & Steinmetz, 1977）的研究中，被试参与了一个模拟的电视问答游戏，他们被随机分配为提问者或参赛者。提问者被要求每人设计 10 个具有挑战性但公平的问题，而参赛者则被要求尽可能多地回答这些问题（通常 10 题中，他们能答对 4 题）。有趣的是，参赛者会认为提问者的知识比他们丰富得多，而观众也有类似的感觉。但这没有任何意义，根据概率定律，被试的角色是随机分配的，无论是提问者还是参赛者都不会比对方更有学问。

在另一项由索尔尼尔和帕尔曼（Saulnier & Perlman, 1981）所做的研究中，当囚犯被问及为何犯罪时，他们强调的一般都是情境因素（“我当时失业了，所以我抢了银行”或“是魔鬼让我这么做的”）；然而，他们的律师却引用了他们的人格特征（“他有反社会倾向”或“她很冲动”）。此外，尼斯贝特、卡普托、勒恩特和马瑞赛克（Nisbett, Caputo, Legant, & Marecek, 1973）让男性大学生解释自己为什么喜欢现在的女友，以及为什么他们最好的朋友喜欢他们的女友。他们倾向于用女友的品质（情境的一部分）来解释自己的选择，而用朋友的人格特质来解释朋友的选择。因此，许多研究都发现了行动者－观察者偏差存在的证据。

那么，是什么导致了这种偏差呢？也许它取决于那些突出的、吸引人们注意力的信息。回到罗斯等人（1977）的研究中，参赛者和观众都认为提问者知道所有难题的答案（他们似乎忘记了提问者所提的问题肯定是自己所擅长的）。参赛者自己和观众都看到他们在努力地寻找答案，但 10 次中却有 6 次都回答错误。之前角色的随机分配（提问者或参赛者）被忽略了。参赛者——即通常更关注外部因素的行动者——很明显只选择性地意识到了情境的某些方面（如深奥问题的难度，或提问者居高临下的微笑）。

当考虑自己的行为时，我们的注意力也更多地集中在情境上。这也是一个行动者－观察者偏差的例子。在我们采取行动前发生了什么？我们现在的反应是什么？来自情境的反馈是什么？外部世界对我们的影响在主观上是显而易见的。这就是为什么我们通常不认为性格标签适用于自身的原因之一（Nisbett et al., 1973）。别人有别人的特征，而我们有我们的情境，或者我们相信我们是受情境影响的。当我们观察他人的行为时，我们的观察就脱离了情境。由于缺乏关于他人生活史或当前环境的信息，我们本能地认为他们的行为反映了他们的内部特征。

但是，又怎么样了（在回顾社会心理学的研究时，这总是一个合理的问题）？因此，我们有时会用不同的方式解释自己和他人的行为，将自己的行为归因于外部影响，而将他人的行为归因于内部因素。所以，即使知道一个人行为的背景信息，我们也还是会犯基本归因错误？请思考社会心理学家的一句格言："人是不与（客观的）现实互动的；他们只与感知到的现实互动（见第 14、15、17 和 21 章，了解人们如何从心理上构建自己的社会现实）。"假设这句格言是正确的，如果我们作为个体或社会，轻易地把他人的人格特质看作他们行为的主要原因，并因此让他们对自己的行为负责（即使他们面临着诸多的外部影响），那会发生什么呢？当我们为自己的行为找借口，声称情境才是主要原因时（即使实际上我们自身才是），又会发生什么呢？我们是否会倾向于用与内部倾向有关的术语来解释强奸受害者、无家可归者、弱势群体和其他不幸人群的困境？行动者－观察者偏差是否会让我们更少地同情和宽容他人，更专注于改变个人而不是社会秩序？又是否会让自以为是和社会冷漠长存？然而，相反的偏差可能同样愚蠢：当人们应该为行为负责时，却没有被追究责任。观察者总是错的，行动者总是对的，这句话对吗？例如，社会弱势群体要为他们所处的困境承担部分责任吗？所有的问题均在于，因果关系与责任的真相难以确定。尽管如此，如果了解自己与他人、奖惩自己与他人的行为对于我们的生活而言至关重要，那么理解并消除任何类型的归因偏差也是极为重要的。

后记

韦斯特及其同事（1975）的研究（类似米尔格拉姆 1963 年的权力服从实验，见第 4 章）在伦理上受到了质疑。回顾他们第一项研究的结果，相当多的犯罪学学生表示愿意参加犯罪活动，但在之后被告知，这只是一个实验——只是想看看有多少人会服从。想想看，这样的邀请，无论伪装得有多么精致，难道不会令人不安吗，尤其是对那些同意参与非法盗窃的人来说？知道自己打算怎么做，难道不会引起尴尬或内疚吗？水门事件曾多次受到媒体的谴责，而有人却准备扮演水门事件中臭名昭著的罪犯（Cook, 1975）。此外，这难道不是一个诱人犯法的圈套吗？是这项研究的被试真的希望过罪犯的生活，还是他们所尊重、信任的人迫使他们接受了这个选择？

可以肯定的是，韦斯特等人（1975）付出了很多努力来减轻人们对伦理的担忧。他们聘请了一位律师兼心理学家来协助计划和实施这项研究。他们没有强迫任何人做任何事，也没有让他们实际参与违法行为。他们做了详细的汇报，还注意到被试似乎没有遭受到任何心理创伤。最后，他们还让州检察院办公室对实验进行了审查，并宣布该实验的程序在法律上是可以接受的。不过，问题仍然存在。

伦理问题可以被长久地讨论下去，其平衡点（看似简单，实则不易）始终在于：研究获得的信息价值与对被试权利及尊严的关注之间的矛盾。韦斯特等人（1975）认为他们的研究解决了重要的问题。哪些情境因素可能会诱导一贯守法的公民参与侵犯他人权利的非法活动？我们如何去相信媒体，相信那些司法体系内的人，甚至是我们自己为特定的行为所做的所谓正当的解释呢？你来判断一下，要想对科学知识做出贡献，就一定要欺骗并诱导人们从事不法行为吗？

撇开伦理因素不谈，重要的是需要注意到实验社会心理学是一项不断前进的集体事业。某些理论有时得到了研究人员的证实，有时又被他们推翻。得到一致的实证支持的理论被认为是有效的，而很少得到支持或只得到零散支持的理论则要靠边站。所有的研究，如果不能被多次复制，就不足以建立特定的理论或效应。即使是经典的研究，也必须有大量类似的研究来补充——尽管可能不那么严谨、戏剧性或著名。在这方面，社会心理学方法论宝库中有一个宝贵的工具，即元分析，它是对检验某一特定假设的众多研究结果的定量总结。其中，单一的实证研究有时被称为初步研究（primary research）；对许多有共同焦点的研究的定量回顾有时被称为次要研究（secondary research）。元分析方法能够揭示这些研究的效应量（实验控制所产生的显著差异）的范围和平均值。它还有助于识别那些调节（增加或减少）兴趣效应的变量，从而解决研究结果中的不一致性（见本书的前言部分）。

事实上，马莱（Malle, 2006）对 1971 年至 2004 年间发表的 173 项关于行动者–观察者偏差的研究进行了元分析。他的分析结果使行动者–观察者偏差现象［（他称之为不对称性（asymmetry）］发生了重大转折。他的发现与“行动者–观察者效应证据充足”（Fiske & Taylor, 1991, p. 73）和“行动者–观察者偏差普遍存在”（Aronson, 2002, p. 168）的观点不一致。特别是，马莱发现一些研究（与韦斯特等人 1975 年的研究类似）支持行动者–观察者偏差，而另一些研究则持相反意见（行动者更倾向用内部倾向解释行为，而观察者则更倾向做出情境解释）。根据马莱（2006）的元分析发现，总体上并不存在行动者–观察者偏差！

失望吗？思考一下下面这个重要的问题：是什么导致了这 173 项研究结果之间的矛盾？幸运的是，马莱（2006）进行了调节变量分析（moderator analysis），并确定了一些重要变量，其中最重要的可能是待解释行为的效价（valence）。在马莱看来，“这种不对称性存在于消极事件中，与此相反的不对称性则存在于积极事件中”（Malle, 2006, p. 895）。也就是说，行动者倾向用情境解释自己的消极行为，用内部倾向解释自己的积极行为；相反，他们用内部倾向解释他人的消极行为，用情境解释他人的积极行为。因此，马莱发现不存在单一的行动者–观察者偏差，而是存在两种不同的偏差。一个针对积极事件的行动者–观察者偏差和一个与之相反的针对消极事件的行动者–观察者偏差。这一交互作用（偏差的不同）显然是为自我服务的：作为社会感知者，我们倾向于为自己的积极行为邀功而非为消极行为负责，但却倾向于让他人为他们的消极行为而非积极行为负责。

这种自我服务归因并不少见，然而我们对它们的认识也容易出现偏差！也就是说，我们倾向于认为他人比我们自己更容易产生归因偏差（Pronin, Lin, & Ross, 2002）。自我服务偏差在教育领域较为普遍，就像老师把学生的进步归功于自己，而把退步归咎于学生（Beckman, 1970）。它们在商业领域也很常见，例如，首席执行官们声称公司 83% 的业绩都是他们自己的功劳，而对于亏损他们只承担 19% 的责任（Salancik & Meindl, 1984）。此外，它们也常见于运动领域，例如运动员和教练都把他们的成功归因于技巧和努力，而把失败归因于裁判和运气（Lau & Russel, 1980；见本书第 17 章）。有趣的是，无论是否出于自我服务，运动员们都经常公开感谢上帝赐予他们的胜利，但却不会在失败时公开抱怨上帝。

启示

我们对行为的解释往往存在偏差。我们倾向于将自己的积极行为归因于内部倾向，将消极行为归因于情境，而在观察他人的行为时则往往做出相反的归因。

你怎么想

当你想到他人时——尤其是当你试图解释他们的行为时——你倾向于用内部倾向还是情境进行解释？例如，谁会更多地使用内部倾向归因（更少地使用情境归因），是民主党还是共和党？为什么？

第 11 章

我们是第一！沐浴在他人的荣誉中

> 傻子才把炫耀当荣耀。
>
> 李小龙（1940—1973）
>
> 功夫巨星

背景

我们常常强调自己的美德和成就，希望别人会更喜欢和尊重我们。事实上，尤其是在熟人面前，我们也会偶尔承认一些个人的缺点或失败（Tice, Butler, Muraven, & Stillwell, 1995）。然而，一些形式的自我提升，无论是直接的还是间接的，都是比较典型的。我们试图说服自己以及那些愿意倾听的人，我们是天才，是独一无二的，我们魅力四射、非常可爱（Sedikides & Gregg, 2008）。除非一个人患有严重抑郁或自尊心严重受损，否则他通常都会十分维护自己的形象。想想看，在求职面试时，你是否会如实报告自己那不高的智商水平？在第一次约会时，你是否会展示那令人尴尬的胎记？尽管集体主义社会不鼓励公开宣传自己，但其成员依然会像鼓吹个人主义的西方人那样，表现出对自己名字中字母和字符的偏爱（Kitayama & Karasawa, 1997），并且倾向于认为自己在集体主义社会认可的特质上要优于平均水平（Sedikides, Gaertner, & Toguchi, 2003）。

一个可以巧妙地表现自我提升倾向的例子是，人们会尝试利用他人的成功或名声，即使这些成功或名声与自己几乎没有任何关系。想想看，我们是如何利用间接联系让自己获益的。我们会在谈话中提及自己和某个电影名人的生日是同一天，或随口提及自己来自产生副总统最多的阶层。我曾听到有人吹嘘，美国最古老且仍在营业的露天市场在他的家乡，而不是其他地方——哇哦，真的很棒！在上述例子中，尽管那些荣誉与自己的关系很微弱，但人们还是会从自身出发，宣扬这种“了不起”的关系。研究表明，感到被尊重和被称赞（即使不是被喜欢和欣赏）与更高的自尊相关（Mahadevan, Gregg, Sedikides, & De Waal-Andrews, 2016）。因此，如果你可以方便地通过依靠别人来赢得尊重和钦佩，那为什么还要靠自己来获得这些呢？

另一个通过与他人建立联系来自我提升的例子是，为运动队的胜利而自豪。最近，一个情景引起了我的注意：镜头扫过一大群非常兴奋的洛杉矶人，然后聚焦在一位涂着蓝黄相间油彩的光头观众身上。他竖着食指欢呼：“我们是第一名！我们是第一名！”如同西奥迪尼等人（Cialdini et al., 1976）指出的，这种欢呼通常是：“‘我们是第一’，从来都不是‘他们是第一’。”

西奥迪尼等人（1976）将之前提到的现象称为“沾光效应”（basking in reflected glory 或 BIRGing）。为研究沾光效应（研究 1），他们去了七所不同的大学（亚利桑那州立大学、路易斯安那州立大学、圣母大学、密歇根大学、匹兹堡大学、俄亥俄州立大学和南加州大学），并在每周一橄榄球赛季期间，通过心理学专业学生的描述，悄悄记录学生们的衣着。此外，研究者们还记录了这几所学校在上周六比赛中的输赢情况，穿着标有学校名字或校徽、球队名字或吉祥物衣服的学生人数（不包括穿着与学校 Logo 同颜色的衣服、拿着带有学校 Logo 的笔记本或书的学生）。研究结果很明确：与学校球队输掉比赛相比，当学校球队赢得比赛后，学生们对学校表现出了更多的认同，炫耀学校的学生人数与学校获胜的分数优势之间显著相关 $r = 0.43$（罗伯特·西奥迪尼在个人通信中写到，0 表示没有相关，1 表示完全相关）。换句话说，分数越不平衡，获胜一方的学生炫耀自己学校的人数就越多（而失利的一方炫耀学校的人数就越少）。这种情况对于主场比赛（来自看台的欢呼声可能有助于队伍获胜）和客场比赛（很少有本校学生会观看比赛）来说都是一样的。

如何解释这些发现呢？也许，学生们会有意无意地认为，如果炫耀自己学校的队伍刚刚赢得了比赛，其他人会更喜欢他们，其他人的赞美也会提升他们的自尊。不管准确与否，我们似乎有一种直觉，即我们被评价的依据不仅仅是我们作为个体的身份，还包括我们与什么人或什么事有关。人们认为，如果被其他人看到自己与重要人物在一起，可以提高自己的社会地位；人们还认为，与传达坏消息相比，传达好消息会让其他人更喜欢自己，尽管这些事与我们并没有关系。人们不愿意传达不好的消息，不是因为自己会感到难过，而是担心即使我们没有过错，也会因传达不好的消息而受到消极评价。还有一些研究也发现了类似的现象：当说话者贬低或表扬别人的特点时，随着时间的推移，这些被描述的特点会自动转移到说话者的身上。被评论的对象反而会被人遗忘，但说话者和这一特点之间的联系会一直存在（Mae, Carlston, & Skowronski, 1999）。

然而，西奥迪尼等人（1976）指出，学生在所在橄榄球队获胜后穿与学校相关服装的倾向，可能并不是为了利用与学校的关系达到某种利己的目的，也许只是为了表达对学校的自豪感，或者为了让自己感觉良好。换句话说，沾光效应可能仅仅出于个人原因（而非为了获得公众的赞扬）。我们很容易想象圣母大学的学生私底下在宿舍穿着写有“爱尔兰加油”的运动衣，并不期待被他人注意到自己所穿的衣服。然而，西奥迪尼等人（1976）试图证明，沾光效应的发生，至少有一部分原因来自人际需要。它是一种通过赢得别人的尊重、赞赏或其他社会利益来提升个人自尊的方法。

做了什么

1976 年，西奥迪尼等人研究了学生在描述本校球队与对手球队比赛结果时使用代词的情况（研究 2）。研究者预期当学校获胜时，学生们倾向于使用“我们”（“我们赢了”），而在学校输掉比赛时，则倾向于使用“他们”（“他们输了”）。研究者进一步预期，这一结果在最近自尊受挫的被试中会表现得更加明显。

研究者在一所综合大学（吹嘘自己的橄榄球队在全美国的排名遥遥领先）选择了 173 名大学生作为被试，这些学生完全是通过学校的电话号码簿随机选择的。在 1974 年橄榄球赛季中期的三天里，研究助理通过电话与这些学生取得了联系，并声称自己是一家总部设在州外城市的地区民意调查中心的工作人员。93% 的被试同意参与调查。研究助理告诉被试，他们正在对大学生对校园问题的了解程度进行调查，并就校园生活提出了六个问题。其中一个有代表性的问题是：“在你们学校的学生中，有多少学生已经结婚了——你认为是接近 20% 还是 35%？”（没有“我不知道”这个选项）。在被试回答完六个问题后，研究助理告诉他们，与其他同学相比，他们回答得很好（六个问题答对了五个），或告诉他们，他们回答得很不好（六个问题中，只答对了一个）。这个评价是随机做出的，旨在对被试的状态自尊（被试在当时对自己的感觉，而非平时对自己的认识）进行操纵。研究者推测，在第一种条件下，被试的自尊水平会有轻微提高；但在第二种条件下，自尊会受到一定程度的打击（该研究还包括了对实验操纵的检验，证明实验操纵确实有效果，这增强了这一研究的可信度）。

接下来，研究助理提到，还有几个额外的问题，第一个与校园体育运动有关。其中，一半的被试被问及获胜的橄榄球比赛："本赛季的第一场比赛是贵校橄榄球队与休斯敦大学队的比赛，你可以告诉我比赛结果吗？"另一半被试则被问及输掉的比赛："本赛季的第一场比赛是贵校橄榄球队与密苏里大学队的比赛，你可以告诉我比赛结果吗？"如果被试不知道比赛结果，那就问下一名被试；如果他们知道比赛结果，就逐字记录其对比赛结果的描述。

研究的因变量是被试在回答中使用"我们"表述或非"我们"表述的情况（例如，"我们赢了"或者"我们被打败了"，"比分是 14∶6，密苏里大学获胜"或者"他们输了"）。同样，西奥迪尼等人（1976）预测，与描述输掉的比赛相比，被试在描述获胜的比赛时，更多地使用了"我们"，这一现象在那些在校园问题调查中表现不好的被试中更加明显。这些被试特别希望强调自己与获胜队伍的关系（通过更多地使用"我们"），并拉远自己与输掉队伍的关系（通过更多地使用"他们"），来提高自己受挫的自尊。

发现了什么

西奥迪尼等人（1976）发现了他们预期的结果。与描述队伍失败相比，被试在描述队伍胜利时用的"我们"更多。然而，重要的是，这一现象只发生在那些自尊受挫的被试中。那些自尊受挫的被试有 40% 使用了"我们"描述胜利，而只有 14% 使用了"我们"来描述失败。那些自尊提高的被试在描述胜利和失败时，使用"我们"的比例基本相同（如图 11–1 所示）。这一结果支持了这样一种观点，即为了给别人留下良好的印象，也让自己感觉更好，在可能的情况下，人们会强调自己与成功人士之间的关系，即使这种关系微不足道。

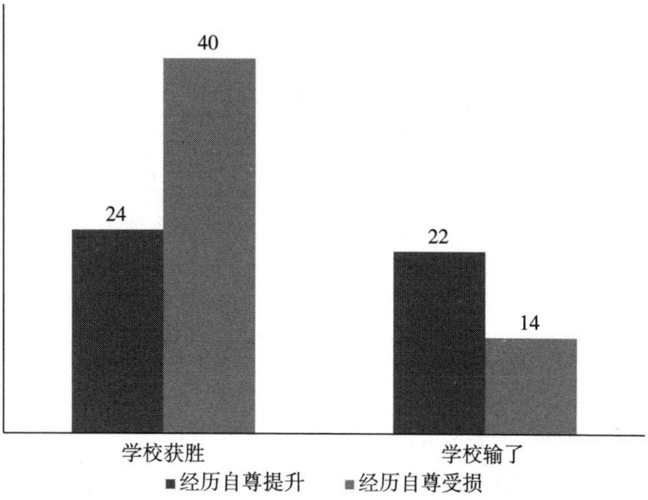

图 11–1① 在经历自尊提升或自尊受损后，使用“我们”来描述学校橄榄球队比赛结果的学生比例

请注意研究 1 和研究 2 之间的差异。研究 1 证明，学生穿队服或赞助学校的服装与橄榄球队的胜利之间存在相关性。研究 2 在研究 1 的基础上，通过在实验中操纵被试是否会考虑球队的输赢，验证了这样一个理论观点：自尊在沾光效应中的中介作用。在理想情况下，科学工作正是以这种方式进行的：首先仔细观察相关变量，然后进行实证研究，得出合理的因果推论。此外，研究也会在真实情景和实验室之间来回切换（Cialdini, 1995）。

最后一项研究进一步证明了沾光效应的细微差异。当当事人吹嘘自己与他人有某种关系，而观察者并没有这种关系时，沾光效应的“收益”会增加。西奥迪尼等人（1976）针对这一现象举了一个例子：加利福尼亚的居民更喜欢对来自其他州的人（例如，北达科他州）吹嘘加利福尼亚的田园气候，而不是对本地人吹嘘。换句话说，当个体与知名的人或事之间的联系比观察者强时，沾光效应更容易发生。为证明这一推

① 图 11–1 中的纵坐标为使用“我们”描述比赛结果的学生比例，数值越大，表明有越多的学生强调自己与学校的关系。——译者注

测，研究者使用与研究 2 相同的方法，通过电话询问了被试有关学校的事情，包括最近的橄榄球比赛结果。研究者声称自己是调查中心的工作人员，要么来自学校调查中心，要么来自其他州的地区调查中心。尽管这一研究的结果未达到统计学显著水平，但趋势是很明显的，达到了边缘显著。当研究者声称自己是其他州调查中心的工作人员时，被试更多地使用了“我们”来描述校队的胜利，而使用了更多的其他词汇（如“他们”）来描述校队的失败。这一结果强调沾光效应不仅是为了使自己感觉良好，也是为了通过给别人留下好印象而让自己感觉良好（特别是当他人没有这种自豪感时）。

在最后一项研究中，研究者来自哪里（学校或州外的其他地区）是沾光效应的一个重要调节因素。如果当 C 因素发生改变时，A 因素和 B 因素之间关系的方向或强度也发生了改变，那就说明 C 因素可调节 A 因素和 B 因素之间的关系。请注意调节作用和中介作用之间的不同。两者的共同点是，A 因素和 B 因素之间的关系都取决于第三个因素；然而，中介作用指在没有第三个因素存在时，AB 因素之间的关系也不存在，而调节作用指在第三个因素存在时，AB 因素之间关系的程度会改变（变强或变弱）。想一想牙医和他带来的疼痛感。牙钻就在牙医和疼痛之间起着中介作用（没有牙钻，就没有疼痛），而局部麻醉则调节着牙医和疼痛之间的关系（但愿局部麻醉剂可以减轻疼痛）。

撇开这些技术细节不谈，西奥迪尼等人（1976）的三项研究都表明，被试在本校橄榄球队获胜后，更愿意在公众场合中认同自己和学校的关系。此外，这种认同似乎还取决于被试当时对自己的积极或消极评价的程度。最后，有一些现象表明，人们之所以将自己与成功群体相联系，至少在一定程度上是因为他们相信，当观察者意识到自己具有这种积极联系时，会更积极地评价他们。这种信念和享受良好社会形象的愿望（尤其当自己的社会形象受到一定程度的损害后）似乎助长了沾光效应出现的倾向。

又怎么样了

西奥迪尼等人的研究证明了一个重要的事实：一个人的身份认同包括“我”和“我们”，即个人特征及社会关系和群体关系。一个人的家庭、朋友、种族、宗教信仰、党派及专业同行，都是个体的组成部分。就像社会心理学创始人戈登·奥尔波特

（Gordon Allport, 1954）所说，“对自己的依恋是人类生活的基础……是个人特征中基本的部分”。塔菲尔（Tajfel, 1979）和特纳（Turner, 1985）将这一观点纳入了社会认同理论（social identity theory），这一理论强调群体认同对于实现积极自尊的作用（见第 7 章、第 26 章）。当我们所在的群体（社会心理学家称之为“内群体”）拥有积极特征时，也就是说，当它表现出优于我们不属于或不认同的其他群体（外群体）时，我们的自我感觉会更好。因此，自尊不仅仅包括一个人的自我评价，还包括集体方面的因素（Turner, Hogg, Oakes, Reicher, & Wetherell, 1987）。此外，自我分类理论（self-categorization theory）强调个人在即时情景中对自己的分类是很灵活的。例如，如果你是心理学课程中少数几位男生之一，或是物理学课程中少数几位女生之一，那么在上这门课的时候，你更可能从性别角度去考虑自己。这是因为与课程中的其他人相比，从纯感性的层面来看，你的性别将会脱颖而出，这与你的性别是否会影响你长期的身份认同无关。自我分类理论还指出，你在如何看待自己和他人的问题上也存在权衡——无论是作为独立的个体还是作为一个群体的代表。例如，仔细想想 2016 年总统选举时存在的分歧。唐纳德·特朗普或希拉里·克林顿的狂热支持者，尤其是那些在公开场合表达自己立场的支持者，很难将自己或对方的支持者视为单独的个体；相反，他们似乎都认为特朗普或希拉里派系中的支持者可以倒戈，转变成自己党派的成员，他们也正是在这种认识的基础上集体协调各自的党派活动的。

但是，回到沾光效应的话题，特朗普或克林顿的支持者们（也许你就是他们中的一员）在他们喜欢的候选人当选或落选后是什么感觉？可能要么是极度兴奋，要么是极度沮丧。然而，他们个人在候选人成败中的作用是微乎其微的。仅仅是与别人的成功或失败联系在一起就会对自尊产生巨大的影响。因为在你看来，你支持的人就代表了你。迈克尔·菲尔普斯（Michael Phelps）是世界上赢得奥运会金牌最多的人，如果你是美国人，那你会觉得自己也是赢家（就像是自己在泳池里游了很多圈）。如果你是巴西人，那你肯定不会对巴西刚刚赢得世界杯而感到失望（即使你自己并没有赢一个球）。我们在心理上内化了团队的成果。事实上，信不信由你，一个体育迷在观看了一场他支持的球队的篮球赛直播后，与他支持的球队失败相比，球队的获胜更有可能预测他在某项任务（任何任务）中会做得很好。换句话说，他支持的球队的胜利提升了他的自信（Hirt, Zillman, Erickson，& Kennedy, 1992）。

但请记住：尽管我们通常会试图将自己与获胜者（及其他成功人士）联系起来，但有时也会发现自己不可避免地、不情愿地与失败的人产生了联系（2014 年，当德国队以 7 比 1 大胜巴西队时，巴西球迷就是如此）。当这种情况发生时，我们有两个选择。一个选择是为失败找借口。例如，我们会将球队的失败归因于裁判不公（见第 17 章）。如果找借口不起作用，我们就会拉远与失败或不受欢迎的个体或内群体的距离。我们可以将这一现象称为撇清效应（Cut Off Reflected Failure, CORF）。

斯奈德、拉塞加德和福特（Snyder, Lassergard, & Ford, 1986）对撇清效应进行了研究，他们让被试组成一个小组（一个“优秀的群体”）一起完成智力测试。在被试完成任务之后，给予他们虚假的反馈：一些被试被告知，他们的成绩很不好（低于同年龄组中 70% 的人）；另一些被试则被告知取得了很好的成绩（高于同年龄组中 90% 的人）；控制组被试没有获得反馈。被试在走出实验室的路上被告知，门口有一盒团队徽章，如果愿意的话，可以拿一个队徽佩戴。有大约 50% 的控制组被试拿了队徽，但是在得到反馈的被试中出现了这样的结果：那些被告知表现不好的被试中仅有 10% 的人拿了队徽（少数人没有表现出撇清效应）；而在那些被告知表现得很好的被试中，有 70% 的人拿了队徽（多数人表现出了沾光效应）。撇清效应的研究结果表明，我们倾向于远离失败者（或失败的内群体）。我们不愿意承受令人不愉快的联系，或糟糕的、有伤害性的后果。从逻辑上讲，撇清效应与沾光效应正好相反，但是，上面的研究发现，撇清效应（–40%）甚至要强于沾光效应（+20%）。这表明，与炫耀积极联系以提高自尊相比，撇清消极联系、保护自尊更加重要。的确，在很多方面，与积累好的联系相比，我们似乎更有必要抵制坏的联系（Baumeister, Bratslavsky, Finkenauer, & Vohs, 2001）。

后记

西奥迪尼等人（1976）探索了我们是如何比较内群体和外群体，以及我们的自尊和社会意识是如何在比较中起作用的。例如，当我们观看比分胶着的赛事时，自己喜欢的队伍遭到前后截击会让我们感到很焦虑。谁会赢？如果我们赢了，我们就会感到荣耀和快乐；而如果我们输了，我们就会感到心痛和耻辱。再说一遍，“我们”是“我”的重要组成部分。

然而，我们也会进行直接的社会比较：将自己作为个体与其他个体进行比较（Tesser, 1988）。回忆一下，在小学阶段你是有多好奇，你的朋友在拼写测试中是否比你表现得要好；看到他人耀眼的新款雷克萨斯（或破旧的兰博基尼），也会促使你反思自己座驾的品质。一个重要的问题是：社会比较如何影响我们对自己的感受？毕竟，尽管我们可能会为别人的荣誉而感到高兴，但也可能会因此而嫉妒他人（Salovey & Rodin, 1984）。

威廉·詹姆斯（William James, 1907）是心理学的先驱之一，他指出，一些社会比较比其他的比较更重要。这取决于事情对你身份的重要性：

> 我曾一度把自己的一切都押在成为一名心理学家上，如果其他人懂得的心理学知识比我多，那我就会觉得自己受到了伤害。但是，不懂希腊语却不会让我对自己感到不满，更不会让我感到羞愧。如果我是一名语言学家，那情况可能恰恰相反。

因此，我们倾向于喜欢那些在一些与我们无关的事情上表现得比我们好的人。然而，在更重要的个人领域，我们却更喜欢比我们略逊一筹的人（注意是“略逊”）。

然而，事情可能会更微妙。特塞尔（Tesser, 1988）的自我评估维护模型（self-evaluation maintenance model）指出，一个人的感觉不仅取决于评价的维度是否与个人的身份认同有关，也取决于其比较的人与自己的关系，是亲密的朋友或亲戚，还是疏远的陌生人或敌人。例如，与陌生人所讲的笑话相比，朋友讲的一个有趣的笑话可能会让一位有抱负的喜剧演员感受到更多的威胁。然而，出于同样的原因，朋友的升职（与喜剧无关的工作）却会让他感到更高兴。

无论如何，我们都想在社会交往中获得赞赏和欣赏，避免麻烦和伤心（Leary, Tambor, Terdel, & Downs, 1995; Mahadevan et al., 2016）。为此，我们努力地展示最好的自己，这一过程被称为印象管理（Schlenker, 1980）。我们试图通过展示特定的行为来影响他人对自己的印象。著名的社会学家欧文·戈夫曼（Irving Goffman, 1959）认为，社会互动是一种具有戏剧性的行为，个体在社会互动中的表现出奇地一致：谨慎地选择词汇和行为，展示自己想要展示的方面。每个人都试图将自己的社会失误和令人痛苦的尴尬最小化——戈夫曼称之为面子工程（face work），当这些失误或尴尬发生时，我们有一整套保全颜面的方法。

事实上，沾光效应只是众多印象管理技术中的一个（而且是最不刻意、最不明显的一个）。琼斯和皮特曼（Jones & Pittman, 1982）指出了印象管理中的其他策略。其中一种策略是讨好：我们给予别人关注、遵从他们的选择、恭维他们、给他们提供帮助、假装看不到他们的缺点，所有这些行为都是为了获得他人的喜欢。我们太知道“如何影响他人，并获得朋友”（Dale Carnegie, 1994）。另一种策略被称为“自我妨碍”（self-handicapping）：我们所做或所说的事情，使我们能够为后来的失败找借口，或为不太可能的成功“邀功”。例如，我们会在大考的前一晚喝醉，或在试唱之前，说自己嗓子疼，可能在发烧（作为一名长跑运动员，我经常对很多人没有按预期站在起跑线上而感到惊讶，他们中的一些人还会告诉别人自己前一天的训练太累了，只要跑出自己最好的速度就好）。还有一种策略被称为当模范。尽管要冒看上去很伪善的风险，但我们还是会通过夸张的自我否定和痛苦，让别人知道我们在道德上是多么地“模范”：“你走吧，我会把这些吃完，并很快收拾好桌子，洗好所有的餐盘并晾干，打扫地板，煮好咖啡，准备甜点……”所有这些都是印象管理的方法，当然，这方面的方法还有很多。

有趣的是，保全面子和印象管理也可能同时出现。当注意到有人挖鼻孔时，我们会得体地询问他是否需要纸巾。当我们被自己绊倒时，朋友会若无其事地继续交谈。我们会帮助他人，特别是关系亲近的人保持良好的形象和积极的自尊。

人们在自我监控和印象管理策略的选择上存在不同。在自我监控方面（Snyder, 1987），有些人属于高自我监控个体，有些人则是低自我监控个体。然而，对于所有人来说，使用这些策略都需要大量的精力和技能，而维持个人的面具也非易事。也许这就是为什么我们经常求助于更轻松的策略——沾别人的光。

启示

与我们有社会联系的团体和机构是我们身份的一部分，并影响着我们的自尊。我们把他们的成功和失败个人化，鼓吹前者，而把自己与后者区分开来。

你怎么想

目前，你可能属于很多不同的社会群体。随着时间的推移，你加入了一些群体，而离开了另一些群体。你认为自己在多大程度上是基于社会名誉而加入或离开某个群体的？例如，是否无论球队表现好坏，你都会一如既往地支持他们？同时，请描述自己及家庭成员和朋友们使用过的印象管理技术。你会将自己描述成高自我监控个体还是低自我监控个体？

第 12 章

蒙面的暴徒：去个体化在反社会行为中的作用

> 成为群体中的一员就像酒精中毒一样
>
> 阿道司·赫胥黎（Aldous Huxley，1894—1963）
>
> 英国小说家

背景

本章将关注引诱自杀（suicide baiting）现象：一个沮丧的灵魂站在八楼的窗台上，一个路人碰巧抬头注意到了他，并本能地停下了脚步。越来越多的路人好奇地抬起头，注视着这个绝望的、要跳楼的人。快速聚集的人群很快就转化成了数以百计的暴民。警察抵达现场，希望能控制局面，营救自杀者。然而，人群中突然传来一声喊叫："让这个傻瓜跳吧！"接着又有人在暗处起哄："跳！"他们将垃圾扔向赶来的救护车。嘲笑和恶意的劝诫变成了一曲嘲弄的合唱："跳！跳！跳！"

你可能会想：为什么在其他方面很有责任心的人竟然会表现得如此冷酷？为什么他们有时会违反道德标准和社会规范，做出如此残忍的行为？这些问题的答案涉及一系列可能的原因：基因缺陷、道德发展停滞、压抑的愤怒、媒体影响、经济萧条、社会解体，等等。许多社会心理学家认为，仅仅隐匿在一个大群体中就足以诱发冲动、肆意的行为。的确，勒庞（Le Bon, 1896）曾描述了一个隐匿在群体中的人是如何"从文明的阶梯上走下来"的。费斯汀格、佩皮通和纽康姆（Festinger, Pepitone, & Newcomb, 1952）研究了这一主题，他们提出不受约束的反社会行为是由那些暂时不被自己或他人视为个体的群体成员做出的。这种去个体化（deindividuation）的状态包含多种可能的特征：生理唤醒增强、自我意识降低、匿名感、自控力崩溃以及对社会线索的敏感度提高。

津巴多（Zimbardo, 1969）试图通过实验来证明去个体化现象。他让女性被试相信自己正在电击另一名女性（这名女性是主试的同伙，事实上她并未受到电击，见第 4 章）。被试或是被分到单独行动组，或是被分到或群体行动组。群体行动组的被试被告知，主试不会公布是谁实施了电击，以及电击有多严重。此外，被试要么穿着超大的带有头罩的像三 K 党似的外套（确保她们匿名），要么穿着普通衣服并戴着标有身份的徽章（使她们易于辨识）。最后，一部分被试被要求电击一位和蔼可亲的主试，而另一部分被试被要求电击一位令人讨厌的主试。

津巴多发现，群体行动中的匿名的被试电击主试的时间更长，这与去个体化的概念是一致的。同样重要的是：那些身份易于辨识的被试，对令人讨厌的主试的电击次数多于对和蔼可亲的主试，而匿名被试对两名主试的电击次数则相同。显然，匿名会导致更大的、不分青红皂白的敌意。

然而，并非所有研究者都认为津巴多的被试经历了去个体化。他们针对群体反社会行为提出了不同的解释。也许榜样就是一个关键的机制。当一名成员的冲动行为触发了其他成员的冲动行为时，一种邪恶的传染病会在一个群体中爆发吗？当购物中心停电时，是否有人会仅仅因为其他人也这样做而抢夺昂贵商品呢？研究者还想知道责任感的作用，即如果故意改变某个群体成员的责任（通过明确地将责任分配给群体中的其他人），会促使该成员做出更极端、更不受约束的行为吗？迪纳、弗雷则、比曼和凯勒姆（Diener, Fraser, Beaman, & Kelem, 1976）在最恐怖的万圣节之夜创造性地开展了一项研究，解答了这些问题。

做了什么

这项研究的范围和设定都非常宏大。万圣节之夜，共有 1352 名儿童参加了该研究，这些儿童被安排走访了华盛顿州西雅图市 27 个不同的家庭。这项研究是一个准实验（quasi-experiment）的例子。准实验包含真实验的一些关键特征（如操纵自变量），但不具有其他特征（如对被试的随机分配，或对无关变量的绝对控制）。因此，这样的研究以牺牲某种内部效度（自变量和因变量之间的因果关系）换取了生态效度（实验结果是从真实的日常环境而非实验室环境中获得的）。也就是说，与常见的假设相反，实验不需要推论（更多内容，见前言和第 6 章）。

所有 27 个家庭的场景布置都是相似的：门口有一张矮桌，桌子的一边放着一大碗小糖果，另一边放着一碗 5 美分的硬币。在这个“不给糖就捣蛋”的夜晚，孩子们被随机分配到单独行动组和群体行动组。在每个家庭中，都有不同的女人（实际上是主试）友好地跟孩子们打招呼，称赞他们的服装。在第一种条件下，女性主试询问了儿童（一部分来自单独行动组，另一部分来自群体行动组）的姓名和住址，并向儿童重复了这些信息。在第二种条件下，儿童（单独行动组或群体行动组成员）没有被问及姓名和住址，保持了匿名性。随后，主试告诉这些儿童每人只能拿一颗糖果。如果儿童询问装满硬币的碗，那主试也仅仅是重复她的指示：只能拿一颗糖果。

在一些家庭中，这位女性主试还宣称，如果有额外的糖果或硬币被拿走，那群体中最小的孩子将对此负责（如果这些孩子是一起来的）。这种责任转移包含三种不同的情况：所有的儿童都是匿名的（包括被认定应负责任的儿童）；应负责任的儿童是具名的，但群体中其他儿童是匿名的；所有儿童都是具名的（包括被认定应负责任的儿童）。把责任转移到最小的孩子身上，可能会使违规行为增加。因为一旦偷拿糖果的行为被发现，大孩子可以指责那个最小的孩子，而最小的孩子也不太可能有任何异议。

在进行了各种各样的操纵后，这位女性主试不经意地提到，她需要回另一个房间工作。孩子们不知道的是，一名研究助理正通过装饰背景上的窥视孔观察着他们，并记录他们拿走了多少糖果和硬币。

发现了什么

为了简单起见，我们用分数来表示孩子们违规（拿的比他们应该拿的多）的情况。大约三分之一的儿童多拿了糖果、硬币或者两者都有。更重要的是，与预期一致，是否匿名和是否群体行动在违规行为的数量上都存在显著的主效应（每个自变量都影响了违规行为的数量）。然而，最值得注意的是，这两个因素之间有显著的交互作用（一个因素的影响取决于另一个因素的影响）。具体来说，8% 的儿童在独自一人时偷拿了硬币或糖果；21% 的孩子在匿名或作为群体成员活动时偷拿了硬币或糖果；57% 的孩子在作为群体成员且匿名的时候偷拿了硬币或糖果。因此，当孩子们是匿名的群体成员时，他们偷拿的次数最多（如图 12–1 所示）。另一个惊人的发现是，足足有 80% 的孩子在群体、匿名且可以免除责任的情况下偷拿了硬币或糖果。

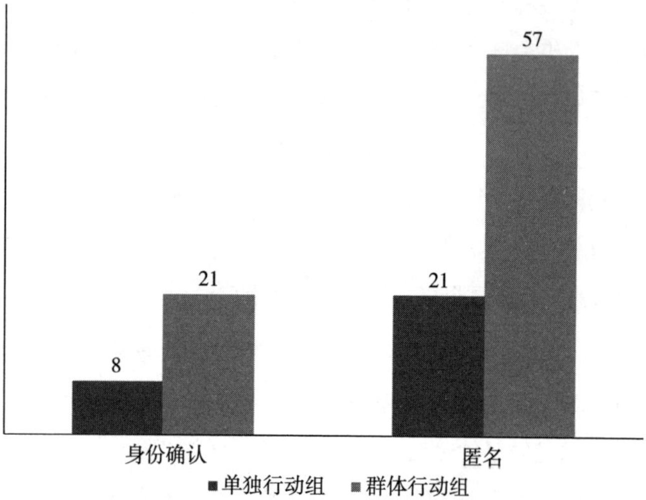

图 12–1[①] 身份确认、匿名、单独行动、群体行动情况下偷窃的比例

迪纳和他的同事（1976）也想确定群体的影响是否应归因于榜样的作用。到底是加入群体这件事本身造成了个体更多的违规行为，还是对群体成员违规行为的观察在群体对个体行为的影响中起了中介作用。迪纳等人证实了后者的作用。在群体行动组中，与第一个孩子只（按要求）拿走一块糖果的情况相比，当其偷拿糖果时，其他孩子违规的比例显著升高。然而，平均而言，与单独行动组的儿童相比，群体行动组的第一个孩子偷拿糖果的行为更多。这表明榜样并不是导致群体违规行为的唯一原因。匿名群体中的情况表明，除了榜样，去个体化也在促使儿童做出反社会行为。显然，是否匿名和是否处于群体中影响了第一个孩子的行为，然后他的行为创造了一种行为规范，被群体中的其他成员所效仿（见第 1 章）。

① 图 12–1 中的纵坐标为违规行为的比例，比例越高表示违规行为越多。——译者注

又怎么样了

迪纳等人（1976）的研究显示，群体成员、匿名和责任改变的交互作用导致了违规行为的急剧增加。仅仅是穿上女巫、木乃伊、海盗服装隐藏自己的身份（请记住，这是 20 世纪 70 年代，哈利·波特或冰雪女王的服装还没有出现）就能导致儿童偷拿更多的糖果，并随意拿走另一只碗里的硬币。如果有另一个孩子为他们的行为负责，那这些孩子会更加大胆。

这种轻微的违规行为给更严重的犯罪提供了一种模式。事实上，去个体化会带来非常实际的问题。历史上有大量民众暴动的例子，从 20 世纪初美国的私刑和其他针对黑人的暴力行为，到 1938 年的“水晶之夜”（Kristallnacht），纳粹暴徒袭击犹太人，抢劫他们的财产，焚烧他们的犹太教堂，再到 20 世纪 60 年代瓦特（Watts）、哈莱姆（Harlem）和纽瓦克（Newark）针对白人种族主义的起义。此外，球迷，尤其是冰球、足球和美式足球的球迷，也会因令人震惊的暴徒行为而臭名昭著。即使是欢乐的庆祝胜利活动也可能是灾难性的——NBA 的一支球队赢得了冠军，其主场城市爆发了一场破坏、纵火、抢劫和袭击的狂欢。同样地，一种令人发指的不公正也会引发骚乱。回想一下，2014 年美国密苏里州弗格森市警察枪杀迈克尔·布朗（Michael Brown）后引起的骚乱。此外，乔装打扮似乎也会引发暴力行为。西尔克（Silke, 2003）发现，在北爱尔兰发生的近 500 起暴力攻击案件中，有 40% 以上案件的行凶者都是通过戴面具来隐藏自己的身份的。人们发现，乔装打扮与更严重的伤害、更大范围的袭击以及更多的破坏行为有关。从某种程度上看，只要能够预测反社会事件，就可以采取预防措施，例如加强警戒（尽管警察军事化的策略存在争议）。然而，点燃不受控制的群体行为的导火索往往是不可预测的，“事后诸葛亮”总比预测这种社会动荡来得容易。

曼恩（Mann, 1981）进行了一项有趣的档案研究，试图对与引诱自杀（本章开头部分描述的内容）相关的因素进行反向预测。曼恩搜索了 15 年内的《纽约时报》和《芝加哥论坛报》上关于个体在公开场合受到威胁或在群众围观情况下跳楼自杀的报道，并用事件地点、受害者位置、日期和时间、持续时间和群众规模等变量对这些报道的内容进行了编码，然后将有引诱自杀的情节与没有引诱自杀的情节进行了比较。他发现很多因素都与引诱自杀有关。具体来说，引诱自杀更容易在较大群体中（超过

300 人）发生，因为在这种群体中，自杀引诱者相对匿名，并可能经历更高水平的生理唤醒和更低水平的自我意识。在黑暗的掩护下（大多数事件发生在夜间），引诱自杀也更加常见，因为这会让自杀引诱者有更强的匿名感。受害者和群体之间的距离也能预测引诱自杀的发生。当受害者离人群太近（离街道只有几层）或太远（在很高的楼层）时，这种嘲弄和挑衅往往不会发生。很显然，引诱自杀要求受害者处于某种最佳距离（尽管从自杀者的角度来看这并不是最佳距离）。最后，在那些"胶着期"较长（持续时间超过两小时）的情况中，引诱自杀发生得更为普遍，这可能是因为人们有时间去"去个体化"，进而增加违规行为。更有可能的是，拖了很久的情况会使群体产生一种沮丧和愤怒感，他们甚至需要结束这件事（"来吧，快跳，我得回家吃饭！"）。有证据表明，大量的外部因素结合在一起导致个体最终加入了引诱自杀的队列。尽管我们很容易把这些人描述成冷血的人和虐待狂，并想象"我绝不会做这样的事情"，但我们不应该低估这种普遍的社会现象的力量。

后记

关于去个体化的研究并不完备，研究者也没有对去个体化进行很好的定义。关于去个体化的原因、表现和后果都需要进行更严格的研究。研究人员曾经断言，任何不受约束的行为都反映了去个体化。例如，刺激丰富的环境（马迪格拉时期的豪华赌场或波旁大街）或药物引起的意识改变都被认为会产生去个体化。还有人认为，医院、监狱和新兵训练营等总机构（那些控制个体行为的机构）也会使个体远离他们的个人身份。这些机构的统一制服、手铐、行为守则、例行时间表和普遍缺乏的自由，剥夺了人们的个性特征。

去个体化的概念也适用于受害者和攻击者。在第 4 章中，我们描述了米尔格拉姆（Milgram, 1963）的研究，他发现教师在与学生互相看不见的情况下，更愿意电击学生。请注意，在美国，罪犯被公开绞死时都是带着头罩的。这样做有什么用？特纳、莱顿和西蒙斯（Turner, Layton, & Simons, 1975）发现，与没拉窗帘相比，当汽车后车窗拉着窗帘时，司机更容易按喇叭。

还有一些研究者将去个体化描述为一种潜在的好现象，强调融入群体可以使个体从害羞中解脱出来。加入群体、经历强烈的人际变化也具有同样的“解放”效果。即使是在新年前夜参加时代广场的狂欢，也会使人产生一种自由或不用负责任的愉悦感。研究人员还发现，当环境因素使社会责任变得突出时，去个体化会导致更多的利他行为（Johnson & Downing, 1979; Spivey & Prentice-Dunn, 1990）。然而，在大多数情况下，研究者证实的都是去个体化的阴暗面，声称它会导致无原则的有害行为。

然而，让我们回过头来看，群体中出现不受约束的行为至少有两个普遍的原因：群体中匿名的成员可能会觉得他的某些行为可以逃脱惩罚（不被发现），或者他不会被追究集体行为中的个人责任（责任分散，见第 5 章）。不管怎样，公众的自我意识都在降低，他们感觉自己不那么“显眼”，不太可能被单独挑出来评价、批评或惩罚，因此也就不太关心尴尬、他人的认可或报复。就像在隐形的幻想中，行为也可能会发生戏剧性的改变一样。然而，从技术层面讲，逃避不良行为本身并不是一种去个体化现象。

根据定义，去个体化发生在个人自我意识降低的时候。真正去个体化的人很少关注个人价值和道德规范，相反却会对周围环境中的线索异常敏感。当看到别人砸开店面的窗户，搬起音响和电视就跑时，去个体化的人会自动加入进来，不顾个人道德上的不安。肇事者当时意识不到自己是一个有独立思想的人。当一个人隐匿在群体中时，他的行为很容易挣脱认知的控制。

支持这一观点的研究调查了在相反的情况下会发生什么——人们被要求关注自己，从而提升其个人自我意识（Silvia & Duval, 2001）。在这种情况下，人们开始意识到自己做人的准则，并且不太可能以违反这些准则的方式行事。

然而，关于去个体化现象还有另一种解释（Reicher, Spears, & Postmes, 1995）：与其说一个人失去了与理智自我的所有联系就会变得疯狂，倒不如说是他们自我分类的方式发生了变化，以至于他们的社会认同掩盖了个体认同。因此，他们对这种情况以及在这种情况下做什么才合乎道德的解释，反映的是群体标准，而不是个人标准。但这与道德准则完全消失是两码事。

事实上，一项针对 60 项去个体化研究的元分析结果表明，匿名和群体规模等因素对反社会行为的影响不大（Postmes & Spears, 1998）。这就为群体规范发挥社会作用留下了可能性（见第 1 章）。例如，在迪纳等人（1976）所做的“不给糖就捣蛋”的研究中，被试可能觉得他们每个人都有“资格”得到不止一颗糖果（只能拿一颗糖果听起来确实有点吝啬）。在一个匿名的群体中，在服装强化了他们的群体身份后，一种“多拿一点”的规范很可能就会出现。

此外，如果不能带些“战利品”回家，那在万圣节穿海盗服装又有什么意义呢？

启示

隐匿在群体中会导致生理唤醒水平的提高、匿名感、自我意识的降低以及对他人行为的自动模仿。这种去个体化的状态会导致人们做出不受约束（而且往往是攻击性和破坏性）的行为。

你怎么想

请讲述一些你经历过的去个体化过程——描述一下你（和其他人）的处境以及你（和其他人）如何受到这种处境的影响。在黑暗的掩护下，人们有时会变得反社会。话虽如此，难道夜晚就没有它独特的魅力吗？夜晚的生物可能会令人毛骨悚然，但夜晚也可以很迷人，让人感到神秘和浪漫。黑暗的掩护能帮助我们逃离日常身份吗？

第 13 章

熟悉导致喜欢：曝光对喜欢的影响

> 歌曲越听越感觉悦耳。
>
> 威廉·伯德（William Byrd，1543—1623）
>
> 英国作曲家

背景

思考一下这几个土耳其语单词：Iktitaf、Jandara、Afworbu、Biwojni、Civadra。你知道它们的意思吗？很难说，对吗？或许，一个看起来更积极一点，另一个看起来更消极一点。不管怎样，现在它们基本上都是“白板”，等着你为它们赋予意义。

事实上，它们并不是真正的土耳其语单词，而是由罗伯特·扎伊翁茨（Robert Zajonc, 1968）在一个经典的单纯曝光效应实验中编造的单词。实验表明，越频繁出现的中性词，越被人们所喜欢。这样的非词被呈现给被试要么 1 次，要么 2 次、5 次、10 次或 25 次，被试被要求在看到每个单词时都要读出来，之后，他们被要求评定每个单词的积极性或消极性。结果发现，被试对出现频率更高的单词的评定更积极。扎伊翁茨还使用了其他新颖的刺激来检验这种现象，比如，他将类似于中国书法的刺激作为实验材料，并将其以不同的次数呈现给没有见过类似刺激的被试，结果发现人们偏爱那些呈现次数较多的刺激。但是，是否只有当重复出现的刺激为毫无意义的单词或符号时，曝光效应才会发生呢？作为一位热衷于实验的心理学家，扎伊翁茨还进行了一项逻辑上更为复杂的研究，即以真人作为实验刺激（Saegart, Swap, & Zajonc, 1973）。在这项研究中，被试随机地从一个小隔间到另一个小隔间品尝各种饮料，在每个小隔间里，被试与其他被试相遇的次数是不同的（在参加实验之前，他们互不认识）。在一起品尝时，被试之间会有简短的面对面接触，但是没有交谈，在品尝结束后，被试被要求相互评价。结果发现，被试会给那些相遇次数较多的人更多的好评，而给那些相遇次数较少的人更少的好评。这一结果与饮料的味道（好喝或不好喝）完全没有关系，仅仅是“相遇”这一因素所致。这是另一个关于单纯曝光效应的例子。无论是没有意义的单词、意象文字，还是人，出现的次数越多，就越容易被喜欢。

然而，这些早期研究的一个缺点是，它们均为被试内设计（within-participants design），每位被试要参加涉及某个特定变量的多个水平的实验。例如，一个人可能先在一个令人感到不舒服的、很热的房间内完成一个令人沮丧的、困难的填字游戏，然后再在一个舒适的空调房间内完成另一个有同样难度的填字游戏（每种情况下的因变量是被试在每个填字游戏中坚持的时间）。另一个例子是前面描述的研究，被试以不同的频率接触不同的土耳其语单词。在这两项研究中（或任何一个被试内设计的研究），一个令人担忧的问题是，实验结果可能是由被试对研究目的的直觉所造成的。被试的直觉可能让他们产生了他们认为的实验者预期的结果（对研究目的的怀疑也会导致被试有意无意地违背预期结果）。事实上，以前的研究已经发现，即使被试只是简单地想象更频繁地看到刺激，就会报告更喜欢这些刺激（Stang, 1974），这表明单纯曝光效应可能是被试对研究目的和研究内容产生怀疑的结果。

现在人们已经充分认识到，实验中的某些线索，即要求特征，可以提高被试的猜测程度和动机，从而影响他们的行为并产生有偏差的研究结果（Orne, 1962）。在涉及人（而不是果蝇）的实验中，要求特征是一个令人烦恼且永远存在的问题，幸运的是，有几种方法可以消除要求特征的影响。一个可信的掩饰故事可以帮助解决这个问题，因为它能让被试觉得不用挖空心思去猜实验的真正目的。此外，实验后的调查也有助于揭示要求特征，使研究人员能够将其从未来的研究中消除，此类调查通常从广泛的、开放式的问题开始（“你对这项研究有什么想法或疑问吗？”），然后是更尖锐的问题（“当你指出你最喜欢的土耳其语单词时，你有没有意识到这些单词比其他单词出现的频率要高？”“你认为它们是土耳其语单词吗？”）。另一种消除要求特征的方法是彻底改变研究设计，从被试内设计转变为被试间设计（between-participants design），其中每组被试只接受一种实验条件，他们不知道其他条件下的被试会接触到什么（甚至不知道还有其他条件），因此不太可能想到实验者正在进行组间比较。

例如，为了研究灯光强度对打乒乓球的影响，一种可能是采用被试内设计，让每位被试分别在高光照强度和低光照强度下（针对不同被试随机改变顺序）打乒乓球。不幸的是，在这种设计中，被试很容易就能意识到光照强度是研究的主要目的，并因此相应地改变自己的行为；相反，在一个被试间设计中，每组被试要么在高光照强度要么在低光照强度下打乒乓球（不是两种条件下都打），这样的安排可以防止被试怀疑光照强度被操纵。同样，一个好的掩饰故事也能避免被试产生怀疑："这是一项对新设计的乒乓球进行产品分析的研究，我们会录下你的表现，你只需要尽最大努力打乒乓球就可以了。"只有会读心的被试才会猜测"嘿，这是一项关于光照强度对打乒乓球表现的影响的研究"，从而试图打得更好或更差。

有必要指出的是，在 20 世纪 70 年代的研究中，由于要求特征这一变量的存在，因此对单纯曝光效应研究结果的解释难以令人信服。对这一问题感兴趣的社会心理学家想要确定，是接触的次数而不是被试的怀疑影响了其对刺激的喜好。米塔、德尔梅、奈特（Mita, Dermer, & Knight, 1977）想出了一个创造性的方法，他们简明扼要地向被试描述了他们的研究目的"为了测试单纯曝光假说"，这样被试就几乎不可能再对频率效应假说敏感了。他们利用了两个微不足道的事实：首先，人们通常是通过镜子看自己的脸的，而看他人的脸则是直接看的（这是一个没有智能手机的时代）；其次，人脸并不完全对称：可能一个眉毛比另一个眉毛稍微浓密一些，或下巴的一侧有难看的粉刺。因此，一个人脸的镜像与其他人看到的图像就会略有不同。米塔和他的同事们（1977）将这些看似微不足道的事实纳入了他们巧妙的研究之中。

做了什么

即使我们已经提供了一些线索，也很难想象有哪项研究既能消除要求特征，又能证明单纯曝光效应。往往需要大量的经验和独创性，才能想出社会心理学中巧妙的（有时甚至是古怪的）方法。米塔和他的同事们（1977）进行了两个实验。我们在此只描述第二个，它是对第一个实验更严格的重复。如果你想在一流的杂志上发表自己的研究成果，重复往往是必要的，它们有助于研究结果的信度 / 可靠性（reliability）和边界条件（参见本书的前言）。

在威斯康星大学，38 位女性被试参加了一项关于自我认知的研究。她们被要求带她们的男友一同前来（所有被试都表示正在约会或与爱人生活在一起）。不巧的是，其中 10 位女性被试没有带男友来，主要是因为她们的男友在外地，因此该研究只能提供部分数据（通常很难招募有伴侣的被试）。在第一个环节中，主试为每位女性被试拍摄了一张照片，然后冲洗出两张互为镜像的半身黑白照片，毫无疑问，这两张照片会略有不同，因为如前所述，人们的脸不是完全对称的。镜像照片是这名被试在镜子里的样子，而真实照片是她在别人眼中的样子。

当女性被试接受测试时，她们的男友在另一个房间等候，然后男士接受测试，女士等待（两人在交换房间时不允许交流）。在第二个环节中，女性被试被安排坐在一张桌子旁，桌上摆着她的两张照片。被试被要求看这两张照片，实验共有五个试次，镜像照片和真实照片的位置在每个试次中随机呈现。每次呈现照片时，被试都被要求把脸转过去，并且主试也不会向被试提及有关照片的信息，甚至主试自己都不知道哪些是镜像照片，哪些是真实照片（在第一次实验中没有进行这种控制），这是为了确保主试不会过度影响被试的反应。在每个试次中，被试的任务都是简单地表明她更喜欢哪张照片，即使她的决定是基于一些微不足道或难以言说的差异。被试并不知道这项研究的真正目的，也不知道这些照片实际上是互为镜像的。当被试依次完成五个试次的偏好选择之后，主试要求她们提供选择的理由，以便评估要求特征。此外，被试们还被要求回答自己认为这项研究的目的是什么（所有的回答均被录音）。然后，女士们与她们的男友互换房间，接下来男士们也经历了相同的程序，选出偏好的照片并接受采访。

这项研究的实验设计和假设都很简单。米塔和其他研究者预测，女性倾向于喜欢镜像照片（她们对镜像肖像最熟悉），而她们的男友则偏爱真实照片（他们对真实肖像最熟悉）。

发现了什么

仅在第一个试次中，28 名女性中就有 20 人表示自己更喜欢镜像照片，而 28 名男友中有 17 人表示自己更喜欢真实照片。前者的效应（女性喜欢镜像照片）在统计学上是显著的，后者的效应（大多数伴侣更喜欢真实照片）虽然与预期方向一致，但并不显著（这基本上与第一次实验的结果是一致的）。此外，43% 的情侣证实了这种联合预测，即女士更喜欢镜像照片，而她们的伴侣则更喜欢真实照片（明显高于 25% 的随机预测）。

当米塔等人分析被试在所有五个试次中的反应时，他们发现他们的假设得到了更有力的证实。尤其是，在这 28 名女性中，有 20 人更喜欢镜像照片，而 28 名男友中有 19 人更喜欢真实照片。这两个结果都是有统计意义的（如图 13–1 所示），因此，当对所有试次的数据进行汇总时，就出现了一种“男友偏好效应”。此外，在 50% 的情侣中，女性偏好和伴侣偏好的预测都得到了证实（比例是预测结果的两倍）。

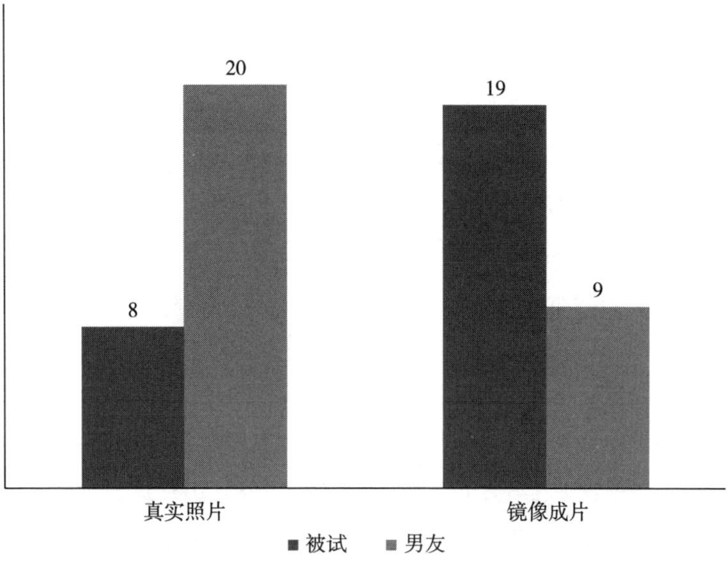

图 13–1[①] 在一系列试次中，被试和男友偏好真实照片和镜像照片的数量

被试出现这种选择偏好的原因是什么？他们是否提到自己发现了这两张照片互为镜像，而且正因为对自身的镜像照片更熟悉，所以才更喜欢这张照片。然而，并没有。相反，他们似乎是在编造理由，他们认为自己喜欢的照片“更自然”，有“更好的头部

① 图 13–1 中的纵坐标为选择某种照片的人数。——译者注

倾斜”“眼睛更漂亮”“坐得更笔直”或看起来“不那么刻薄”。没有一位被试提到与接触照片次数有关的原因，只有两名被试报告说，他们注意到这些照片互为镜像，但即便如此，他们也表示对研究的假设一无所知。换句话说，米塔等人在调查要求特征时没有发现任何证据。

又怎么样了

米塔等人（1977）通过一项非常简单的测试验证了单纯曝光假说。他们的研究设计基于两种情况之间的独特差异：除了两组被试（女士和她们的男友）接触真实照片和镜像照片的频率不同外，真实照片和镜像照片几乎无法区分，被试不知道为什么自己更喜欢某些照片，也不知道这个实验的目的。这个实验设计得如此巧妙，以至于即使是训练有素的社会心理学家，也可能在不了解其真正目的的情况下成为被试。

一些后续研究阐明了调节（影响单纯曝光效应程度）单纯曝光效应的条件。例如，对一些刺激来说，似乎存在一个最佳的曝光范围（通常在十几到二十几次接触之间）（Bornstein, 1989）。更多的曝光会在一定程度上提高喜爱程度，但超过某个限度，喜爱程度就会趋于平稳。的确，如果曝光持续下去，喜爱就可能转变为厌恶。一开始，人们对梅根·特瑞娜（Megan Trainor）唱的《丰满宣言》（*All About That Bass*）总是赞不绝口，但在听了 73 遍之后，人们对这首歌的热情就会有所降低！此外，刺激的本质也会影响单纯曝光效应是否会出现以及在多大程度上出现。例如，一些研究发现，如果广告或产品的设计是复杂的，那通过反复接触，人们就会增加对它们的喜爱；但如果它们很简单，这种效应就不会出现（Cox & Cox, 1988, 2002）。因此，人们可能永远都不会对巴赫创作的复杂的管风琴作品或毕加索创作的像拼图一样的画感到厌倦。最后，本身是好的或中性的刺激可能比本身是令人恶心的刺激引发的单纯曝光效应更强烈。例如，即使人们不断地接触臭鼬的粪便或发臭的奶酪，也不会更喜欢这些气味（Delplanque, Coppin, Bloesch, Cayeux, & Sander, 2015）。

然而，除了这些和其他一些限制条件，单纯曝光效应是相当稳定的（Bornstein, 1989）。也就是说，使用各种刺激和程序很容易对它进行重复。此外，单纯曝光效应也很容易发生在实验室之外。例如，众所周知的政客（或不知名但在媒体曝光上花费大量金钱的政客）会比不知名的政客更受欢迎，其中一部分原因就是曝光效应。例如，格鲁什、迈克尤、阿赫林（Grush, McKeough, & Ahlering, 1978）通过计算媒体对每位候选人的报道量，预测了美国国会初选中 83% 的获胜者。想想唐纳德·特朗普，他似乎不顾一切地要成为 2016 年美国总统大选的共和党候选人。不过话说回来，由于他在真人秀节目《飞黄腾达》（*the Apprentice*）中的出色表现，他在公众中的认知度比其他大多数竞争者都要高。此后，他也主导了新闻圈（即使常常是不利的）。显然，不断重复的名字和新闻采访的原声摘要为他赢得了政治胜利（见第 20 章）。再想想那些奥运企业为了成为奥运会的赞助商所做的努力吧。当然，它们的目标是把它们的产品无限地展示给数百万观众。因此，单纯曝光效应不仅会自然地发生在我们对广播中的歌曲和电梯里遇到的人的反应中，还可以用来谋求政治或经济利益。

后记

社会心理学研究人们如何感知和影响他人的一个共同的出发点是人类互动的一些更基本的特征。这一章向我们表明，重复地看爱人的脸会如何影响对它的喜爱。第 6 章探讨了当他人在场时，一个人的表现会发生什么变化。第 12 章研究了当一个人隐藏在人群中时，他的行为会发生什么改变。这种最简单的情境（即使有互动，人与人之间的曝光也很少）很重要，因为它们是更有吸引力、更复杂的社会心理过程的基础，并会与这些社会心理过程产生交互作用；它们还揭示了控制人类行为的一些自动的、无意识的过程。

大约 25 年前，在对西格蒙德·弗洛伊德的无意识动机理论的尊重逐渐减弱之后，无意识会影响人类行为的信念又在心理学中复活了。无意识影响着人们的思想、情感和行为，这一点再次变得清晰起来。例如，人们往往无法解释自己的选择（Nisbett & Wilson, 1977；见本书第 14 章）。当然，我们的许多行为都是有意识的，我们很清楚是什么激发了这些行为。比如因为朋友邀请我们去参加一个有趣的聚会，所以我们去了；因为有人侮辱我们，所以我们策划报复。但是，有时我们所做的大部分事情都是对当前刺激的一种自动的、无意识的反应，也正因如此，我们常常不了解自己的反应，也不了解自己的思想运作。例如，假如让人们从字母表中选出五个他们最喜欢的字母，以及五个最不喜欢的字母，那么你会发现，他们名字的首字母几乎总是他们最喜欢的，而几乎从不是他们最不喜欢的，人们会无意识地这样做（Hoorens, 2015）。同样，虽然单纯曝光效应是自动且无意识地发生的，但它们对人类的情感却会产生强大的影响。事实上，这种影响甚至可能发生在动物身上。克罗斯、哈尔科姆、马特（Cross, Halcomb, & Matter, 1967）的研究发现，那些幼时听过莫扎特曲子的老鼠更喜欢莫扎特后来的新曲子，而没有听过莫扎特曲子的老鼠则没有这种偏好（有关社会心理过程的自动化的更多信息请参见第 23 章）。

如何解释这些对我们感知的影响？为什么单纯曝光效应会发生？社会生物学家从进化的角度来解释社会行为，他们认为人们有一种根深蒂固的倾向，即认为熟悉的东西是安全的，而不熟悉的东西则是危险的。据说喜欢熟悉和看似安全的刺激，避免未知和不可预测的刺激，可以提高一个人生存和繁殖的概率（从而增加基因池中做出偏好选择的基因）。伯恩斯坦（Bornstein, 1989）提出了这个问题：

> 一个能对外界不熟悉的声音产生恐惧的穴居人，和一个看到远处的陌生动物就想近距离观察的冒险者，谁可能活得更久，并繁殖和传递遗传物质给后代？

然而，有人可能会反对这样的解释，他们指出对不熟悉和未知事物的好奇心，以及随之而来的冒险行为，很可能也是适应能力的特征。不入虎穴，焉得虎子，如果人类没有向未知领域勇敢地迈出第一步，那他们会进步甚至能生存下来吗？此外，如果所有熟悉的东西都被喜欢，那为什么“新”这个词通常有积极的含义，而“旧”则有消极的意味呢？

社会心理学的解释表明，频繁的接触会导致一种熟悉感，而这种熟悉感反过来又可能导致一种相似性的假设。大量的研究证实，我们喜欢与自己相似的人（参见纽科姆 1961 年的经典论证）。认知解释指出了再认的作用，频繁的曝光使物体更容易辨认，也让它们更有吸引力。换句话说，对刺激的有意再认（在因果链中是一个必要的环节）在接触刺激和对刺激的情感反应之间起中介作用。然而，研究表明，单纯曝光效应也可以在潜意识中发生，即在意识之外，并且仍然是有效的（Bornstein & D’agostino, 1992）。因此，有意再认似乎不是单纯曝光效应的必要中介条件。

这些相互矛盾的解释表明，就单纯曝光效应而言，“为什么”的问题比“什么时候”的问题更难回答。而这种情况经常发生。确定一个效应何时发生是在描述它，而确定它为什么发生是在解释它，后者是一项更困难的任务。心理学家试图通过实验来解释这一现象出现的原因。米塔等人进行了一项实验，试图推断因果关系。他们可以说，更频繁地接触一个刺激会导致个体更喜欢它，然而，他们无法从自己的设计中确定，是什么调节了曝光和喜爱之间的因果关系。

最后再想想：单纯曝光效应能够让人安心。在一定范围内，我们接触某种新事物的次数越多，就越喜欢它。特别是，我们遇到某位普通正派人的次数越多，他们对我们的吸引力就越大。与某人的多次接触也足以增加我们对他的吸引力。与愤世嫉俗者的观点相反，熟悉往往会产生好感，而不是轻蔑。的确，总体来说，不同群体之间的接触往往会减少互相之间的偏见（尽管需要满足其他先决条件；Pettigrew & Troop, 2006, 2008）。越想越觉得这是一个相当令人欣慰的观点！

启示

我们对一个人（或任何其他刺激）的评价会受到许多因素的影响，但基本上都会受单纯曝光效应的控制。我们往往更喜欢我们经常遇见的人。

你怎么想

我们喜欢熟悉的东西，但我们也渴望新奇的体验。同样，产品也可以以“年代久远”或“新品上市”为噱头做广告。如何解释新旧两种事物之间看似矛盾的吸引力？

第 14 章

内省鲜为人知的缺点

意识仅仅是我们心灵的外表，我们对于心灵正如我们对于地球一样，不认识内部，只认识外表。

亚瑟·叔本华（Arthur Schopenhauer, 1788—1860）

德国哲学家

背景

你曾尝试过透过金鱼缸看你的朋友吗？如果没有，那就去试试吧。你会发现你的朋友看起来是上下颠倒的。这种现象并不令人吃惊。令人吃惊的是，你的眼睛会像金鱼缸一样改变光线的路径。换言之，虽然物体的图像是垂直落在你的角膜上的，但你的眼睛对它进行了上下翻转，因此呈现在视网膜上的图像是倒立的。但是尽管你的朋友头在下脚在上，你也不会觉得她被倒吊在了天花板上。因此，物体本身和它们在视觉系统上所呈现的图像可能是完全相反的。这一现象在下面的实验中更加明显：即使让人们戴上可以使视野颠倒的特殊的护目镜，要不了几天他们就能重新以正常的方式看周围的世界（Stratton, 1897）。这一结果证明，人类观看世界的角度是由大脑的视觉系统决定的，而不是由世界本身决定的。

这样的发现有一层深刻的意义：人类的视觉系统并不是简单地反映外部现实，而是积极地构建它。其他神经学研究也支持了这一观点。例如，枕叶皮层（大脑半球的后端）的不同部位受到损伤时会出现几种特定的视觉缺陷，某些缺陷具有极其奇怪的特征。有些脑损伤的病人说不出物体的名字但是能画出它；有些人画不出物体但是能说出它是什么；有些人声称看不到移动的物体，但却能说出它是什么并画出来

（Blakemore, 1988）。因此，正常的感知似乎依赖于不同的大脑回路，而大脑回路会对搜集到的信息进行专门的解释，并将这些解释建构成一个连贯的整体。

不了解视觉科学的人会对这种建构过程感到震惊。原因很简单：我们并不能意识到大脑为产生感知所做的所有准备工作，而只知道最终的结果。与经验结合的过程通常是在无意识的情况下进行的，仅在少数或人为环境中才会被意识到。因此，我们日常生活中的直觉是有局限的，我们看到的世界并不是它本来的样子，而是它在我们眼中的样子。

本章的主题是视觉系统尤其是意识的真面目。我们对外部世界中的一切事物（物体、人、群体）的理解都是一种心理建构，而不是对事物自身的真实反映。然而，大多数人都认为它反映的是真实事物，即所谓的素朴实在论（naive realism）。因此，人们常常意识不到自己看待事物的方式与别人是不同的。例如，人们通常倾向于高估他人与自己的信仰、价值观和习惯相同的可能性，即所谓的"错误共识效应"（false consensus effect）（Marks & Miller, 1987; Ross, Greene, & House, 1977）。

更关键的是，如果有意理解是一种人们不能直接意识到的心理建构过程，那么，我们将只能通过科学研究依靠间接证据来推断它的发生过程。简单地说，我们知道信念、情感、欲望和判断都是思想的产物，但我们不知道它们的产生过程。社会心理学的主要目的之一就是发现外部事件与大脑内部的联系，并尝试描述这一过程。

想象一个需要有意理解的日常行为，并解释自己在这种活动中的思想和行为。你可能会发现，你唠叨你的男朋友是因为工作压力太大；喜欢看喜剧电影是因为它们可以让你心情愉快；对心理学感兴趣是因为童年的一些经历。尽管这些解释各不相同，但都有一个共同点：它们都是你知道并能理解的因果因素。既然如此，一个更深层次的问题就产生了：既然大部分的心理过程都是在无意识的情况下构建起来的，那怎么确保这些解释是正确的？个体有限的意识难道不会阻碍我们理解这些正确的解释吗？

现在假设你想检查人们对日常行为的解释是否正确，那你将如何进行？你的检验方法需要满足两个条件：首先，你需要证明某些因素确实影响了（或没有影响）人们的思想或行为；其次，你需要证明当被明确问及这一因素时，人们不认为（或认为）自己受到了影响。

想象一个非常简单的心理学实验，在这个实验中，被试被要求先观看一张女人的照片并判断其智力水平。被试被随机分为两组，一组被试观看的是一张黑发女人的照片，另一组观看的是一张金发女人的照片（这两张照片上的女人只有发色不同，其他方面完全相同）。如果被试认为黑发女人的智商较低，那就说明头发的颜色是影响他做出判断的因素。但是，当被问及头发的颜色是否会影响自己对照片上女子的智力判断时，所有的被试都回答说不影响。这就说明，被试并不了解印象形成的心理加工过程。

如果被试真的认为黑发女人比金发女人笨，那你可能会感到十分惊讶；相反，如果实验结果是金发女人比黑发女人笨，那你可能就不会那么惊讶了。这是因为在西方社会流传着“愚蠢的金发女郎”的说法，这一刻板印象会影响人们对金发女人智力的判断；相反，并不存在“愚蠢的黑发女郎”的说法，因此人们对黑发女人智力的判断不会受到什么影响。需要注意的是，在发色实验中，人们是依赖常见的刻板印象来预测智力的。因此，预测的准确性就取决于刻板印象的准确性。

事实上，人们主要依赖于在某一特定文化中被广泛分享的直觉理论（intuitive theories）来解释自己的想法和行为。刻板印象就是一种直觉理论。不断审视内心的内省过程，名义上是为了探索思想是如何产生的，但实际上可能只是在利用直觉理论。因此，我们对自己思想和行为解释的正确性完全取决于直觉理论的正确性，内省本身并不会增加我们对自我的认识。

另一个有趣的含义是，行为或思想的有无并不影响判断的准确性。无论是进行真实判断任务的参与者，还是需要想象这一过程的观察者，对判断的解释都是相同的。这是因为观察者和参与者的判断依据不是自己的个人经验，而是共同的直觉理论。在前面提到的发色实验中，那些看到真实照片的参与者与仅听到口头描述的观察者对于自己为什么会对这些女性有这些印象得出了非常相似的结论。

社会心理学家尼斯贝特和贝洛斯（Nisbett & Bellows, 1977）基于上述逻辑进行了一项复杂的实验。当你阅读下面的内容时，请记住该研究的两个目的：第一个目的是证明人们对其心理过程的口头解释往往是错误的；第二个目的是证明这些错误的口头解释来自被广泛分享的直觉理论。

做了什么

主试将招募来的 162 名女大学生分为两组。一组为 128 人的参与组，她们被置于一个场景中，在这个场景中，她们收到了关于目标人物的几条信息，并对她产生了印象。另一组为 34 人的观察组。主试仅仅向观察组的被试简要地描述了这些信息，并要求她们猜测，如果自己看到了这些信息会形成什么样的印象。

更具体地说，这 128 名参与组的被试被要求判断一位名叫吉尔的年轻女性是否具备成为危机中心工作人员所需的人格特质。主试虚构了一个面试场景，每名参与组被试都会收到吉尔长达三页的申请文件。文件内容为三种与吉尔相关的信息：面试记录信息、背景调查信息和一封推荐信。通过阅读这些材料，在参与组学生的头脑中形成的吉尔的形象是一位有较强适应能力的精英，但有些冷淡、不友好。

在所有参与组被试阅读的是相同背景信息的基础上，主试还系统地改变了吉尔的五个特征信息。她被描述为或具备或不具备以下特征：迷人的外表、良好的学历、几年前经历过一场车祸、有机会在不久的将来与评判自己的面试官见面、不小心把咖啡洒到了面试官的桌子上。对于每一种特征，吉尔拥有的概率均为 50%，这是一种相当复杂的设计，尤其是让五种特征中的任何一种的存在与否都独立于其他特征。为什么？因为如果研究者只是让一半的参与组被试认为吉尔同时具有这五个特征，而让另一半认为这五个特征吉尔都不具有，就会混淆某一特征和其他四个特征，即不能够排除实验结果是由某一特征还是剩余四种特征的混合而产生的。因此，研究者采用了因子设计（factorial design），在每一种设计中，吉尔的五个特征都可能存在或不存在，这就产生了 32 种组合！这种设计可以防止某一特征与其他特征相混淆。因此，参与组被试得到的是 32 种对吉尔的描述中的一种。

在读完关于吉尔的材料信息后，参与组被试需要对吉尔是否能够胜任危机中心员工一职给出自己的意见。他们首先需要对吉尔的以下四种品质进行评分：同情心、灵活性、可爱度和智力，然后对五条特征信息对品质的影响进行七点评分。主试将吉尔的特征对被试所产生印象的影响与被试自己对这种影响的判断进行了比较。真实影响（actual impact）的计算方法是将材料中具有这一特质时参与组被试的评分均值减去材料中不具有这一特质时的评分均值；判断影响（judged impact）的计算方法是参与组被试对每种特质存在时评分的均值。

相比之下，主试仅向观察组的 34 名被试描述了选拔实验的情境（正如我们向读者描述的那样），要求她们想象自己收到了一名年轻女性的求职信息，并报告自己对求职者的印象是否会随着五种特征的有无而发生改变。这样就可以计算观察组的判断影响指数了。观察组被试同样针对五条特征信息对品质判断的影响进行了七点评分，并且后面的计算方法也与参与组一样，这样我们就可以将两组的评分进行比较。

发现了什么

正如预测的那样，参与组被试在很大程度上误解了吉尔的五种特质对他们对她所产生的印象的影响。例如，读到“吉尔曾经经历过一场严重的车祸”这一信息的参与组被试倾向于认为吉尔是一个富有同情心的人。然而，根据真实判断得分发现，这一特征信息对同情心品质的得分无任何影响。相反，参与组被试声称“不久之后会见面”这一特征信息对同情心品质判断没有影响，但真实判断的得分结果却显示这一特征信息的影响是巨大的。对吉尔的灵活性和可爱度的品质评分也出现了类似的现象。事实上，30% 的参与组被试的判断与自己认为的相反，即他们对吉尔的实际判断与自己认为的判断标准是不一致的，彼此之间几乎没有关系。

唯一的例外是对吉尔智力的评价。在这个方面，参与组被试的真实判断与自己认为的判断标准之间存在高相关。为什么？研究者认为，文化背景为判断智力的因素提供了许多外显的标准化规则。参与组被试可以很容易地识别出哪条信息与智力有关，并判断自己是否会依据这一信息进行评分。相比之下，灵活性的特征则比较模糊，对其判断的规则也是模糊或缺失的。因此，在本研究中，参与组被试没有可靠的依据来猜测某条信息是否对他们对灵活性的判断产生了影响。而且，内省也不能弥补这一不足。

既然参与组被试不清楚自己的判断是如何形成的，那么观察组的表现又如何呢？研究表明，参与组和观察组的决定几乎完全一致（如图 14–1 所示）。值得注意的是，参与组进行的是具体判断任务，而观察组仅仅是通过主试的描述来进行判断的，二者的判断场景明显不同。该发现有力地支持了这样一种假设，即人们关于自己的大脑如何工作的想法并非来自个人的见解，而是来自公共知识。但是这种公共知识往往并不准确，它们是建立在直觉理论的基础上的，这些理论虽然在社会上广为流传，但往往是错误的。

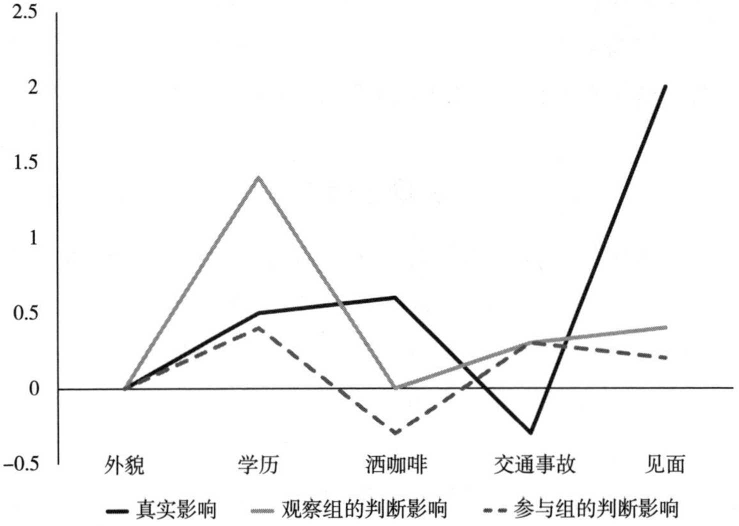

图 14–1[①] 吉尔五种特征的有无对其灵活性评分的真实影响，以及观察组和参与组的判断影响

又怎么样了

关于本研究的意义，我们可以通过类比“熟悉程度”与“专业知识”来体现。比如，请思考一位患有某种疾病的病人与他的主治医生。病人对这种疾病很熟悉，因为他本人深受其害，所以比医生更“了解”这种疾病。尽管如此，病人对疾病的熟悉程度并不能让他深入了解这种疾病的发病原因、发展规律以及治疗方法，但是从未患过这种疾病的医生却可以治疗这种疾病。换言之，熟悉不等于专业。该解释同样适用于大脑。比如，仅仅凭借判断的经验并不能使一个人成为判断影响因素的专家，没有做

① 图 14–1 中的纵坐标为真实影响和判断影响的计算分数，分数越高表示该特征对品质判断的影响越大。——译者注

过判断对能否成为专家没有影响。例如，在本研究中，尽管参与组被试非常熟悉评估吉尔的过程，但他们并不清楚吉尔的特征信息是如何影响他们的评分的。相比之下，研究者虽然没有对吉尔是否适合这份工作进行评分，但是通过实验结果，他们能够确定吉尔的特征信息是如何影响被试的评分的。

实验结果表明，人类远比自己认为的要神秘。这就是社会心理学作为客观科学存在的道理。社会心理学工作者尝试通过理论、测量和实验来阐明人类大脑在社会世界中是如何运作的。许多颠覆常识的研究结果仅通过内省是发现不了的。例如，你是否知道为了奖励而参加某项活动会减少你从中获得的乐趣？你是否知道人们非常容易相信初次见闻的任何事情？你是否知道改变主意会让你忘记之前的观点？你是否知道人们对自由的共同信仰是由希望让他人承担道德责任和为惩罚罪犯辩护的愿望所驱使的？答案是“不知道”，因为你自认为对关于获得奖励、理解言论、持有观点以及自由意志的信念无比熟悉（分别见第 9 章、第 20 章、第 21 章和第 28 章）。

人类思想和行为的真正原因与日常观念相悖并不是什么新鲜事。长久以来，精神分析学家一直认为，人类的大部分想法和行为都是无意识的。社会心理学家也认为，行为的真正原因往往是无意识的。然而，与精神分析学家不同，社会心理学家不仅从个体的内部角度，也从外部角度对其行为进行解释。比如，精神分析学家可能会用无意识的死亡本能来解释战争，而社会心理学家则可能会用顺应或服从社会压力来解释战争（见第 1 章和第 4 章），或者用人们对群体认同的倾向来解释战争（见第 7 章和第 11 章）。社会心理学家并不完全反对从个体内部的角度解释行为；相反，他们发现个性与社会之间存在持续的交互作用。此外，他们还认为外部环境中某些看似微不足道的方面也会对个体的行为产生意想不到的强大影响（见第 8 章）。

多数研究均证实了内省并不能发现社会影响（Nisbett & Wilson, 1977a; Wilson & Stone, 1985）。有研究者调查了人们是否能意识到光环效应，即对某件事的感觉倾向受到与之相关的其他事情的影响。被试被要求观看一位操着浓重比利时口音的大学教师的面试视频。他们被随机分为两组，在一组被试观看的视频中，这位教师表现得热情迷人又可爱；而在另一组观看的视频中，这位教师表现得冷酷无情、毫无同情心。在观看完视频后，所有被试都需要从外貌、言谈举止、口音三个方面对这位教师的可爱度进行打分。请注意，无论他表现得是热情还是冷漠，这三个特征在两组被试中是完全相同的。尽管如此，当教师表现得令人愉快时，被试对他的外貌、言谈举止和口音的评价均要比冷漠条件下高。此外，被试完全没有意识到，是教师在面试中的表现改变了自己对他们个人特征的判断；相反，他们认为是教师的个人特征影响了其在面试中的表现（Nisbett & Wilson, 1977b）。

当然有许多对自己的心理状态进行错误归因的例子，有些既有趣又有意义。其中一项研究要求男性被试观看一段色情视频（毫无疑问，这是为了科学！）。在观看之前，被试们被随机分为三组：一组在观看视频之前什么也不做，一组被试在进行剧烈运动后观看视频，一组被试在剧烈运动并休息了一会儿后观看视频。结果发现，最后一组被试报告说视频最能激起他们的性兴奋。为什么？因为运动提高了被试的唤醒水平，但由于已经过去了几分钟，因此他们认为这种兴奋不是由于运动导致的，而是由于观看视频导致的，因为此时视频是他们周围环境中最明显的刺激（Cantor, Zillman, & Bryant, 1975）。当然，在日常生活中也可以有效地利用这些错误归因。比如，在第一次约会时，你可以带你的暗恋对象去看恐怖片或坐过山车，然后一定要过几分钟再表白。这时他或她毫无防备，而且会把自己仍在高涨的兴奋感归因于你的表白！

正是对内省的错误认知导致个体难以意识到自己判断时的不理智。高于平均水平偏差（above-average bias）就是一个典型的例子。众所周知，大多数人对自己特征的评价都比大量调查发现的要高（Alicke & Govorun, 2005）。大多数人都认为自己并不存在高于平均水平偏差，然而讽刺的是，这种偏差的存在最终还是被证实了（Pronin, Lin, & Ross, 2002），即人们认为自己的优越感是合理的，而同龄人的优越感则是虚荣的产物。

在结束本章内容之前，我们想回应一下针对本研究和其他类似研究的两个批评。第一个批评是"对人们思想或行为的解释有很多种，当研究者和被试的解释不一致时，错误的不是被试，而是研究者，因为研究者的解释过于狭隘"。在此，我们想说任何思想或行为都可以有多种解释，但是这些解释并不是相互排斥的。例如，我写这篇研究的行为可以同时从个人动机（分享社会心理学知识）、经济现实（满足市场需求）和脑科学（额叶皮层的激活）的方面来解释。这种批评忽略了被试并不只是随便阐明自己的观点，他们还需要回答一些已经被实验证实会影响其判断的问题。当然被试可能在内心深处并不认同实验的结果，但不可否认的是他们在影响因素判断方面是错误的。

第二个批评是“口头报告的准确性受被试无法记住影响因素，以及无法清楚地表达这些影响因素的制约”。我将从两个方面对此进行反驳。首先，说口头报告不准确的理由并不充分。实验中参与组和观察组的口头报告有着近乎完美的一致性，这表明二者在进行判断时都是依赖直觉理论。其次，与其说这种批评是在质疑口头报告的准确性，不如说其提醒了我们导致口头报告不准确的额外因素，即记忆力差和自我表达能力差有可能是口头报告不准确的深层原因。

后记

或许我们不仅会搞错自己的真实想法、感受和欲望产生的原因，甚至连这些想法、感受和欲望本身都会搞错。弗洛伊德对人类隐秘的欲望（例如，对自己母亲的贪恋）的描述远比我们想象的精彩。不能清楚地认识自我可能会导致个体即使确切地了解自己当下的想法、情感和欲望，也会对它们的持续时间和特征进行错误的判断（Gilbert, Pinel, Wilson, Blumberg, & Wheatley, 1998）。换言之，个体可能认为自己意识到的内容就是更深层次、更持久的本性，而实际上它们只是转瞬即逝的错误幻想，可能今天还很享受，但第二天就遗忘了。

想想我们是如何真正意识到我们爱我们的爱人的，可能只是某一瞬间的感觉。但在其他情况下，我们意识到还需要更客观的评价（Bem, 1967）。我们两个表现得像情侣吗？我准备好和他共度余生了吗？到底什么才是真爱？实际上人们在主观上并不清楚这些问题的答案。

现在再思考一下，当我们问自己为什么会这样思考和行动时，会发生什么？正如上述研究所发现的那样，我们想出来的理由往往是错误的。虽然我们为自己的思想和行为方式找到了理由，但不幸的是，这些思想和行为产生的真正原因可能并不是我们内心所体验到的。因此，对自己行为的解释并不是完全依赖于真实的自我体验。

有研究表明，内省会破坏人们的言行一致（Wilson, Dunn, Kraft, & Lisle, 1989）。在这项研究中，被试被要求报告自己对伴侣的感觉，而主试会跟踪评估被试所表达的感觉与这对恋人的最终结果之间的关系。按常理两者一定相关，因为喜欢自己伴侣的人会选择留在伴侣身边，而不喜欢的人则会选择离开。然而，如果实验开始前先询问被试为什么喜欢自己的伴侣，那结果就会发生改变，即对伴侣的感情与这段关系的最终结果之间就不再相关。换言之，内省明显干扰了被试对伴侣感情的正确感知（Wilson & Kraft, 1993）。

内省的缺点还不止于此。人们会根据想到的理由做决定，但由于这些决定并不是依据自己内心深处的本性，因此个体最终可能会后悔之前的决定。这种可能性在另一项研究中得到了很好的印证（Wilson, Lisle, Schooler, Hodges, Klaaren, & LaFleur, 1993）。被试被要求观看印象派风格和波普艺术风格的海报，然后主试随机挑选一半的被试并要求他们写出自己喜欢或不喜欢每张海报的原因。之后，所有被试都要对他们对每张海报的喜爱程度进行评分。最后，主试私下里单独告诉每位被试他们有机会挑选一张海报带回家。三周后，研究者打电话询问被试是否满意自己当时带回家的海报，结果发现印象派海报更受被试喜欢。然而，如果先询问被试喜欢海报的原因，再进行喜爱程度评价，就会发现他们对印象派风格和波普艺术风格海报的喜爱程度是相同的。此外，不断地定期询问被试为什么喜欢这些海报会导致他们对海报的喜爱程度下降。显然，内省暂时消除了被试对海报的偏好，但是这种偏好会再次出现。因此，三周后询问的结果为被试更喜爱印象派风格的海报，后悔当时选择了波普艺术风格的海报。但是需要注意的是，内省仅在对自己的喜好态度不坚定时才会起干扰作用，坚定的态度是不会受到内省的干扰的（Wilson et al., 1989）。

总的来说，考虑到人们并不擅长解释自己的行为，内省可能会阻碍而不是帮助我们获得准确的自我认识。因此，与其陷入徒劳无获的内省，还不如让自己多接触各种各样的环境，并通过观察并比较自己在各种环境中的反应，来推测自己的思想和行为发生变化的根本原因（但是本研究的被试没有探索的余地：他们必须确定自己对吉尔的态度是如何由环境和特征信息决定的）。也许旅行之所以可以开阔思维的原因就在于人们可以在变化的环境中观察到自己的一系列反应。这就提出了一种有趣的可能，与在心理分析师的沙发上待上一年相比，背包去遥远的地方旅行或许更能让我们了解自己。

启示

事实上，虽然我们能意识到自己的信仰、感受和欲望，但这并不足以让我们了解它们是如何产生的。通过内省探讨思维工作的方式是不可靠的，因为内省的本质是依赖大众常识进行判断，并不能提供正确的见解。

你怎么想

你有一套对自己的见解，但你也知道你的自我认知是不完美的，这是一个悖论。因此，你认为你对自己的认识可能存在一些错误。但是，凭借对自己的这些见解，你必须相信它们是真实的，所以你必须把对自己的见解分成对的和错的。这怎么可能？此外，一个人如何才能更好地洞察内心深处的自我，以及这种自我认知的好处是什么？

第 15 章

你曾经期望什么：外貌刻板印象的行为确证

> 每个人都会对他人进行想象，这是板上钉钉的社会事实。
>
> 查尔斯·霍顿·库利（Charles Horton Cooley, 1864—1929）
>
> 美国社会学家

背景

在萧伯纳的著名戏剧《卖花女》（*Pygmalion*）中，伊莉莎·杜利特尔（Eliza Doolittle）是一名满口乡音的卖花女，随着她渐渐符合势利的家庭教师亨利·希金斯（Henry Higgins）教授的期望，她成了一名谈吐优雅的女士。在社会心理学中，这一现象——“皮格马利翁效应”（Pygmalion effort）通常又被称为“自我实现预言”（self-fulfilling prophecy）。据默顿（Merton, 1948）所说：

> 自我实现预言是指，一开始对情境的错误定义引发了一种新的行为，使原本错误的观念变成了现实。自我实现预言这种似是而非的效果，使错误的预期变成了永远的事实。因为预言家会引用事件的实际过程来证明他从一开始就是对的。

自我实现预言的动态过程通常包括行为确证（behavioral confirmation），达利和法齐奥（Darley & Fazio, 1980）将其描述为一个序列，从感知者形成对目标个体的预期开始，然后感知者基于这个预期来对待目标个体；接下来，目标个体对感知者的行为进行解释，并做出与感知者预期一致的反应；最后，感知者基于目标个体的行为，继续维持被证实的预期。这是一种连锁反应，一种会在多种社会环境中发生的连锁反应。

例如，在介绍一名演讲者时（介绍人不了解这位演讲者），如果告诉听众，演讲者是“热情友好的”，就会激发听众对演说的兴趣，进而激发演讲者呈现更有激情和说服力的演讲。但是，如果将演讲者介绍为“冷酷、不友好的”，那听众就会变得冷漠、封闭，而这种反应反过来又会导致演讲者的演讲变得保守、乏味。这就是凯利（Kelley, 1950）的基本发现。

我们再来看一个例子，一些研究者从一二年级随机选择了一些学生，然后告诉老师（老师不知道学生的情况），根据“哈佛潜在能力测试”（事实上，并没有这个测试）的结果，这些学生接下来将进入“智力猛涨期”（实际上，这些学生与其他学生无异）。接下来，老师们在课堂上会（不自觉地）更注意他们，并给予他们更有挑战性的任务、更细致的反馈及情感支持。八个月后，与其他学生相比，这些学生确实表现出了更大的进步，具体表现在可以更好地完成学校任务（来自老师的评价），以及获得了更高的智商分数（由客观测试获得）。这就是罗森塔尔和雅各布森（Rosenthal & Jacobson, 1968）的基本发现（见 Jussim & Harber, 2005，从更朴素的视角来理解教室内的自我实现预言）。

再如，当面试一位求职者时，当她的种族特征“可以使她很好地与公司其他成员相处”时，你就会坐得离她近一些，与她进行专注的眼神交流，并问一些问题来探询积极的信息。然后，她就会表现得自信、热情，让你自信地宣布：“她很适合这个职位！”或者，当求职者的种族特征让你觉得她会让公司其他人感到烦恼时，你就会与她保持非常职业化的距离，让她自行表达和做自我介绍（别忘了，她才是被面试的人），并询问一些消极的问题，然后她就会表现得既紧张又刻板。这与沃德、赞纳和库珀（Word, Zanna, & Cooper, 1974）的发现类似。

我们将对最后一项研究进行详细讨论。在沃德及其同事的研究中，由白人被试分别对白人和黑人求职者进行面试。事实上，求职者都是“训练有素”的研究者的同伙，他们会按照设定的剧本进行表演。研究者对他们的语言和非语言行为进行了训练，使他们的表现基本上相同。在被试看来，研究者是在研究求职者的行为，但事实上，作为面试官的他们才是被研究的对象（研究者编造了有说服力的掩饰故事）。研究发现，扮演面试官的被试会更靠近白人求职者，与他们进行更多的眼神接触，聊更积极的话题；相比之下，他们坐得离黑人求职者更远，面试的过程也更加简短。这证明了明显的种族歧视，接下来沃德等人对面试官们进行培训，让他们对白人求职者表现得或温和或冷漠。独立评审的评估发现，白人求职者在受到热情对待时表现得更出色，而在受到与黑人求职者先前受到的待遇相同时则表现得不那么出色［这与其他研究者在休斯敦完成的研究很相似：与戴着写有“我是得克萨斯人，我骄傲”帽子的求职者相比，戴着写有“我是同性恋，我骄傲”帽子的求职者在工作面试中受到的对待更粗鲁、更消极（Hebl, Foster, Mannix, & Dovidio, 2002）。试想一下，在真实生活中，如果同性恋者在求职面试中受到如此对待，会对他们的求职产生怎样的影响］。

在所有这些例子中，行为都是相互影响的。积极的行为会促进积极的反应，消极的行为会引发消极的反应。作为这种相互影响的结果，感知者会保持自己对目标人物的印象。而且，目标个体甚至可能会内化感知者对他的评价，特别是当感知者对自己来说很重要时。目标个体会认为“他们对我的看法是正确的”。

斯奈德、坦克和贝尔伊德（Snyder, Tanker, & Berscheid, 1977）通过一个经典实验证明了行为确证。20 世纪 70 年代中期，他们对这一领域进行了调查，指出社会心理学家过度关注认知。社会认知机制已经被人们所熟知，例如，人们如何通过内在或外在的因素解释自己或他人的行为，以及如何从他人的行为中推断其性格特征。然而，相对而言，到目前为止，人们对于归因、印象和期待的结果知之甚少。尽管研究证明了我们如何在认知上支持或保护我们持有的刻板印象（高估支持性范例的数量、填补信息差距、按自己的理解解释模棱两可的信息），但没有足够的研究调查在与他人的真实接触中，我们的认知是如何塑造我们的行为，并影响他人的行为反应的。因此，斯奈德等人试图填补研究中的这一缺陷。

为达到这一目的，他们把研究聚焦于外貌刻板印象：美的就是好的（Dion, Berscheid, & Walster, 1972）。如果给人们展示三张照片，一张照片上是一个极具吸引力的人，一张是一个普通人，还有一张是一个缺乏吸引力的人，那你会发现他们对这三个人的评价是截然不同的。外貌极具吸引力的人被认为拥有更多积极的人格特质和更有声望的工作，在职业和社交生活中更快乐（好吧，这里也有一个轻微的消极评价：他们被认为更自负、更自恋、对配偶不忠）。斯奈德等人之所以选择外貌刻板印象进行研究，是因为它是强有力的，而且与性别、年龄和种族刻板印象一样，是建立在表面特征之上的，易于进行实验操纵，并可不经意地呈现出来。

做了什么

斯奈德等人（1977）试图设计一项研究来反映印象是如何自发形成的，以及在日常生活中如何影响人们的行为。他们希望自己的研究具有生态效度，可以模拟人们在日常生活中的行为（见第 6 章和前言，以了解为什么生态效度不是实验研究的全部内容和终极目的）。

102 名明尼苏达大学的学生（男女生各一半）参加了这项研究。研究者告诉被试研究意在关注人们如何通过非语言交流或不涉及非语言交流的互动而变得熟悉。这个掩饰故事为接下来的实验操纵提供了一个合理的理由。实验操纵包括让互不认识的男生和女生分别到不同的房间进行电话交谈，并同意研究者记录电话交流内容。作为这种操纵的一部分，被试提供了自己的信息，包括他们所学的专业。所有被试都被告知，他们的同伴会被提供装有类似信息的文件夹，以帮助他们开始对话。在给男性被试看的信息中，悄悄加入了一张女性照片。此外，研究者还为这名男性被试拍了一张照片，并告诉他，这张照片将会呈现给与他交谈的女伴。然而真实的情况是，研究者并不会向女被试提及照片，更不会向其呈现男被试的照片。

每位男性被试收到的照片都是从附近大学的年轻女性提供的一套照片中抽取的，这些提供照片的女性获得了 5 美元的报酬（大约相当于 2017 年的 20 美元）。另一组男大学生对这些照片的外貌吸引力进行了独立评估，结果从非常有吸引力（10 点评分，平均分为 8.1：确实很有吸引力）到非常没有吸引力（平均分为 2.6：很糟糕）[①]。这样做可以使每位男性被试相信，他将会和一位相貌出众或长相平凡的女生进行交谈。为了确定照片在多大程度上影响刻板印象的形成，在与女性同伴交谈之前，研究者让每位男性被试就 27 种人格特质（例如，友好、热情、可信赖性）对她们进行了评价。请记住，他们对同伴的印象是基于文件夹中提供的信息而形成的，而不仅仅是实验操纵的照片。

---

① 这里研究者注意了伦理规范：所有提供照片的女性，都签字同意将她们的照片用于实验用途，而且没有人告诉她们其他人对她们外貌吸引力评价的结果。

接下来，每组男女被试通过麦克风和耳机进行 10 分钟的交谈，以互相熟悉（在 51 组对话中，由于 3 组被试开始依据照片对同伴进行评价，如“我注意到你的眼睛很漂亮，笑容很明媚……你愿意和我约会吗”，因此他们的谈话被终止。这在技术上被称为被试流失）。谈话结束后，男性被试再次对同伴的 27 种人格特质进行评价，同时，女性被试也在这些方面进行自评，并评价交谈中的舒适程度、她们认为同伴对自己外貌吸引力的评价，以及同伴对待自己的方式在多大程度上是男性对待自己的典型方式。最后，研究者对男性和女性被试都进行了详细的访谈，由于他们向被试隐瞒了真实的实验目的，因此最后的访谈特别重要。

在这一研究阶段结束之后，独立评价者在听了只包含男性或女性声音的聊天录音后，对男性或女性被试进行了评价。不管是男性被试的外貌吸引力，还是女性被试真实的或别人评价的外貌吸引力，抑或是研究的假设，独立评价者都不知道。他们只负责对男性和女性被试的热情程度、谈话的亲密和私人化程度等进行评分，以便研究者可以详细检验行为确证的过程。

发现了什么

男性被试确实把外貌吸引力与令人满意的人格特质联系在一起（依据看过照片后但还未正式进行谈话之前，男性被试对同伴的评价）。所谓的具有吸引力的女性被试被认为是相对友好、幽默、沉着和具有社交技能的。相比之下，所谓的缺乏吸引力的女性被试被认为是相对不友好、严肃、笨拙且缺乏社交技能的。到目前为止，实验操纵产生了预期的印象（这种印象与外貌刻板印象一致）。

此外，通过对通话记录的进一步评价，研究人员发现，与认为自己与缺乏吸引力的女性谈话的对照组男性被试相比，认为自己与具有吸引力的女性谈话的实验组男性被试更大胆、友好、愉快、自信，表现出了更多男性的热情。可见，实验不仅改变了男性被试对女性被试的印象，还改变了他们基于这些印象而产生的对女性被试的行为反应。

最后，最令人震惊的结果是：在独立评价者的评估中，与所谓的缺乏吸引力的女性相比，他们认为具有吸引力的女性更自信、愉快、有社交技能、富有女性的温情

（请记住，我们没有理由相信，在随机分配的情况下，这两组女性的实际吸引力会有所不同）。重要的是，在与外貌刻板印象无关的人格特质维度，如智力或敏感性等方面，评价者对两组女性被试的评价没有差异（如图 15–1 所示）。这样，行为确证的所有因素都被找到了。男性被试对女性被试错误的第一印象及其泛化，导致其在与她们交谈时的行为发生了变化，进而导致女性被试的行为产生了相应的改变。

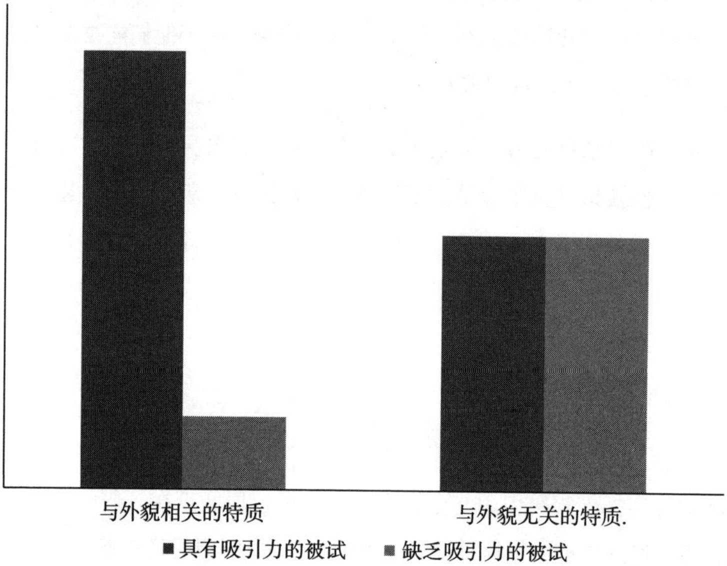

图 15–1[①] **女性被试通过电话与男性被试进行交流，男性被试被告知与他们交流的女性被试具有吸引力或没有吸引力，图为男性被试对女性被试的与外貌相关或无关的特质进行评价的得分（注释：图示为简略图，因为原文中没有提供平均值）**

斯奈德等人试图将行为确证过程中的中介因素（更接近行为确证的原因）独立出来。他们推测，男性被试表现出的友好程度是激发女性被试相应友好反应的关键因素（尽管研究者并没有对友好性进行实际的测量）。研究者获得的评估分数揭示，被认为极具吸引力的女性被试认为她们的男性同伴对她们的形象认知更准确（即使她们不知道自己的照片已经被换成其他女性的照片了）。所谓具有吸引力的女性被试也表示，同伴和她们的互动方式是男性个体对待她们的典型方式。这些观念也许能够解释，为什

① 图 15–1 中的纵坐标为被试对人格特质的评价得分。——译者注

么被认为具有吸引力的女性会对同伴的友好表现得如此热情；而被认为长相平凡的女性的反应则更冷淡、疏远，这可能是因为她们认为同伴对她们的认识是错误的，而且对她们的态度异常冷淡。

又怎么样了

斯奈德等人（1977）证明了刻板印象所导致的潜在的重要结果。这些男性被试的预期会控制他们的自我表现，从而导致他们的女性同伴做出相应的行为。他们“创造”了自己预期会遇到的行为。这项研究的关键特征设计得非常精妙：将照片悄悄放入装有信息的文件夹中，而男性被试恰恰会在进行电话交流之前看到这些信息。当然，在现实世界中，这个过程会更加复杂。在现实生活中，期望和行为可能会在两个方向上发生。女性有关于自己的预期，这种预期会引发行为，而这些行为也会对男性的行为产生影响。行为确证可能以这种一来一回的方式发生。通常，外貌刻板印象会与其他刻板印象重叠，例如性别、年龄、社会阶层、民族或种族刻板印象。在日常生活中，通常是多种印象共同引发了某些行为以及对这些行为的反应。

斯奈德等人（1977）证明，基于普遍的刻板印象所形成的错误预期，在相应的人际互动环境中不可避免地会成为实际行为。的确，研究人员只是在有限的条件下证明了这一点，因此，没有必要将这些结果推广到任意情景中去。毕竟，现实生活中会有更多的状况，很多额外因素都会促进或妨碍这种行为确证。但是，我们无法否认这项研究的重要性。斯奈德等人（1977）证明了行为确证可以伴随着外貌刻板印象而发生。在他们的研究之前，关于这一问题的直接证据都停留在描述性水平。

斯奈德和斯旺（Snyder & Swann, 1978）在一项涉及陌生人谈话的研究中展示了类似的动态过程。每组被试中都有一名成员被引导相信另一名成员怀有敌意（就像接触性运动，是麻木不仁和冷酷的）或没有敌意（就像诗歌和航海，是友好和合作的）。评价者对谈话的评估发现，被随机描述为怀有敌意的成员，最终表现出了更多的敌意。此外，当被假设怀有敌意和不怀有敌意的成员与对他们没有预期的新伙伴交谈时，这一系列的事情仍在继续——之前被假定为有敌意或没有敌意的成员，保持了他们的行为举止。

其他一些研究也证明了行为确证。柯蒂斯和米勒（Curtis & Miller, 1986）的一项研究表明，如果你相信另一个人喜欢你，那你可能会以一种讨人喜欢的方式来行事，努力证明他（或她）喜欢你的理由是合理的，而这会使得他（或她）真的喜欢你。但是，如果你认为某个人不喜欢你，则可能导致相反的情况：给予他（或她）确实不喜欢你的理由。这个过程是循环的。

此外，米勒、布里克曼和博伦（Miller, Brickman, & Bolen, 1975）注意到一些孩子非常邋遢，于是他们告诉某个班级的学生，教室应该保持整洁干净。这一警告确实增加了孩子们扔进垃圾桶的垃圾数量，但只是暂时的。然而，当研究者连续八天表扬他们保持了教室的干净整洁时，孩子们对环境的责任心飙升并持续了下去。“他们认为我们干净整洁——好吧，我们要让他们知道他们是对的！”尽管我们有时会在行为上屈从于消极的标签，但我们还是会努力实现别人积极的预期。

前面提到的几项研究为所谓的图式加工提供了很好的范例。图式（schema）是一系列有条理、有结构的认知过程，会影响持有图式者的知觉和行为（这在一定程度上与在第 14 章、第 21 章提到的直觉理论重叠）。图式会影响个体对特定刺激的反应。当一个人看到斗牛犬时，他所有关于斗牛犬的想法都会浮现在脑海中（希望包括一些建议谨慎的想法）。我们既有关于特定群体成员的图式（刻板印象），如澳大利亚人是电视福音布道者、拼写比赛冠军等，也有针对个人的图式，如对最喜欢的阿姨或叔叔的图式。此外，我们还有针对特殊职业的工作人员或社会角色（如狱警或巫师）的图式。我们甚至还有针对社会事件的图式，即“脚本”，如对婚礼、餐厅、第一次约会、工作面试等的图示。脚本通常包括在特定的社会情境中会发生的事件，以及它们发生的顺序。这些不同类型的图式会影响我们的推论、我们记住的信息，以及我们对未来的预期，当然，还包括我们的行为。在本研究中，男性基于女性外貌吸引力而形成的刻板印象就是一种图式，其不仅会影响他们自己的行为，也会影响女性同伴的行为。

当我们面对一个人时，我们的知觉和行为都会受到我们想法的影响。假如这个人是地狱天使摩托车俱乐部的成员，那么我们对地狱天使俱乐部的各种看法（可能认为他们从事毒品交易和暴力活动）以及我们与这个人在真实互动中的经历（他可能会出乎意料的友好，并遵守法律）都会受到我们对他的看法的影响。换句话说，是外部环境在与我们的内心想法互动。我们预先存在的想法并不会完全决定我们对现实的知觉（至少通常情况下并非如此），或者现实情况也不会纯粹、直接地影响我们。有时，当我们已有的期望不坚定时，其中某个期望就会占据主导地位，这可能会存在问题。虽然我们无法阻止自己相信普遍性的事情以及用普遍的方式进行思考，但我们也不能容忍一直持有某种荒谬的、无法通过无可辩驳的经验进行修正的信念。

不可否认，图式加工可以节约我们的时间和精力。当你看到一个人符合你关于无家可归者、伐木工人、穆斯林或复古嬉皮士的图式时，你可能认为自己看到的就是需要知道的全部信息。当你驾车行驶在葬礼队伍中时，你可能认为自己需要知道的差不多就是这些。脚本会告诉你该做什么和怎么做，你就像处在自动驾驶模式一样不用想太多。但是，由于认知偏差和错误以及刻板的行为模式，图式化思考也有可能发生错误。我们可能认为某人是懒惰的，只因他毕竟是“他们中的一员”（即使他可能工作非常努力）。我们也可能认为某人不能胜任某项工作，只因她是女性（即使她非常适合这个职位）。我们可能会避免向某人表达我们对歌剧的喜爱，只因其是超市的屠宰员（即使他可能是狂热的艺术赞助者）。诸如此类的事情还有忽视信息、错误解读、不准确的预期等（见科恩 1981 年的研究，其为有偏差的图式加工提供了很好的例子）。

斯奈德等人（1977）的研究证明了一个人的想法会在多大程度上影响他的行为，以及他的行为会在多大程度上影响他人的行为。被告知某人非常漂亮会使我们形成对他的预期，这种预期会影响我们的行为（至少在我们亲眼见到这个人之前）。听说某人很有城府或有妄想症，也会引发我们做出相应的行为，进而诱发他人做出卑鄙或精神异常的行为。当然，我们既是行为确认的客体，又是行为确认的主体。我们有多少行为是由他人的期望所塑造的？

后记

需要指出的是，与实验室不同，日常生活中的预期通常植根于现实（Jussim, 1991）。的确，刻板印象被认为是最准确、最稳定、最可靠的社会心理学效应之一（Jussim, Cain, Crawford, Harber, & Cohen, 2009）。例如，如果小约翰整个学期的表现都不好，那老师就会对他的学术能力产生消极的预期，而如果老师的消极预期最终与小约翰未来糟糕的表现相一致，那也就不足为奇了，即预期不仅可以反映现实，也可以塑造现实（需要注意的是，在“背景”部分提到的几个关于行为确证的研究可能是研究者有意创设的假设导致了引人注目的结果）。即便如此，如果告诉学生他们的能力具有可塑性，可以进一步提高，那他们往往会改善自己的表现，其积极性也会提高，而不是一直固着在现有水平上（Blackwell, Trzesniewski, & Dweck, 2007; Dweck, 1999）。

同样重要的是，要认识到，行为确证不是在任何情况下都必然发生的。如果你发现某人在用负面的目光看待你，那你可能会试着证明他的想法是错误的。如果你不认可他人对你的印象，就会试着改变它。例如，热情的弗兰克林预期有趣的塔季扬娜很容易被“搞定”，因此向她提出了一个猥琐的要求，而塔季扬娜觉得被他的这种预期冒犯到了，于是朝着他的腹股沟踢了一脚，以显示她是多么地“难搞”！

尽管如此，行为确证的真实案例还是提醒我们注意贯穿社会心理学的两个基本主题。一个主题是人们会很快（可能特别快）地赋予他人一些特质。大量的研究证明，人们会在很大程度上自动假设他人拥有稳定、持久的特质，而且这些特质会使他们以一种可预测的方式行事（Carlston & Skow-ronski, 1994; Gilbert, 1998）。人格心理学家沃尔特·米歇尔（Walter Mischel, 1968）生动形象地阐述了另一个主题：对于人们的行为，缺乏普遍存在的跨情景一致性的实验证据，至少没有我们直觉上认为的那么多。人们在不同情景中的表现不是完全一样的，因此他们的行为并不像我们想象得那么可预测。外向的人有独处的时候，而内向的人也会偶尔从自己的世界中走出来。

所谓的基本归因错误是指当情景限制可以更好地解释个体的行为时，不合理地将他的行为归因于人格特质（见 Ross, 1977; Malle, 2006；本书第 10 章）。然而，有趣的是，基本归因错误具有自我延续性。正如斯奈德等人（1977）所解释的那样，我们相信他人拥有某些特质，可能导致我们以某种相应的方式对待他们。这可能会诱使他们在我们面前通过行为确证表现出一致的行为反应。因此，很可能是我们的行为导致了他们行为的一致性。换句话说，我们认为存在于他人身上的特质，很大程度上是由于我们自己一贯的预期和行为造成的！

最后，行为确证建议你做一个简单的实验，从回想你今天见过的最糟糕的人开始。你要相信他们基本上没救了，即使他们通常是很正常的；你要把他们看作恶意的、别有用心的人，让他们尝尝应得的痛苦，然后再看看他们的反应。第二天，改变你的做法。把你遇到的每一个人都当作你最好的朋友，一个你很久没见、深深想念的人，给予他充分的爱和尊重。不难想象，他的魅力和善良会给你留下深刻的印象，所以请让我们知道发生了什么。你的发现会让你相信行为确证的可能性、可发生性和重要性，就像社会心理学实验证明的那样。

启示

虽然我们对他人的预期是基于他们的行为，但是他们的行为也是我们预期的结果。简单地说，相信某个人是有吸引力的，可能真的会使得他变得有魅力。

你怎么想

举例说明你的预期和行为是如何影响他人的行为，从而证实了自己的预期的，以及他人的预期和行为如何影响了你的行为，从而证实了他们的预期的。此外，当人们期望你以特定的方式行事时，你是否会倾向于达到他们的预期？特别是，如果有人对你有消极预期，那你是会在无意中实现还是对抗他们的预期？

第 16 章

加尔文主义的难题：无意识地制造好兆头

> 如此看来，神要怜悯谁，就怜悯谁，要叫谁刚硬，就叫谁刚硬。
>
> 圣・保罗（Saint Paul）
>
> 《圣经》人物，外邦人的使徒

背景

在 16 世纪的法国，一位名叫约翰・加尔文（John Calvin）的宗教改革家突然脱离了天主教会。他根据圣・保罗和圣・奥古斯丁（Saint Augustine）的教义创立了一种新教信仰。这些圣徒强调上帝的绝对神权（例如，他是终极的存在）和他的恩典的必要性（例如，人只能被他的思想救赎）。加尔文充分采纳了这些观点并将它们推展到了极致。其结果就是苦行和不妥协的信条，所有这些都能够给他的信众灌输许多恐惧和战栗。

加尔文宣扬人的本性是极度堕落的，以至于没有什么能使他们热爱和崇拜上帝。不过，他也承认，有些人确实是虔诚的。这怎么可能呢？根据加尔文所说，答案是上帝预先决定的（predetermined）。在创造世界之前，上帝决定给少数幸运儿一种特殊的恩典，使他们能够从罪恶中得到救赎，并因此在短暂的尘世间极度热爱和崇拜上帝。所以这些得到救赎的少数宠儿将会拥有一个美好的未来（他们被称为神选之人）：与他们所爱的造物主在天堂得到永恒。但是，绝大多数人并没有得到上帝的救赎和恩赐，他们将遭受一种很可怕的命运：在地狱的炽热深渊中经历无尽的痛苦。

上帝有什么理由预先决定谁会得救，谁会被诅咒呢？加尔文声称他对此并不知情。但重要的是，他声称，上帝就是上帝，无论他的意志是什么都“理所当然”（by definition）是好的。然而，加尔文确实至少指明了上帝不会在乎的事情，那就是人们为正义而做出的努力。无论他们是努力过高尚的生活还是堕落的生活，都不会影响他们的最终命运。如果没有被上帝选中，那他们为过高尚生活所做的努力就会成空，无论如何都会遭受折磨。加尔文认为，这并非不公平，因为人生而卑劣，理应遭受诅咒，只有得到上帝恩赐的人才值得被救赎。

加尔文的上帝是一个悬疑大师，他认为向尘世间的臣民透露等待他们的是天堂还是地狱并不合适，但他也没有把他们完全蒙在鼓里。有传言说，某些迹象预示着他们灵魂的可能归宿。正直地生活就是一种诱人的幸福，人们有理由相信，他们已经蒙了恩，成了好人——一种只有神选之民才能享有的特权。加尔文和他的追随者满意地发现，他们过着非常正直的生活：节制、勤勉、节俭。

你可能已经觉察到加尔文主义必须用精神枷锁绑住信徒的潜在力量。假设，作为一位虔诚的加尔文教徒，你注意到自己有一种罪恶的冲动，那你是否会尝试抵制它？从一个角度来看，会或者不会并不重要。既然命运已经被决定了，那么不如就屈服于自己的不虔诚吧。然而，如果你勇敢地努力克服了这种罪恶的冲动呢？同样没有好处。如前所述，加尔文主义认为意志力与救赎无关。甚至更糟的是，神选之人不应该受到罪恶的诱惑，因为上帝的恩赐已经把正义刻进了他们的思想和行为。因此，仅仅是对诱惑的体验就会让虔诚的加尔文教徒眉间布满汗珠。

那加尔文教徒会如何处理他们确实感受到的诱惑呢？乔治·奎特隆（George Quattrone）和阿莫斯·特韦尔斯基（Aoms Tversky, 1980）表示，即使加尔文教徒确实试图抵抗诱惑，也会否认自己这样做了。也就是说，他们在不知不觉中努力地做一个有道德的人。这种心理技巧使他们把自己的美德理解为救赎的安慰信号，而不是诅咒的冰冷信号。

研究者们把这种把戏视为一种自我欺骗的普遍形式：一种倾向于将行为断定为（如倾向于指出）所期望的结果，但不去承认这种倾向，认为这种倾向与结果理所当然地无关（如没有影响）。为了验证这种形式的自我欺骗的存在，研究者们在实验室中重复了一个巧妙的小规模的加尔文主义困境的变式。

做了什么

奎特隆和特韦尔斯基研究中的被试接受了一项虚假的医学检查，并且被告知检查结果会表明他们未来的健康状况。毫无疑问，检查结果并不会影响他们的健康状况，而且无论检查结果如何，他们的基本情况都是一样的。但是，通过使检查结果具有行为学上的属性，研究者们希望证明，被试会通过改变检查结果来预测自己未来的健康状况良好。研究者们还希望通过询问被试们为什么会这样做来表明他们并没有意识到自己改变了检查结果。这与积极的自我欺骗行为是相符的：即使被试已经（无意识地）改变了检查结果，也仍然可以让自己相信检查结果预示着未来良好的健康状况。

实验是这样进行的。38 名大学生报名参加了一项关于体育运动的心理和医学方面的研究。迎接他们的女性主试解释说，研究的目的是为了探索在剧烈运动之后，体温的突然变化是如何影响心血管系统的。运动员有时会在训练后立即冲一个凉水澡。然而，这种提神的活动会不会给心脏带来压力，从长远来看有没有可能对心脏造成损害呢？为了增加掩饰故事的可信度，研究是在心理学部的生理学系中进行的，那里高科技设备和瓶装化学品随处可见，研究者们还统一穿了白色的实验大褂。

被试首先被要求进行一个寒冷压力测试：他们要将前臂放进一个装满冰水的冷藏器中并尽可能长时间地浸泡在里面。尽管并不会造成生理性的损伤，但寒冷压力测试仍然被证明是非常有挑战性的。大多数被试都只能忍受不到一分钟的时间。当他们把前臂浸在水中的时候，他们会在研究者的提示下每五秒钟评估一下自己的不适程度。研究者会通过按顺序大声说出字母来提示他们。被试对这些提示的回答则是大声说出 1 到 10 之间的某一数字，1 代表完全可以忍受，10 代表无法忍受。用升序字母提示被试的原因是让他们能够记录自己把手浸入水中的时长。这一信息能够使被试随后进行关键的比较。

对被试来说，该阶段研究的目的是测量体温突然变化后的心率。下一阶段的表面目的是确定一段时间的剧烈运动是否会改变这种结果。在完成寒冷压力测试后，被试们会在 60 秒内尽最大努力蹬一辆运动自行车。然后，在短暂的休息后，他们要第二次完成寒冷压力测试。为了确保被试继续相信掩饰故事，研究者会在适当的时间间隔测量他们的脉搏。

当然，这项研究的真正目的并不是测量体温变化和运动对心率的影响，而是为了验证一个假设：被试会无意识地改变他们的行为，以便诊断出某些期望的结果。研究者所关注的行为是被试在第二次寒冷压力测试中的表现。被试被引导相信自己在第二次寒冷压力测试中的表现与他们未来的健康前景有明显的相关。研究者所采用的方法是在休息时间让被试相信，经过一段时间的锻炼后，耐寒能力会暗示着心血管的健康水平。他们预期被试会改变自己在第二次寒冷压力测试中的表现，以使自己的冠状动脉看起来“更健康”。

那如何使被试相信他们第二次寒冷压力测试的表现会与他们未来的健康前景有关系呢？在休息期间，研究者邀请被试参加了一场免费的讲座。被试认为这场讲座只是为了帮他们在等待时打发时间；然而，它的真正目的是传递虚假的医学信息，从而使被试产生无意识的行为，进而诊断出更“理想”的结果。

讲座中声称，寒冷压力测试是用来研究心理物理学中的“疼痛”的（心理物理学是实验心理学的一个分支，其目的是研究刺激的客观属性是如何与它们的主观感知相联系的）。研究人员向被试呈现了一幅图表，说明了前臂浸入时间与主观不适程度之间的关系，声称这种关系因人的皮肤类型和心脏类型而异。关于心脏类型，被试被告知每个人都有两种心血管复合体中的一种，简称为Ⅰ型或Ⅱ型心脏。据称，Ⅱ型心脏的人比Ⅰ型心脏的人寿命更长，另一幅图生动地说明了这一事实。研究者解释道，尽管Ⅰ型心脏和Ⅱ型心脏的人在承受疼痛的程度上通常并没有什么差异，但进行一段时间的剧烈运动却会带来差异。这种说法是用来说服被试，他们在第二次寒冷压力测试中的表现能够表明他们的寿命。

接下来就是实验的关键时刻了。一半的被试被告知，Ⅱ型心脏的人在运动后对寒冷压力和痛苦的耐受力更强，而另一半的被试则被告知这种人在运动后的耐受力更弱（两种情况都是相对于Ⅰ型心脏的人而言的）。研究者的预测是这样的：前一种条件下的被试会改变他们的行为，表现出对痛苦更强的耐受力，而后一种条件下的被试则会改变他们的行为，表现出对痛苦更弱的耐受力。这种耐受力的改变表明，被试会积极地制造证据去表明自己拥有更光明的未来。

被试要报告他们的不适程度这种看似奇怪的方法，现在看来是有意义的。他们按字母顺序的提示每五秒报告一次，这使得他们可以比较自己在第一次寒冷压力测试和第二次寒冷压力测试中忍受的时间。他们现在有了“指导方针”来在第二次测试中无意识地调整自己的表现。

第二次寒冷压力测试换了一位研究者。这样做有两个原因。首先，要防止熟悉被试早期表现的研究者在无意中影响被试随后的表现，或者在记录被试的反应时带有偏见。其次，有必要防止被试的表现变化仅仅是为了取悦研究者，从而使结果的解释复杂化。被试被公开告知每位研究者都不会知道其他研究者收集的结果，因此没有人会获得两份足以推断出他们可能的心脏类型的信息。为了加强这种印象，后来的研究者身着便服（而不是白大褂），暗示自己在那里只是为了进行第二次测试。

在完成了第二次寒冷压力测试后，被试被要求填写一份简短的问卷。其中包含两个关键的问题。第一个问题是被试认为自己的心脏是Ⅰ型还是Ⅱ型；第二个问题是，在第二次寒冷压力测试中，他们是否故意改变了前臂浸在冰水中的时间。

发现了什么

被试是否改变了他们对疼痛的忍耐程度，使其朝着他们认为与拥有强健的Ⅱ型心脏相关的方向变化？是的。那些被告诉拥有Ⅱ型心脏更能忍受寒冷的人在第二次寒冷压力测试中忍耐了更长的时间。与之相反的是，那些被告知拥有Ⅱ型心脏对寒冷的耐受性更差的人，在第二次寒冷压力测试中前臂浸泡的时间缩短了（如图 16–1 所示）。个体分析显示，两种条件下都有大约三分之二的被试表现出了这种符合预期的转变，而剩下的三分之一则完全没有变化（除了一个人表现出了相反的转变，研究人员神秘地将其描述为“自杀”型，但没有进一步阐述）。显然，大多数被试都改变了他们的行为，以便被诊断为拥有美好的健康前景，尽管这种转变显然并不能影响他们的心脏是Ⅰ型还是Ⅱ型。

被试有没有觉察到自己改变了前臂浸泡在水中的时间呢？总的来说，答案是否定的：38 名被试中有 29 人否认他们曾试图改变（有趣的是，否认的人和承认的人在实际行为上并没有什么不同。在这两种情况下，改变行为的被试的比例大致相同，程度也大致相同）。事实上，绝大多数被试都没有意识到自己刻意地改变了行为，而事实上他们的行为确实是在朝着有利于健康的方向改变，这表明他们在进行自我欺骗。这样的结果与假设是一致的：人们会故意做出某些行为，而这些行为往往标志着一些所希望的结果，但他们会抑制自己对这些行为的意识。

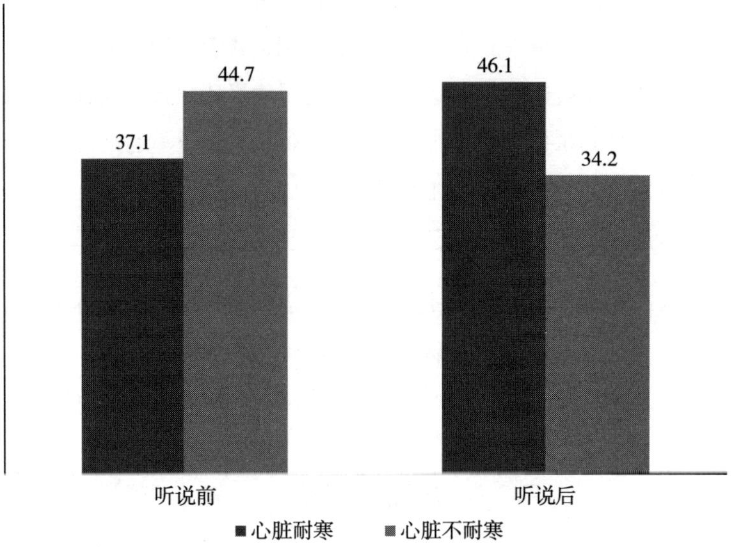

图 16–1[①] 在听到健康的心脏是耐寒或不耐寒的之前和之后，被试的前臂在冰水中浸泡的时间

那些表现出符合预期的寒冷耐受性变化的被试也被问及是什么导致了他们行为的改变。最典型的回答是水的温度发生了变化。这与自我欺骗是一致的，将行为归因于外部刺激而不是内部动机。然而，有人可能会说，被试只是不愿意公开承认自己故意改变了行为罢了。然而，从最终的研究结果来看，这一论点不太可信。在否认故意改变前臂浸在水中时长的 29 名被试中，有 20 人（69%）私下也表示认为自己拥有 II 型心脏。相比之下，在承认故意改变了行为的 9 名被试（22%）中，只有两名被试私下也报告了这一推论。换句话说，大多数否认者私下认为自己的健康前景是好的，而大多数承认者则认为自己的健康前景堪忧。因此，否认与令人安慰的信念相伴而生，承认与令人不安的信念相伴随。这表明被试对他们故意性的报告是真实的自我欺骗的结

① 图 16–1 中的纵坐标为被试的耐寒指数，时间越久说明其忍受了越久的寒冷。——译者注

果，而不是虚假的自我陈述。

又怎么样了

在日常生活中，人们常说，人类会在动机上欺骗自己。尽管这种说法理论上似乎是合理的，但支持它的证据往往很薄弱。本研究最大的成就在于证明了自我欺骗是以一种常见的形式存在的：不承认自己故意改变了一些迹象，以使其更符合某些期望的结果。

在现实世界中，这种形式的自我欺骗很容易发生。例如，假设你怀疑自己患上了一种严重的疾病，其中一个症状是食欲不振。就目前的情况而言，不管你有没有这种疾病，你现在都无法改变这一事实。不过，难道你没有发现自己吃的比平时多一些吗？"我能够大吃一顿"的信息难道不是一种虚幻的安慰？

不幸的是，人们用来安慰自己而采取的无意识方法可能会产生严重的后果。再假设，你怀疑自己得了一种严重的疾病，想确定的唯一方法就是进行进一步的医学检查。然而不知何故，你总是故意拖延，找借口，像往常一样处理日常事务。为什么？这是否因为在某种程度上，你认为不做检查就意味着自己的身体是健康的，甚至还会降低患病的可能性？换言之，你是否觉得检查身体会增加患这种疾病的可能性，或者不检查就会降低患病概率？理性地说，这么做毫无道理，但这种错误的逻辑在直觉上却很诱人。你欺骗自己，拒绝承认自己是出于担心可能会暴露什么而逃避医学检查。然而，只要你承认自己确实是在逃避检查，就不会非理性地认为不进行检查是身体健康的表现。讽刺的是，尽管拖延可能会带来某些暂时的心理上的好处，但却可能会致命地延误关键的医治。

我们制造好兆头的倾向也会通过其他方式表现出来。例如，让我们来看看奎特隆和特韦尔斯基（1980）进行的第二项研究，这项研究与本文报道的研究同时发表。在这项研究中，研究人员试图为这样一个经典难题提供答案：人们为什么要费心去投票？既然任何一张个人选票在选举中产生决定性影响的可能性几乎为零，那为什么还要投票呢？人们对这种非理性行为提出了各种各样的解释。一般来说，人们认为这是对公民责任感或民主理想主义的诉求。然而，奎特隆和特韦尔斯基（1980）提出了不同的假设，认为人们之所以投票，是因为相信自己的投票方式是其他志同道合者投票的标志，并因此会影响他们的投票（基于自我欺骗的扭曲逻辑）。他们的研究结果支持了这一奇怪的假设。

我们通过讨论另一种涉及自我欺骗的现象来结束本节：防御性自我妨碍（Jones & Berglas, 1978）。一个奇怪的现象是，人们有时会故意破坏他们在重要考试中取得好成绩的机会。这是为什么？可能是因为他们一方面害怕失败，另一方面又不愿得出自己无法成功的结论，所以无意识地夸大环境因素，认为是环境因素导致了他们的失败，而且他们从不为这些预先安排的环境因素负责。一个典型的例子是，某名学生让他的朋友在考试的前一天晚上喊他去喝酒，然后把自己糟糕的考试成绩归咎于宿醉，当然，他从来没有"故意"去这样做。看起来，如果人们不能改变自己的成绩，使其达到一种令人满意的结果，那他们就可能会尝试改变环境，从而使自己的成绩至少不会标志着一种不符合期望的情形。在防御性自我妨碍的情境中，不符合期望的情形指的是承认自身无能所带来的耻辱。

后记

目前的研究结果表明了一种人们在动机上欺骗自己的方式。然而，一个令人困惑的问题仍然存在：自我欺骗究竟是怎样进行的？尤其是，人们怎么可能在没有意识到自己正在打算做某事的情况下就打算做某事呢？

经典的自我欺骗理论通过将人的心智一分为二来解决这一矛盾。无意识心智被假定拥有一种可与意识心智相媲美或高于意识心智的智力。这种无意识心智知道人们的行为的真正原因，也确实会让一个人以那种方式（故意改变行为来欺骗自己）行事。更重要的是，这种无意识心智使意识心智对无意识的所有活动都保持一种"幸福"的无知。依据这种观点，尽管这项研究中的被试无意识地"知道"改变前臂浸入时间会使寒冷压力测验无效，但其无意识心智还是使他无意识地改变了行为，因为无意识心智知道意识心智永远都不会发现这件事。

这种解释很有问题。它意味着有两个人住在你的头脑中，其中一个在愚弄另一个。这归结起来就是使用多重人格障碍来解释自我欺骗，这是一种相当极端的策略。几乎没有证据支持这种复杂的策略。即使有，它所引发的问题也会多于它所解决的问题。例如，如果无意识心智欺骗了意识心智，那它为什么要这样做？它天生就具有欺骗性吗？同时，这个无意识心智是不是故意欺骗意识心智？如果是这样，不就意味着它本身是有意识的吗？此外，是否甚至可能还有另一个无意识心智在欺骗这个无意识心智？对这种自我欺骗的分裂论思考得越多，就越容易忽略这一现象的本质。

格林沃尔德（Greenwald, 1988）提供了一个更合理的自我欺骗模型。这个模型的核心论点是，不必首先进行详尽的分析也可以避免威胁性信息。这就好比处理垃圾信件，当垃圾信件到来的时候，你不需要打开信封去阅读它的内容来确定它是不是垃圾信件。迹象是很明显的：高昂的邮费、低质量的纸张以及一连串的感叹号。因此，简单的观察就足以识别垃圾信件了。上述情况也适用于威胁性信息，我们可以基于表面的线索来认定它的不适宜，一旦它被这样重新认知，我们就可以采取规避的心理策略。如果你注意到了这条信息，那你可以选择不进一步关注它；如果你已经关注了它，那你可以避免去理解它；如果你已经理解了它，那你可以拒绝对它进行逻辑推论。在任何情况下，你都可以避开会产生不愉快感觉的事情。注意这是如何解决自我欺骗的悖论的，如果在较低级的意识水平上，信息已经被觉察到是消极的，那么我们就会避免在较高级的水平上进行进一步的处理。因此，自我欺骗背后的机制就包含了我们不会停留在那些显示出不合心意的迹象的信息上（Frey, 1986; Taylor, 1991）。

让我们把注意力转回到这项研究的被试身上。在讲座结束后，他们可能想让前臂浸在冰水中更长或更短的时间（这取决于他们听的是哪个讲座）。一个可能的结果是他们的决心得到了微妙的增强或削弱（见第 24 章，目标如何被无意识地激发）。在此后的某个时间，被试们可能已经模糊地意识到了去改变结果的诱惑。然而，他们可能抑制了这种意识，让它自然地从脑海中消失，或者选择不去多想这件事，因为他们已经意识到屈服于这种诱惑会使这个测试无效。但是，他们无意识决心的力量可能在听完讲座后已经受到了影响。因此，当把手臂放进冰水中时，被试已经拥有了继续下去或不继续下去的决心。考虑到人们并不是自己心理过程根源的专家（Nisbett & Wilson, 1977；见本书第 14 章），他们无法判断是讲座还是水温本身影响了自己的决心并不奇怪。当然，许多心理过程必须结合到一起才能产生自我欺骗，但躲避威胁性信息是其中一个关键成分。

总之，自我欺骗并不是一个心智中心欺骗另一个的结果；相反，它是一个低水平的筛选过程的结果。这个过程就是：在可疑的认知有机会被有意识的思维完全接受之前就将其消除（更多评论和更多关于自我欺骗的例子，见 Gregg & Mahadevan, 2014）。

启示

人们会通过创造一些标志着“一切都很好”的迹象来欺骗自己，即使他们并不能让事情变好。然后，他们又会否认自己这样做了，因为承认就意味着这些迹象是虚假的。

你怎么想

当我们欺骗自己的时候，我们会想办法让自己相信令人不安的事实是假的。但是，如果我们没有自我欺骗的能力，生活是会变得更好还是更糟呢？如果现实真的无法忍受该怎么办？是否该去理性地理解它呢？

第 17 章

所见皆所信：拥护者对媒体偏见的看法

> 我是谁，就看谁。
>
> 拉尔夫·沃尔多·爱默生（Ralph Waldo Emerson，1803—1882）
>
> 美国哲学家、散文家、诗人

背景

1951 年 11 月下旬，一个晴朗的星期六下午，干枯的秋叶覆盖着大地，阳光明媚，但寒冷的微风预示着冬天即将来临。充满活力的大学生（穿着运动马鞍鞋、波比袜和 V 领毛衣）和他们自豪的父母以及忠诚的校友挤满了普林斯顿大学的帕默体育场。在本赛季的最后一场比赛中，主场队老虎队和达特茅斯学院的印第安人队在橄榄球场上展开了激烈的角逐。老虎队至今未有败绩，而这主要归功于刚刚登上《时代》杂志封面的全美四分卫——迪克·卡兹迈尔（Dick Kazmaier）。

比赛从一开始就很残酷，罚哨声不停地吹响。在比赛的第二节，迪克·卡兹迈尔因鼻子受伤而下场，在第三节，达特茅斯学院的一名球员因腿部骨折而下场。在露天看台上，双方的球迷之间爆发了冲突。这将是一场臭名昭著的比赛。

老虎队赢了，但比赛充满争议，事后双方也互相指责。《普林斯顿日报》（*Daily Princetonian*）抗议他们的对手缺乏体育精神，批评他们野蛮的比赛风格：

> 观察员从未见过如此令人作呕的“运动”展览……这一指责必须完全归咎于达特茅斯学院。老虎队显然是更好的球队，他们没有理由对印第安人队大打出手。如果理性地看待这一情况，我们不明白为什么印第安人队要故意让迪克·卡兹迈

尔和其他普林斯顿球员受伤。

《普林斯顿校友周刊》（*Princeton Alumni Weekly*）也表达了类似的观点：

> 史册将会以不可磨灭的形式记录：迪克·卡兹迈尔在传球后遭遇了一次铲球，造成他鼻骨骨折和轻微脑震荡，并被迫退出比赛，这意味着他的职业生涯被剪断了一半以上。比赛第三节，印第安人队的一名球员在布拉德·格拉斯（Brad Glass）仰面朝天时，一脚踢中了他的肋骨，这使得比赛的粗鲁和野蛮达到了高潮……无可否认，失败者的战术才反映了这场比赛的真实风格。

另一方的反应则没有那么激烈。印第安人队指责老虎队教练查理·考德威尔（Charley Caldwell）在中场休息时，恶意引导他的队员相信印第安人队使诈。而且学生报纸还特意指出，考德威尔曾暗示印第安人队的目标就是普林斯顿大学的明星球员迪克·卡兹迈尔：

> 考德威尔的谈话有了结果，吉恩·霍华德（Gene Howard）和吉姆·米勒（Jim Miller）都受伤了。两人都在向后传球，并且传球后都站在了没有保护的后场。结果一个腿受伤，一个骨折了。
>
> （Hastorf & Cantril, 1954, p. 129）

第二天，达特茅斯学院根据自己球员的受伤情况，对迪克·卡兹迈尔的伤势进行了评估：

> 对于在一项互动运动中相对无保护的传球和跑动明星来说，受伤是很容易的事。此外，他的特殊伤害（鼻子骨折和轻微脑震荡）几乎不会比任何足球训练所受的伤严重……在与老虎队比赛之前，达特茅斯学院的球员们已经遭受了大约 10 次鼻子骨折和脸部受伤，更不用说几次轻微脑震荡了。
>
> （Hastorf & Cantril, 1954, p. 129）

所以，在决定命运的那一天，到底是哪一方做出了不符合体育道德的行为，应该负主要责任呢？当天的争论就好像观众和记者目睹的是不同的比赛。

这种现象进入了两位社会心理学家的视野，他们抓住机会进行了一些研究。在这场重大比赛结束一周后，哈斯托夫和坎特里尔（Hastorf & Cantril, 1954）对两所学校的大学生进行了一项问卷调查，以收集双方的看法和观点。随后，他们给两所学校的学生播放了比赛录像，并让他们在观看时指出所出现的犯规行为。结果发现，两所学校的学生对这场比赛的看法截然不同。对于普林斯顿大学的学生来说，首先，90% 的人认为是达特茅斯学院的球员煽动了这场粗暴和肮脏的比赛；其次，他们坚信达特茅斯球员的犯规行为是自己球队的两倍；最后，他们发现达特茅斯队有更多的公然犯规，而自己球队更多的是较轻的犯规。现在来看看达特茅斯学院的学生，他们发现普林斯顿队有更多公然的犯规行为，而自己队虽然有同样多的公然犯规，但却都较轻微。他们都看到了一场对自己队有利的比赛。同一场比赛，不同的立场，不同的理解。

哈斯托夫和坎特里尔解释了新闻报道和问卷调查中显而易见的内容：

> 橄榄球场上有着“相同”的视觉冲击，通过大脑的视觉装置传递……显然给不同的人带来了不同的经历……人们对“外面”存在的事物没有态度，因为事物对不同的人来说是不一样的，无论这个“事物”是橄榄球比赛、总统候选人、共产主义还是菠菜。
>
> （Hastorf & Cantril, 1954, pp. 132–133）

所以现在你知道了，人们对某些事物的相信会影响他们的体验。每个人的现实都是由自己构建的，所见皆所信。

拥护者感知是普遍存在的。两个鼻子流着血、脸上流着泪的孩子可能对同一场打架有不同的故事要讲；吵闹的孩子和稳重的父母可能对同一个周末啤酒聚会有不同的看法；丈夫和妻子可能对各自的家务贡献也有不同的估计；而那些支持和反对枪支管制的人也会对同一话题有不同的看法和反应。事实上，某一特定社会或政治事业的坚定拥护者往往认为那些不认同他们观点的人偏袒另一方。

主流媒体（本应客观报道事件）常常被认为是有偏见的。的确，对普林斯顿 – 达特茅斯比赛的不同新闻报道可能恰恰反映了媒体的偏见。考虑到学生报纸忠诚性的本质，这也在意料之中。然而，当针对的是无党派、全国性的新闻来源时，这样的指控就更严重了。在这种情况下，带有偏见的媒体可能会通过引起对特定问题的更多关注，或以牺牲其他观点为代价来强调某种观点，从而影响政治选举结果，甚至影响国际关系。例如，在报道中东事件时，媒体可能倾向于把所有以色列人都描绘成压迫者，或把所有阿拉伯人都描绘成恐怖分子。

确实，一般人都倾向于相信主流媒体有偏见。例如，2016 年，美国人对主流媒体“全面、准确、公正地报道新闻”的信任度降低至 32% 的历史最低点，比 1997 年下降了 20 个百分点，比 1972 年下降了 40 个百分点（Swift, 2016）。此外，在唐纳德・特朗普从希拉里・克林顿手中“夺取”美国总统宝座后，两党的拥护者都在大声指责对方制造“假新闻”。但是，当媒体没有任何偏见时，人们会不会仍然认为媒体有偏见？

为什么人们会认为媒体是有偏见的，即使它可能并没有？也许尽管人们看到的是相同的新闻，但他们却倾向于将大部分消息都看成与自己是敌对的，就像普林斯顿大学和达特茅斯学院的球迷都认为对方球队犯规更严重一样，这可能是一种解释偏见。还有一种可能是，人们对新闻的解读是相似的，但后来的回忆就不一样了，表现出对与自己敌对的材料进行选择性回忆，或对与自己态度一致的信息进行选择性回忆（Gocthals & Rcckman, 1973；见本书第 21 章）。也就是说，虽然人们的经历相同，但事后的回忆却不同。或者，他们最后可能陷入了媒体偏见的错误理论中，导致产生了毫无根据的怀疑。例如，认为媒体是由自由的知识精英控制的，或者相反，是由宗教极右分子控制的。无论机制如何，媒体真的有偏见吗？

做了什么

受哈斯托夫和坎特里尔的启发，瓦隆、罗斯和莱珀（Vallone, Ross, & Lepper, 1985）试图考察拥护者的感知偏见以及这种偏见背后的机制。他们也试图阐明个体对媒体偏见的感知。换句话说，他们的研究既关注个体的感知偏见，又关注个体对媒体偏见的感知。

瓦隆等人以 1982 年发生在中东地区的一系列悲剧事件为材料。1982 年 9 月，以色列入侵约旦河西岸，在黎巴嫩的萨布拉和查蒂拉难民营屠杀巴勒斯坦难民，使大屠杀事件达到高潮。美国电视台每晚都会报道令人警醒的事态发展。忠实于以色列或忠实于巴勒斯坦的被试，会对这则报道做何反应？他们会有不同的观点吗？会意识到媒体的偏见吗？还是既有不同的观点，又意识到了媒体的偏见？

144 名斯坦福大学的学生参加了一项被简单地描述为关于黎巴嫩冲突的媒体报道的研究。被试包括心理学导论班的学生和亲以色列、亲阿拉伯学生组织的成员。首先，被试评价了他们对贝鲁特大屠杀的真实了解，并表达了自己对中东政治的同情。例如，是什么历史事件导致了大屠杀？根据被试们的回答，研究者将其分为三组：大体亲以色列组、大体亲巴勒斯坦组、混合或中立组。这些被试把不同程度的责任分配给了以色列和黎巴嫩的官员以及入侵难民营的士兵。例如，亲阿拉伯的被试将 57% 的责任归咎于以色列，而亲以色列的被试只将 22% 的责任归咎于以色列。

然后，被试观看了一段 36 分钟的视频，其中包括有关中东流血事件的六段全国电视新闻。被试均以小组为单位观看视频，每个小组中都有亲以色列、亲阿拉伯和中立的被试。组内成员不知道彼此的政治忠诚。随后，他们填写了一份问卷，这份问卷涉及新闻节目的客观性和公平性、评价以色列及其对手所采用的标准、对以色列在大屠杀中作用的关注，新闻中支持和反对以色列的案件以及新闻编辑鲜明的个人观点。被试还被要求评估视频中支持以色列、不支持以色列以及持中立态度的新闻所占的百分比，以及有多少原本持中立态度的观众在看完视频后对以色列的态度变得更积极或更消极。

发现了什么

瓦隆等人（1985）发现了感知偏见和对媒体偏见的感知存在的明确证据。亲阿拉伯的被试认为新闻节目中存在亲以色列的偏见，而亲以色列的被试则感知到了反以色列的偏见。相比之下，中立的被试在新闻节目中没有发现任何明显的偏见（如图 17–1 所示）。此外，亲阿拉伯的被试认为新闻节目没有充分关注大屠杀中以色列所扮演的角色，而亲以色列的被试认为节目过多地关注于以色列的责任。两组被试都认为节目创作者的个人观点与自己的观点相反。

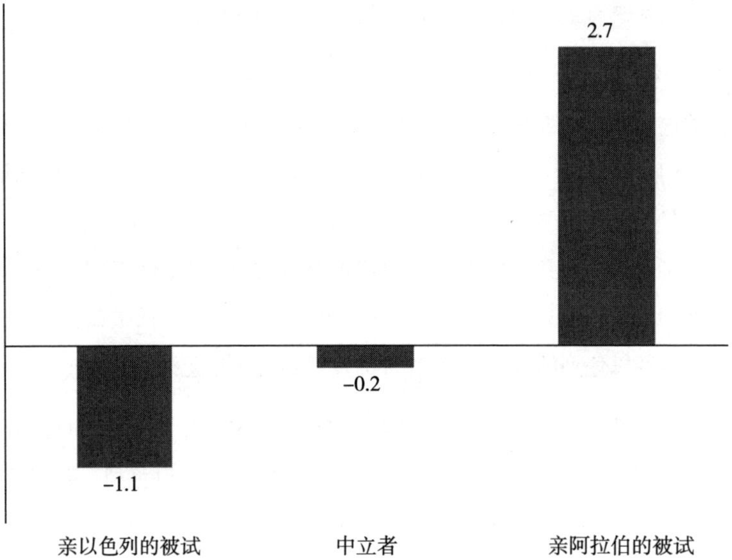

图 17–1[①] 针对 1982 年贝鲁特大屠杀电视报道，亲以色列的被试、中立者和亲阿拉伯的被试对亲以色列偏见的看法

是拥护者在新闻报道中感知到的内容是相同的，只是对内容的公平性评估不同？还是由于回忆方式的不同，他们感知到的内容就不同？例如，亲阿拉伯的被试认为在提及以色列的内容中，有 42% 是支持以色列的，26% 是不支持的；相比之下，亲以色列的被试认为在提及以色列的内容中，有 16% 是支持以色列的，57% 是不支持的。同样，亲阿拉伯的被试认为会有 32% 原本对以色列持中立态度的观众，在看完视频后对以色列产生消极看法；但是亲以色列被试则认为会有 68% 原本中立态度的观众在看完视频后对以色列产生消极看法。另一项分析表明，即使所感知到的内容在统计上保持一致，亲以色列的被试和亲阿拉伯的被试对偏见的感知仍然存在显著差异。因此，两种关于媒体偏见感知的机制似乎都在起作用：拥护者不仅看到的内容不同，而且对同一内容的评价也不同。

此外，在亲以色列和亲阿拉伯的团体内部，被试认为自己对巴以关系和贝鲁特大屠杀了解得越多，就越容易感知到媒体的敌意。可以说，他们认为自己有更好的依据

① 图 17–1 中的纵坐标为偏见感知，正值表示亲以色列，负值代表反以色列。——译者注

去发现新闻实际呈现的内容和应该呈现的内容之间的差异。但同时，那些觉得自己在整体问题上更情绪化的被试也感知到了更多的媒体偏见。因此偏见认知背后的驱动力是动机还是纯粹的认知因素尚不明确。可以想象，对一个问题的了解是衡量一个人对它的态度有多强的一个指标（Wood, Rhodes, & Biek, 1995）。最后，瓦隆等人（1985）发现，亲阿拉伯和亲以色列的被试都感知到了一定程度的媒体偏见，而这种偏见对于中立的被试而言并不明显。

又怎么样了

本研究只是揭示感知偏见的众多研究之一。例如，大量研究已表明人们的感知会受到种族刻板印象的影响。在奥尔波特和波兹曼（Allport & Postman, 1947）被多次引用的一项研究中，白人被试被要求观看一幅关于拥挤的纽约地铁的图片。这幅图片描绘了两个人面对面站着，其中一名黑人男子举起张开的双手，而另一名白人男子挥舞着一把剃刀，明显是在威胁前者。然后，主试要求被试向其他人口头描述这幅图画中的情景。结果发现，从一个故事到另一个故事，剃刀经常从白人手中转移到黑人手中！在一项相关研究中，邓肯（Duncan, 1976）让白人大学生观看了两个人（一个黑人和一个白人）讨论的视频。视频中两个人的讨论越来越激烈，后来一个人还推了另一个人。对于黑人推白人的行为，75% 的被试认为是暴力行为，只有 6% 的被试认为是在闹着玩或表演。然而，对于白人推黑人的行为，却有 46% 的被试认为是在闹着玩或表演，仅有 17% 的被试认为是暴力行为。这样的发现提出了一个重要的问题：是我们的感知反映了现实，还是现实反映了我们的感知？

其他一些研究已成功地通过调整个体意识之外的微妙因素来操纵他们的感知（见第 2 章）。希金斯、罗尔斯和琼斯（Higgins, Rholes, & Jones, 1977）让被试进行了词汇搜索拼图。两组被试搜索的单词基本相同，只有少数例外。一组被试搜索的一些单词是“鲁莽”的同义词（如“粗心”和“愚蠢”），而另一组被试搜索的是“冒险”的同义词（如“勇敢”和“有激情”）。然后，在一项看似无关的任务中，被试被要求评价一个虚构的人物——唐纳德。据描述，唐纳德曾参加过白水漂流和一场撞车比赛，并计划去跳伞。如果“冒险”图式被启动（心理上的激活使接下来的内容更容易接受），那被试对唐纳德的感知就会相对积极；但是，如果“粗心”图式被启动，被试对唐纳德的感知就会比较消极。重要的是，激活不相关的图式，如“整洁”或“害羞”，并不会影响被试对唐纳德的感知（因为他的行为基本没有展现这些特质）。

研究者对“什么能被感知且被记住”也进行了一定的操纵。科恩（Cohen, 1981）要求被试观看一部关于一个女人和她丈夫在家的电影，然后或是跟被试提到那个女人是服务员，或是告诉他们她是图书管理员。数周后，被试被要求回忆电影的内容。你认为接收哪种信息的被试更可能把女人回忆成戴眼镜并且会弹钢琴的？哪种条件下的被试更可能记得这个女人吃了一块巧克力生日蛋糕，并且在她房间的角落里有一个保龄球？随意提及女性的职业会让被试回忆起与他们的刻板印象相符的细节。也就是说，有时刻板印象会反过来影响记忆。人们往往能更好地记住刻板印象中的例外，因为它们比较突出（Stangor & McMillian, 1992）。因此，一个非裔美国数学天才，或者一个亚裔美国篮球明星，可能会特别令人难忘。哪种信息（与刻板印象一致还是不一致）具有记忆优势取决于几个因素，当人们无暇细思（Frost, 2000）或期望值不高时（Heider et al., 2006），与刻板印象一致的信息往往更容易被记住。

人们的感知也可能会受到肢体语言和面部表情的影响。即使新闻广播员的言论是公正的，她或他也可能以非言语的方式透露出个人偏见。马伦（Mullen）和她的 10 位同事（1986）在美国三大网络公司［美国广播公司（ABC）、全国广播公司（NBC）和哥伦比亚广播公司（CBS）］录制了晚间新闻，并把删除了所有声音的录像播放给观众看。当新闻报道员报道 1984 年总统大选之前的罗纳德·里根（Ronald Reagan）或沃尔特·蒙代尔（Walter Mondale）时（观看者并不知道他们是谁或新闻是什么内容），被试被要求评价报道员的非言语表达是积极还是消极的。研究发现，ABC 的彼得·詹宁斯（Peter Jennings）和汤姆·布罗考（Tom Brokaw）在谈论里根时比谈论蒙代尔时笑得更多，总体上显得更开心。也许这就是在随机电话调查中，那些声称收看 ABC 新闻节目最多的人更可能将票投给里根的原因之一。

这些研究及其他许多研究都表明，人们的感知经常是错误且“可塑”的。这给人的印象是人类就是有偏见的。严格地说，这可能是正确的。每种图式或刻板印象都是对现实的简化。人们在使用它们的时候，往往会忽视一些细节，并可能因此而犯错。这对他们要判断的人来说是不幸的。

但是从做判断的人的角度来看，世界是复杂的，而心理资源是有限的，因此必须省时省力地做出判断，一种方式就是使用拇指法则——快速、节俭的启发式，这在一些情况下是可行的（Gigerenzer & Goldstein, 1996）。图式和刻板印象通常包含了真理的核心（Jussim, Crawford, & Rubinstein, 2015），因此可以很好地充当启发式。研究表明，使用刻板印象能够使人们把心理资源节省下来用于其他事情（Macrae, Mine, & Bodenhausen, 1994）。

无论从实用主义的角度看是否合理，感知偏见都是可以减少的。就这一点而言，有时故意和自己唱反调是有帮助的。洛德、莱珀和普雷斯顿（Lord, Lepper, & Preston, 1984）要求被试阅读两项研究，一项研究支持死刑（认为它可以阻止谋杀和其他犯罪），另一项研究则反对死刑（认为它没有威慑力甚至示范了暴力）。被试认为在这一问题上与自己立场一致的研究所采用的方法更有说服力。然而，第二组被试也经历了同样的实验程序，只是事先被告知了感知偏见的存在。他们被告知人们会以符合自己期望或动机的方式看待事物，并被鼓励克服这种自然倾向，“尽可能地客观和公正”。然而这个简单的建议并没有奏效，个人偏见仍然存在。但是，一个更具体的指令确实减少了偏见：“在接下来的每一步中，你都要问问自己，如果你是问题的另一方，那你是否还会做出同样的高评价或低评价，同样的研究是否会让你产生同样的结论。”（Lord et al., 1984, p. 1233）被试在采用这种策略后，认为这两项研究同样可信和令人信服。可见，仅仅是积极地考虑多种可能性就足以消除一个人的判断偏见（Hirt & Markman, 1995）。

研究发现，人们也能“抵挡”文化刻板印象的力量，尽管这个过程很费力且易出错。戴文（Devine, 1989）表明人们普遍意识到刻板印象的盛行，即使他们否认有意识地赞同它们。例如，他们很容易报告黑人是有攻击性的、擅长运动并且有节奏感，或者爱尔兰人是健谈、多愁善感的，并且喜欢喝啤酒。戴文发现当一个人遇到某一特定社会类别的成员（印第安人、脱衣舞娘或大学教授）时，相关的刻板印象就会自动激活。这就导致人们对于不明确的行为往往采用刻板印象进行解释：“他躺在桌子底下是因为他喝醉了——爱尔兰人总是喜欢喝酒。”

但是，戴文（1989）表明控制这种自动反应是有可能的。的确，较少有偏见的人似乎在有意识地用那些否定偏见的想法来取代刻板印象（与其他人一样，他们也有刻板印象）。用她的话说："抑制与刻板印象或偏见类似的反应，并有意地用没有偏见的反应取代它们，就好比打破坏习惯。"人类的感知很容易出现偏见，但也许并非总是如此。

也就是说，偏见之所以很难被消除，主要是因为人们没有意识到它们。我们有"偏见盲点"（bias blind spot）（Pronin, Lin, & Ross, 2002）。例如，普罗宁等人发现，大多数被试都报告说自己比其他人更不易受到偏见的影响［包括本章强调的敌对媒体偏见（hostile media bias）］。更讽刺的是他们认为自己很理性，这就表现出了另一种偏见——"优于常人效应"（better-than-average）（Alicke & Govorun, 2005）。更糟糕的是，即使被告知有这样的偏见存在，他们也会否认自己容易受到这种偏见的影响，并认为感知偏见可能主要影响那些不够聪明的人。

一些证据支持了这种怀疑（Kruger & Dunning, 1999）。尤其是当人们缺乏擅长幽默、语法或逻辑的心智能力时，他们往往也缺乏意识到自己不擅长这些的心智能力，因此，这些人高估了自己的能力。相比之下，那些杰出的人却往往会低估自己的能力。引用莎士比亚的戏剧《皆大欢喜》（*As You Like It*）第五幕第一场中的一句话："愚者自以为聪明，智者则有自知之明。"

另一方面，即使是更聪明或更具深思熟虑性格的人，也未必就理性。SAT 分数更高的学生，甚至是那些在要求不要急于下结论的问题上得分更高的学生，也认为自己不太容易出现各种感知偏见，但这些感知偏见却至少在同等程度上始终存在着（West, Meserve, & Stanovich, 2012）！也许拥有更高的智力水平仅仅意味着一个人可以为自己更愿意相信的事情提供更好的理由。

后记

本章描述的研究强调了大多数社会心理学家所确信的内容：认知在人类行为中起着核心作用。的确，作为社会心理学的一个子领域，社会认知（social cognition）致力于分析社会思维的具体细节（Fiske & Taylor, 2017）。接下来让我们回顾一下人们理解社会世界的各个阶段。

首先，一些事情会吸引我们的注意：一个可疑的人、一个诱人的微笑或者一声刺耳的尖叫。或者，我们会尝试有意识地集中注意力：关注自己在观众面前的表现，关注一个政治家的观点或某个朋友可能自杀的迹象。不管怎样，我们的注意都是片面的。如果通过一个锁眼去看现实，那就只能关注一小部分可用的信息。偏颇的注意引起了偏颇的感知，正如人们所看到的，感知本身就是有偏见的。我们会注意到某人的肢体语言并对其进行“解码”。如果别人没有回电话或电子邮件，我们会猜测为什么。如果一个孩子很多时间都一个人待着，我们就会想知道他或她是被排斥了还仅仅是内向。我们无数且持续不断的感知都很重要。事实上，心理学家经常声称，人们不是和现实相互作用，而是和他们对现实的感知相互作用。虽然这么说可能有点夸张，但我们确实可以对自己所生活的世界的事件和动态形成解释，甚至以自我概念的形式来解释我们自己。我们的感知和解释影响了我们的决定，这些决定又影响了我们的行为，而我们的行为又会引起他人的反应，从而证实我们的感知（见第 15 章关于“行为确证”的内容）。

那么是否存在一个人们都能达成一致的客观现实呢？如果人们的感知如此偏颇，那么如何才能准确地了解事物呢？如果人们只看到想要或者期望看到的内容，那又如何知道什么是真实的？这些都是严肃的认识论（epistemological）问题（如“知识是如何获得的”）。人们是否应该同意哲学家乔治·伯克（George Berkeley）的观点——森林里的一棵树倒下了，如果周围没有人听到，那它发出声音了吗？人们是否应该接受极端怀疑论者的说法，即人们永远无法确定任何事情。另一方面，除非现实中有某种标准可以用来衡量判断，否则“偏见”这个词有任何合理的意义吗？

宗教、哲学和心理学依靠不同的方法来认识事物。宗教依靠神的启示和神秘的洞察力，哲学依靠理性和逻辑，心理学依靠实证的方法——观察、测量、实验和重复（当然，理性和逻辑也发挥作用）。确实，心理学家和其他科学家认为，了解日常事物（需要多大的水坝来阻挡河流，如何接种疫苗预防疾病，以及大脑两半球是否具有不同的功能）、查找真相的最好方法就是实证方法。通过这种方法，心理学家能够从他们所发现的偏见中抽离出来。虽然心理学和其他科学并非完全没有偏见，但学术批评的互谅互让和对重复的要求确保了一定程度的客观（见本书的前言部分）。当然，尽管科学为我们提供了关于自身和世界的可靠知识，但它仍具有局限性。也许有些知识是科学无法提供的，比如为什么万物会存在，如何最好地生活，或人死后是否还有生命。

无论如何，感知永远都是重要的，在我们改写这一章时，以色列和巴勒斯坦之间的局势仍然很紧张，双方都有许多人认为，是对方制造了暴力，而且这种暴力的恶性循环还没有结束。难道是感知偏见和对媒体偏见的感知助长了这场看似无休止的冲突？

此外，2016 年，唐纳德·特朗普宣布就任美国第 45 任总统。虽然我们很想对这一有趣的事件发表意见，但我们的评论仅限于反复指控在提名和选举过程中存在的媒体偏见。随着特朗普稳步地淘汰共和党的老对手，随着克林顿避开伯尼·桑德斯（Bernie Sanders）的顽强挑战，对媒体偏见的指责就已经在酝酿之中。一方面，据称记者们给了特朗普过多的且不加批评的采访时间，另一方面，他们似乎又支持克林顿成为民主党毫无疑问的领先者。在选举期间，媒体是因为令人难以置信的华盛顿内幕（回想克林顿的“电子邮件”事件是如何受到联邦调查局调查的）而推动特朗普成为有趣的候选人，还是因为特朗普令人怀疑的滑稽行为（回想特朗普是如何在视频中吹嘘自己爱抚女性的）而助推克林顿成为理智的候选人？毫无疑问，各种新闻媒体（如《纽约时报》《福克斯新闻》《华尔街日报》《华盛顿邮报》等）都有自己的偏见。轻微的偏见是不可避免的，甚至可能是故意的。然而，重要的是，位于政治光谱两端的人在评论相同的新闻内容时，往往会感知到相反的偏见。对许多民主党人来说，媒体串通一气反对克林顿当选总统；而对许多共和党人来说，媒体也是他们的敌人，尽管它们竭尽全力想让克林顿当选，但还是被“沉默的大多数”所推翻。难道是感知偏见和对媒体偏见的感知助长了美国两党“合作”的激烈程度？

启示

我们对群体的忠诚和先入之见使我们以一种有偏见的方式感知事件和其他刺激。这样做的一个后果是，问题双方的拥护者都倾向于高估媒体报道中的偏见。

你怎么想

主流媒体正在衰落。越来越多的年轻人通过电子设备从社交媒体平台（如 Twitter）获取信息。你认为这些平台上的评论者比起主流媒体有更多还是更少的偏见？

第 18 章

爱你的邻居还是爱你自己？移情是利他主义的一个源泉

任何时候都要把他人当作目的，而不仅仅是手段。

伊曼努尔·康德（Immanuel Kant，1724—1804）

德国哲学家

背景

第 5 章研究了旁观者不作为的现象：当人群中有人在自己眼前或耳边痛苦地挣扎时，人们往往会袖手旁观。从表面上看，这种消极的行为表明人类极度缺乏同情心。这似乎证明了公共道德结构已经变得多么陈腐。然而，社会心理学的研究表明，旁观者原地不动还有另一个原因：形势不明朗。他们想知道：提供帮助是谁的责任？如果没有人提供帮助，那这真的是紧急情况吗？值得注意的是，当旁观者将情境定义为紧急情况并认为自己有责任提供帮助且能够提供帮助时，就会迅速将对受害者的关心转化为具体行动（Latane & Darley, 1970）。因此，人们在大规模群体中潜在的善意是不容置疑的。这个问题的根源在于外部，即其他人的存在会降低个体表达善意的倾向。

在这一章中，我们将深入探究人们互相帮助的动机。我们的研究试图回答以下问题：人们的助人行为的动机总是自私的吗？

问问你自己：你的朋友送你礼物是为了让你开心吗？还是他们想要亲近你？或者他们只是在履行自己的职责，私下里并不情愿这样做？即使你的朋友是真的想让你快乐，那他们的动机是从你的快乐中获得快乐，还是知道能够使你快乐令他们很自豪？

当你的朋友对增进你的幸福感兴趣时，你怎么能确定他们是纯粹为了你呢？

最根本的问题是，人们究竟是把增进他人的福祉作为最终目标，还是仅仅作为一种工具性目标。也就是说，帮助别人是人们最终的、无私的目标，还是仅仅为了满足其他自私的欲望？有些人（也许是因为他们对上帝的信仰）倾向于同情地看待人类，可能更愿意相信我们有能力做真正的善事。还有一些人（可能认同达尔文的进化论）倾向于愤世嫉俗地看待人类，可能更愿意相信我们总是别有用心。有没有客观的证据能够帮助我们判断谁对谁错？

想想日常观察所告诉我们的。很明显，帮助别人往往会给我们带来快乐和满足，而让他们受苦往往会让我们感到痛苦和内疚。因此，从情感上讲，伸出援手会让我们获益良多，而不伸出援手则会让我们损失很多。那么，我们能通过帮助他人来让自己感觉好点吗？

事实上，研究表明，人们帮助他人是为了修复坏情绪。在一项研究中，被试被引导相信自己或另一名被试意外伤害了一个人（这个人是研究者的“同谋”，并且根本没有受到伤害）。与对照组相比，在这两种情况下，被试都感到很沮丧，这是可以理解的。之后，他们也更有可能为有价值的事业做志愿者。但重要的是，如果被试在被操纵后直接得到表扬或现金，那么他们做志愿者的可能性就会下降到对照组的水平（Cialdini, Darby, & Vincent, 1973）。显然，获得的表扬或金钱足以修复被试的坏心情，从而使他们不再想他人受伤害的事情，这表明他们提供帮助的动机一直都是自私的。

因此，对于利他主义的支持者来说，这种情况似乎会让人感到很绝望。日常观察研究和一些实证研究表明，人们帮助别人都是出于自私的原因。然而，这些证据并不是决定性的。首先，这两种现象仅仅是存在相关，并不代表其中一个会导致另一个的发生。例如，白天和黑夜有规律地彼此跟随，但两者都不能说是导致对方的原因。其次，即使帮助他人会在某种程度上使我们受益，但这并不意味着我们是为了受益而帮助他们的。我们得到的任何好处都可能是我们助人行为的副产品（尽管这是我们应得的）。诚然，心理上的奖励确实能够激励我们去帮助别人，但我们是否必须总是这样做，还是一个远未解决的问题。因此，利他主义可能性（possibility of altruism）的支持者（Nagel, 1979）可以欣然承认任何自私动机的存在，因为他们没有在逻辑上排除无私动机的存在。因此，迄今为止所讨论的关于普遍利己主义（universal egoism，一种关于人类动机的哲学观点）的证据只能是间接的，不能充分地证明普遍利己主义的存在。

社会心理实验室的实验似乎为解开这个因果结提供了希望。然而，创建一个能够为利己主义或利他主义提供证据支持的范式是一个相当大的挑战。怎样才能创建这样一个范式呢？

首先，要确定利他动机的来源。什么样的心理状态能够促进利他行为？古往今来，思想家们一致认为是移情（empathy），所以社会心理学家也追随他们的做法（Batson, 2011）。移情可以被定义为一种情感取向，包括对他人的同情和怜悯，以及从他人的角度看问题。移情促进利他行为的假说被称为移情–利他主义假说（empathy-altruism hypothesis）。

其次，要为移情者的助人行为找出大量自私的理由。这些移情者是否改善了自己的情绪、增强了自尊，或减轻了不适？或者是否还存在其他看似自私的原因？每一种后期发现的理由都构成了一个与移情–利他主义假说相对立的利己主义假说（egoistic hypothesis）。

最后，设计实验，在移情–利他主义假说和利己主义假说之间做出选择。每个实验的具体细节都不同，但相同的是，人们每次都试图排除一个特定的自私原因来解释为什么移情可能会激发助人行为。当然，考虑到这样的原因有很多，我们需要进行很多项研究来全面检验移情–利他主义假说。尽管如此，在这个过程的任何环节，移情–利他主义假说都有可能被推翻，而利己主义得到支持。因此，如果移情–利他主义假说在一系列试图否定它的尝试中幸存下来，并且没有任何可信的利己主义假说替代它，那么我们就可以说这就是对移情–利他主义假说有利的临时证据（一个有用的类比可能是：假设你想测试一个人是不是村里最好的战士，那就让人来挑战他，如果他把村里所有看起来可能战胜他的人都打败了，那么他就很有可能真的是村里最好的战士）。

之后，我们总结了许多有关利他主义存在的实验结果，但就目前而言，我们认为研究结果适用于与移情–利他主义假说相反的一种假说。这种假说是：每当我们对他人产生移情时，我们就会伸出援手，这是为了避免因不伸出援手而产生的内疚感（也就是要阻止这种内疚感的发生）。这种解释很有趣，因为它有点微妙。

支持这一特定假设的人指出，每当正派的人违反了个人的行为准则时，他们就会斥责自己。他们认为，人们不愿违反这些标准源于他们渴望避免由自我谴责所带来的痛苦，而帮助困境中的人是大多数人赞同的行为准则。因此，这一假设认为，移情者的助人行为是为了避免内疚感所带来的痛苦。换句话说，激励个体做出助人行为的是对自身福祉的自私关心，而不是对痛苦者福祉的无私关心。

移情 – 利他主义假说的支持者不同意这种观点。他们提出，帮助他人脱离困境是移情者的最终目标。助人者避开的任何内疚感，只不过是助人行为后的意外收获。谁是正确的？

做了什么

巴特森等人（Batson，1988）创设了一个实验情境，在这个情境中，如果出于移情而帮助他人是为了防止内疚感发生，就会出现一种结果，而如果不是，就会出现另一种结果。他们的巧妙策略如下：一个人因没有帮助他人而产生的内疚感的程度不仅受他们认同的个人标准的影响，也受他们所处的社会环境的影响。例如，设想一下，为了帮助你长期受苦的母亲，你知道你应该在晚饭后洗碗，但你自私地选择不洗，然后感到内疚。再假设你的兄弟姐妹要么经常洗碗要么很少洗碗。在后一种情况下，你可能会感到不那么内疚，因为你有一个合理的理由不帮忙：我的兄弟姐妹都不洗碗，那我为什么要洗呢？在心理学实验室中，社会环境也可以被明确地操纵，以增加或减少内疚感。这样的操纵对于考察基于移情的助人行为是否源于渴望避免内疚，是非常关键的。

逻辑是这样的。如果移情者的终极目标是避免内疚，那么他们提供帮助的决心和数量应该随着不提供帮助的理由的增多而减少。然而，如果避免内疚不是移情者的最终目标，那么他们帮助他人的决心和数量都不应该因情境的改变而减少。因此，一种结果模式将支持利己主义的避免内疚感假说，而另一种则与之相反。

然而，还有一个复杂的问题。如果研究人员证明，不帮助的理由对基于移情的助人行为没有影响，这本身是否足以驳斥自我中心的避免内疚感假说？不。研究结果的差异可以归因于研究中的一些缺陷，比如没有令人信服的理由，或者某种不敏感的帮助措施。为了应对这些反对意见，研究人员还必须证明，理由可能会破坏助人行为。尤其是他们必须证明，当被试对受害者几乎没有产生移情时，理由会减少他们所提供的帮助，而当被试对受害者的移情水平很高时，同样的理由不会减少他们所提供的帮助。这样的结果将表明，移情使被试不受不帮助的理由的影响。这表明，以避免内疚感为最终目标的移情者不会提供帮助，因为一个可用的理由就能减少他们所提供的帮助。

巴特森等人（1988）基于这一逻辑进行了几项研究。在每一项研究中，被试都被提供了不帮助的理由。这里我们只关注其中一项研究，在这项研究中，被试被引导相信他们的同龄人中只有少数人（而不是大多数人）曾经在类似的情况下提供了帮助。他们的预期是，被试将根据同龄人的行为来调整自己的个人标准。

来自堪萨斯大学的 120 名本科生参与了这项研究。事情安排得很整齐，60 名男生和 60 名女生被同等概率地分配在了所有条件下。

被试被告知，这项研究的目的是为当地大学的电台测试一些新节目。在他们收听的两个节目中，有一个节目叫作《私人新闻》，其中包括对一位名叫凯蒂·班克斯（Katie Banks）的大学生的采访。另一个节目提供的信息较平淡，只是为了让掩饰故事看起来可信。随着采访的进行，很明显，悲剧最近降临在了凯蒂身上，她的父母和姐姐都在一场车祸中丧生，由于凯蒂的父母没有购买人寿保险，因此她一直在努力养活她的两个弟弟妹妹。更糟糕的是，凯蒂在大学的最后一年不得不退学，因为如果她不退学，她的弟弟妹妹就会被人收养。

在播放录音之前，被试被要求用以下两种方式中的一种来听每一个节目：一是想象被采访的人对所发生的事情的感受，以及这些事情对她的影响；二是专注于广播的技术方面。这些不同的指导语构成了移情的实验操作。第一个指导语鼓励被试认同凯蒂，从而创设高移情条件；第二个指导语鼓励被试不去认同凯蒂，从而创设低移情条件。

节目放完后，主试“发现”他原本打算发给被试的问卷因复印机故障而变得难以辨认，于是他说自己需要暂时离开去取清晰的问卷。在离开前，他递给被试两封信，并声称是负责这项研究的教授让其转交给被试的。第一封信是教授本人写的，在信中，教授说道，他想象一些被试在听了录音之后，可能会希望帮助凯蒂，他已要求凯蒂本人写一封信表明如果被试愿意提供帮助，应该怎么做。第二封信是凯蒂写的，在信中，她描述了被试可以帮助她的一些方式，如帮忙照看她的弟弟妹妹、帮助解决交通问题，或帮助筹款。

这些信中包含了一份回执表，被试可以在上面表明自己是否愿意帮助凯蒂，以及愿意在多大程度上帮助凯蒂。被试可以在 0~10 个小时的选项中选择。每份回执表都有八个空格，其中七个已经由“之前的被试”填写了，所以只剩下一个空格给真正的被试填写。这样做是为了避免被试担心自己的回答会被其他被试看到，因为如果他们认为自己的回答会被其他人看到，就可能不会填写真实的想法。

不帮助的理由的有效性是通过调整其他愿意帮助凯蒂的人数来操纵的。在有理由的情况下，七名被试中只有两名自愿提供帮助，而在没有理由的情况下，有五名被试提供了帮助。实验还包括一个额外的控制条件，即回执表只有一个空格。这样做的目的是考察当不存在他人是否会提供帮助的信息时，移情是否比非移情的作用大（注意，如果这个阶段主试还在场的话，可能会有一些困难。被试可能会推测出这些信是研究的一部分，或者选择帮助凯蒂仅仅是因为觉得主试正在一旁监视）。

在主试返回前，被试要完成两份问卷。问卷中的大部分项目都是假的，但也有一些是用来检查实验操作的有效性的。其中两个项目评估了移情操作的有效性：第一个项目是，被试在多大程度上关注广播的技术方面；第二个项目是，他们在多大程度上关注被采访人的感受。还有一个项目评估了理由操纵的有效性。被试被问及自己在多大程度上认为其他学生有义务帮助凯蒂（主试推断，对同伴义务的判断与对个人义务的判断紧密相关，两者都将反映出理由的有效性）。最后一个项目要求被试评价凯蒂有多需要帮助。在完成这些纸笔测试后，主试对被试进行了采访并送走了他们。

发现了什么

初步检查表明，这两项操作的效果与预期相符。在高移情条件下，被试报告说他们更关注凯蒂的感受，而不是广播的技术方面；在低移情条件下，被试报告的情况正好相反（研究还发现了性别差异。总的来说，女性比男性更关注凯蒂的感受）。此外，与没有理由条件下的被试相比，有理由条件下的被试认为大学生没那么必要帮助凯蒂。

与此同时，在不同条件下，被试对凯蒂的帮助需求的判断并没有显著差异。无论是移情的水平还是理由的有效性，都没有影响这种感知。这使得对研究结果的解释更加直接。

研究人员以两种方式量化了被试所提供的帮助。首先，他们记录了自愿提供帮助的被试的百分比；其次，他们记录了被试承诺的帮助小时数。由于统计上的原因，我们不需要深入讨论，百分比指标是衡量帮助的主要指标，而小时数是次要指标。

那么研究人员发现了什么呢？正如所料，当对凯蒂的移情水平较低时，有理由条件下的志愿者人数远远少于没有理由条件下的志愿者人数。这表明，当移情水平较低时，有理由会削弱助人行为，这可能是由于不帮助带来的内疚感减少所致。然而，在高移情的被试中出现了不同的情况——有理由和没有理由的条件下对凯蒂提供帮助的人数一样多。事实上，这一差异并不比人们偶然预期的大。这意味着有没有理由并不影响这些被试是否愿意帮助凯蒂（如图 18–1 所示）。

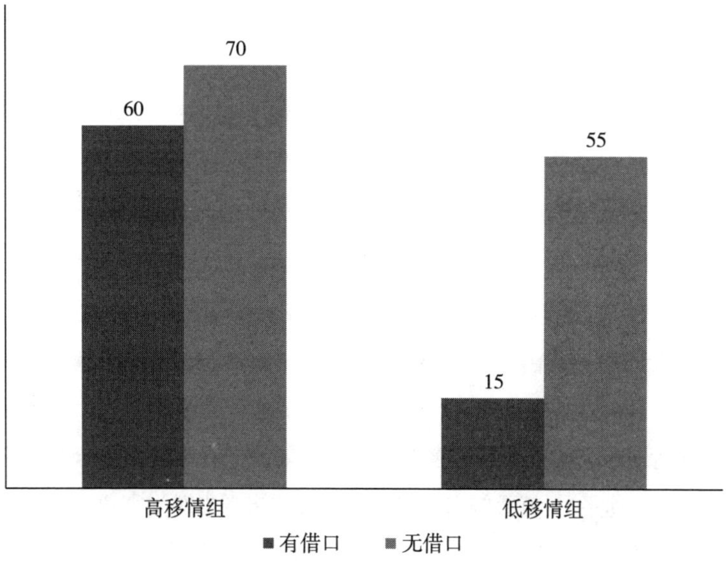

图 18–1[①] **被试对凯蒂有较高或较低移情水平、有或无借口时，帮助凯蒂的人数百分比**

① 图 18–1 中的纵坐标为提供帮助的人数的百分比。——译者注

在第二个衡量指标——被试承诺的工作时间上，研究者得出了大致相似的结果。与其他三种条件下的被试相比，“低移情 – 有理由”条件下的被试承诺的时间要少得多，而其他三种条件下的被试承诺的平均时间没有差别。

那么应该如何解释这些结果呢？移情水平较低时理由操纵的有效性，以及移情水平较高时理由操纵的无效性，表明尽管避免内疚感是非移情者的终极目标，但它并不是移情者的终极目标。因此，避免内疚感假说就被推翻了，移情 – 利他主义假说在一次重大的、不确定的尝试中幸存了下来。

在我们所描述的研究中，不帮助的理由包括让被试相信只有少数而不是大多数大学生提供了帮助。在旨在排除避免内疚感假说的同类型研究中，研究人员设置了其他助人场景、提供了其他不帮助的理由。这两项研究的结果与目前的研究结果相吻合。因此，我们得到了一致的证据证明，在解释为什么人们会在移情状态下帮助他人的问题上，避免内疚感假说是错误的。

又怎么样了

如前所述，获得支持移情 – 利他主义假说证据的过程是一个累积的过程。本章介绍的研究及两项后续研究有效地排除了与移情 – 利他主义假说相反的利己主义假说。其他利己主义的选择同样或更有可能仍然存在。然而，在进一步的研究中，其中的许多已经被排除了。

这里有一个例子。在本章的“背景”部分，我们描述了一项实验，这项实验表明，我们帮助他人的动机是修复自己的坏心情（Cialdini et al., 1973）。同理，那些同情受害者的人是否仅仅是在帮助自己减轻在感受受害者的痛苦时体验到的个人痛苦？事实证明，这种解释适用于那些不同情受害者的人。如果他们有机会逃避帮助的责任（这是减轻痛苦的另一种途径），就会倾向于采取这种方式来减少对受害者的帮助。然而，同情受害者的人并不会利用这个机会，这表明他们的目标不是自私地减轻自己的痛苦；相反，他们的目标是真正的利他主义（Batson, Duncan, Ackerman, Buckley, & Birch, 1981; Batson, O’Quinn, Fultz, Vanderplas, & Isen, 1983）。

基于同样的比较逻辑，许多其他研究也表明移情帮助并不是由广泛的利己主义动机（包括提升自我形象、以帮助他人为荣、获得社会赞誉）所驱动的（Batson et al., 1991; Dovidio, Piliavin, Gaertner, Schroder, & Clark, 1991; Fultz, Batson, Fortenbach, McCarthy, & Varney, 1986）。尽管这些研究的结果并不完全一致（例如，Schaller & Cialdini, 1988），但整体证据表明，与移情 – 利他主义假说相反的、重要的利己主义假说已被可靠地排除。因此，移情 – 利他主义假说成立的概率增加了。当然，总会有人找到新的利己主义的动机来解释移情帮助。例如，有人声称，移情使我们把他人看作我们自身的一部分，因此，无私地帮助他人实际上就是自私地帮助自己（Cialdini, Brown, Lewis, & Luce, 1997）。但是，这种说法背后的依据和支持它的数据都受到了批评（Batson, 1997）。我们鼓励有兴趣的读者进一步阅读相关文献，并做出自己的决定。然而，随着“助人行为是出于利己主义动机”这一观点的减弱，关于人类有能力实现无私的利他主义的论断似乎不再是理想主义或幼稚的；相反，从经验上看，这似乎是站得住脚的。

利他主义的研究结果之所以重要，有以下两个原因。首先，它们为了解人类动机提供了一个全新的视角。特别是，他们指出，心理学上的享乐主义（psychological hedonism）可能是错误的，这一理论认为我们所有的行为都受快乐或痛苦的经验或预期经验的支配；相反，有些动机可能与我们自己的幸福无关，而只关注他人的幸福（第 2 章和第 9 章同样驳斥了相关理论，即行为仅仅由奖赏和惩罚控制）。因此，有关利他行为的研究结果也告诉了我们一些关于人类作为道德动物的深层次的东西。那种愤世嫉俗的、认为我们从根本上都是自私的，从而使人道主义者和厌世者的动机在某种程度上平等的观点，不需要得到认可。

后记

除了移情，利他主义的来源还有什么？思考这个问题也很有趣。巴特森、艾哈迈德和斯托克斯（Batson, Ahmad, & Stocks, 2011）认为有两种可能性：集体主义（collectivism）和原则主义（principlism）。集体主义是一种无私地使自己认同的群体受益，为自身利益而坚持某种道德原则的动机。集体主义可能会激励一个爱国者为了国家（而不是个人荣誉）而放弃自己的生命。原则主义可能会阻止已婚男人通奸，因为他认为通奸本身是错误的（而不是说，如果某人有通奸的行为就活不下去了）。这些可能性有待充分检验，然而，通过改变本研究中的实验设计来研究这些问题却是有可能的。

关于利他主义是否存在其他来源的问题也很重要，因为尽管移情得到了所有的赞誉，但它有两个严重的缺点，我们将在最后提出（有关对移情的持续批判，见 Bloom，2014）。

首先，移情在很大程度上是“情绪化的”，因此，它是发生在我们身上的事情，而不是我们自由选择实现的东西。当然，与本研究中的被试一样，我们可以刻意尝试从另一个人的角度看问题，但这在日常生活中很少发生。大多数时候，我们都被一种温情所控制，这种温情促使我们不顾自己去帮助别人。然而，这种感受往往是由情境因素造成的，其中许多还是偶然因素（例如，受害者与我们的相似程度，或者他的困境是否被生动地传达了）。在这些情况下，真正由移情激发的利他行为有多少？如果这些动机部分是由我们无法控制的因素促成的，那么拥有纯粹的动机可能不值得称赞。但是，由原则主义激发的利他行为不能因此而受到批评。为了道德原则本身而遵守道德原则，需要有意识的意志行为。它不会凭空发生在我们身上；相反，它将是我们最深层人格的表达（Kant，1785/1898）。因此，我们完全有理由为我们受原则主义激励而做出的任何和所有利他行为负责，当然，除非事实证明自由意志本身只是一种认知错觉（Wegner & Wheatley, 1999；见本书第 22 章和第 28 章）。

移情的另一个缺点是，它可以激发违反公平道德原则的行动。引起我们同情的受害者可能并不总是客观上最需要我们帮助的人（Batson, Klein, Highberger, & Shaw, 1995; Singer, 1995）。我们把朋友和家人的福祉置于陌生人之上似乎是合理的。道德上更令人担忧的是，对少数人需求的感性描述可能比对多数人需求的公正描述更能引发移情性帮助。因此，我们可能会把更多的钱捐给一家保护受虐动物的慈善机构，而不是一家帮助瘦弱饥饿儿童的慈善机构。有原则的利他主义的优点在于，它超越了狭隘的关注。对普遍人权的热情承诺可能促使人们更公平地分配福利。但是，原则是抽象的，至少对于大多数人来说如此，因此，由于缺乏针对性，其激励力不如移情（Eisenberg, 1991）。

启示

当移情被激发时，人们提供帮助并不是为了避免因不帮助他人而产生的内疚感，似乎也不是出于其他自私的原因；相反，他们提供帮助的最终目标可能就是造福他人。

你怎么想

对于人类是否有能力无私地行事这一问题，人们的意见不一。这些意见的分歧是否部分是因为有些人天生就能产生很强的移情，而另一些人却不能？我们关于人类美德的理论与我们自己的美德有关吗？

第 19 章

合二为一：扩展自己，容纳他人

吾爱汝深深几许？今且听吾细数之。

伊丽莎白·芭蕾特·布朗宁（Elizabeth Barrett Browning, 1806—1861）

英国诗人

背景

埃里希·西格尔（Erich Segal）的《爱情故事》（*Love Story*）是有史以来最著名的浪漫小说之一。这本销量达 2000 万册的畅销书的主角是奥利弗·巴雷特（Oliver Barrett）四世。他有很多出色之处：哈佛大学学生、冰球运动员，以及一大笔财产的继承人，此外，他还是一栋巨大宿舍楼和几栋校园建筑命名者的曾孙。然而，奥利弗对于成为一名完美的预科生是充满矛盾的，他讨厌遵循巴雷特家族的传统，并认为那"全是胡扯"。另一方面，珍妮·卡维勒里（Jenny Cavilleri）是拉德克利夫学院音乐专业的一名学生，拥有一双美腿（据奥利弗所说），但很爱讽刺人。珍妮的母亲死于车祸，她的父亲是一位宽厚的糕点厨师（她亲切地叫他"菲尔"）。

奥利弗和珍妮相遇在拉德克利夫学院的图书馆。从一开始，她就叫他"预科生"，而他则称呼她为"下贱的拉德克利夫婊子"。几次约会之后，截然相反的两人开始相互吸引，奥利弗最终说出了那句不朽的话："我爱上你了。"她则告诉他，他"全是狗屎"。尽管如此，两人很快结了婚，但是不出所料，他们没有得到奥利弗父亲"老扑克脸"的祝福——"如果你现在娶她，我就让你活不过今天。"他吼道。

在他们自己置办的婚礼上，奥利弗和珍妮幸福地凝视着对方的眼睛，珍妮背诵着伊丽莎白・芭蕾特・布朗宁的十四行诗：

> 当我俩的灵魂壮丽地挺立起来，
> 默默地，面对面，越来越靠拢，
> 直到那伸展的翅膀迸出了火星……
> ……在这里爱，爱上这天，
> 尽管昏暗的死亡，不停地在它的四周打转。

接着，奥利弗大声朗读沃尔特・惠特曼（Walt Whitman）的《大路之歌》（*Song of the Open Road*）：

> ……我把我的手给你！
> 我把比金钱更珍贵的爱给你，
> 我先于说教和法律把自己给你；
> 你会把你自己给我吗？
> 你会来和我同行吗？
> 我们会彼此忠诚至生命的尽头吗？

仪式结束后，他们开始思考自己作为丈夫和妻子的新身份。“珍妮，我们已经是合法夫妻了！”他说道。“是啊，现在我可以当婊子了。”她打趣道。

随着奥利弗与专横父亲的疏远，他失去了对家族财产的继承权。这对夫妇搬进了一套廉价的公寓，勉强维持生计。尽管很穷，但他们非常幸福。尽管冲突不断（“该死的珍妮，为什么不滚出我的生活”），但他们的爱总是占上风。珍妮外出工作以支持奥利弗攻读哈佛法学院。他最终以全班第三名的成绩毕业，并从事了法律评论工作。“我欠你太多了！”他承认。“不，”她回答，“你欠了我一切。”在故事的最后，珍妮说出了她最难忘的一句话：“爱就意味着永远不必说对不起。”

我们不会透露这个故事令人心碎的情节转折和最后的慰藉。我只想说，这个故事让人们对爱是什么或者可能是什么感到震动而又心存感激。

那你有没有想过：什么是爱？两人之间那种酸楚的、往往难以解释的亲密关系的根源是什么？我们该如何理解一段亲密关系的动态？在亲密关系中，是什么导致了满足感或冲突？为什么有些关系幸福长久，而另一些却以失败而告终？更普遍地说，个人关系（与家庭成员、朋友和恋人的关系）与社会关系（与邻居、同事和陌生人的关系）有何不同？尽管在过去几十年中出现了一门充满生命力的关系科学（relationship science），但从历史上看，社会心理学家主要关注的是后者（Lewandowski, Loving, Le, & Gleason, 2011）。

虽然我们尝试在本章中解决前面几个问题，但我们的主要焦点将集中在一个简单的问题上：什么是亲密关系？在前人的文献中，基于行为来定义的亲密关系包括相互依赖和相互影响。因此，爱人、朋友和家庭成员通常会花相当多的时间待在一起，分享各种各样的活动，并相互指导和保护。但是，亲密关系的认知意义是什么？

根据美国心理学之父威廉·詹姆斯（William James, 1890, 1984）和美国社会心理学之父库尔特·勒温（Kurt Lewin, 1948）的观点，亚瑟和伊莱恩·阿伦（Arthur & Elaine Aron, 1986）提出，人们与亲近之人的关系就像他们与自己的关系一样。也就是说，他们倾向于把所爱之人等同于他们自己，在资源、态度和特质上将他人包含于自我之中。

首先，在亲密关系中，个体倾向于把资源分配给自己的伴侣，就像分配给自己一样。一种观点认为，个体将把好处让给同伴或与其共同分享视为对自己的累积。一个人想将资源给予他人的原因在于他人是其自我认知的一部分。同样，在亲密关系中，一个人对另一个人行为的态度与他对自己行为的态度相同。例如，个体能认识到他人的行为在多大程度上受当前情境的影响。这就意味着，在恋爱关系中，基本不存在行动者–观察者效应（即个体将自己的行为归因于情境因素，而将他人的行为归因于内部特征；见第 10 章）。我们对他人态度的不同取决于对方是亲密的伴侣还是陌生人，这一观点得到了大量实证研究的支持。

例如，被试对自己在某项实验室任务中表现的回忆要好于对陌生人表现的回忆，而对朋友或爱人表现的回忆成绩则与对自己表现的回忆相近（Brenner, 1973）。另外，在亲密关系中，伴侣的特质更容易与自己的特质相混淆。因此，当亲密的人缺乏某一特质时说该特质能够描述自己，或当亲密的人拥有某种特质时说该特质描述不了自己，都是非常困难的，也需要更长的反应时。

阿伦、阿伦、都铎和纳尔逊（Aron, Aron, Tudor, & Nelson, 1991）试图在关于资源、态度和特质的实验中检验上述三个主张。我们将在接下来的两个部分描述他们第一个实验的方法和结果。然后，在“又怎么样了”部分中，更简要地描述第二个和第三个实验。

做了什么

在第一个实验中，阿伦等人（1991）采用了里布兰德（Liebrand, 1984）首创的方法。他们比较了被试如何在自我与他人之间分配金钱，他人分别为陌生人、友好的熟人或最好的朋友。

24 名大学生参与了此次实验，他们被要求在电脑屏幕上做一系列选择，这些选择与给自己和他人分配金钱有关。例如，其中一个选项涉及（a）自己获得 14.50 美元和他人损失 3.90 美元；（b）自己获得 16.00 美元和他人损失 7.50 美元。因此，被试必须在上述或多或少对自己有利但要牺牲他人利益的结果中做出选择。每次选择之前都会有一句指导语，被试被要求想象另一方是陌生人、友好的熟人或最好的朋友，而另一方或是知道或是不知道他们的分配选择。被试在这六种可能的条件组合下的每一种中完成 24 次选择。例如，在想象他人是自己最好的朋友且不知道分配结果时，完成一项含有 24 个试次的选择任务。

根据自我容纳他人（inclusion-of-other-in-self）方法的逻辑，阿伦等人（1991）预测，当他人为最好的朋友时，自我分配和他人分配之间的差异最小；当他人为陌生人时，差异最大；当他人为友好的熟人时，差异处于中等水平。他们进一步预测，被试认为的他人是否获知其分配选择不会影响这一模式。也就是说，他们所预测的分配模式只基于自我是否容纳他人，而不受对自我表现的担忧或希望以有利的分配换取某些东西的影响。用实验设计的术语来讲，他们不期待所操纵的关系亲密度（陌生人 – 熟人 – 朋友）会与对方对分配信息的了解（知道 – 不知道）发生交互作用（一种操纵引起的变化会因另一种操纵的变化而变化）。

上述的分配可能会给读者留下抽象或人为的印象。然而，以往的研究表明，假定的分配与实际的分配显著相关（Liebrand, 1984）。这给了阿伦等人（1991）一些信心，即他们的结果可以推广到现实生活情境中（即所呈现的外部效度）。但是，这并没有阻止研究人员开展后续研究，他们引导被试去相信自己将把现金分配给真实的人，在某些情况下，他们可以通过信件披露分配的细节。在这个后续的实验中，“友好的熟人”条件被去掉，而更多地强调对方是否知道被试的分配选择。这个实验还对被试是否理解操作说明进行了检查。

同样，研究人员预测，当另一方为最好的朋友而不是陌生人时，被试分配给自己和他人的金额之间的差异会较小。

发现了什么

阿伦等人（1991）用了好几种方法分析他们的数据，发现的结果是一致的。实验的因变量是被试分配给自己的钱减去分配给他人的钱，即他们分配钱时的自私指数而不是无私程度。通过分析，研究者们观测到了所预期的分配模式。具体来讲，自己与最好的朋友之间的分配差异最小，与友好的熟人的差异处于中等水平，而与陌生人之间的差异最大。事实上，被试会将更多的钱分配给自己最好的朋友，而不是他们自己——这种利他行为表明他们对亲密他人更感同身受（见第 18 章）。重要的是，在想象中的他人能否获知他们的选择方面，没有发现任何分配上的差异。因此，自我表现作为分配的一个影响因素就被有效地排除了（如图 19–1 所示）。

后续的研究涉及了真实的钱和人，结果出现了相似的模式，即自我 – 最好朋友的分配差异要比自我 – 陌生人的小。同样，这些结果也不受朋友或陌生人是否了解分配选择的影响。于是阿伦等人（1991）得出结论：“我们对待亲密他人，就好像他们的资源在某种程度上属于我们一样。”

又怎么样了

第一个实验的结果为深入了解亲密关系的认知含义提供了一个重要的视角：对家庭成员、朋友或恋人的奖励与对自己的奖励一样重要。阿伦等人（1991）进行的第二个和第三个实验得出了互补的结论。

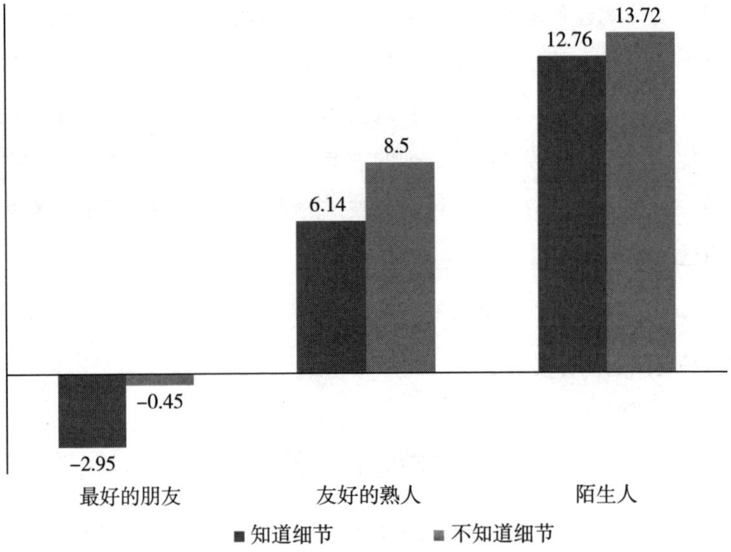

图 19-1[①] **当被告知在每种亲密类型中他人是否知道分配细节时，被试在三种情况下额外分配给自己的钱**

第二个实验采用了洛德（Lord, 1980）首次使用的研究程序。被试面前的屏幕上显示了一系列具体的名词，每个名词持续呈现 10 秒。他们被要求在脑海中形成一个自己或目标他人与该名词互动的生动形象，这个目标他人要么是自己的母亲，要么是雪儿（Cher）[②]。在呈现新名词之前，被试被要求在20秒内写下对所形成形象的表述。当全部名词都呈现出来后，被试被意外地要求完成一项记忆任务——尽可能多地回忆并写下刚才呈现的名词（不考虑名词出现的顺序）。

在洛德（1980）此前的研究中，被试也被要求对具体名词进行反应，在脑海中形成与自己、自己的父亲或当时著名且备受尊敬的国际新闻主播沃尔特·克朗凯特（Walter Cronkite）有关的形象。被试对于那些与沃尔特·克朗凯特有关的名词回忆成绩最好，而对与自己有关的名词回忆成绩最差。但令人惊讶的是，许多研究表明，我们能够对与自我有关的信息进行更好的回忆（Rogers, Kuiper, & Kirker, 1977）。与被试

① 图 19-1 中的纵坐标为自私指数，分数越高表示越自私。——译者注

② 雪儿是美国著名的歌手和演员，曾获得奥斯卡金像奖。——译者注

父亲有关的名词的回忆成绩位于二者之间。这一结果可以从以下角度进行解释：与我们社会距离较远的他人可被视为外部世界的一部分（是一个人现象学领域的一部分），而个体最熟悉的自我则被其看作内心世界的一部分（该领域是基础）。也许形成关于客观他人的生动形象（以及随后回忆起这些形象和相关的名词）要比形成关于自我的形象更容易。无论如何，阿伦等人（1991）在自己 – 母亲 – 雪儿的实验操作中发现了完全相同的模式——被试回忆起了更多与雪儿相关的名词，而不是与母亲或自己相关的名词。

后续的研究使用了一名不太亲密的女性朋友或被试母亲的亲戚来代替雪儿，也发现了同样的结果。被试还被要求评价自己与母亲的亲密程度。正如预期的那样，他们在亲密程度上的评分与他们对与母亲相关名词的回忆和与自己相关名词的回忆的相似程度呈显著相关，这表明“自我容纳他人”并不是一种全或无的现象，而是一个程度的问题。这些不同研究的结果均表明，被试像对待自己那样对待亲密的他人。

阿伦等人（1991）的第三个实验利用了所谓的特殊性效应（distinctiveness effect）（Mueller, Thompson, & Dugan, 1986），即被试描述自己的某种特质越慢，该特质对他们来说就越特殊。阿伦等人（1991）解释道，这是因为在亲密关系中，伴侣的心理表征与自己的心理表征是重叠在一起的，因此当自我与他人不共享某种特质时（例如，该特质很独特），个体就会产生更多的困惑并需要更长的反应时。

为了验证他们的假设，阿伦等人（1991）让被试对一系列描述特质的形容词进行了评分，评价它们在多大程度上描述了自己、自己的配偶以及喜剧演员比尔·科斯比（Bill Cosby）。随后，被试进行了一项注意力分散任务（这是一种认知干扰，使其忘掉之前的评分），紧接着完成了一系列限时的实验试次，即将这些形容词分配到“属于我”或“不属于我”的类别中。阿伦等人（1991）测量了被试对四组性格特质的反应时：（a）属于该被试及其配偶，但不属于比尔·科斯比；（b）不属于被试及其配偶，但属于比尔·科斯比；（c）属于被试和比尔·科斯比，但不属于其配偶；（d）属于其配偶和比尔·科斯比，但不属于被试。阿伦等人（1991）预测，在心理上将配偶容纳到自我中的被试，会对那些配偶与自己不同的性格特质产生更多的困惑（导致反应变慢）。然而，对比尔·科斯比（社会距离较远的人）的反应则与之不同，反应速度并不会变慢。

尽管前面的设计十分复杂，但是结果却很明确。被试在那些与配偶不同的性格特质上的反应最慢。当自己与配偶相同，或者当自己和配偶都与比尔·科斯比不同时，个体的反应相对较快。另外，在一项后续的实验中，被试被要求告知自己与配偶间的亲密度，结果发现，在那些自我与配偶不同的特质上，感知到的亲密度与反应时延长有显著的关系。亲密度与自我－他人困惑之间的相关恰恰证实了阿伦等人（1991）的预测，并与前两个实验的结果类似。

这三个实验的结果吻合得很好。它们支持了这样一种观点，即爱是一个包容的过程——一个人在心理上把所爱之人融入自我之中。换句话说，对自我的心理表征与对亲密他人的心理表征相重叠。从这个意义上说，朋友或爱人是第二个自我！在此之前，从未有人对亲密关系的认知意义进行过这样的实验研究。

回到西格尔（1970）笔下的爱情故事，阿伦等人（1991）的研究如何解释奥利弗与珍妮之间的爱情呢？这种亲密关系打破了认知界限。在珍妮和奥利弗的脑海中，自我与他人的区别随着他们的相爱而变得模糊，每个人都成了对方自我的延伸。两个人都不在意对方获得更多的资源，对方的任何益处都可能被视为对自己有利。此外，在认知和归因方面，行动者和观察者之间的典型差异，在珍妮和奥利弗的案例中可能已经消失了。他们不仅仅是在看着对方，他们觉得看到对方就像是看到了自己。甚至，他们很可能开始以相似的方式描述自己与伴侣——彼此的特征逐渐重叠成紧密融合的图式（心理结构），这将导致他们无法认识到他们性格特质之间的真实差异。

这就引出了一个有趣的问题：人们对他人性格特质的认识与该性格特质本身有什么关系？心理学先驱威廉·詹姆斯曾说："每当两个人相遇时，虽然看起来只有两个人，但实际上存在六个人，包括：各自眼中的自己、各自眼中的对方和各自真实的自己。"事实上，我们很难获得对自己的准确认识（见第 14 章），同样的道理也适用于认识他人。然而，为了理解他人，人们会以自己为基础进行自我中心投射（egocentric projection）（Dunning, 2012）。错误共识效应就是其中一个例子：人们做某种奇怪行为的意愿（例如，在身上挂一块写有"我错了"的牌子）可以预测他们认为别人在多大程度上也愿意这么做（Ross, Greene, & House, 1977）。尽管阿伦等人并没有客观地评估被试的性格特质，也没有评估被试所认为的他人的性格特质，但“自我容纳他人”的说法似乎是合理的，即认为他人与自己相似。如果是这样的话，那这也是一个自我中心投射的例子。

最后，认为自己与亲密他人不同也可能会导致认知失调（一种精神紧张或不安的状态；见第 2 章和第 3 章）。阿伦等人（1991）提出，自己与亲密他人之间的态度存在差异可能会导致认知失调，就像自己持有相反的态度可能会引起失调一样。因此，认知失调有时具有反映亲密关系的功能，能够反映自我容纳他人的程度。

后记

这本书中描述的大部分研究都是关于陌生人是如何思考以及影响他人的。即便如此，人际关系已成为一个充满活力的研究领域，社会心理学家如今所研讨的主题包括人际关系中的吸引力、爱情、沟通、资源分配、嫉妒、冲突、冲突解决、满意度和承诺等。

人际关系领域的一个经典理论是社会交换理论（social exchange theory）（Kelley & Thibaut, 1978, 1959）。它将经济分析应用于人际关系中。据说人际关系负载了各种回报（爱情、地位、金钱、商品、服务和信息）和成本（时间、精力、金钱、压力、同一性的丧失和自由的丧失）。该理论的基本假设为，人们追求并维持回报高于成本的关系，因此，一个人可能会把他或她目前的关系与过去的关系进行比较（“嘿，我不习惯在一段关系中受到如此糟糕的对待。”或者“在我的一生中再也感受不到这样的爱了！”）。他或她也可能会比较当前关系与可能的替代关系哪一个有更高的回报（“是的，我是结婚了，但这并不代表我不能让那个一直控制我的人滚出去！”）。

社会交换理论有助于解释所谓的匹配原则（matching principle）（Berscheid, Dion, Walster, & Walster, 1971）：人们倾向于选择外貌相似的伴侣（更不用说年龄、身高、智力、教育、社会背景、宗教信仰、态度和价值观了）。人们通常知道自己的“市值”（market value）——他们的长相、性格和社会地位能在人际关系市场上置换到什么。一个帅呆了的人不会跟一个长得像土豆的人在一起［这或许可以解释为什么瑞典女演员艾丽西娅·维坎德（Alicia Vikander）从来不回复我的邮件］。社会交换理论还有助于解释最小利益原则（the principle of least interest）：对一段关系最不感兴趣的一方拥有最大的权力（Waller, 1938）。这样的人能够在一段关系中发号施令，提出要求（“别再喝酒了，找份工作或者干点别的！”），因为他或她更有可能离开，并在别处找到更有价值的关系。一般来说，社会交换理论认为人们关注关系的结果——收益和损失，并寻求性价比高的关系，而关系是一种“明码标价”的商品，是一种可以投资的股票。

然而，经济隐喻能完全解释人际关系吗？社会关系（与相对陌生的人之间的关系）是否与个人关系（与家人、朋友和爱人之间的关系）运作的方式不同？克拉克和米尔斯（Clark & Mills, 1979, 1993）主张对交换性关系和共享性关系进行关键的区分。在交换性关系中，以同等的价值交换利益是恰当的——“邻居们把他们的工具借给了我们，所以我们应该请他们过来吃晚饭。”然而，在共享性关系中，根据需要来提供利益才是适当的——“亲家的日子不好过，所以应该多请他们过来吃饭，帮助他们照看孙子，直到情况有所好转。”换句话说，交换性关系一直是互惠互利的，而共享性关系至少在短期内不是这样的。在交换性关系中，人人都在寻求平等——每个人在一段关系中所给予的应该与他所得到的相符。因此，当一个人付出较多而其他人回馈较少时，他离开这段关系的概率就会较大。然而，在共享性关系中，个体会针对所爱之人的需求提供情感或其他形式的支持，这是一种真正的关怀且不计成本（见第 18 章）。

这种交换性－共享性的区分有什么现实意义？克拉克和米尔斯（1979）认为，尽管严格互惠是受欢迎的，可以增强交换性关系的吸引力，但这种行为会降低共享性关系的吸引力。克拉克、米尔斯和鲍威尔（Clark, Mills, & Powell, 1986; Clark, Mills, & Corcoran, 1989）也发现，交换性关系中的成员关心公平，监控自己与同伴对共同任务的投入，而共享性关系中的成员更关注他人的需求。最后，克拉克和塔拉班（Clark & Taraban, 1991）发现，交换性关系中的个体倾向于谈论非情感性的话题，而共享性关系中的个体则更愿意谈论情感性的话题（当这些规范被违反时，问题就会出现；见第 1 章）。阿伦等人（1991）在本章中所做的研究很重要，因为该研究首次探索了共享性关系下的认知结果。

重要的是要认识到，尽管爱情被诗人和哲学家（几乎所有人）思考了数千年，但针对爱情的科学研究（更不用说实验了）才刚刚进行了几十年。在这相对较短的时间里，我们对爱情和亲密关系了解到了什么？答案是了解了很多，尽管在这里我们仅提及一小部分。一项有趣的研究关注了爱情的组成成分。根据斯腾伯格（Sternberg, 1986）的观点，爱的形状就像一个三角形，每条边代表着一个重要成分：激情（强烈渴望与对方结合）、亲密（与对方沟通的广度和深度）和承诺（坚持与对方保持关系的决心）。三种成分中的任何一种可以被或多或少地强调（三角形每条边的长度都可以改变），这样就会产生无数种可能的三角恋（不是你以为的那种"三角恋"）。此外，不同成分结合在一起也可以产生不同类型的爱，就像红绿蓝三原色结合在一起可以产生额外的颜色一样。只包含亲密的关系被称为"喜欢"（liking）；只包含激情的关系被称为"迷恋"（infatuation）；只有承诺的爱被称为"空洞的爱"（empty love）。然后是各种组合，有亲密和激情但没有承诺的爱被称为"浪漫的爱"（romantic love）；有亲密和承诺但没有激情的爱被称为"同伴的爱"（companionate love）；有激情和承诺但没有亲密的爱被称为"愚蠢的爱"（fatuous love）（就是英文字面意思）；最后一种是包含了所有三种成分的爱——"完美的爱"（consummate love）。如果你爱上了某人，那你可能想要阅读更多关于这些类型的书，并思考自己的类型。在虚构的奥利弗和珍妮的例子中，爱情的这三种成分都有体现。这个故事之所以如此吸引人可能就在于它生动地描述了这一完美的综合体。顺便说一句，虽然在短时间内实现完美的爱很容易，但要想长时间维持它则很困难。关系满意度通常会随岁月的流逝而下降（Kurdek, 1998），尽管如此，仍有三分之一的长期相处的伴侣表示依旧爱着对方（O' Leary, Acevedo, Aron, Huddy, & Mashek, 2012）。

李（Lee, 1973）及其后的亨德里克等人（Hendrick & Hendrick, 1986）的爱情理论是另一种引发了大量研究并得到大量实证支持的爱情理论。在对加拿大、美国和英国的成年人进行调查后（请记住这里可能存在文化偏见），李区分了六种不同风格的爱：情欲之爱（eros）、依附之爱（mania）、友谊之爱（storge）、现实之爱（pragma）、利他之爱（agape）、游戏之爱（ludus）。每个人都拥有一个这些爱情风格的独特组合。亨德里克等人（1986）认为，这些风格更多的是一种随时间而变化的态度，而不是固定的特质。此外，不同的恋爱对象和其他情境的限制也会导致一个人的爱情风格不同。亨德里克等人（1986）的《爱情态度量表》（*Love Attitudes Scale*）可以帮助确定一个人的爱情风格。

我们可以从奥利弗和珍妮身上看到这六种爱情风格的表达，以及两人之间的差异。奥利弗和珍妮表现出的不同爱情风格，也许符合爱情风格性别差异的研究结果（Hendrick & Hendrick, 1995）。或许，他们对待爱情的方式也折射出了当时的主流文化（20 世纪 60 年代末的美国）。

社会心理学家还为爱情和人际关系提供了许多其他的见解，现在有很多专门的期刊和书籍致力于探讨关系科学，然而，更多的还是要从生活中去探索爱与关系。

启示

爱一个人就意味着，在所有事情上将其容纳到自我当中。这涉及对爱人的感知和态度，尤其是在分配资源时，我们会像对待自己那样对待另一半。

你怎么想

进化是否塑造了爱的本质，包括使男人和女人的爱的方式不同？例如，为什么接受约会邀请的女性和男性一样多，而接受一夜情邀请的女性却少得多（例如，Clark & Hatfield, 1989）？

第 20 章

眼睛快于思维：相信先于质疑

> 人是一种轻信的动物，必须得相信点什么；如果这种信仰没有什么好的依据，糟糕的依据也能对付。
>
> 伯特兰·罗素（Bertrand Russell，1872—1970）
>
> 英国哲学家、数学家

背景

我们经常发现自己被一些内容所激惹，如电视广播里的广告、研究报告、政治言论、法庭证词、无意中听到的谣言或面对面的评价。还有人想说服甚至欺骗我们相信某种想法、某个人或是某件产品。有人假设我们对这些不同的说服策略的反应是在接受或拒绝它们之前进行评估。事实果真如此吗？根据吉尔伯特（Gilbert, 1992）的观点，不管信息是真实的还是虚构的，甚至是彻头彻尾的谎言，人们在第一次接触时都会不假思索地全盘接收——他们会相信所了解到的任何东西。而在这之后，他们才可能会逐渐质疑它们。

吉尔伯特（1992）对人们理解某种陈述并评估其可信度（truth value，即视为真实而接受或视为假象而拒绝）的先后顺序很感兴趣。一般的常识性假设是，人们会先理解某种陈述的含义再判断其真假。吉尔伯特把这种观点追溯到 17 世纪的数学家、哲学家勒内·笛卡尔（Rene Descartes），他因设计出促成解析几何发展的平面直角坐标系而闻名。笛卡尔还提出了一个著名的认识论问题，即什么（如果有的话）是可以确定的。人可以确定自己的存在吗？他的回答是："我思故我在。"（笑话一则：某天，笛卡尔睡到中午才醒来，宿醉得很厉害。头痛的他走进附近一家饭店，服务员问他是否要像往常一样来瓶酒。他高声回答说："我不想。"然后就消失不见了。）

吉尔伯特对笛卡尔的假设持怀疑态度。笛卡尔认为，某种陈述的真实性，只有在它被理解之后才能被评估出来；而吉尔伯特更赞同由与笛卡尔同时代的荷兰哲学家巴鲁克·斯宾诺莎（Baruch Spinoza）提出的另一种信念模型。斯宾诺莎认为，理解离不开接受。更具体地说，我们一开始会接受所见闻的一切；然而，我们可能会在之后的某个时刻，以某种方式意识到最初接受的内容存在可疑之处，然后才可能会拒绝部分或全部内容。迄今为止，我们将这种令人惊讶（如果不是看似荒谬）的想法称为吉尔伯特–斯宾诺莎假设（Gilbert-On-Spinoza Hypothesis，GOSH）。请思考：在图示（而非口头陈述）条件下，我们不会区分理解与接受，它们是一样的。我们会自动地看到一些事物，并且几乎总是相信它们。这也符合常识，就像人们常说的"眼见为实""亲眼所见"。或者，正如著名棒球运动员尤吉·贝拉（Yogi Berra）曾打趣地说的："只要你看，你就能见到很多东西。"

我们有充分的理由相信自己所看到的，比如，在面临危险时，迅速采取行动是至关重要的。我们不会冷静地花时间权衡那些支持或反对某种信念的证据，如百米之外的老虎是真老虎（而不是纸做的）。如果我们一开始就相信那是真老虎并火速跑开，就会有更大的生存机会。最早的人类（和其他灵长类动物）一定面临过许多危及生命的情境，因此进化的优势就在于发展出快速且相对不加评判的感知系统。毕竟，逃离两个身穿老虎道具服的喜剧演员并不会造成什么身体伤害。

然而，视觉感知与言语加工之间存在巨大的概念差异。单凭类比并不能证明理解言语陈述与相信并接受它为真是一回事，我们需要进行实验研究来区分笛卡尔假设和斯宾诺莎假设的可能性。

这两种模型的预测存在巨大差异。斯宾诺莎模型认为，如果我们在听到某种完整的陈述时自发地接受了它，并在之后没有机会仔细审视它，那么该陈述就会被真正地接受，而我们就面临着被其误导的风险；相反，常识性的笛卡尔模型却预测这种情况不会发生。它的假设是，在权衡正反两方面证据并理解某种陈述之前，我们会推迟决定是接受还是拒绝它。两位哲学家的不同预测给了吉尔伯特、塔法罗迪（Tafarodi）和马龙（Malone）（1993）区分这两种模型所需的线索。

做了什么

研究者需要两样东西：其一，亦真亦假的陈述；其二，干扰人们加工这些陈述的程序。在众多收集亦真亦假陈述的方法中，最基本、最简单的一种就是从现实世界中收集事实并扭曲其中的部分内容。例如，“在第二次世界大战中，德国、意大利、日本是与美国及其他同盟国作战的三个法西斯国家”是真的；而“墨西哥的首都是马德里”是假的。这些陈述的可信度取决于人们从老师那里或书本中学到的知识，然而，它们对检验 GOSH 并没有什么用处，因为 GOSH 主要涉及的是对更一般的信息或新陈述的加工。

为了避免熟知的事实，一个可行的方法是利用虚构的概念编造出一些“事实”，如“格里博[①]（greebles）会吃绿豆”。接着，被试会被告知这些陈述中哪些是真的，哪些是假的（在 Zorg 行星或其他虚构场景中使用这些奇怪的词可能是合理的）。心理学家在实验中使用虚构刺激已经有 100 多年的历史，例如，艾宾浩斯（Ebbinghaus, 1885/1964）在其对记忆和遗忘进行的开创性研究中，就使用过所谓的无意义音节。

不过，吉尔伯特等人（1993）也不喜欢这些虚构的陈述，他们想要的是那种一旦被接受就会产生严重后果的陈述（毕竟，关于格里博的陈述并不会产生什么严重后果，除非某人碰巧是格里博）。比如，在陪审团的审判中，虚假证词对被告来说往往要么有利，要么不利；这些证词内容会影响裁决结果，导致罪名成立或不成立。如果被告被判有罪，证词还可能影响量刑。这些都是严重的后果。

原文中有三项研究，为简明起见，本文只详述第一项研究。这项研究要求 71 名女大学生大声朗读两份相互独立的犯罪报告，这些报告均以文本形式一行一行地呈现在电脑屏幕中央。其中一份报告是关于一位名叫汤姆的男子，他被指控抢劫了一个让他搭车的陌生人。另一份报告是关于一位名叫凯文的男子，他被指控抢劫了一家便利店。每份报告都包含真实陈述（以黑色显示）和虚假陈述（以红色显示）。研究者告知被试，红色的陈述是假的，这些内容是从无关的警员报告中得到的细节信息，它们与事

① 格里博是加拿大研究者伊莎贝尔·高蒂尔（Isabel Gauthier）为研究视觉识别而创造的类似小动物的虚拟形象。——译者注

实混淆在一起，就像在审判期间假证词经常与真证词混在一起一样。被试的任务是分析犯罪报告，扮演初审法官的角色并确定两名被告各自的刑期。

这项实验的精妙之处在于，在一半的试次中，第一轮审判里的虚假证词对被告有利，第二轮审判里的虚假证词对被告不利。换句话说，虚假证词使第一轮审判中被告的罪行看起来不太严重，而使第二轮审判中被告的罪行看起来相当严重。在另一半的试次中，虚假证词以相反的顺序出现，即使第一轮审判中被告的罪行看起来更严重，而使第二轮审判中被告的罪行看起来不太严重。这种平衡确保了实验结果不能归因于两种犯罪行为之间的差异，因为得到的任何结果都是针对这两种犯罪行为的平均值。

为了检验 GOSH，还需要操纵另一个自变量——是否在被试阅读犯罪报告时增加干扰，即是否分散被试加工犯罪报告时的注意力。为了达到这一目的，在其中一种条件下，被试在阅读犯罪报告时还要执行数字搜索任务。在文本的正下方会出现一串蓝色数字，被试需要在看到数字 5 时按下某个反应键，而在另一种条件下则没有数字搜索任务，被试可以将所有认知资源都集中在那些包含红色虚假陈述的描述两项罪行的相关证词上。因此，这是一个 2 × 2 的实验设计：虚假陈述对被告有利 / 不利 vs 被试阅读这些陈述时分心 / 集中精神。

在阅读完两份犯罪报告后，被试被要求对每位被告判处 0 到 20 年不等的监禁。这个结果正是研究者关注的主要因变量，尽管他们还收集了其他数据，如被试对每名嫌疑人的可爱程度和危险程度的评价。

吉尔伯特等人假设，增加数字搜索任务将使被试难以拒绝他们最初接受的虚假陈述（即更倾向于相信虚假陈述的内容）。因此，他们将继续把这些虚假陈述当成真的并接受它们，这会使其做出的判决结果产生偏差；在这种分心条件下，对被告有利的虚假陈述可能会引发更多轻判的结果，而对被告不利的虚假陈述则会引发更多重判的结果。然而，在没有分心刺激（数字搜索任务）的条件下，即使虚假陈述对判决结果有影响，也会很微弱，因为被试可适度拒绝或忽略这些虚假陈述。

发现了什么

研究发现如下：当虚假陈述使犯罪情节看起来不太严重时，分心条件下的被试裁定了更短的监禁刑期（平均约 6 年），而当虚假陈述使犯罪情节看起来更严重时，被试裁定了更长的刑期（平均约 11 年）。请注意，在后一种情况下，刑期几乎是前者的两倍。然而，当被试没有被数字搜索任务所累时，虚假陈述对他们所做判决的影响是可以忽略不计的（分别是大约 6 年与 7 年，如图 20–1 所示）。被试对嫌疑人的可爱程度和危险程度的评分也表现出了相同的模式：对被告有利的虚假陈述使他们看上去“更可爱，没那么危险”，而对被告不利的虚假陈述则使他们“不太可爱，更危险”；但是，只有当被试受到数字搜索任务干扰时才会出现这种情况。总之，上述结果表明，在被数字搜索任务所累的条件下，被试更倾向于认为很多虚假陈述都是真的。显然，他们最初是相信这些陈述中的大部分内容的，并且没有什么机会质疑它们。

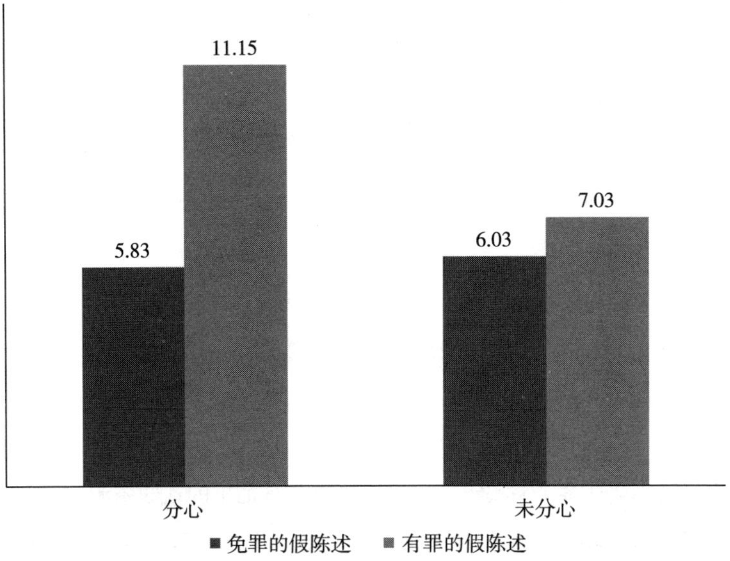

图 20–1[①]　在分心 / 不分心条件下阅读含有 / 不含有免罪信息的虚假陈述材料后，被试为被告裁定的刑期（年）

在这一点上，敏锐的读者也许会提出反对意见。也许数字搜索任务并不会在很大程度上干扰被试质疑这些虚假陈述，而更可能是混淆了陈述的真假。这可能才是出现

① 图 20–1 中的纵坐标为被告的刑期（年），值越大表示刑期越长。——译者注

上述结果模式的原因。具体来说，如果加重罪行的虚假陈述比真实陈述更负面，那么被试对被告的整体印象就会更消极；同样，如果减轻罪行的虚假陈述比真实陈述更正面，那么被试对被告的整体印象就会更积极。吉尔伯特等人（1993）也严谨地探讨了这种可能的解释。为了检验该解释是否有效，他们在实验结束后又进行了一项精妙的再认测验。被试被要求指出他们之前看到的陈述是否为真。如果被试只是被数字搜索任务搞糊涂了，那他们错以为真的虚假陈述会与错以为假的真实陈述一样多，但是，如果数字搜索任务使其无法质疑虚假信息，那么他们只会将虚假陈述误认为是真实陈述。研究者观察到的再认结果恰恰是后面这种不对称的模式，即与 GOSH 所预测的一致。

值得一提的是吉尔伯特等人（1993）进行的第二项实验的结果，这项实验侧重于探讨虚假陈述影响的持久性。20 分钟后进行的再认测验的结果显示，在受到干扰的情况下，有 54% 的虚假陈述被判断为真；与之相反，当没有数字干扰时，虚假陈述中只有 29% 被判断为真。可见，在干扰条件下，虚假陈述被误判为真的数量几乎翻了一倍。相比之下，无论有没有干扰，真实陈述都很少被误认为是假的，两种条件下的误判比例分别只有 4% 与 5%。

吉尔伯特等人（1993）的研究从重新审视一场尚未解决的关于信仰本质的哲学辩论开始。他们制定出了一个初步的研究假设："接受……可能是一种被动的、必然状态，而拒绝可能是一种主动的操作，它可撤销最初的被动接受（Gilbert et al., 1993，p. 222）。"此后，在一系列精妙的实验中，研究者通过实验性地操纵被试的认知负荷（即是否同时执行另一项任务）来操纵他们用来进行信息加工的认知资源。正如我们所见，这使他们能够检验"拒绝"是否确实是一种会受到干扰、需要有意付出努力的行为。他们十分有说服力的研究结果使他们敢于下结论说："人们确实有权赞同、拒绝或延缓自己的判断，但只有在先相信呈现出的信息之后才会这么做（Gilbert et al., 1993, p. 230）。"

又怎么样了

有人可能会轻视甚至嘲笑研究者在笛卡尔与斯宾诺莎立场之间的争辩，认为这仅仅是知识分子在故作姿态，然而，吉尔伯特的数据绝非微不足道。我们认为，即便是细节烦琐、时程较短的实验室情境，也可以很好地映射到不可控的现实世界。要想实现从实验室到现实生活的跨越，人们需要意识到重要事件也可以在现实中迅速发生。在某人的注意力被转移到其他事情上之前，他可能会无意中听到某种言论。事实上，作者的一位同事就曾将这种手段用于政治目的。他不喜欢当时还是纽约市长候选人的约翰·林赛（John Lindsay），于是，他安排了一些持有相似政见的学生，在地铁车厢里站在目标人物旁不断聊天。就在车到站之前，其中一名学生对另一名学生说道："你有没有听说过林塞的丑闻？手下的人监守自盗，他看到了也不说出来！"当地铁到站停车后，拥挤的人群上上下下，这种分心刺激会干扰目标人物质疑的能力。除此之外，在每个领域都有人容易上当受骗，因为他们没有足够的知识和信心来拒绝即将接收到的信息。

在现实世界中，GOSH 效应不亚于一种系统公式，它不仅可以帮助人们远离谎言，还是公众应对大量虚假信息的一剂良药。许多地方都流传着数量惊人的错误信念（Gilovich, 1993; Schermer, 1997）。除了公众容易受到个别错误信息的侵害之外，还存在一种污染井效应（polluted well effect），即流传的虚假言论污染了公众舆论之井。比如，人们会传达从闲聊中获取的医学建议，例如宣称每天喝八杯水对健康有益，尽管没有充分的证据证明这一点，或者是有人发送了一封经过粉饰的电子邮件，有人在商务午宴上讲了露骨的笑话，抑或是有人向当地报纸的编辑报告了一些传闻。然后第二层信息媒介把看似有趣的内容保留并传播出去，而它们在传播信息时通常不会透露其来源。此后是第三层、第四层信息媒介的传播，以此类推。最后，某种言论就进入了公共领域，然而，几乎没人知道它的原始出处。信息经过几代传递，想要追溯出处已变得非常困难，而且似乎也没有人会在乎其真实来源。当某条信息以不同的渠道传播时，它会携带比原有内容更多的信息，所以当人们接触到这些信息的时候，其中可能有偏见或不可靠的部分就会被一并接收。如果信息来自意识形态的范畴，那人们就不能合理地归咎于传播者的偏见（除非他对所有可用的来源都持有"成熟"的阴谋论）。污染井效应并非严格意义上的 GOSH 效应，然而，它们是密切相关的，因为在没有进一步说明的情况下，消息都会被假定为真。让我们来看一些生动形象的例子。

美好的旧时光。显然，在过去的 40 年里，学校中的问题行为越来越严重。20 世纪 50 年代，美国的教师们列出了学校里最严重的三种问题行为：在走廊里奔跑、嚼口香糖和制造太多噪音。相比之下，20 世纪 90 年代最严重的三个问题是吸毒、怀孕和强奸。在一次调查中，奥尼尔（O’Neill，1999）锁定了“学校问题传奇”调查的发起者。你也许猜到了，其实，从未有任何一项调查研究发现上述差异。那些结论是由得克萨斯州沃思堡的一位名叫 T. 卡伦·戴维斯（T. Cullen Davis）的人编造出来的。他是一位基督教宗教激进主义者。为了为自己关于道德堕落的观点辩护，此人声称自己一对一地访谈了学校教师，正是这些记得 50 年代校园有多美好的教师们告诉他 90 年代的校园有多糟糕（关于回溯记忆陷阱的讨论，见第 21 章）。寻找这位戴维斯先生的工作量很大，奥尼尔把它比作剥了个一百万层的洋葱。

爱，被证明的爱！你是否听说过耶鲁大学的一项研究发现了英语中最具说服力的 12个单词：爱（love）、美（beauty）、证明（proven）等？在20世纪50年代到60年代，在“耶鲁大学交流和态度改变项目”进行的过程中，我们每两个月左右就会收到一封信，询问是谁在主持这项研究，以及我们是否有数据。在此期间，这项研究的结果频频出现在航空杂志及其他出版物中。作为耶鲁大学项目的成员，我记得其他成员向他们认识的每个人都打听过这项研究的主持者是谁。这听起来像是一件浪费时间的傻事，因为无论怎么打听，都没有迹象表明任何与耶鲁大学有关的人做过那种研究。我们怀疑这是麦迪逊大道项目（Madison Avenue project）①，也许，一个曾经是耶鲁大学本科生的研究助理为这个“研究故事”赋予了具有误导性的耶鲁式背书吧。

是你的电梯还是我的电梯？ 1976 年 11 月，从纽约到蒙特利尔的大范围区域出现电力中断，这给曼哈顿造成了严重的影响。成千上万的人被困在黑暗的电梯里，悬在楼层之间。黑暗中，数以千计的人勇敢地跌跌撞撞地走下楼梯，然而，到了外面之后，他们却发现连路灯都熄灭了。如果说在黑暗中穿行在曼哈顿的街道上是一种冒险，那么通过布鲁克林或皇后区的大桥则是彻头彻尾的疯狂。那些没被困在电梯里的人大多待在路边，直到几个小时恢复供电。等到第二天早上供电恢复正常时，人们都开始谈论大家在停电的几个小时中做了些什么。九个月后，一名当地记者声称自己在纽约一

---

① 麦迪逊大道项目诞生于一项关于广告行业缺乏非裔美国人高管的著名研究，它指某个环境中缺乏多样性。——译者注

家大医院的产科病房里看到了大量的医疗活动。于是，他向一位路过的护士核实了医院当天的出生人数，还打电话给纽约市的其他医院进行了调查。结果，他均被告知当天的出生人数明显高于平均水平。报纸随后刊登了他所说的证据，证明在停电那晚，大部分男女做了男人和女人在漫漫长夜里很容易做的事情。许多文章和杂志都接受了这个故事，它也通过新闻通讯社的报道得到了进一步的传播。几年后，几乎所有听说过停电事件的人都认为，其导致的后果之一就是人们性行为的增加。

对这个问题稍加思考就会产生一些疑问，那些被困在电梯中的人不太可能认可某对或多对夫妇正在地板上发生性行为。想象一下遭遇停电的人所承受的压力吧！他们不知道自己能否回家，也不知道何时才能回家；他们担心自己的朋友和家人，却无法联系到他们；他们甚至还没吃饭，等等。与此同时，在家中的夫妻突然陷入黑暗，比起性欲，他们可能会更担心电池、蜡烛和断电的冰箱。事实上，那名记者报道的数据受到一种鲜为人知的工作程序的影响，即医院的分娩数据（包括剖宫产）每周交付一次，由于周六日医生休息，分娩数据会在周一达到峰值。因此，就算这名记者在一周后或更早之前，又或是三周、七周后的这天（周一）发送医院的生产数据，其得到的结果总是一样的高。而人类的妊娠期与停电这事儿无关。后来，阿贝尔森（Abelson, 1995）进一步讨论了这个例子。

后记

人们不仅会被别人的虚假言论欺骗，也会自己欺骗自己。考虑一下有意将手表或时钟调快几分钟的常见做法。依据严格的逻辑，这种做法很荒谬，因为人们明知道计时器快了。然而，设定时间的人会巧妙地利用表面信息的诱导性。当低头看时间时，一个人会下意识地觉得手表显示的虚假时间是真的，而这会促使他赶紧去赴约。

与此类似，一个更令人困惑的例子是夏令时（daylight savings time）[①]。显然时间并没有被节省下来，光照时间只是沿着任意时钟的刻度向上移动了。夏令时的想法是让春天和夏天的漫长白天看起来更长。假设日落时间是晚上 7 点，那人们可以通过把晚

① “daylight savings time”直译为“日光节约时制”，是一种为节约能源而人为规定地方时间的做法。——译者注

上 7 点叫作 8 点来延长表面上的夜晚，这样做能够使太阳落山的时间看起来更晚。全国各地所有被调整的时钟都告诉人们，现在是晚上 8 点，尽管我们知道，这个时刻在过去常常被称为晚上 7 点。这种改变等同于社会群体合谋，即共同推动人们相信一个虚构的事实：夜晚比地球和太阳所规定的时间要长。

另一个社会群体合谋的例子来自耶鲁大学的教职工，相传他们会定期组团玩扑克牌。在这种扑克游戏中，赌注的大小基本上没有限制。每一局赢得或输掉的金额通常在 100 到 200 美元之间，他们想尽办法减少让人难以接受的大额输赢来维持玩家们对游戏的热情，然而，所有的尝试均以失败告终。最后，有人提出了一个疯狂的想法，而且真的奏效了。赌注被赋予了双倍值，玩家的每 10 美元真钱可获得价值 20 美元的筹码，在比赛结束时，每 20 美元筹码可兑换 10 美元。游戏的其他规则保持不变。

从逻辑上看，这种倍增–减半策略并无意义。所有玩家都知道，当他们用廉价的筹码下注 50 美元时，他们实际上只赌了 25 美元。那么，为什么以 1 兑 2 的方法产生了不同的结果呢？好吧，当一名玩家说"我下注 50 美元"时，这听起来像是一个相当大胆的赌注，尽管实际上它只值 25 美元。但是，正如 GOSH 所预测的那样，他的话是被根据字面意思理解的。最终的结果是，最大的赢家得到的钱和最大的输家损失的钱都更少。很多人尝试解释这种看似幼稚的自欺欺人，吉尔伯特的实验也有助于理解这一问题：除非进一步反思赌注膨胀的价值，否则其表面价值就会被认为是真实的。然而，玩家们太过于沉迷游戏，以至于在每次下注时都不会注意到赌注的虚假表面价值。赌注膨胀效应可能不理性，但的确有效。

还有许多其他现象也依赖于刺激的鲜明特征来使人们上当。经济学家对货币错觉（money illusion）感到困惑（Levin, Farone, & McGraw, 1981），即在决策情境中，所涉及的货币面值比其他可能更重要的因素还要重要。货币错觉的典型例子是，大多数工人宁愿在通货膨胀率为 7% 的情况下每月涨 100 美元工资，也不愿在通货膨胀率为 1% 的情况下每月涨 50 美元。前者其实并不理性，因为实际工资的增长仅有 3%，而后者则有 4%。这并不是一个 GOSH 效应的完美案例，但它的广泛意义在于，人们往往只关注加薪的数额，而忽视背后的通胀因素。

我们认为，除非有某些因素警告人们，否则在某种情境下以最简方式行事的准则具有很大的心理共性。除非有理由质疑，否则人们往往会相信他们的所见所闻。当缺乏对立或冲突的信息时，人们往往会接受第一印象。在计算机科学领域，对未分类的任何刺激的标准反应被称为默认值。我们认为，人们对情境也有类似的默认反应，并且会在一般情况下使用这种默认值，覆盖默认值需要个体进行主动的认知加工。这种概括性的描述涉及上述所有案例。也就是说，在看到或听到某些信息后，人们的默认反应就是接受它们，而后续的拒绝则需要人们主动地覆盖默认值。

那么什么能让一个人拒绝他原本会接受的信息呢？一种可能性在于那个人本身就倾向于拒绝某种信息。吉尔伯特等人（1993）没有考虑到这种可能性，但是它的确值得思考。人们常常会说："我不相信那个人说的话。"例如，在美国纽黑文市的校车公开会议上，当一名当地的自由派牧师来到麦克风前对校车计划表示支持时，观众席里有位女士嘀咕道："他知道什么？他又没有孩子！"这种抗拒最常见于有关领土、意识形态、权利或道德的争论中，持不同意见的双方都会把对方的观点视为严重的误导甚至是谎言，并明确告知对方。观察研究和实验研究均表明，在这种情况下，其结果就是消极的说服，双方都会越来越远离对方的立场（Abelson & Miller, 1967）。

如果在交流前就存在抵触情绪，那么人们似乎立即就会出现拒绝反应，这与 GOSH 假设的正好相反；然而，事实也不尽然，预备抵抗的人无须立即行动。事实上，有一些实验证据可以证明延迟抵抗现象的存在。麦克雨果、兰泽塔和布什（McHugo, Lanzetta, & Bush, 1991）从政治演说中选取了富有情绪性的视频片段，然后要求被试在观看过程中的某些关键时刻对自己的感受进行评价。他们发现，被试普遍倾向于模仿演讲者的情绪，特别是恐惧或愤怒情绪。当视频中的候选人皱眉或看上去忧心忡忡时，观众的脸上也会立刻出现忧虑的表情。一般来说，被试在观看演讲视频时对自己感受的评分与他们的表情一致，然而，有一处奇怪的例外。当美国前总统罗纳德·里根发言安抚观众时，几乎所有的被试都自发地表现出了回声效应（echo effect），即他们看起来都感到很欣慰，也很放松，许多人还展露出了笑容。然而，就在几秒钟后，民主党人却将自己的感受评定为消极，而非放松和宽慰。他们好像对任何一张笑脸都会忍不住报之以微笑，但随后就会意识到自己是在对着里根微笑，他可是民主党的敌人啊！他们一定会对自己说："呀！为什么我会对着那家伙微笑？"于是，他们"重新获得"了自我控制，并报告了负面的情绪体验，正如 GOSH 所预测的那样。

启示

尽管从常识上看，只有在理解某条信息后，我们才会做出相信或不相信它的判断。但研究表明，一开始，相信会与理解同时发生，只有具备足够的认知资源和动机，质疑才会随之而来。

你怎么想

你能想到发生在自己身上的符合 GOSH 效应的例子吗？别人是否用这种效应愚弄过你，或者你是否用它愚弄过别人，又或者你用它欺骗过你自己吗？

第 21 章

虚构的记忆：现在重构过去

> 即使是最可信的自传，也不太可能反映一个人过去的样子，而更可能反映的是他现在的样子。
>
> 福恩 · M. 布罗迪（Fawn M. Brodie, 1915—1981）
>
> 美国传记作家

背景

为了为学习本章做好准备，请先尝试下面的自传回忆练习。仔细检索你的记忆并从久远的过去当中找到一个记忆片段。接下来，尝试回忆那时发生了什么，越清晰具体越好，要特别注意那些视觉细节信息。在阅读下一段文字之前，请先花点时间做这个练习。

完成这个练习了吗？现在，再一次回顾整个记忆片段，用你的心灵之眼注视它，告诉我你到底看到了什么？虽然图像可能很模糊，场景也不连贯，但一个奇怪的事实可能是显而易见的：你的回忆可能不像你头上的“照相机”所记录的视觉图像；相反，与电影制作手法类似，你记忆中的事件可能是以第三人称来描述的。你可能把自己描绘成了场景的一部分（Negro & Neisser, 1983）。

这种不可思议的记忆的存在证明了一个令人惊讶且重要的观点：记忆不仅能够被检索，还能够被重构。有一种观点认为人类的记忆一旦被妥善存储，就能如实地从头脑中检索出来，就像从磁盘中提取电脑文件一样。在当今的高科技文化中，持有这种观点是情有可原的。然而，这种类比是错误的，人们检索出来的记忆信息往往因他们所处的心理状态而有所偏差。对于人类记忆运作的一个更恰当的类比（在高科技文化下）也许是，它是一个奇特的文字处理器，每次打开记忆文档时都会重新编辑文档中的内容。

有几种因素会导致记忆重构不可靠。以情绪为例，如果人们回忆信息时的情绪与学习信息时的情绪类似，那他们就能更好地回忆起信息（Clore, Schwartz, & Conway, 1994）。人们的大脑会根据当前的情绪状态来选择一些记忆信息，而忽略其他记忆信息。这种倾向在抑郁症患者身上也很明显，他们的情绪在一天中经常变化。与悲伤时相比，他们在快乐时能回忆起更多愉快的记忆，而较少回忆起不愉快的记忆（Clark & Teasdale, 1982）。

个体对曾经持有的观点的记忆，为说明现在如何重新诠释过去提供了另一个生动的例子。在一项实验中（Goethals & Reckman, 1973），研究者首先对高中生实施了问卷测量，然后根据回答将其分为两组，其中一组赞成贫穷的黑人儿童去更好的学校上学，而另一组则反对他们去更好的学校上学（那时，这是一项有争议的提议，目的是在课堂上更好地实现种族融合）。几天后，在一个不同的情境下，研究者根据学生是支持还是反对将他们分成了两个讨论组。在每一组中，讨论都是由一名受人尊敬的高年级学生主导的，而这名所谓的高年级学生实际上是研究者的同伙。他提出了令人信服的理由来反驳该组成员的意见。可以预见的是，这场讨论会促使学生改变自己原有的观点。然而，实验的关键部分是之后的 4 到 14 天，研究者要求所有学生再次填写之前的问卷，并要求他们用上次的答案作答。为了确保学生有很强的动机去准确回忆他们的初始观点，研究者声称他将仔细检查学生两次填写的问卷的一致性。然而，学生对自己观点的回忆却被扭曲了，他们错误地记得他们最初的观点与新获得的观点是一致的。这项研究的作者用认知失调理论来解释这些结果（Festinger & Carlsmith, 1959；见本书第 2 章），即被试受所持有的观点应保持一致的动机的驱使，不愿得出他们的观点实际上改变了的结论。然而，针对该研究结果还可以进行非动机性的解释。被试可能基于他们自身的观点仅会在很小程度上改变的错误理论，以当前的观点为参照重构了自己之前的观点（Ross, 1989）。无论做何种解释，个体观点的回溯性改变似乎都不是偶然发生的。例如，一项为期九年的大型研究发现，人们当前的政治态度与他们记得的自己过去的态度更相关，而非过去实际持有的态度（Marcus, 1986）。

这样的发现给人一种奥威尔式的感受。然而，至少乔治·奥威尔（George Orwell）的具有煽动性的书籍《1984》中的人物知道，一场针对他们的大规模宣传运动正在展开。相比之下，我们似乎在很大程度上没有意识到，我们的头脑也在编辑和篡改我们的个人史（Greenwald, 1980）。如果你读了第 14 章，那人们对这些心理动态的无知就不应使你感到惊讶。那一章中的研究综述表明，关于心理是如何运作的以及运作影响因素的直觉理论并不可靠。我们不应该期待回忆过程能够对记忆是如何产生的或过去记忆的真实性有多好的洞察。

实验社会心理学家面临的挑战是证明人们的直觉理论会使人产生回忆偏差。为了应对这一挑战，实验社会心理学家需要对三个方面进行评估：（a）人们关于心智的直觉理论；（b）直觉理论所涉及的事件；（c）人们对这些事件的记忆。为了满足这些要求，麦克法兰、罗斯和德库维尔（McFarland, Ross, & DeCourville, 1993）选择了一种看起来可能很奇怪的现象：月经。

在西方文化中，人们想当然地认为月经会对幸福感产生负面影响（Brooksunn & Rubber, 1986）。经前综合征［（premenstrual syndrome，最近被美国精神病学会称为经前焦虑障碍（premenstrual dysphoric disorder）］的名字家喻户晓，其包括从非常想吃巧克力到想杀人等一系列症状，月经周期结束时的黄体酮激素水平下降会引发这些症状。人们普遍认为经前综合征是一个科学事实，因为它经常被媒体评论员严肃地讨论，而且也是自助书籍的主要内容之一。因此，许多读者在得知支持经前综合征的证据非常少时都会感到惊讶不已。许多研究都未能证实被试的心理症状在月经周期内有任何系统性的变化（Klebanov & Ruble, 1994; Romans, Clarkson, Einstein, Petrovic, & Stewart, 2012）。的确，与其说经前综合征是一种真正的医学病症，倒不如说是一种文化迷思。它被看作一种解释女性痛苦的方式，根据“女性在情感和生理上脆弱”的假定（Tavris, 1992）。（为了避免读者认为这些说法反映了男性的偏见，需要指出的是，这一主题的很多相关研究都出自女性之手。）

为了证明记忆是由直觉理论塑造的，月经是一个理想的选择。首先，它与一种普遍存在的刻板印象有关；其次，月经发生时的真实情况可以通过每日自我报告的心理和身体症状来评估；最后，相应的对月经症状的记忆可以通过回溯性的自我报告来评估。

在这项研究中，研究者还做了三个具体的预测。首先，他们预测被试对痛经的直觉理论是由消极的文化刻板印象所塑造的，与她们月经期的实际体验并不符；其次，他们预测女性对痛经的直觉理论会导致她们将自己的月经症状回忆得比实际情况更严重；最后，研究者预测，女性越相信这些直觉理论，对月经症状的回忆偏差就越大。

做了什么

65 名加拿大女性参与了这项研究，她们大多数是十八九岁到二十岁出头的大学生。研究者要求她们完成《月经症状量表》（*Menstrual Distress Questionnaire, MDQ*）中的一组题目（Moos, 1968），以评估其关于痛经的直觉理论的性质和强度。这些题目关注的是被试认为她们在月经期易受影响的三类症状：疼痛、体液潴留和情绪不良。每类症状又包括六种特定症状，被试被要求对这 18 种症状的严重程度进行评定，评定范围是从“无症状”到“急性失能症状”。研究者假设，MDQ 的题目反映的是对痛经的直觉理论而非真实体验，这一假设得到了两项研究结果的支持。首先，痛经的 MDQ 评分和每日自我报告的心理和身体症状分数的相关较低（Ascher-Svanum, 1982；也可见 Hawes & Oei, 1992）。其次，月经开始前的 MDQ 分数与月经结束后的 MDQ 分数类似（Clarke & Ruble, 1978）。为了避免被试产生怀疑，她们被安排在其余的研究程序结束大约两周后填写 MDQ。

为了评估月经期内的实际症状，研究者让被试每日填写调查问卷报告疼痛、体液潴留和情绪不良的情况，还问了一些其他方面的问题。不过，研究者掩盖了每日填写调查问卷的真实目的。因为先前的研究已经表明，如果人们认为自己参与的是一项关于月经的研究，那就会报告额外的症状（Ruble & Brooks-Gunn, 1979）。因此，被试每日所填的调查问卷中的题目大多是无关的，旨在支持研究者的掩饰故事，使被试相信该问卷的目的是调查合法药物使用、生活事件、心理状态和生理状态之间关系。除了调查疼痛、体液潴留和情绪不良方面的题目，还有一个题目是真实的，它隐秘地询问被试目前是否正处于月经期。

被试们同意在每日就寝前填写每日调查问卷，调查周期为四至六周。在填写调查问卷的次日，她们要将填好的问卷放入一个公共信箱中（那个年代还没有电子邮件，想想今天进行这项研究有多容易）。如果被试没有按时提交问卷，研究者就会立即联系并提醒她们。最后调查问卷的回收率高达 99% 以上，在此我们应该向研究者的管理能力和被试们的责任心致敬。

最后，在每日调查结束数日后，研究者评估了被试对其月经症状的回忆。研究者让被试尽最大可能精确地回忆两周前她们对每日调查问卷的回答。他们对测量日程进行了安排，目的是使一半的被试在填写初始问卷时处于月经期，另一半被试在填写初始问卷时处于月经后期（月经期被定义为月经开始的前三天，月经后期被定义为月经开始五天后的三天）。研究者假设，只有在前一组被试意识到自己当时正处于月经期的情况下，痛经的直觉理论才会影响其回忆的内容。因此，为了确保被试确实意识到她们先前的月经状况，研究者让她们查看了自己对每日调查问卷的生活事件部分前三个问题的回答，其中第三个问题传达了相关信息（这样做应该可以帮助她们回忆起对问卷的所有回答）。最后，为了使被试完全依赖于对月经症状的记忆（而不是当下的体验），研究者确保在她们尝试回忆对每日调查问卷的回答时，没有任何人正处于月经期。

发现了什么

MDQ 的评分所代表的被试关于痛经的直觉理论印证了文化刻板印象。具体来说，被试认为她们在月经周期的月经期和经期前经历了更多的疼痛、体液潴留和负性情绪。平均而言，被试在六分制的严重程度量表上的作答表明，每类症状的评分都比其他时期高一分。

然而，被试关于痛经的直觉理论与她们的实际体验并不相符。被试在每日调查问卷上的回答表明，她们的疼痛和体液潴留评分在月经期和经期前仅比其他时期高 0.25。更引人注目的是，被试的负性情绪水平在整个月经周期都没有表现出任何波动。因此，本研究中的大学生们似乎对经期前抑郁有很强的免疫力，统计检验证实了这些模式。此外，被试不仅高估了她们的症状在月经期和经期前的严重程度，还低估了这些症状在其他时期的严重程度（如图 21–1 所示）。

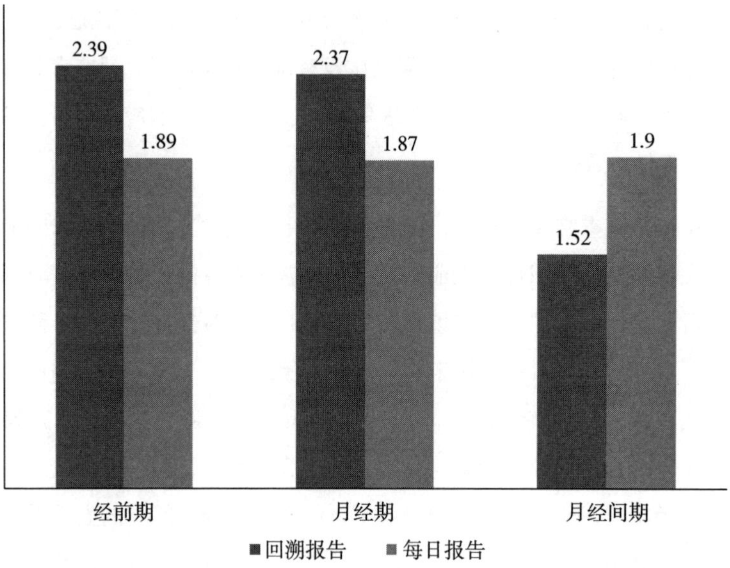

图 21–1[①] **被试在月经周期不同阶段报告的负性情绪水平，包括回溯报告和每日报告**

这些结果表明，被试关于痛经的直觉理论与其症状的实际情况不符，但被试的直觉理论是否也扭曲了其关于痛经的特定回忆呢？对此假说进行检验的一种方法就是比较每种症状在每日报告与随后的回忆间的差异，看是不是在月经周期的各阶段均是差异越大，被试的 MDQ 评分越高，还是只有当被试处于月经期时才会如此（就像研究者对一半被试所做的那样）。为了解决这些问题，研究者进行了一系列概念相似但在统计上更有效力的测试。结果支持了上面的假说，被试预期月经期的症状越严重（基于她们对月经症状的直觉理论），她们在回忆时就越会夸大症状的严重程度。然而，这种情况只发生在回忆的时间与月经期有关时，其他时间则无此情况。所获得的统计结果在疼痛和负性情绪方面最显著。

一项补充分析强调了记忆扭曲的特殊性质。你应该还记得，研究者使用 MDQ 对有关痛经的直觉理论进行了整个月经周期的调查，而非仅在月经期进行调查。正如预期的那样，被试对她们在非月经期中所体验的痛苦的直觉理论，并不能预测她们对经

① 图 21–1 中的纵坐标为被试报告的负性情绪分数，分数越高表示情绪越差。——译者注

期症状的回忆。

综上所述，这些研究结果一致表明，关于痛经的直觉理论（而不是非经期疼痛的直觉理论）导致被试对经期症状（而不是对非经期症状）的记忆产生了偏差。这些研究提供了强有力的证据，证实了关于心智的直觉理论，特别是关于心智是如何受到身体事件影响的直觉理论，可以扭曲记忆。事实上，即使是这些研究结果也低估了记忆扭曲的严重程度。这些研究将被试对她们症状的每日报告等同于客观实际，然而，这些报告多少也会受到被试关于痛经的直觉理论的影响，因为它们实际上也是对几个小时前的情况的回忆。尽管如此，我们还是取得了阳性的研究结果，证明了长时记忆会发生扭曲失真。

最后还有一个微妙的问题值得讨论。被试的直觉理论只有在她们试图回忆起自己的症状之后才被评估，因此，被试错误的直觉理论是不是她们错误记忆症状的结果而非原因呢？最后一组分析排除了这种替代性解释。到目前为止，我们还没有提到的一点是，研究者还进行了一项对照研究，让被试在回忆任务后立即完成 MDQ，而不是像已进行的主研究那样两周之后才进行 MDQ 测评。如果被试的回忆影响了她们的直觉理论，那么对照研究（无延迟）会比主研究（延迟两周）的测量间的对应性更大，然而，更大的对应关系并未被发现。因此，记忆 – 原因 – 理论的假说没有得到支持。

又怎么样了

我们通常认为自己会在事件发生时准确地记住它们，但是，包括本研究在内的众多研究均表明，我们可能经常无意识地根据错误的看法构建事件。这种可能性是反直觉的，因此我们打算通过类比帮助存疑的读者理解这一点。

尽管月亮在地平线上时看上去比在天空时大，但实际上月亮的大小是没有改变的。不管它在什么位置，总是与眼睛保持着半度的恒定夹角，这就是所谓的月亮错觉（moon illusion）。对月亮错觉的解释之一是，远离头顶的物体通常比靠近头顶的物体的视线夹角要小（例如，当飞机飞到远处时，视线夹角会变小）。因此，视觉系统会巧妙地对这个变小的角度进行校正，从而使人觉得远处物体的大小并没有改变。然而，由于月亮的大小始终保持不变，而我们的视觉系统被诱骗去纠正不存在的“月亮变小”，结果导致了感知失真（Baird, Wagner, & Fuld, 1990）。问题的关键在于，我们没有意识到这个塑造了我们对月亮的错误感知的潜在推断，而只意识到了最终的感知本身。类似地，我们也没有意识到无意识的信念塑造了我们的错误记忆，而只意识到了最终的记忆本身。对于第一种情况，我们需要一位认知心理学家来指出我们的错误；而对于第二种情况，我们则需要一位社会心理学家来指出我们的错误。

我们对大脑如何工作缺乏深入的了解是说得通的（见第 14 章），然而，当持续不断的体验反复与我们的直觉理论不一致时，我们仍坚持这些直觉理论该如何解释呢？尤其是，为什么本研究中那些有多年月经体验的被试会不知道月经其实与心理痛苦无关？也许主要是因为直觉理论塑造的记忆在主观上是有说服力的，这反过来又被视为证明这些直觉理论正确的证据。错误直觉理论持续存在的另一个一般性原因是，支持直觉理论能够得出想要的结果。例如，在一项研究中，实验组学生学习一个无实效的技能，在学习能力上相匹配的对照组学生不学习这种技能，结果发现，实验组学生对学习前自己学习能力评估的分数要比对照组低（Conway & Ross, 1984），因为他们想要相信自己所付出的一切努力都是合理的（Aronson & Mills, 1959；见本书第 3 章），所以他们支持说该学习项目有用的理论，然后改变了自己的回忆以实现匹配。错误的直觉理论持续存在的最后一个原因是，与直觉理论有关的证据可能会被偏向加工处理（Kunda, 1990；见本书第 17 章）。在此，有必要区分一下单边事件和双边事件（Madey & Gilovich, 1993），因为这能够促进对错误的直觉理论持续存在原因的理解。无论双边事件的结果如何，是证实还是违背我们的预期，都会引起我们的注意。例如，无论是童话式的结局还是尴尬的结局，在拉斯维加斯度蜜月都可能令人难忘；相反，单边事件只有以特定方式出现时才会引起我们的注意。例如，在拿起电话之前，如果我猜中了是谁打的电话，那我可能会对我的预见力感到惊讶；但如果我猜错了，我可能会立即将注意力转移到其他主题上。因此，我的“猜中”将被回忆起来，而我的“猜错”将被遗忘。鉴于对可能性的估计取决于从记忆中检索记忆材料的难易程度（Kahneman & Tversky, 1973），因此我可能倾向于形成我有心灵感应能力的错误结论。同样，本研究中的被试可能对那些经期与心理痛苦同时发生的场景比两者非同时发生的场景印象更深刻，因此更好地记住了前者。支持刻板印象的场景可能更令人印象深刻（因为它们带来的烦躁情绪），而不支持刻板印象的场景则令人印象不深（因为它们没有明显影响我们的幸福感）。

后记

本研究中的许多被试可能都认为她们是在真正回忆自己的月经症状，而非简单地推断或想象月经症状。在某种程度上，这正说明她们表现出的是错误的记忆。这是我们要探讨的最后一个主题。

由于围绕着所谓的记忆恢复（recovered memory）现象的激烈争论，关于记忆可靠性的问题已经引起了公众和科学家的密切关注（Loftus, 1994）。根据弗洛伊德的理论，许多临床医生认为，童年期的创伤经历由于过于痛苦而无法被意识层面接受，因此会不自觉地受到压抑（repressed，即与意识分离）并持续多年。尽管压抑最初让患者得以忍受创伤带来的痛苦，但后来却导致了一系列难以解释的心理症状。临床医生在诊断出这些症状后会采用密集的心理治疗，以便使患者能够回忆起他们的创伤，这样做的隐含前提是，恢复创伤记忆是康复的必要条件或充分条件。这些临床医生通常在很大程度上依赖于引导催眠和暗示性鼓励等技术，来找出患者压抑的根源。接受治疗的患者通常会发现自己得到了有同样遭遇的患者群体的支持和鼓励。

然而，患者声称的一些记忆往往会突破可信度的极限。他们情绪激昂地敦促我们相信撒旦的教徒总是虐待儿童，或有外星人绑架了人类。这些说法人们时有听说，虽然它们不被社会承认，但总是无声蔓延着（Bass & Davis, 1994; Mack, 1995）。因此，易受影响的人最好留意一个由哲学家大卫·休谟（David Hume, 1990）首先提出的观点，他希望这个观点能够“成为对各种迷信进行检验的永恒标准”。休谟问我们更有理由去相信以下哪种说法：是某个宗教奇迹发生并被准确地报道了，还是它没有发生而被错误地报道了？他的结论是，鉴于我们对世界如何运作的背景知识，后者出现的可能性总是更大。因此，永远不能单凭证词就相信奇迹，证词不是充分理由（即使奇迹确实发生了）。类似的论据也可以用在记忆恢复拥护者的不切实际的主张上。

尽管如此，一些被恢复的记忆确实被认为是在可信度范围之内的。在这种情况下，基于记忆的证词就不能被简单地直接驳回。乍看起来，似乎不太可能有大量的患者在没有正当依据的情况下声称自己受到了创伤性虐待，或者如果其所回忆的内容仅仅是虚构的，那么这些被虐待的记忆就不太可能如此生动形象。然而，事实真的如它们看起来的那样吗？做这种判断的风险很高。一方面，每个有道德感的人都有充分的理由避免将真正的虐待案件视为虚假案件；另一方面，采纳不实的虐待指控证词有可能破坏那些被不公正指控的人的日常生活及名誉。在缺乏决定性物证的情况下，人们必须谨慎地确定基于记忆的证词的证据价值。科学心理学在这方面发挥了关键作用，事实上，相关研究结果往往证明对被恢复的记忆的有效性的怀疑是正确的。

首先，现有的实验室证据并不支持人们会压抑不愉快记忆的观点（Holmes, 1990）（请注意，压抑不同于抑制，因为压抑是无意识的；有关有意抑制影响的更多信息，见本书第 22 章）。事实上，真正的创伤性记忆的一个特征是，它们是无法被忘记的，这可以在那些经历过像战时杀戮这样可证实的磨难的人身上观察到。创伤记忆在个体清醒和睡着时都会侵入性地重现（Krystal, Southwick, & Charney, 1995）。诚然，创伤后遗忘确实会发生，但当其发生时，造成的是全局性的遗忘，即无论是创伤性事件还是非创伤性事件都被遗忘了（Schacter & Kilstrom, 1989）。然而，即使创伤被选择性地遗忘了，也未必就是因为压抑，来自其他记忆材料的竞争或记忆痕迹的衰退也会导致遗忘，这即使不是一种更合理的解释，至少同样也是一种解释。确实，令人不快的自传体记忆往往比愉快的记忆更容易被遗忘，但似乎并不涉及压抑（Walker, Skowronski, & Thompson, 2003）。因此，支持恢复性记忆的初步证据并不能令人信服。

此外，大量的研究证实了记忆惊人的可塑性。从整体上看，这些研究都证实了这样一种观点，即被恢复的记忆可能是人为诱导的。例如，在被要求阅读相关单词的列表（例如“就寝时间”“打哈欠”“枕头”）之后，大多数被试都会回忆或再认出事实上没有出现过的与主题相关的单词，例如“睡觉”（Roediger & McDermott, 1995）。此外，在对记忆准确性的信心，以及判断是记忆而非猜测方面，被试在先前呈现的单词上的表现并不比对错误识别的单词要好。因此，当高度一致的心理概念被激活时，对记忆有效性的主观判断就会使人“误入歧途”。

其他研究表明，事后提问可以修改记忆。例如，在一项研究中，研究者呈现了一系列幻灯片，其中一张幻灯片展示的是一辆汽车在停车标志（stop）前停了下来。然后研究者对一些被试进行了误导性的提问：“汽车在让行标志（yield）前停车后做了什么？”与那些没有被误导的被试相比，这些被试更有可能在后来认为出现的确实是让行标志。这些研究结果被成功地推广到诸如速度和颜色等特征上，证明了事后提问对目击者证词的可靠性有着明显的影响（Loftus, Miller, & Burns, 1987）。显然，提问的方式会影响回忆的内容。

然而，我们的记忆是否可能仅仅因其他人坚持认为虚构的事件发生了而被凭空捏造出来呢？出人意料的是，答案是肯定的。在一项关于虚假供述的研究中（Kassin & Kiechel, 1996），被试或是被要求迅速或是被要求缓慢地完成一项计算机任务。研究者在一开始就对被试发出了警告：千万小心，不要按到 Alt 键，因为按 Alt 键会导致计算机程序崩溃。所有被试都注意到了这一警告，但后来他们却被研究者错误地指责按了 Alt 键。对其中一些被试来说，指责得到了一名假扮被试的研究者同伙的支持，这个人向研究者低声说自己目睹了所谓的违规行为。在那些匆忙（迅速）完成计算机任务的被试中，有些人“无意中”听到了研究者同伙的告密，之后就有三分之一的被试编造了自己关于按下 Alt 键的细致的错误记忆。这项研究表明，当个体对某件事的记忆是模糊的，而其他人却为其发生提供了可信的理由时，关于这一事件的“记忆”就很可能融入个体的心理自传中。事实上，相当一部分人的“童年回忆”都是根据他人对它们的讲述虚构出来的（Ceci, 1995）。

然而，记忆恢复治疗师与患者的会谈绝不是随意进行的。首先，为了克服被认为由于压抑而造成的记忆检索阻碍，患者被公开要求触发记忆。其次，记忆恢复治疗师经常使用催眠或引导想象技术帮助患者回忆事件。尽管研究表明这些技术可以提高患者对真实事件的回忆，但它们也被证明对虚假事件有同样的效果（Spiegel, 1995）。再次，患者很容易沉浸在有关记忆恢复的传说中，这导致他们拥有丰富的关于创伤、记忆和治疗的直觉理论。根据目前的研究，我们不难预测正是这些理论引发了与之一致的回忆。最后，看起来有些矛盾的是，患者可能有强烈的动机相信自己就是创伤受害者，而且要想完全融入有同样遭遇的支持性患者群体中，自己必须表现出创伤症状，而治疗本身所带来的情绪压力也很可能会增强患者对该群体的承诺（Aronson & Mills, 1959；见本书第 3 章）。

最后，被恢复的记忆所呈现出的奇特形式，就是它们潜在的不可靠性的最好证据。

记忆恢复疗法的信徒们现在在法律上不得不承认一些虚假记忆的存在及其可能造成的破坏（一个令人难过的案例，请参阅 Wright, 1994）。尽管如此，他们仍坚持认为确实存在压抑创伤的真实案例，并坚持认为这些案例可以由经验丰富的临床医生可靠地诊断出来。然而，我们很难看出这些临床医生是如何从一开始就具有这样的专业知识的，他们极少有机会接触到那些可以被独立于自己临床判断的任何标准确定为被虐待或未被虐待的人。

即使确实存在有关记忆恢复的真实案例，挖掘创伤病史的治疗价值仍然值得商榷。现代学者认为，作为所谓的记忆疗法的鼻祖，弗洛伊德从未真正治愈过他的任何病人，尽管他的说法与之相反（Crews, 1995）。当然，直面未解决的心理问题是有益的，即使是写日记吐露心声这种普通的方法也有助于改善身心健康（Frattaroli, 2006; Pennebaker, 2000）。相比之下，专注于过去，深陷于自己的受害者情结中，是不太可能战胜过去的逆境的。勇往直前，在新的生活中寻找希望，而非对过去的生活念念不忘，是一条更可靠的康复之路。

启示

我们关于“事件是怎样的”的直觉理论精细地塑造了我们的记忆。因此，我们并不是简单地记住过往事件最初的样子，而是根据当下的情况不知不觉地重构着过去。

你怎么想

你对过去事件的记忆可能部分是基于你现在对世界的理解而产生的错觉，对此你是否感到困扰？或者你是否相信你的头脑在以你最感兴趣的方式“编撰”着你的个人生活史？

第 22 章

目的陷阱：情绪控制中的反讽加工

最妙的计划，不管人还是鼠 / 常常都会落空 / 留下的不是预期的乐趣 / 而是愁闷苦痛！

罗伯特 · 彭斯（Robert Burns，1759—1796）

苏格兰诗人

背景

随着经典卖座电影《捉鬼敢死队》（*Ghostbusters*）走向尾声，片中四位不情愿的英雄——斯彭格勒、温克曼、斯坦兹和泽德莫尔——发现自己面对的是一位邪恶的半神。这位半神用刺耳的声音对他们说：

低等生物们！选择戈泽尔吧！选择熔炉吧！旅行者已经到来！选择并毁灭吧！

捉鬼敢死队想知道这些不祥的话是什么意思。斯彭格勒是第一个明白过来的，他向其他人解释说，戈泽尔即将带来一场宇宙级别的灾难。然而，这场灾难的确切形式将取决于他们目前在想什么。捉鬼敢死队队员们像疯子一样大喊大叫，控制自己什么都不要想。然而，过了一会儿，戈泽尔宣布：

有选择了！旅行者已经到来！

随着事态越来越糟，温克曼愤怒地想知道究竟是谁想了什么。斯宾格勒和泽德莫尔都声称不关他们的事，大家的目光慢慢转向斯坦兹，他只好呜咽着说：

我没办法！它突然就出现在那里了！

电影中，人们开始听到轰隆的脚步声，随着时间的推移，脚步声越来越大。然后，可怕的毁灭代言人在大都市的夜空中出现了。他是一个可怕的巨人，高耸于城市的街道之上。然而，他身上有一些明显的奇怪之处——他的整个身体又白又胖，戴着一顶整洁的水手帽，围着一条漂亮的蓝围巾。毁灭代言人竟然是——棉花糖宝宝（Stay Puft）！

温克曼面无表情地望着这堆300英尺高的恶心的黏糊糊的东西说：

干得好，雷！

上面的例子（尽管是虚构的）有效地提醒我们精神控制是如何在最关键的时刻失效的。你可能还记得试图控制自己的思想却失败的时候：你试着忘记你的烦恼入睡，但却整夜都在辗转反侧；你试着努力学习准备考试，但却情不自禁地做着关于另一半的白日梦。同样，你也可能会回忆起成功控制自己思想的时刻：你被别人有意的侮辱惹恼了，但仍然设法保持冷静；你损失了一大笔钱，但并没有让这件事破坏你的夜晚。这些不同的结果引出了一个有趣的问题：为什么我们在精神控制的某些方面成功了，而在另一些方面却失败了？

这个问题的部分答案来自对意志力的研究。想想肌肉是如何工作的，当运动过度时，肌肉就会失去力量；但一旦放松，它的力量就会恢复。一些研究表明，人类的意志力也是以类似的方式运作的，意志力的消耗又被称为自我消耗（ego depletion）。

在一项令人难忘的研究中（Baumeister, Bratslaysky, Muraven, & Tice, 1998），被试被安排坐在两个盘子面前。一个盘子里装满了新鲜出炉的美味小甜饼，另一个则装满了令人倒胃口的生萝卜。实验人员要求不同条件下的被试只吃其中一个盘子里的食物：或是饼干或是萝卜，然后让他们单独待了几分钟。实验人员在返回后要求被试完成一项任务，即要求他们一笔画完两个几何图形。被试并不知道这项任务是不可能完成的，而实验要测量的就是他们在面对某种挫折时能坚持多久。只被允许吃生萝卜的被试比吃饼干的被试更早放弃，这说明抵制诱惑似乎会消耗一些意志力，因此用于后续任务的意志力就会减少。其他一些研究发现，情绪压抑或重复性事件也可能会消耗意志力，因此，我们有时会因一连串的小烦恼而勃然大怒，或者会在一次购物之旅或一场激情的徒步旅行中疲惫不堪。这种观点认为意志力是一种有限的资源：如果有可用的意志力，那精神控制就能成功，不然就会失败（尽管如此，后续的研究并没有很好地重复早期研究的结果，所以在这里得出结论时需要谨慎一些。Hagger & Chatzisarantis, 2016）。

精神控制的失败也可能是由于其他原因。事实证明，我们的大脑存在一种内在的扭曲，这甚至可以扰乱钢铁般的意志。当人们试图控制自己的思想不仅失败而且事与愿违时，这种扭曲就会暴露出来。常见的例子包括在试图入睡时变得更加清醒，或者在试图绷着脸时忍不住大笑。如此明显的意外结果该如何解释呢？韦格纳（Wegner, 1994）认为，它们可以被很好地理解为两个心理过程相互作用的结果。

第一个是有意操作过程（intentional operating process），简称意向性（intender）。它是由有意识、深思熟虑且努力的尝试组成的，目的是寻找与某些期望的精神状态相匹配的精神内容。例如，为了改善我们的情绪，意向性会将我们的注意力转向愉快的想法，从而将其从悲观的想法中解脱出来。

尽管意向性负责精神控制，但它却经常指使自己的“卧底”同谋来收集信息，即反讽监视过程（ironic monitoring process），或简称监视器。监视器会躲在幕后（无形却又无处不在）检查是否有不受欢迎的入侵者侵入了精神堡垒。如果有的话，它就会分派意向性去处理它们，而它的角色就是向意向性发出精神控制失败的信号，以便其能够采取行动。

事情也可以反过来进行，意向性也可以触发监视器，特别是当其试图实现某种特定的精神状态时，然后监视器就会“送”给你一个相应的失败状态。例如，如果你的意向性让你不要去想棉花糖宝宝，那你的监视器就会特别注意关于棉花糖宝宝的想法。现在做一个练习，在阅读本章的剩余部分时，请尽量不要想起棉花糖宝宝。斯坦兹失败的地方你能成功吗？你可能会发现你的监视器正在提醒你！人们越试图不去想某些特定的事情，就越容易想起它（Wegner & Schneider, 2003）。

监视器的一个主要特点在于它是秘密工作的。如果每一个精神上的小“灾难”都会传到意识中，随之而来的喧闹就会迷惑有意识的头脑，使自我控制完全不可能实现。

从这个意义上说，监视器确实很像间谍，必须谨慎行事，一旦“暴露”就无法完成工作。

所以，这些如何帮助解释为什么精神控制有时会适得其反呢？重点在于意向性和监视器对心智的要求是不同的。前者是有意识和努力的，即更充分地利用现有的精神资源；而后者是自动化和高效率的，即更轻松地使用精神资源。因此，如果精神资源被一些次要的任务所占用，从而增加了认知负荷，那么意向性的功能相对于监视器就会受到损害。然而，尽管分心会削弱意向性控制精神内容的能力，却不会削弱其触发监视器的能力——仅仅是想要控制的意图就足以触发后者。综上所述，这两个事实为认知负荷下反讽加工的发生奠定了基础。

假设西沃恩正在为即将到来的统计学考试做准备。因此，她的意识集中在有关平均数、中位数和模型的内容上，然而，这时在她的意识边缘闯入了一个令人担忧的想法：她的月经推迟了。她的监视器尽职地向她的意向性发出信号，告诉她这个不想要的想法正潜伏着，然而，由于她把大部分可用的精神资源都投入了学习中，她的意向性无法消除这种令人担忧的想法。它一再试图屏蔽这种想法，但这只会促使监视器进一步提高警惕，并且更坚决地表示，这种不受欢迎的想法仍然存在。不幸的是，这只会引发一个自我强化的循环，在这个循环中，越努力尝试控制精神越会导致令人沮丧的失败。由于监视器对这一想法的“独宠”，西沃恩的意识很快就被这一意向性想要禁止的想法占据了。她对平均数、中位数和模型的关注开始让位于对可能怀孕的关注。值得注意的是，如果西沃恩有足够的精神资源，例如在学习的休息时间放松一下，那这种情况可能就不会发生。在那种情况下，意向性就有可能成功地压制这种不想要的想法。

我们一直在讨论的反讽过程理论（ironic process theory）适用于广泛的心理逻辑现象，从物理运动（Wegner, Ansfield, & Pilloff, 1998）到梦的内容（Wegner, Wenzlaff, & Kozak, 2004）。然而，在这一章中，我们只关注它如何应用于一种单一的情境：改变情绪。韦格纳、埃尔贝和扎格罗斯（Wegner, Erber, & Zanakos, 1993）预测，尽管故意改变情绪通常会成功，但当人们处于认知负荷下时，却会适得其反。此外，他们预测，当人们试图改善自己的消极情绪或减弱积极情绪时，都会出现这种情况。诚然，试图让积极情绪恶化是一项相当反常的工作，然而，作为一个实验目标，这是很有意义的，因为它让反讽过程理论的一个惊人含义得到了验证，即在认知负荷下，故意让自己感觉更糟，反而会感觉更好。

做了什么

显然，只有当人们真正处于某种情绪中时，他们才能尝试控制情绪。因此，韦格纳等人（1993）在实验中首先诱导被试产生某种情绪。为此，他们要求 184 名女大学生和 105 名男大学生回想一件生活中有意义的事情，并尽可能生动地回想事件的具体细节。他们的指导语如下："想象出那个场景""回想当时你脑子里想的是什么"。一些被试被要求回想快乐的事件，另一些则被要求回想悲伤的事件。

接下来，研究者大声地说出某个短语来控制被试的情绪反应。在快乐记忆条件下，一些被试被要求重新体验与记忆事件相关的快乐，而另一些被试则被要求避免重新体验。同样，在悲伤记忆条件下，一些被试被要求重新体验他们的悲伤，与此同时另一些被试被要求避免重新体验。此外，为了提供一个基线来评估情绪控制指令的效果，研究者没有给另一个控制组任何情绪控制指令，这个控制组中既有快乐记忆组的被试，也有悲伤记忆组的被试。

值得注意的是，试图感到快乐和不悲伤都代表着改善情绪的尝试，而试图感到悲伤和不快乐都代表着恶化情绪的尝试。研究者将这两种指令都包括在内是为了测试一个次要假设，即在认知负荷下有意识地去诱导产生某种情绪，会比有意识地抑制这种情绪产生的反讽效果要弱。研究者的推理如下：在认知负荷下，可用的意志力资源不足，因此当试图不去想某件事时（精神压抑），反讽的结果将是确定的，也就是说，意识能够将被意向性试图消除的精神内容准确地淹没（例如，消除悲伤变得快乐，消除快乐变得悲伤）。然而，当被诱导去思考或生成某种相反的情绪时，结果将是不确定的。也就是说，混合的内容将淹没意识（试图快乐和不悲伤会变得悲伤，而试图悲伤和不快乐则会变得快乐）。所以，如果你试着在认知负荷下尝试不悲伤，与只尝试快乐相比，在反讽作用下你会感到更大的悲伤；同样，如果你在认知负荷下尝试不快乐，与只尝试悲伤相比，在反讽作用下你会感到更大的快乐。

回到这一过程的细节，研究者对一些被试施加了认知负荷，而对另一些被试则没有。那些被施加压力的人被要求在研究结束前记住一个不重复的九位数（例如，175263948），而其余的被试则没有被这样要求。

总结一下实验设计：所有被试都被要求回忆那些让他们快乐或悲伤的记忆。当回忆这些记忆时，一些被试被要求恶化他们的情绪（如果回忆的是快乐记忆就试着悲伤，如果回忆的是悲伤记忆就试着不去开心），而另一些被试则被要求改善他们的情绪（如果回忆的是悲伤记忆就试着开心，如果回忆的是快乐记忆就试着不去悲伤）。其他被试则没有被要求改变情绪。在这三种条件下，均是一半被试有认知负荷，另一半则没有。

在回忆了七分钟后，被试报告了他们的最终情绪，这是预测反讽效应产生的主要因变量。研究者使用了一系列量表来评估被试们的快乐或悲伤程度，还使用了评估紧张或放松程度的量表来验证实验操作影响的确实是快乐和悲伤，而不是其他情绪。

被试还被要求写下他们在回忆生活中快乐或悲伤的事情时产生的任何想法。在他们完成这一任务时，研究者有意识地离开了，以避免无形中影响他们的报告。然后，被试将填写好的书面协议交给两名训练有素的助手，由他们来编码与情绪相关的内容。

最后一个细节值得注意。这项研究被宣传为一项调查，目的是研究完成一项脑力工作对另一项工作表现的影响。为了与这个掩饰故事保持一致，研究者让被试在研究开始前进行了一段时间的自由写作。这一初始阶段的目的是促使被试得出错误的推论，即研究的目的是评估自由写作如何影响随后的任务表现和实验操作。不让被试觉察实验目的可以确保实验假设不会被那些试图取悦或惹恼研究者的聪明的被试无意中证实或反驳。

发现了什么

该研究的第一个值得注意的发现是，情绪控制指令对情绪总体来说没有影响。也就是说，被要求改善自己情绪（试着快乐或不悲伤）的被试，平均而言并不比被要求恶化情绪（试着悲伤或不快乐）的被试更快乐。在这两种条件下，被试的情绪都与没有进行情绪控制的被试相同。这是否意味着情绪控制是无效的？

仔细看看数据就会发现事实并非如此。被试在情绪控制方面的尝试产生了完全相反的结果，这取决于他们是否处于认知负荷下。当没有数字记忆任务时，他们成功地改善或恶化了自己的情绪，正如所期望的那样；然而，当需要记住数字时，他们控制情绪的尝试却适得其反：试图改善情绪只会让情绪更糟，而试图恶化情绪只会让情绪更好。这是对反讽过程理论预测的明确印证。在认知负荷存在和不存在的情况下，所得到的反讽效果的趋势大致相同。情绪控制操作之所以没有取得整体效果，是因为预期效果和反讽效果相互抵消了（如图 22–1 所示）。

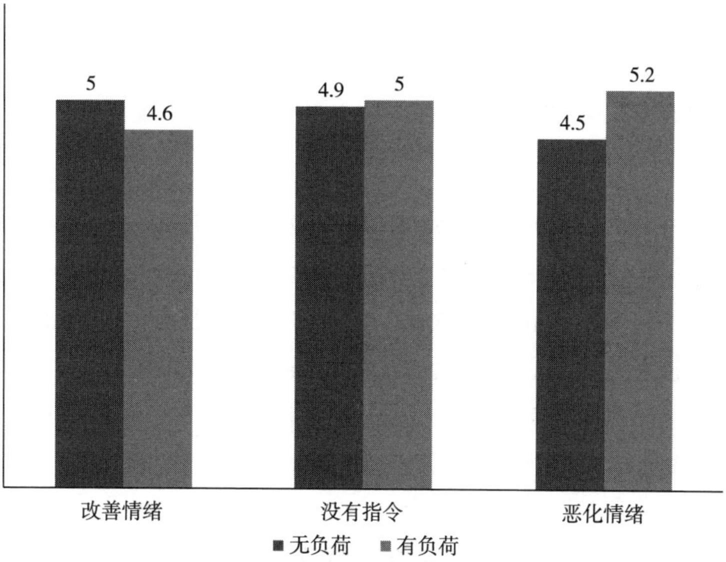

图 22–1[①] 在认知负荷存在或不存在的情况下，被要求改善情绪、恶化情绪或什么都不做的被试的开心指数

研究者还获得了一些证据，表明试图抑制情绪比试图诱导产生情绪有更强的反讽效果。在有认知负荷的情况下，那些试图抑制情绪的被试失败得很惨，而那些试图诱导产生情绪的被试则没有那么惨，然而，失败的比例并没有很大的区别。一个可能的原因是，由于缺少严格的相反提醒，被要求生成某种情绪的被试有时可能是在试图抑

① 图 22–1 中的纵坐标为被试的开心指数，分数越高表示越开心。——译者注

制相反的情绪，而被要求抑制某种情绪的被试有时则可能在试图生成相反的情绪。这将破坏抑制条件和生成条件之间的差异。

研究人员还分析了被试产生的积极或消极想法的列表，并预期结果将与那些自我报告的情绪相符。果然，在没有认知负荷的情况下，被要求改善情绪的被试写下的积极想法要多于被要求恶化情绪的被试（没有被要求控制情绪的被试介于两者之间）。然而，在有认知负荷的情况下，反讽效果并没有出现：在这三种条件下，被试列出的想法的积极性均没有显著差异。很明显，只有当精神控制成功时，被试的想法才与他们最终的情绪相符。

是什么导致了这一奇怪的差异？一种可能性是，记住一个九位数的要求可能干扰了被试写下具有积极或消极特点的想法的能力；相反，他们可能仅能想到并写下简短的、零散的想法。

然而，韦格纳等人（1993）的另一项研究再次发现了明显的反讽效应。在这项研究中，他们感兴趣的指标是积极和消极想法的心理可达性（mental accessibility），或这些想法在被试头脑中活跃的程度。这种心理可达性可以通过人们对与某种想法相关的词语的分心程度来衡量，也可以通过他们说出词语呈现时的颜色的快慢来揭示。研究结果显示，尽管压抑情绪通常会降低情绪相关想法的可达性，但具有反讽意味的是，当被试处于认知负荷下时，压抑情绪反而会提高这些想法的可达性。

又怎么样了

目前的研究表明，当精神资源匮乏时，刻意控制情绪的尝试会适得其反。这可能有助于解释某些形式的抑郁和焦虑情绪的产生和发展。由于外部的需求或较差的多任务处理能力，一些人可能会发现自己长期处于认知负荷之下，因此，尽管他们尽了最大努力让自己振作起来或冷静下来，但却可能只会使症状更严重。

然而，从好的方面来看，目前的研究也提出了人们可以用来提高心理表现的三种策略。首先，采取措施将持续的认知负荷降到最低，只有这样才能释放精神资源；其次，不要像佛教和道教等东方宗教长期以来所建议的那样，过分地控制自己的思想（Smullyan, 1992）（请注意，这两种策略也可以防止自我消耗的影响，就像在背景部分中提到的那样）。最后，故意诱导产生不需要的症状，利用认知负荷的反讽作用来减轻这些症状。

关于有意识地生成不需要的心理状态可能对心理逻辑有益的观点并不新鲜，特别是存在主义心理学家弗兰克尔（Frankl, 1963）提出了将矛盾意向（paradoxical intention）作为一种治疗手段的观点。比如对于患有恐鸡症（alektorophobia，即一种对鸡的病态恐惧）的人来说，弗兰克尔建议他们不应该试图逃避他们的恐惧（每次提到鸡的时候，他们都会转移注意力），而应该通过有意识地唤起自己对扇动翅膀和尖声鸣叫的记忆，来强化这种恐惧。这将迫使他们直面自己的恐惧，重获心理上的自主权。更重要的是，弗兰克尔把他的技术推荐给了那些不能达到性高潮和极度焦虑的客户（他们应该试着不高潮，而且让自己很焦虑）。这项技术也是一种普遍的治疗方法即存在主义分析疗法（lagotherapy）的特色手段，这种疗法旨在帮助人们重建生活目标。然而，将矛盾意向与认知负荷相结合的思想是反讽过程理论所特有的。事实上，如果没有这种认知负荷，我们就有制造出某种不受欢迎的心理状态的危险！

在这方面，让我们来看一个时常困扰我们许多人的症状——失眠。当我们平静下来睡觉时，忙碌的日常事务无法再帮助我们对抗忧虑，因此，我们必须依靠纯粹的内部手段来消除它们。这可能很难，尤其是当我们的大脑已经疲惫不堪时。此外，那些占据我们注意力的忧虑也会加重我们的认知负荷，也正因如此，我们入睡的尝试有时却会导致持续的清醒。

在一项关于失眠是否会被反讽地产生或消除的测试中，被试或是处于或是没有处于认知负荷下，他们被要求或是尝试入睡或是保持清醒（Ansfield, Wegner, & Bowser, 1996）。由于让被试处于真实的忧虑中是不道德的，研究人员以另一种方式来操纵认知负荷。他们让一半的被试听能吸引注意力的欢快音乐——《约翰·菲利普·索萨进行曲》（*John Philip Sousa marches*），而让另一半被试听舒缓的背景音乐——《新时代的氛围》（*New Age vibes*）。在认知负荷较低的舒缓条件下，那些试图入睡的被试不出所料地比那些试图保持清醒的被试更快入睡；然而，在欢快的条件下，也就是认知负荷高的情况下，情况正好相反：那些试图保持清醒的被试实际上比那些试图入睡的被试更快睡着。这项研究的实际意义很明显：如果你吵闹的邻居在深夜举办派对，那你应该努力保持清醒。

反讽过程理论的意义不仅在于解释精神症状，你有没有发现自己有时说出的话和想说的完全相反，这让你非常尴尬？弗洛伊德（1914）极好地引起了人们对这种口误的注意，他认为这反映了日常言语中爆发出的无意识冲动。然而，还存在更通俗的解释。口误可能反映了句法混乱和情景启动的结合，就像一名男性游客错误地向一位胸部丰满的售票员索要"警戒哨"（把"票"的英文单词"ticket"的首字母"t"误发成了"p"，"picket"意为"警戒哨"）。尽管如此，考虑到口误肯定是无意识的行为，说反讽过程理论不能解释它们才令人惊讶。

反讽过程理论预测，当人们努力避免说一些内容时，就会出现口误。以性别歧视的语言为例。大男子主义者必须注意自己的言辞，并有意避免发表可能具有侮辱性的言论，比如精力不足的性行为。精神上的忙碌会干扰他们的自我审查吗？在韦格纳（1994）所做的一项假设测试中，学生们被要求大声朗读一些可以用性别歧视或非性别歧视的方式完成的句子片段（例如，"和很多男人出去的女人是荡妇 / 受欢迎的"）。在没有特别指示的情况下，被试在精神忙碌时表现出的性别歧视次数比不忙的时候略少。然而，当被明确告知要避免性别歧视时，被试在精神忙碌时表现出的性别歧视次数要远远多于不忙时。有趣的是，这一效应的倾向与被试对女性的态度无关。这些发现表明，一个真正的女权主义者努力避免成为性别歧视者，与一个大男子主义者试图取悦他的自由派听众一样，很容易犯一些老套的错误。换句话说，口误并不是无意识情感的证据，而是有意识地进行精神控制的证据。

反讽过程理论很好地解释并正确地预测了一系列矛盾的有意现象。这证明科学心理学可以解决弗洛伊德精神分析学所提出的同样令人困惑的借口，并为这些借口提供了更可信的、基于经验的解释。尽管如此，仍有许多重要的问题没有得到解答。例如，即使是在没有精神负荷的情况下，被压抑的思想也会回到意识之中（Wegner, Schneider, Carter, & White, 1987），这表明精神控制在本质上是有瑕疵的。一项有趣的研究发现，那些花时间压抑自己对光头的负面刻板印象的被试，会坐得离某些"光头党"刚腾出来但很快就会回来坐的椅子更远（Macrae, Bodenhausen, Milne, & Jetten, 1994）。显然，压缩我们的精神弹簧只会使其在释放时产生更大的弹力。此外，虽然精神状态和认知负荷可以在实验室中进行区分，但它们在日常生活中却很容易混淆。假设你有一个想要控制的长期担忧，这种日夜盘旋在头脑中的担忧本身不会增加认知负荷吗？像这样的复杂情况会使事情更加复杂。

后记

反讽过程理论主要用来解释为什么对自己进行精神控制的尝试会失败。诚然，该理论也可以推导出一种令人惊讶的实现自我控制的策略——在认知负荷下努力产生不想要的状态。然而，这种策略在实践中的用处可能很有限。例如，一个人是否总能安排一个恰当的分散注意力的活动？此外，反讽过程理论只能处理有意改变一个人的即时心理状态的情况。社会心理学对于人们如何成功地实现长期目标有什么建议吗？在这方面，励志书籍经常分享给读者关于自我激励的秘密。有没有什么方便的技巧（或者就像标题党所说的，有没有"一个奇怪的把戏"）可以把你不可靠的意图变成有效的行动？答案可能是肯定的。

人们可以识别两种不同类型的意图。第一种是你已经很熟悉的简单意图，它通常的形式是："我打算达到目标 X！"第二种的形式是："在情况 Y 中，我打算做 Z，以达到目标 X！"这被称为实现意图（implementation intention）（Gollwitzer, 1999）。

以本书的写作为例，完成写作是作者们的长期目标。我们每个人都有一个简单意图："我打算完成《人性实验》这本书。"然而，在此过程中，我们也有实现意图，例如，我今天的任务是："下午四点在办公室写'目的陷阱'这一章节的后记部分，以完成《人性实验》这本书。"

实现意图与简单意图的区别在于两种特性。首先，简单意图往往只是一些模糊的愿望类型，而实现意图则是具体的，指的是在确切环境下的具体行动，在上面的例子中，实现意图明确了时间和地点。其次，简单意图是无条件的（人们可以在任何时候完成它们），而实现意图是有条件的（以"如果……那么……"的形式）。上面例子的另一种说法是："如果下午四点我在办公室，那么我将会写后记部分。"实现意图的内容给人一种有规则的感觉，即在某种情况下某事就会发生。

即使是简单意图也能与行为合理地联系起来。我们可以考虑计划行为理论（theory

of planned behavior）（Ajzen, 1991）。它提出以下两个因素决定了人类的大部分行为：一是个人态度，即对结果的信念，以及对结果的期望程度；二是主观标准，即对他人想要什么的信念，以及遵守这些信念的动机。根据这一理论，个人态度和主观标准都是通过意图来影响行为的，这是有意义的。假设你想要上大学，你的父母也同意，那么舞台就准备好了：你现在有上大学的意向了。接下来，你开始计划，并按照这些计划行动。但是，如果你认为在没有形成目标的情况下就能够开始计划或行动，那就太愚蠢了。不出所料，许多研究都表明个人态度和主观标准能预测意图，而意图反过来又能预测行为。例如，使用避孕套的意图（Albarracin, Johnson, Fishbein, & Muellerleile, 2001）或戒烟的意图（Topa & Moriano, 2010）就是如此（计划行为理论在促进健康方面得到了广泛的应用；见本书第 24 章）。

然而，这并不是我们想说的全部内容。虽然上述预测是强有力的，但远非完美。还有一些因素也被认为与此有关，比如一个人对相关行为的感知控制（perceived control）。当感知控制水平很低时，意图的预测性就较差；感知控制甚至可以独立于意图来预测行为。这种可能性很好地反映了习惯、冲动等非理性因素的影响。

让我们来总结一下所有可能使实现目标的良好意图失败的方法。一个人可能由于健忘或缺乏决心而无法开始，或者可能会因为分心或诱惑而偏离轨道，抑或可能仅仅是耗尽了继续前进所需的能量。难怪意图经常会失败。然而，正是在这样的情况下，实现意图帮助人们实现了目标（Gollwitzer & Sheeran, 2006）。

让我们来看看希兰和欧贝尔（Sheeran & Orbell, 2000）的一项研究。他们打算帮助妇女预约一项重要的医学检查——筛查早期子宫颈癌。除了收到标准的邮件提醒外，被试们还收到了一份问卷，涉及与计划行为理论相关的问题，在问卷的最后是关键的实验操作。一半的被试阅读了以下文字，被引导形成了实现意图：“如果你选择在何时何地进行子宫颈细胞检验，那你将更有可能预约成功。请在下面注明预约时间、地点和方式。”结果表明，虽然通常的因素（例如，个人态度、主观标准、感知控制和简单意图）确实也能够预测是否会遵守医疗预约，但是实现意图预测的结果超出了预期。事实上，控制条件组（没有被引导形成实现意图）只有 69% 的被试前来检查，而实验条件组（被引导形成实现意图）却有 92% 的被试如约前来检查。

让我们来看另一个例子。节食之所以很难的一个原因就是美味的食物会诱使我们放弃追求苗条和健康的长期目标，转而实现暴饮暴食和饱餐的短期目标。当欲望来袭时，我们的意志力就会枯萎，但在这里，人们可以巧妙地使用实现意图。如果一个人把欲望本身作为节食的“如果……那么……”，结果会怎样呢？这就是范·柯宁斯伯根、斯特雷贝、帕皮斯和阿尔茨（Van Koningsbruggen, Stroebe, Papies, & Aarts, 2011）所进行的一项研究。一半的被试阅读了以下说明：“请告诉自己，‘下次当我想吃东西的时候，我一定会考虑节食！’当你对自己说出这句话的时候，请在这个框里打钩。”那些先前长期节食不成功的被试特别受益于这一指令。总的来说，实现意图是缩小腰围，并有效地促进对健康食品的消费（Adriaanse, Vinkers, De Ridder, Hox, & De Wit, 2011）。

这就引出了一个问题：为什么实现意图会有效？调节效应的内在机制是什么？戈尔维泽（Gollwitzer, 2014）对相关研究进行了简要概述，发现内在的机制不仅仅是将目标分解成更小的部分，也不仅仅是增强一个人对目标的承诺（关于后者的更多信息，见本书第 3 章）。首先，触发执行实现意图的线索变得更容易理解，人们会更多地注意到它，这样它就起到了提醒的作用；其次，线索和将要执行的行为之间的联系变得更强。此外，似乎还存在一个自动的特征：一旦线索被“点击”，行为就会被“执行”。这或许可以解释为什么它们有可与习惯和冲动相竞争的能力，而习惯和冲动也往往会产生自动化的行为。为了支持这一观点，实现意图已经被证明可以加速反应（Brandstatter, Lengfelder, & Gollwitzer, 2001）。据推测，它们使人们没有必要从零开始形成一个新的意图。的确，人们或许可以将实现意图理解为预先生成的定制意图，这有点像电视厨师事先准备好食材以加快完成食谱。但要注意，关键是要简单，一个人使用的实现意图越多，其效果就越差（Dalton & Spiller, 2012）。

总之，自我控制能力是一个有益的特征（Tangney, Baumeister, & Boone, 2004）。那些可以等着吃两个棉花糖而不是马上吃一个棉花糖的孩子，几年后会过得更好，身体脂肪也更少（Schlam, Wilson, Shoda, Mischel, & Ayduk, 2013）。我们想知道可怕的棉花糖宝宝是否有更深远的象征性意义？希望在学习了一些关于这个话题的社会心理学文献后，读者们能更清楚地了解为什么他们的意图有时会失败或适得其反，以及如何使它们更有效。

启示

如果人们的注意力不集中或心事重重，那么想要达到理想精神状态的尝试往往会适得其反。在这种情况下，他们最好放弃这样的尝试，或者更好的是，尽量不要试图产生某种精神状态，因为这会导致产生它的反讽倾向。

你怎么想

假设你不再试图对自己的思维过程施加任何控制，而只是让它们自然地发生，那将会发生什么？你会屈服于糟糕的情绪、极度分心或者永远不起床吗？或者你会很自然地做你需要做的事情，而不费任何力气吗？

第 23 章

数字诊断：挖掘无意识的技术工具

有眼睛能看、有耳朵能听的人，自己就会相信无人能够保守秘密。即使他的双唇紧闭，他也会用指尖说话；背叛能从每个毛孔中渗出。

西格蒙德·弗洛伊德（Sigmund Freud, 1865—1939）

奥地利精神分析学派先驱

背景

当向外行提起我们（本书作者）是（社会）心理学家时，我们往往会得到以下两种回复中的一种。第一种回复是："那一定很有趣，对吧？"嗯，也是也不是。我们对自己说："当然，假设是深刻的，实验是精妙的，结果是发人深省的。但是伙计，数据管理肯定是个大麻烦。"第二种回复是："我最好小心点——你可能要开始分析我啦。"对于这种回答，我们有两种反应。首先，我们感到很可笑，因为在外行人眼里，这就是我们的业余活动；其次，他们误解了我们进行科学研究的方式，这让人感到有些沮丧。我们发现自己处于下风，不得不温和地驳斥一些广为流传的迷思。

外行人通常害怕像我们这样的（社会）心理学家，仅仅通过一些细微的观察就能够将其看透。在这方面，我们被比喻成著名的侦探夏洛克·福尔摩斯（Sherlock Holmes），他能够从一些被普通人忽视的微小线索中得出惊人的推论。这里有一粒灰尘，那里有一个脚印，就能让福尔摩斯推断出是莫里亚蒂谋杀了帕西·威格巴顿（Percy Wigglebottom）爵士。同样，据说一个紧张的姿势、一个口误就能让我们推测出一个人内心的黑暗秘密。

当然，夏洛克·福尔摩斯是一个虚构的人物，他的调查方法在现实生活中可能会招致不幸。他的许多所谓的推论实际上只是基于微小证据的猜测。福尔摩斯的创造者柯南·道尔（Conan Doyle）确保了他的英雄的永远胜利，但有血有肉的侦探们无法从柯南·道尔那里获得帮助。与此相反，日常的刑侦工作更为平凡和有条理，侦探们使用专门的技术和工具（例如分析、取证、监视）来收集证据，团队成员群策群力共同破案，这与某个孤独的天才单枪匹马地解决让刑事司法系统困惑的犯罪问题不是一回事。

据说老练的心理学家一眼就能对一个人做出判断，遗憾的是，这与夏洛克·福尔摩斯一样，都是虚构的。以精神分析学派的先驱西格蒙德·弗洛伊德为例，尽管他认为自己是一名杰出的诊断专家，但客观地看他的病例，情况却截然不同。弗洛伊德大胆地假设，精准的分析能够缓解患者的神经症症状，并声称自己能够治愈任何病人。然而，他的说法在很大程度上遭到了质疑，人们对他最初的解释的合理性提出了异议（Crews, 1995）。最终，我们仍不清楚他的独特解释——通常指性变态——究竟是他在人们的梦境和幻想中发现的真实模式，还是他投射到他们身上的想象模式。

事实上，没有人能够拥有弗洛伊德所宣称的诊断能力。众所周知，人们对他人的直觉性的理解往往会受到系统性的反驳。例如，我们经常根据孤立的行为错误地推断他人的人格特征（见第 10 章），却无法理解这些行为是如何受社会环境影响的（见第 8 章和第 15 章）。也许我们读心能力有限的最明显标志就是我们几乎无法辨别谎言。数百项研究的累积结果表明，外行和专家在分辨谎言和真话方面差不多都是碰运气（Bond & DePaulo, 2006, 2008）。这主要有两个原因（Vrij, 2008）：首先，人们无法识别或追踪说谎的蛛丝马迹（例如，一个尖锐的声音）；其次，所谓的线索对说谎的预测能力都很弱（例如，没有“匹诺曹的鼻子”）。

因此，要想发现人类的大脑是如何工作的，与其说需要一个具有超凡洞察力的个体，还不如说需要一个提出理论并加以检验的科学家群体。的确，你可以把社会心理学家（以及他们在相关领域的同事）想象成一组勤奋的侦探，他们每个人都在试图解决一件复杂得令人难以置信的案件。与侦探一样，社会心理学家依赖的不是孤立的直觉，而是专门的技术和工具。他们喜欢的技术是实验，因为它阐明了是什么导致了什么（见本书的前言部分）。尽管如此，他们也使用一系列测量工具来评估人们的心理状态和潜在性格。

考虑到通用性和方便性，大多数时候我们选择的工具是简单的问卷。但是请注意，在使用问卷之前，必须仔细收集和验证问卷。也就是说，我们不仅仅是把一堆看起来恰当的东西拼凑在一起，还需要提前证明它们能够测量出想要测量的东西（Brad-burn, Sudman, & Wansink, 2004）。一个问卷所包含的项目，必须是描述清楚、统计上一致且具有区分度的。此外，作为一个整体，问卷产生的结果在不同时间点上必须具有可重复性，并能够预测具有理论意义的既定结果。正是这些优点使社会心理学家使用的问卷有别于那些出现在流行杂志上的问卷。

然而，即使是最有效的问卷也只能描述一个人是什么样的人。原因有三（Gregg & Klymowsky, 2013）。首先，人们有时不愿向他人透露自己对敏感话题的真实想法和感受。例如，一个隐秘的大男子主义者不会愿意透露自己对性别歧视的真实态度，即使在匿名状况下也是如此。其次，人们可能不愿意承认自己的真实想法或感受。例如，一个白人自由主义者可能拒绝承认，更不用说表达自己潜在的种族偏见了。最后，人们可能压根就不知道自己的真实想法或感受。例如，有些人可能会惊讶地发现，他们对某人的吸引力比他们最初想象的还要强。

那么，有没有一种方法，在不依赖日常知觉或精神分析解释（这两种方法都会受到偏见的影响）的情况下进入心灵深处呢？对于这个古老的问题是否有技术上的解决办法？事实证明可能有。

20 世纪 70 年代，认知心理学家——他们更关注人类心理过程的具体细节——在方法论上取得了突破。他们发现了如何以客观的方式确定和量化人们在两个概念之间形成的心理联想（mental association）。他们使用了序列启动范式（sequential priming paradigm）（Chartrand, & Bargh, 2000）。不久之后，社会心理学家也采用了这种范式来研究他们最感兴趣的心理联想，即那些与社会世界有关的心理联想。

这一范式可以通过一个真实的实验来很好地说明（Banaji & Hardin, 1996）。想象你正坐在电脑前，你的任务非常简单：对屏幕上出现的目标词一个接一个地分类。这些词或是男性代词（如“他”）或是女性代词（如“她”）。如果将代词归类为男性代词，就按左键；如果归类为女性代词，就按右键。你必须又快又准地进行反应。

现在转折来了。在每个试次中，在每个目标词出现之前，都会闪现一个启动词。你被告知忽略这些启动词。这个启动词可能是传统的男性职业的名称（如“医生”），也可能是传统的女性职业的名称（如“护士”）。这意味着，从性别刻板印象的角度来看，一些启动–目标词对是相匹配的（“医生” = “他”，“护士” = “她”），而另一些则不匹配（“医生” = “她”，“护士” = “他”）。

如果你和大多数人一样，那么在目标词之前出现的启动词将会影响你的反应速度。尤其是，你在词对匹配情况下的反应要快于词对不匹配时。从认知心理学之前的研究中，我们知道这种“促进”和“抑制”模式反映了概念之间存在的自动联想。在这里，自动联想可以解释为内隐刻板印象（implicit stereotypes）。值得注意的是，通过对诸如“好”和“坏”等类别的描述，序列启动范式也可以用来评估内隐偏见（implicit prejudices），但这涉及的是评价联想而非语义联想（Fazio, Jackson, Dunton, & Williams, 1995）。

有趣的是，人们外显的（主观报告的）刻板印象和偏见与他们内隐的（客观显示的）刻板印象和偏见之间的相关程度往往较低（Nosek, 2007），后者的水平也更高。例如，人们在一份评估对女性态度的问卷上的作答，可能无法预测他们在上述实验中的表现；然而，上述实验的结果则更可能反映出性别歧视（Rudman & Kilianski, 2000）。这种显性–隐性分离（explicit-implicit dissociations）意味着什么还有待商榷。在学术界左倾学派中流行的一种主要解释是，许多思想自由的西方人尽管有意识地主张平等，但仍然对各种社会群体持有无意识的偏见（Dovidio & Gaertner, 2004）。

然而，序列启动范式有一个缺点。虽然它能够量化已出现的自动联想的平均水平，但却无法可靠地在个体水平上量化自动联想。因此，社会心理学家试图开发一种新的范式，即内隐联想测验（implicit association test, IAT）（Greenwald, McGhee, & Schwartz, 1998; Nosek, Greenwald, & Banaji, 2007）。这是社会心理学家探索社会无意识（social unconscious）最常用的工具（Bargh, 2007）。

IAT 的操作方法比序列启动范式要复杂得多，因此请和我们一起继续关注。同样，你需要通过按一个键或另一个键来又快又准确地对项目进行分类。然而，此时的安排是，如果项目属于同一个类别对，按一个键；如果属于另一个类别对，按另一个键。例如，假设一名研究人员想在2016年总统大选之前，测量你对两位竞争候选人的自动联想，那么在IAT的一个组块中，她会让你遵循以下两条规则：（a）如果一个单词属于希拉里或“好”类别，请按“Q”；（b）如果一个单词属于特朗普或“坏”类别，则按“P”。在另一个组块中，你被要求遵循另外两条规则：（c）如果一个单词属于希拉里或“坏”类别，按“Q”；（d）如果一个单词属于特朗普或“好”类别，按“P”。然后，研究人员会测量你在两个组块上的平均速度，并将两者进行比较。如果你在组块一中的反应速度比组块二快，就意味着你更倾向于希拉里而不是特朗普；如果你在组块二中的反应速度比组块一快，就意味着你更倾向于特朗普而不是希拉里。

由于对IAT的文字描述很难被理解，所以我们在本章末尾提供了一个低技术含量的纸笔测验。这两个组块在相邻的页面上呈现。遵循这些简单的指导语，看看哪个更容易完成，哪个更难完成，即使是在反复尝试之后。

IAT已经被证明是极具争议的，对于它是否真正衡量了内隐偏见，或者它所产生的巨大影响是否只是一种误导性的假象，目前还没有达成共识（Gregg & Klimowsky, 2013）。然而，如果IAT能够始终如一地预测重要的结果——特别是自我报告无法预测的结果——那么其在理论上的有效性和实践中的实用性都将被有力地证明。因此，在这里我们关注IAT是否可以较好地预测一个明显具有社会相关性的重要结果——投票行为。

令人好奇的是，在政治态度领域，自我报告测量与IAT得分之间的相关最高（Nosek, 2007）。因此，这两种方法可能讲述了一个相似的故事，并在预测的内容上存在重叠。不过，对于那些潜在的选民，即那些尚未做出决定的选民，IAT可能仍会提供一些特别有用的信息。这些人公开宣称，他们自己也不知道该把票投给谁。这就提出了一个有趣的问题：如果他们不知道，那其他人能知道吗？如果IAT涉及了无意识偏见，而这些无意识偏见又会引导人们的行为，那么IAT分数就能够预测那些尚未决定的选民会投票给谁，即使这些选民自己都不知道。如果成功的话，这将是对IAT作为一种技术工具的有力认可。

加尔迪、阿库里和加沃伦斯基（Galdi, Arcuri, & Gawronski, 2008）在著名的期刊

《科学》（*Science*）上发表了这方面的初步结果。被试即将投票的议题是关于美国扩大在意大利的维琴察军事基地的提议——这一前景曾让当地居民产生严重分歧。首先，研究人员通过对基地扩大预期后果的简短调查，评估了被试对基地的外显信念。其次，他们使用了一个能够对单个目标进行联想评估的 IAT 版本来评估被试的自动联想（Karpinski & Steinman, 2006）。最后，他们评估了被试的投票意向——询问他们是已决定支持或反对扩建，还是仍未做出决定。研究人员在两个时间段（时间 1 和时间 2）内完成了三项评估的全部施测。

结果是惊人的，在时间 1 已做出决定的选民中，只有外显信念（自我报告）预测了他们在时间 2 的投票意向；相反，在时间 1 未做出决定的选民中，只有自动联想（IAT 评估）预测了他们在时间 2 的投票意向。显然，IAT“知道”尚未决定的选民将如何投票。

然而，这项研究有一个主要的缺点：它只测量了选民的投票意图，而不是投票本身。但休息一天并不等同于度假。其他的研究（稍后将进行回顾）已经对这一发现提出了质疑，这促使拉库亚（Raccuia, 2016）对该问题进行了进一步的研究，以帮助厘清在投票方面，IAT 能预测什么，不能预测什么。

做了什么

拉库亚在瑞士进行了三项大型在线研究。这种环境是理想的，因为瑞士在定期就国家关心的问题进行全民投票方面是独一无二的，全民投票可直接决定结果（例如，直接民主）。这意味着当被试参与公投时，他们的行为可以被认为与他们对该问题的态度完全一致。相比之下，其他民主国家的公民则很少举行全民投票，几乎总是选举政治家代表他们投票（例如，代议民主）。这样一来，他们的投票行为就很可能反映了一种更复杂的态度——对政党、政客和政策的态度。

拉库亚的前两项研究，为第三项也是最有说服力的研究奠定了基础。这一过程的关键目标是找出实施 IAT 的最佳方法。

研究 1 涉及两项瑞士公投，一项是最低工资提案（被彻底否决），另一项是购买昂贵的战斗机（被勉强否决）。在此，为了评估内隐态度，拉库亚使用了一种基于计算机的单目标 IAT，由文字和图片组成。为了评估外显的态度，他使用了一种标准化的左 – 右政治倾向自评量表。与加尔迪等人（2008）不同的是，拉库亚不仅评估了投票意向，还评估了实际投票，即选民是否已投票（瑞士全民公投的周期长达数周）。在这个阶段，为了简单起见，他在分析中排除了尚未做出决定的选民。

研究 2 涉及的公投关于用以单一的医疗保险公司为特色的替代体系取代现有的竞争医疗保险公司体系（被广泛否决）。在这项任务中，由于组织管理方面的原因，拉库亚尝试了一种不同的、在某些方面更为直接的单目标的 IAT。在研究 1 中，由于需要安装一个 web 浏览器插件在线运行上述的 IAT，近 95% 的潜在被试因担心计算机感染病毒而不愿使用它（这是研究者面临的意想不到的障碍）。为了解决这一问题，他使用了一个纸笔 IAT 的在线版本，不需要 web 浏览器插件（它的形式与附录中的 IAT 相似——除了被试必须在 20 秒内勾选尽可能多的方框，并且只出现了一个目标类别）。他还使用了与研究 1 相同的左 – 右政治倾向自评量表，以及类似的测量投票意向和实际投票情况的方法。尚未做出决定的选民被再次排除在外。

研究 3 是拉库亚的关键研究。公投涉及一项来自一个名为“生态与人口”的组织的提案，该组织以移民导致瑞士环境恶化为由，提议将每年移民瑞士的人数限制在总人口 1% 的五分之一以内（被彻底否决）。这一次，外显态度更准确地反映到了公投问题上，因为其不仅取决于移民对环境的影响，还取决于限制移民是否会损害瑞士经济，并暗示瑞士具有排外文化。因此，被试报告了他们对“移民会影响瑞士环境、经济和文化”的看法。单目标 IAT——研究 2 中使用的变式——以支持该提议的政党和政客的名字为特征。此外，研究 3 超越前两项研究的地方是，拉库亚还对已做决定和未做决定的选民进行了区分。他特意对被试进行了两次评估，一次是在公投之前，另一次是在公投之后。因此，他能够将自己获得的结果与加尔迪等人（2008）的研究结果进行精确的比较，而且他的样本量要大得多。

发现了什么

在研究 1 中，自我报告的政治倾向本身就能预测两次公投的投票意向和实际投票的情况，IAT 分数也有同样的效果。这些结果显示 IAT 能够预测投票行为，从而说明它测量到了真正想测量的内容。但是在任何情况下，自我报告的政治倾向都是一个更强的预测指标。这就提出了一个问题：为什么不只依靠自我报告而放弃 IAT 呢？其中一个原因可能是，即使 IAT 总体上是一个较弱的预测因子，但仍然能够对自我报告之外的情况进行预测。确实如此吗？该研究的结果与公投结果有所不同。在最低工资提案的公投中，所有 IAT 的预测都可以通过自我报告来做出，然而，在购买战斗机的公投上，IAT 显示出了一些独特的预测能力，尽管不太明显。后一项公投结果证明了 IAT 能够获得一些自我报告无法获得的信息。也就是说，自我报告测量的是一般的左 – 右政治倾向，其对公投问题的映射不如 IAT 精确，因此，就预测结果而言，或许 IAT 拥有"不公平的优势"。

在研究 2 中，最初的结果与研究 1 相似，自我报告的政治倾向能够预测投票意向和实际投票行为；IAT 的分数也是如此，但同样程度较低。然而，这项研究中关于 IAT 独立预测能力的证据较弱，在某些情况下缺乏统计学意义。

在研究 3 中，拉库亚将他的研究结果按选民是否做出决定进行了分类。回想一下，如果 IAT 确实是一扇了解无意识的窗户，那么人们可能会期待——正如加尔迪等人（2008）所发现的那样——它能够预测那些未做决定的选民的投票情况。然而，拉库亚并没有观察到这一现象，反而发现了一些相反的现象。在已做出投票决定的选民中出现了类似于研究 1 中关于购买战斗机的结果。具体而言，自我报告与 IAT 都能够预测实际的投票行为，其中自我报告是较强的预测因子，而 IAT 仍表现出较低程度的独立预测能力。对于未做出投票决定的选民，情况也是如此，但是当 IAT 的预测作用本应更强的时候，它却不强了。因此，拉库亚并没有复制出加尔迪等人（2008）的惊人发现。作为一种有独特价值的预测工具，无论 IAT 是什么，它对已做出决定的选民都比未做出决定的选民更有价值。

又怎么样了

与其他章节相比，本章的研究发现并不符合理论预期；相反，它们对一个关于特定社会过程的假设提出了严重的质疑。重要的是，读者需要意识到，这既不令人担忧，也不罕见；相反，这是科学工作的一部分。每一位活跃的社会心理学研究者都有实证结果不符合预期的研究经验。查尔斯·达尔文的堂兄托马斯·赫胥黎（Thomas Huxley）爵士曾说过，一个美丽的假设被一个丑陋的事实扼杀是科学的一大悲剧。但他这句话颇具讽刺意味，对科学家来说，一个被推翻的假设正是朝着正确方向迈出的一步，是与真理的一次可喜的邂逅。当然，错误是令人沮丧的，但另一种反应——盲目或教条地坚持自己的错误——则是愚蠢的。此外，当一个结果以“错误的方式”出现时，它至少说明了假设是可验证的，并足够具体地说明了其与所获数据的不一致。一些模糊或易变的假设甚至都不符合这一标准。

其他研究者（Roccato & Zogmaister, 2010; Friese, Smith, Plischke, Bluemke, & Nosek, 2012）也对能否复制出加尔迪等人（2008）的惊人结果进行了检验，他们的发现在很大程度上与拉库亚一致（Gawronski, Galdi, & Arcuri, 2015）。但有些研究者发现了某些证据，表明 IAT 在预测投票意向和实际投票行为上超越了一些典型的自评测验。尽管如此，还是有两点需要注意。首先，预测优势的统计意义很小，实际上是微不足道的；其次，理论上的预期——IAT 最适用于对未做决定的选民进行预测——也遭到了反驳。因此，IAT 当前的应用前景是复杂的，虽然它的预测效力超过了自我报告，但也仅仅是勉强超过；在施测 IAT 时，它所预测的内容并不会出现。也许从理论上讲，IAT 所评估的内容不仅仅是无意识层面的（Gawronski, Hofmann, & Wilbur, 2006）。

再考虑一个更大的应用前景。IAT 的预测效度已经在其他领域得到了评估，其中一个是消费者行为，在这里出现了同样的故事（Maison & Gregg, 2016）。具体而言，IAT 有时（并非总是）能在预测消费者的行为表现上提供特定的帮助；然而，所预测的消费者行为并不是你在理论上所期望的（例如，不仅仅是对消费产品的自发选择）。另一个领域是歧视行为。由于政治正确的压力，人们可能会对他人隐瞒自己的社会刻板印象及偏见，甚至对自己都不承认。因此，人们对 IAT 的一个理论预期就是讲述一个“更真实”的故事。普遍的研究结果看上去与这个期望相一致（Greenwald, Poehlman, Uhlmann, & Banaji, 2009），然而这一观点也受到了质疑。一些批评者指出相关研究结果非常不稳定，并且被高估了（Oswald, Mitchell, Blanton, Jaccard, & Tetlock, 2013）；另一些人则指出，引用的许多其他研究没有对歧视行为进行恰当的评估（Carlsson & Agerstrom, 2016）。

如果你对此感到困惑或不知所措，那就对了。实证发现正不断涌现，支持声和反对声此起彼伏。细节决定成败，把它们全部整理出来是件很困难的事。唉，正如奥斯卡·王尔德所说，真理很难纯粹，也从不简单。尽管如此，我们还是希望你们对社会心理学的复杂现状有一个真实的认识。可以去看看我们引用的一些相关文献，你将看到复杂的讨论是如何进行的，以及聪明的研究人员是如何提出不同的意见的。

至此，让我们得出一个暂定的结论。在我们看来，IAT 绝对可以探测到有关人们态度的特殊信息，然而，这究竟是什么还有待澄清。退一步讲，在预测人们的行为时，一项不起眼的分类任务竟然可以与态度自评相媲美，这难道不值得我们注意吗？人们的数字反应速度可以反映出很多问题。

后记

IAT 被设计成一种技术工具，用来检测人们没有意识到的信念和想法。但是，那些人们充分意识到但仍希望错误报告的信念和感受呢？我们之前就注意到，人们很不善于凭直觉判断谎言。对此有更好的识别工具吗？你可能听说过一种通常被称为测谎仪的仪器。我们将通过分析它的优缺点来总结并思考其中的一些问题。

测谎仪主要有两种类型，第一种大多数人都很熟悉，被称为准绳问题测试法（control question test, CQT）（Krapohl & Shaw, 2015）。犯罪嫌疑人会被问一系列的问题。他们回答时的生理反应会被连续地记录在一张图表上，包括他们的心率、脉搏、呼吸率和排汗率。犯罪嫌疑人经常被反复询问三组问题：与犯罪本身有关的问题（相关问题）、与犯罪无关的问题（无关问题），此外，还有一些问题虽与犯罪无关，但比那些与犯罪有关的问题更容易让无辜的嫌疑人心烦意乱（控制问题）。如果一切按计划进行，那么有罪的嫌疑人对相关问题的反应应该比对控制问题更强烈；而无辜的嫌疑人则要么表现出相反的模式，要么没有区别。不管有没有犯罪，无关问题引起的反应应该是最弱的。

CQT 的主要问题是，一些间接因素可能会导致无辜的嫌疑人表现出犯罪特征（Lykken, 1998）。例如，一个真正的强奸受害者可能会因她在相关问题上的反应过于强烈而被指控，原因很简单，只要提到她的强奸经历就会唤起她的创伤性记忆。另一种情况是，当一位男性被错误地指控为强奸犯时，他可能会做出同样的反应，因为相关问题能够引起对错误起诉的合理焦虑。在这种情况下，控制问题通常范围很广，与过去的轻罪有关，但在影响程度方面根本无法与相关问题相竞争。另外，我们也很难相信 CQT 的施测人员总能准确地判断出相关问题和控制问题对无辜嫌疑人的影响。因此，CQT 在理论上就是容易出错的（National Research Council，2003）。根据文献综述（Vrij, 2008, p. 391, Table 15.1）可知，当 CQT 应用于该领域时，即使它能较好地辨别出有罪的嫌疑人（83%~89%），但在找出无辜嫌疑人方面的表现却非常差（53%~75%）。这种工具被认为不适合对一个人是否有罪做出法律决定。出于这个原因，除美国以外的大多数国家都禁止在法庭上使用 CQT。

区分罪犯和无辜者的一种更准确的方法就是调查他们对犯罪的了解程度。犯罪知识测试（guilty knowledge test, GKT）（Lykken, 1959; Ben-Shakhar & Elaad, 2003）也被称为隐蔽信息测试（concealed information test, CIT）。嫌疑人会被问一系列只有犯罪方才可能知道的犯罪问题。在每个问题被问到后，会有很多个选项被大声宣读出来，这些选项中只有一个是正确的，所有的设计对不知道犯罪细节的无辜嫌疑人也同样适用。嫌疑人对每个问题的生理反应都会被记录下来，如果哪个选项所传达的信息被识别出来，他们就会产生一个较强的生理反应结果。因此，有罪嫌疑人的反应模式就反映了他们的犯罪知识，而无辜嫌疑人则在很大程度上表现出的是随机反应模式。问题和选项越多，区分就越明显。

请注意，正是由于没有正确答案支持无辜嫌疑人，所以不太可能出现误报。因此，正如之前引用的那些文献综述所说，当 GKT 应用到该领域中时，尽管它在辨别有罪的嫌疑人上相当糟糕（42%~76%），但它很擅长找出无辜的嫌疑人（94%~98%）。然而，考虑到“被证明有罪之前皆无罪”的原则，这并不构成什么道德问题。与 CQT 相比，GKT 的一个局限性在于，如果犯罪的细节被广泛公布，或者无辜的嫌疑人也目击了犯罪过程，那么将很难提出合适的问题。也许正因为如此，GKT 在刑事司法系统中并没有得到应有的广泛应用。

近年来，针对各种测谎工具的研究如雨后春笋（Meijer, Verschuere, Gamer, Merckelbach, & Ben-Shakhar, 2016）。与 IAT 一样，很多研究设计都依赖于反应速度

（Verschuere, Suchotzki, & Debey, 2015）。事实上，已有可靠的研究表明，由于说谎是一种比说真话更为复杂的心理活动，因此人们说谎时的反应速度会变慢（Suchotzki, Verschuere, Van Bockstaele, Ben-Shakhar, & Crombez, 2017）。其他工具不仅要利用这一差异，而且还要扩大它。定时拮抗反应测定仪（timed antagonistic response alethiometer, TARA），就是其中一位研究者的智慧结晶。与 IAT 一样，这也是一个分类任务，但与 IAT 不同的是，被试被要求将陈述句分为真句和假句。我们在这里不会讲述太多细节，只需注意到 TARA 在实验室中的准确率已高达 80%（Gregg, 2007; Gregg, Mahadevan, Edwards, & Klymowsky, 2014），并且是在我撰写本文的同时仍不断发展的许多新的、有前途的方法之一。

综上所述，当我们天生的辨别能力使我们感到挫败时，精妙的技术手段能够帮助我们剥去心灵的外衣；但是，我们必须持续关注它们的弊端。如果有一条通往无意识（弗洛伊德关于梦的主张）的道路，那么这条路上一定布满了荆棘，需要小心前行。

启示

社会心理学家使用技术工具（如内隐联想测验）来了解更多的个人信息，这些信息往往是他们不愿意说或没有意识到的。这些工具的使用有助于预测行为。

你怎么想

你认为你的思想在多大程度上包含了那些你没有意识到的想法和感觉？他人的思想呢？你对这两个问题的回答是不同的吗？如果是的话，为什么？你是根据什么做出判断的？

内隐联想测验（IAT）样例

唐纳德 · J. 特朗普 vs 希拉里 · R. 克林顿

引言

在接下来的两页中，每一页的中心都有一个单词栏。

这些词可分为以下四类。

特朗普、唐纳德、DJT	=	特朗普；
克林顿、希拉里、HRC	=	希拉里；
恐怖、肮脏、可怕	=	坏；
可爱、很好、伟大	=	好。

你的任务是把单词按照类别进行分类。

在不出错的情况下，尽快做。

在每个单词的左边和右边，各有一个方框，作为两个类别标签下的反应方框。

进行单词分类时，请勾选其对应类别标签下的方框。

（注意：为了不弄花这本书，你可以把这几页复印下来，或者用铅笔填写。）

首先，把你的铅笔放在单词栏上方的空白区域内，然后逐词地往下填，每次都请选择正确的方框。

开始之前，请记下你手表上的时间，完成之后，再次记下时间，然后计算你一共用了多长时间，精确到秒。

在这两个页面上执行相同的操作，它们是不同的 IAT 组块。

最后，比较一下你完成每一页所花的时间。

你注意到差异了吗？这是否符合你对特朗普和克林顿在意识层面上的态度？

（注意：如果你对该练习进行第二次尝试，请将单词从下到上依次分类，以减少练习效应。）

组块 1				
特朗普 / 坏				希拉里 / 好
1	☐	希拉里	☐	1
2	☐	恐怖	☐	2
3	☐	特朗普	☐	3
4	☐	很好	☐	4
5	☐	DJT	☐	5
6	☐	肮脏	☐	6
7	☐	HRC	☐	7
8	☐	伟大	☐	8
9	☐	唐纳德	☐	9
10	☐	可怕	☐	10
11	☐	克林顿	☐	11
12	☐	可爱	☐	12
13	☐	希拉里	☐	13
14	☐	肮脏	☐	14
15	☐	特朗普	☐	15
16	☐	可爱	☐	16
17	☐	克林顿	☐	17
18	☐	可怕	☐	18
19	☐	HRC	☐	19
20	☐	很好	☐	20
21	☐	唐纳德	☐	21
22	☐	恐怖	☐	22
23	☐	DJT	☐	23
24	☐	伟大	☐	24

续前表

组块 1				
特朗普 / 坏				希拉里 / 好
25	□	特朗普	□	25
26	□	肮脏	□	26
27	□	希拉里	□	27
28	□	可爱	□	28
29	□	克林顿	□	29
30	□	可怕	□	30
31	□	唐纳德	□	31
32	□	伟大	□	32
33	□	HRC	□	33
34	□	肮脏	□	34
35	□	DJT	□	35
36	□	很好	□	36
37	□	特朗普	□	37
38	□	恐怖	□	38
39	□	希拉里	□	39
40	□	伟大	□	40
41	□	DJT	□	41
42	□	恐怖	□	42
43	□	唐纳德	□	43
44	□	很好	□	44
45	□	HRC	□	45
46	□	可怕	□	46
47	□	克林顿	□	47
48	□	可爱	□	48
		以秒为单位的时间 =【　　】		

组块 2				
特朗普 / 好				希拉里 / 坏
1	☐	可爱	☐	1
2	☐	克林顿	☐	2
3	☐	可怕	☐	3
4	☐	HRC	☐	4
5	☐	很好	☐	5
6	☐	唐纳德	☐	6
7	☐	恐怖	☐	7
8	☐	DJT	☐	8
9	☐	伟大	☐	9
10	☐	希拉里	☐	10
11	☐	恐怖	☐	11
12	☐	特朗普	☐	12
13	☐	很好	☐	13
14	☐	DJT	☐	14
15	☐	肮脏	☐	15
16	☐	HRC	☐	16
17	☐	伟大	☐	17
18	☐	唐纳德	☐	18
19	☐	可怕	☐	19
20	☐	克林顿	☐	20
21	☐	可爱	☐	21
22	☐	希拉里	☐	22
23	☐	肮脏	☐	23
24	☐	特朗普	☐	24
25	☐	伟大	☐	25
26	☐	DJT	☐	26

续前表

组块 2				
特朗普 / 好				希拉里 / 坏
27	☐	恐怖	☐	27
28	☐	唐纳德	☐	28
29	☐	很好	☐	29
30	☐	HRC	☐	30
31	☐	可怕	☐	31
32	☐	克林顿	☐	32
33	☐	可爱	☐	33
34	☐	特朗普	☐	34
35	☐	肮脏	☐	35
36	☐	希拉里	☐	36
37	☐	可爱	☐	37
38	☐	克林顿	☐	38
39	☐	可怕	☐	39
40	☐	唐纳德	☐	40
41	☐	伟大	☐	41
42	☐	HRC	☐	42
43	☐	肮脏	☐	43
44	☐	DJT	☐	44
45	☐	很好	☐	45
46	☐	特朗普	☐	46
47	☐	恐怖	☐	47
48	☐	希拉里	☐	48
		以秒为单位的时间 =【　　】		

第 24 章

思维的框架：选择冒险还是谨慎行事

乐观主义者认为，相比前世和来生，现在生活的世界是最好的世界。而悲观主义者却担心现在的世界已经是最好的世界了。

罗伯特·奥本海默（Robert Oppenheimer，1904—1967）

美国原子弹之父

背景

如果你觉得无聊，可以试试下面这个简单的实验：拿出三个玻璃杯，把第一个玻璃杯装满冰水，第二个装满热水，第三个装满温水。现在将左手放入第一个玻璃杯中，将右手放入第二个玻璃杯中。一分钟后，把双手都放入第三个玻璃杯中。结果是：同一杯水，在同一时间，左手感觉到了温暖，而右手却感觉冰凉。这个奇怪的经历说明了什么？这表明人们对于刺激的感知不仅取决于刺激的绝对强度，还取决于其相对强度。换言之，感知经历会受到对比背景的影响。在本章中，我们将回顾一些研究，这些研究表明人们感知到的内容是真实的，而且判断和决策也是根据这些感知内容所做出的。

假设有人向你提出了以下提议，我们称之为提议 X：如果现在必须在（a）肯定能得到 15 000 美元和（b）有同等机会得到 10 000 美元或 20 000 美元之间做出选择，你会怎么选？结果显示，大多数人更喜欢选项（a）——“安全”的选项。然而，有人可能会说，如何选择并不重要，因为两个选项的期望值（expected value）相同。

一个选项的期望值是其发生的可能性乘以其发生的可取性。可能性用 0（不可能）到 1（一定）之间的值表示，可取性用带单位（通常是货币单位）的数字来衡量。在前面的例子中，第一个选项的可能性为 1，可取性为 15 000 美元，可能性和可取性相乘得出期望值为 15 000 美元；第二个选项的期望值是两个可能结果之和：可能性（0.5）× 可取性（10 000 美元）+ 可能性（0.5）× 可取性（20 000 美元）。该选项的期望值也是 15 000 美元，与第一个选项的期望值相同。

假设现在还有一个不同的提议，我们称之为提议 Y。在得到可观的 20 000 美元后，你必须在（a）立即退回 5000 美元和（b）有同等机会退回 10 000 美元或不退一分钱之间做出选择。这次你会怎么选？在这种情况下，更多的人倾向于选项（b）——“冒险”的选项。

经过思考就会发现提议 X 和提议 Y 实际上是等价的，只是表述不同而已。得到 20 000 美元后退回 5000 美元（提议 Y）和直接得到 15 000 美元（提议 X）是一样的；而得到 20 000 美元后冒险返还 10 000 美元或一分钱不还（提议 Y）与直接得到 10 000 美元或 20 000 美元（提议 X）也相同。然而，等价提议的不同描述方式却使人们做出了不同的选择，这是为什么呢？

前景理论（prospect theory）（Kahneman & Tversky, 1981）为我们提供了答案。这一理论认为人们将收益或损失分别视为背离现实的收益或代价，而背离现实的程度和方向取决于人类的思维如何将期望值转化为主观印象。前景理论认为这一转变遵循四条心理学定律。在此我们将对其中三个定律进行描述，第四个定律将会在“又怎么样了”部分进行描述。

前景理论的第一条定律是：随着收益的增加，个体对新增收益的感知度将降低。例如，如果你一年只挣 10 000 美元，那么增加 1000 美元可能是一件值得庆祝的事；但是，如果你一年已经挣了 1 000 000 美元，那么增加 1000 美元可能并不会让你有多高兴。

第二条定律是第一条定律的镜像：随着损失的增加，个体对新增损失的感知度也将降低。例如，如果你在赌博中损失了 10 000 美元，那么再损失 1000 美元会让你很苦恼；但是，如果你已经损失了 1 000 000 美元，那么再损失 1000 美元可能并不会给你增加烦恼。

前景理论的第三个定律与本研究最相关：人们的选择倾向会根据是否预期到潜在损失和收益而发生变化。具体而言，当潜在的收益在招手时，人们更倾向于规避风险；

但当潜在的损失迫近时，人们更倾向于选择冒险。

因此，前景理论阐明了为什么人们更倾向于选择肯定能获得 15 000 美元，而不是同等机会获得 10 000 美元或 20 000 美元。因为回报是用收益来描述的，所以人们更倾向于选择确定的结果。前景理论也阐明了在得到 20 000 美元之后，为什么人们更倾向于选择同等机会损失 10 000 美元或 0 美元，而不是确定损失 5000 美元。因为当回报基于损失描述时，人们更倾向于选择不确定的结果。

从得失的角度来描述选项会如何影响人们的选择，对提高信息的说服力有一定的启发。社会心理学的一个主要分支就主要关注什么因素会导致或阻止个体的态度发生改变（Petty & Wegener, 1998；见本书第 20 章）。事实证明，前景理论可以有效地扩展到如何提高信息（尤其是提倡采取健康行为的信息）的说服力上。

正如金融选择可被描述为得与失一样，健康行为也可以被描述为得与失。它们可以通过进行健康行为所产生的收益，或不进行健康行为所产生的损失来描述。例如，“如果你戒烟，你的健康将会受益”这句话就是获得框架（gain-framed），因为它赞扬了戒烟的好处；相比之下，“如果你继续吸烟，你的健康将受到损害”的说法就是损失框架（loss-framed），因为它谴责了继续吸烟的恶习。

健康行为还可以进一步划分为两种类型：一类是疾病检测行为（如脑部扫描），另一类是疾病预防行为（如锻炼），人们往往以不同的方式感知这些行为。一方面，由于疾病检测行为有时能揭示疾病的存在，其通常被视为有风险的行为。因此，由于担心发现无法治疗的肿瘤，人们可能会害怕进行脑部扫描。另一方面，由于疾病预防行为的目标是维持健康，其通常被认为是安全的行为。因此，锻炼在心理上与保持健康和苗条有联系，而不是与发现疾病有联系。

但是，这与前景理论有什么关系呢？我们可以认为，安全和风险的区别与确定和不确定的区别密切相关。在日常用语中，安全和确定性是相对应的（确定的事情、安全的赌注），而风险和不确定性是相对应的（不确定的交易、不确定的前景），因此，前景理论对确定 – 不确定的结果变化的解释，可能也适用于安全 – 风险的结果变化。

在此推测的基础上，罗思曼、马蒂诺、比德尔、德特韦勒和萨洛维（Rothman,

Martino, Bedell, Detweiler, & Salovey, 1999）提出了以下假设：疾病预防行为与安全和确定的结果相联系，应该更受获得框架信息的影响；而疾病检测行为与风险和不确定的结果相联系，应该更受损失框架信息的影响。换句话说，不同的描述应该会影响被试对不同类型的健康行为的选择。

先前的研究已经发现了与上述假设大体一致的结果。例如，在说服妇女接受乳房 X 光检查（一种疾病检测行为）方面（Banks et al., 1995），损失框架信息的说服力要优于获得框架信息。但是，在使用防晒霜（一种疾病预防行为）方面（Detweiler, Bedell, Salovey, Pronin, & Rothman, 1999），获得框架信息的说服力要优于损失框架信息。然而，目前尚不清楚这两项研究结果的不同是由于实验中信息描述方式的不同，还是由于两个实验采用的健康行为不同。因此，研究者需要研究同一种行为，这种行为从疾病预防和疾病检测角度都能令人信服地描述出来。最后，他们找到了一种这样的行为（虽然不怎么典型）：洗牙。

洗牙的方式有两种：一是抗菌清洗，可以防止牙菌斑的积聚；二是暴露清洗，可以暴露牙菌斑的存在。两种洗牙类型在现实生活中的使用比例相近，抗菌清洗显然是一种疾病预防行为，而暴露清洗则是一种疾病检测行为。罗思曼等人（1999）预测，与前景理论一致，强调收益的信息更能说服被试选择抗菌清洗，而强调损失的信息则更能说服被试采用暴露清洗。

做了什么

120 名明尼苏达大学的本科生（大部分是女性）参与了这项实验。当被试来到实验室后，主试告知他们实验的目的是评价一本牙齿保健宣传册的有效性。为了避免被试出现反应偏向，主试隐藏了研究的真实目的。他们发给被试每人一本看起来很专业的小册子（共四页）。这本小册子中包含了许多关于牙齿保健的信息，不同实验条件下的信息基本相同，仅在两个关键的方面存在差异：推荐哪种牙齿保健措施以及如何描述这些措施。具体而言，120 名被试中的一半会读到推荐使用抗菌清洗的信息，而另一半则会读到推荐使用暴露清洗的信息。此外，在这两种实验条件下，均有一半被试读到的信息采用的是获得框架描述，而另一半读到的信息采用的是损失框架描述。综上所述，研究共有四种实验条件，每种实验条件有 30 名被试，研究采用的是 2×2 的被试间设计。

被鼓励使用抗菌清洗的被试所阅读的获得框架下的内容为：“使用抗菌清洗的人正利用一种安全有效的方法来减少牙菌斑的积聚。”而其所阅读的损失框架下的内容为：“不使用抗菌清洗的人无法利用这一安全有效的方法减少牙菌斑积聚。”被鼓励使用暴露清洗的被试所阅读的获得框架下的内容为：“刷牙前使用暴露清洗具有增强检测牙菌斑块积聚区域的能力。”而其所阅读的损失框架下的内容为：“刷牙前不使用暴露清洗会限制检测牙菌斑块积聚区域的能力。”这些描述在措辞上的差异似乎是微不足道的，然而，根据前景理论的观点，它们会对建议的说服力产生影响。

研究者的主要兴趣在于小册子对被试行为的影响，因此，在实验快结束的时候，被试收到了一张贴有邮票的明信片，他们被告知可以在回去之后将明信片邮寄回来，以获取一份免费的抗菌清洗或暴露清洗用品的样品（取决于他们被分配的条件）。研究者预测，在接下来的几天里，当强调使用抗菌清洗的好处时，会有更多的被试邮寄明信片以获得它的用品样品，而当强调不使用暴露清洗的损失时，会有更多的被试邮寄明信片以获得它的用品样品。

为了进行彻底的调查，被试被要求对小册子的说服力进行自我报告（在分发明信片前）。他们被要求指出（a）对洗牙的态度（通过评估其有效性、益处、重要性和可取性）；（b）购买和使用洗牙用品的意图；以及（c）愿意为洗牙支付多少钱。此外，研究者还评估了这些小册子的趣味性、代入感和信息量（尽管在不同的条件下没有预期的差别）。

被试还进行了几项额外的自我报告测试。在阅读小册子前，他们提供了自己的背景信息和牙科就诊史，以便研究者可以确保这些因素不会对不同描述的操作产生影响。在阅读完小册子后，被试完成了另外两项测验。这进一步揭示了被试对小册子中所含信息的反应和处理。这样做可以对一些可能会调节（有助于实现）框架信息效应的心理机制进行处理。在阅读小册子时，被试被要求说出自己的感受和想法。

被试还对阅读小册子前后的情况进行了评估，评估了他们认为自己在当前的牙齿保健中会患牙龈疾病的可能性，以及一旦患上牙龈疾病会有多严重。通过被试所做的前后评估，研究者能够评价每位被试对牙龈疾病风险和严重程度的感知是如何因阅读小册子而改变的。

最后，研究者对框架操作进行了检查，要求被试对小册子的整体语调以及是强调了洗牙的好处还是不洗牙的损失进行了评定。

发现了什么

根据前景理论的扩展，研究者预测，以潜在收益为框架推荐疾病预防行为的信息和以潜在损失为框架推荐疾病检测行为的信息具有更强的说服力。被试邮寄明信片来获得洗牙用品样品的情况清晰地支持了这一假设。在那些阅读了采用获得框架推荐使用抗菌清洗（防止牙菌斑积聚和牙龈疾病）信息的被试中，有更多的人寄来了明信片；在阅读采用损失框架推荐使用暴露清洗（用来检测牙菌斑积聚和牙龈疾病）信息的被试中，有更多的人寄来了明信片。此外，在被试购买和使用洗牙用品意愿方面也出现了类似的交互模式（如图 24-1 所示）。

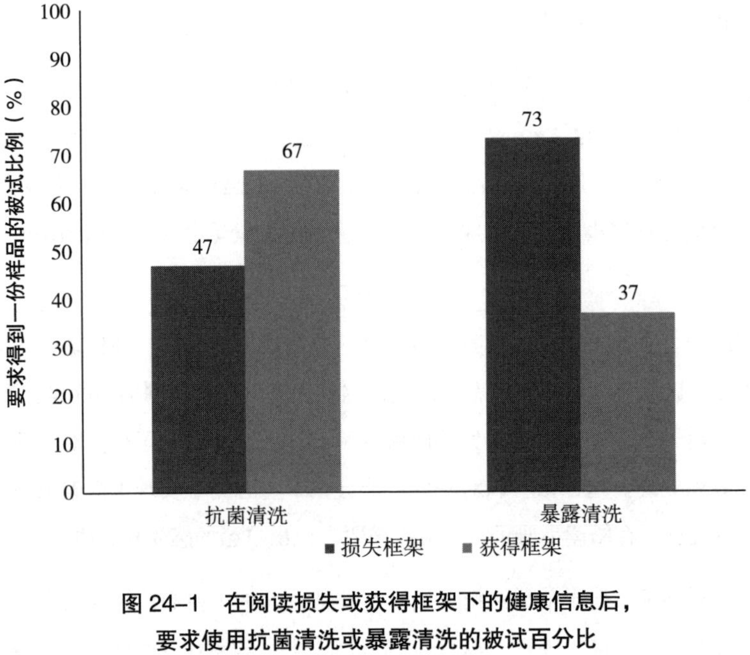

图 24–1　在阅读损失或获得框架下的健康信息后，要求使用抗菌清洗或暴露清洗的被试百分比

另外两项发现增强了研究者对上述结论有效性的信心。首先，对实验操作的检查表明实验中的信息确实被适当地描述了：被试报告获得框架的信息用积极的语调强调了收益，而损失框架的信息用消极的口吻强调了损失；其次，被试的背景信息（如牙科病史）未对结果产生任何显著影响。

在主要假设得到明确的支持后，研究者继续探讨心理调节的问题。在框架操纵的影响下，被试的心理状态会发生什么变化？我们未对所有指标进行回顾，而只概述了一个关于框架操作如何起作用的有意思的解释，并从总体上评估了调节的作用。

一个事件越容易出现在人们的脑海中，人们就越认为它容易发生（Tversky & Kahneman, 1973）。因此，被试会高估生动或有新闻价值的死亡原因发生的概率，如飞机劫持，而低估不为人知和平常的死亡原因发生的概率，如血栓（Coombs & Slovic, 1979），这种可得性偏差（available bias）可能也在本研究中发挥了作用。具体而言，提倡使用暴露清洗的信息可能主要让人想到不清洗的损失（牙龈疾病），从而增加了这些损失的感知可能性。如果是这样的话，那损失框架的信息通过利用被试对这些不利影响的反感，会比获得框架的信息更具说服力；相反，提倡使用抗菌清洗的信息可能主要让人想到清洗的好处（健康的牙龈），从而增加了这些优点的感知可能性。如果是这样的话，那获得框架的信息通过利用人们对这些好处的追求，会比损失框架的信息更具说服力。

如果这种解释正确，那么对牙龈疾病的感知可能性以及对牙齿健康明显的担心，在疾病检测条件下都应该比疾病预防条件下更大。然而，没有证据表明是这样的，因此我们推翻了这种解释。实际上，被试对洗牙的态度和邮寄明信片倾向之间总体上并没有联系。

对于态度和行为之间这种奇怪的脱节，有几种可能的解释。首先，研究者可能没有找到合适的中介变量，例如，他们仅仅让被试评估了自己总体感染或避免牙龈疾病的可能性，而没有让其对使用或不使用清洗用品导致感染或避免牙龈疾病的可能性进行评估，因此，进行进一步的探索可能会取得更好的效果。其次，被试的自我报告可能受到了反应偏差的影响，例如，他们对洗牙的态度可能反映了他们觉得是否应该清洗，而不是他们是否倾向于清洗。最后，被试行为的心理原因可能根本无法从其自我报告中获得——行为的原因通常无法通过内省来识别（Nisbett & Wilson, 1977；见本书第 14 章）。

尽管未能找到中介变量（社会心理学研究中并非事事顺利），但本研究提供了清晰的证据表明操纵信息的框架和内容可以提高促进健康信息的有效性。同样值得注意的是，罗思曼等人（1999）进行了一项额外的研究，要求被试阅读一条（同样是采用获得或损失框架）提倡检测或预防病毒感染的信息。这项研究的结果与本研究的结果相吻合。

又怎么样了

如果人们希望理性地行事，那就应该通过权衡不同方式所产生的各种结果的可能性和可取性来做决定。这些结果的不同描述方式本没有区别，杯子里的水无论被描述为半满或半空，其解渴程度都是相同的。然而，事实证明，人们的思维却明显地被潜在结果的描述方式所左右，信息的呈现方式（尤其是强调损失或收益）影响了决策过程，因此，我们对世界上的事物所做出的判断似乎不是依据它们本身，而是依据它们与其他事物的相对关系。

还有很多其他的例子也证明了不同的描述方式如何影响人们的决策，其中一个是我们对心理预算（psychic budgets）的使用（Thaler, 1980）。我们是否愿意花钱往往取决于我们对未来支出的分类。例如，我们在准备买房时可能会比买了房后在“花园小矮人”等额外物品上花更多的钱。因为在买房之前，“小矮人”的费用在整个房子昂贵的预算下显得微不足道，而买房之后，“小矮人”的花费在每天紧缩的预算下就显得相当奢侈了。毫无疑问，销售专家很乐于利用我们的预算偏差，“狡猾”地为大宗商品的配件定价。

另一个关于框架效应的例子涉及提供选项，即要么维持现状，要么改变它。假设你患某种致命疾病的概率几乎为零，那你愿意支付多少钱来避免 1/1000 患这种病的可能？大多数人说愿意付几千美元；但是，假设你已经有 1/1000 的可能得了这种病，那你愿意花多少钱把这种风险降到 0？相反，大多数人说只愿意支付几百美元。这是为什么？

前景理论的第四个也是最后一个定律提供了答案：大多数人对损失比对获得更敏感。这个假设的一个启示是，为了诱使人们接受一场输赢机会均等的赌博，有必要对赢钱给予更多奖励，而不是惩罚输钱。例如，只有三分之一的人愿意接受以同等机会赢得 200 美元或损失 100 美元，即使赌博的期望值是正的：（0.5 × 200 美元）–（0.5 × 100 美元）= 50 美元（Tversky & ShaR, 1992）。这一发现强烈地表明人们倾向于维持现状，即使牺牲未来可能获得的好处。这种现状偏见（status quo bias）表现在很多方面。例如，人们准备出售某些物品时的售价往往会高于准备购买时的出价（Kahneman, Knetsch, &Thaler, 1991）。这表明，对买方而言，一个物品潜在的损失所带来的不愉快要远远多于该物品潜在的收益所带来的愉快。的确，在其他条件都相同的情况下，目前存在而且已经存在了一段时间的安排，似乎比可能存在的安排更受欢迎（Eidelmann & Crandall, 2012）。

这种维持现状的偏见可以解释为什么人们会为避免潜在风险而付出更多，而不是为消除已经存在的风险。因为潜在风险可能会打破现状，导致人们用更高的成本去恢复现状；相比之下，已存在的风险反映了现状，因此，尽管维持现状不是有益的，但却似乎是顺其自然的。

但是为什么在心理上，成本要重于收益呢？这可能是一个残酷的事实：我们经受痛苦的潜力超过了体验快乐的潜力，糟糕的经历似乎比好的经历对我们的影响更大（Baumeister, Bratslaysky, Finkenhauer, & Vohs, 2001），因此，谨慎可能比勇敢更适合我们。另一种可能是，随着时间的推移，人们倾向于把成本看得比收益更重要，因为这给我们的祖先带来了生存优势。危险的远古环境可能更适合那些规避风险的穴居人，而不是寻求风险的穴居人，因此前者大量繁衍，从而造就了今天的我们。当然，这并不否认人们在风险偏好方面存在很大的个体差异。例如，平均而言，高自尊的人比低自尊的人会采取更多的冒险行为（Baumeister, Tice, & Hutton, 1989）。我们仅仅是说规避风险是人类的特征。

在这一点上，聪明的读者可能会想：如果前景理论是正确的，那为什么赌博会成为如此受欢迎的消遣呢？为什么人们在面对客观可能性时，通常把谨慎抛诸脑后？一个答案是，因为大多数赌金在心理上是微不足道的，如果只能下非常大的赌注（相对于一个人的收入来说），那么赌博可能会在一夜之间消失。因此，只有在涉及大量资金时，前景理论才适用。

后记

一旦理解了对特定问题的描述是如何破坏理性判断的，我们可能就会发现自己处于一种奇怪的心理分裂状态。一方面，我们能够看到自己的判断应该如何不受影响；另一方面，我们仍可以感觉到自己的判断在这样那样中摇摆。就好像两种截然不同的理解同时存在或至少在快速切换：聪明的理解控制非理性，而愚蠢的那个什么都相信（Kahneman, 2011）。

当人们注意到其他类型的认知偏见，特别是那些涉及概率判断的偏见时，这种心理二元性也会出现。假设有一种彩票，中奖的六个数字是从 36 个数字中随机抽取的，现在有两张彩票在出售，一张是数字“1、2、3、4、5、6”，另一张是数字“2、18、17、29、4、35”，你会购买哪张？你可能对第二张彩票有本能的偏好，因为我们认为号码随机的彩票中奖的概率似乎比号码连续的彩票中奖的概率要高。当然，稍微思考一下就能发现，偏好其中某张彩票是不合理的，因为无论是哪六个数字的组合，其中奖概率都是一样的。人们之所以会产生错误，是因为随机数字一般会比连续数字更可能中奖，这是现实中代表性偏差（representative bias）的一个例子。我们选择以随机数为特征的彩票，是根据其与以往中奖彩票的相似性，而不是根据正确的统计逻辑（Kahneman & Tversky, 1972）。然而，尽管这一解释在理性上令人信服，但你可能会发现自己对非连续号码彩票的偏好仍然存在。

如何理解我们的一半大脑能理解某些东西而另一半大脑却不能呢？一种方式就是以错觉来做类比（Piattelli-Palmarini, 1996）。你是否有过这样的经历：当火车停下来时，你凝视窗外，却发现火车似乎在向相反的方向行驶？其实你可以通过将车窗上的任何一点与站台上的一点对准来确认没有相对运动，从而证明火车是静止的。尽管这种验证方式的准确性不容置疑，但我们仍感觉火车在向后移动。这种类型的错觉无法从我们的意识中消除，因为我们的大脑“天生”就会产生它们（Bruce, Green, & Georgeson, 1996），任何努力都不能使它们消失。错觉的特点只能被抽象地思考，许多认知偏见可能也是如此。

启示

人们在强调收益时会选择规避风险，而在强调损失时则会选择冒险。因此，一个选择如何被描述（是基于损失还是基于收益）对人们如何做选择的影响程度，远远超过了不同行为方式可能带来的客观结果的影响。

你怎么想

我们总是会面临各种各样的风险，但我们认为有些风险是可接受的，有些风险是不可接受的。人们对不同风险的规避在多大程度上与它们客观发生的概率相关？人们应该害怕交通事故、枪击、宗教恐怖主义或心脏病吗？

第 25 章

被排斥的愤怒：排斥使人大发雷霆

> 没有谁是一座孤岛，在大海里独踞；每个人都像一块小小的泥土，连接成整个陆地。
>
> 约翰·邓恩（John Donne, 1572—1631）
>
> 英国玄学派诗人

背景

2000 年 4 月，一个阳光明媚的早晨，两名学生——埃里克·哈里斯（Eric Harris）和迪伦·克莱伯德（Dylan Klebold）比平时到达学校的时间晚了一点，因为他们那天的目标是尽可能多地谋杀自己的同学和老师。他们穿着黑色的风衣，背着两个装满枪支和炸药的行李袋，有条不紊地开始了一场杀戮狂欢。在 15 分钟内，他们造成了 13 人死亡、21 人受伤。如果他们所有的爆炸物都按计划引爆，那死亡人数将增加好几倍。半个小时后，在警察的包围下，沉浸在大屠杀中的哈里斯和克莱伯德把枪对准了自己。

每当有不好、意想不到、不寻常的事情发生时，人们都想知道原因（Pyszczynski & Greenberg, 1981），哥伦拜恩高中发生的大屠杀就是一个很好的例子。在悲剧发生后的几天甚至几周里，人们都在讨论："为什么？为什么这两名学生要屠杀整个学校的学生？他们为什么会做出如此可怕的行为？是什么激起了他们的仇恨之火，使他们如此无差别地发泄自己的愤怒？"

人们给出了各种各样的解释：也许哈里斯和克莱伯德是天生的杀手，他们天生就有毁灭的本能；也许他们受到了环境中邪恶力量（北美枪支游说团体、暴力电影的魅力、哥特亚文化的悲观主义）的影响；又或者这都是他们父母的过错，父母没有给他们足够的爱，没有把他们培养成尊重他人的人，也没有注意到他们正在变成什么样的怪物。

与许多危机事件一样，关于哥伦拜恩惨案可能并没有简单的解释，有可能是多个因素共同导致了哈里斯和克莱伯德的行为。单独拿出任何一个因素来解释他们的行为都显得过于单薄，尽管这样做能给丧失亲友的人带来一丝真相。我们唯一能做的就是批判性地调查一系列可能的原因，并希望能够拼凑出一个暂时的理解，关于是什么让小镇上的青少年变成了大杀手。

那么，社会心理学家如何看待这次事件发生的原因呢？有些社会心理学家发现，人们往往低估了情境的影响（见第 4 章、第 8 章和第 10 章），因此，他们想知道是什么社会影响不知不觉中把哈里斯和克莱伯德逼上了悬崖？

当然有一些影响因素可以立刻被排除。例如，哈里斯和克莱伯德都遵守社会规范（第 1 章），也没有服从权威人物方面的压力（第 4 章）；他们周围也没有坏榜样或有人发出攻击指令。事实上，他们的大屠杀行为是一种毫无顾忌的自我主张，他们完全违反了公民准则。如果确实是社会对他们产生了影响，那么这种影响一定是远距离影响（在空间和时间上都相距很远），而非近距离影响（在当前的环境中），并且这种影响一定是逐渐侵蚀而不是突然袭击的。从哈里斯的日记中可以发现，这场大屠杀他已经酝酿了一年。

究竟是什么样的远距离影响导致了哈里斯和克莱伯德的疯狂行径呢？一种可能是社会排斥（social exclusion）。这两个男孩已经在青少年团体的边缘生活了很长时间，主流小团体拒绝他们的加入，因此他们无法获得小团体通常会给青少年带来的声望和地位。从日记中可以看出，他们被同龄人排斥，并对这种排斥产生了怨恨。例如，克莱伯德写道："我就是一个被排斥的人，所有人都在拒绝我。"警方的官方报告也指出："哈里斯和克莱伯德的日记中都写道自己不合群、不被接受……他们密谋对付所有他们认为无礼的人，包括运动员、拒绝他们的女孩、其他被排斥的人，以及其他任何他们认为不接受自己的人。"

为了验证这种可能性，研究者探讨了社会排斥和反社会行为之间的关系。例如，大多数暴力犯罪都是由人际关系较差的年轻人犯下的（Garbarino, 1999），此外，被同龄人排斥的孩子更有可能恐吓和攻击其他孩子（Newcomb, Burowski, & Pattee, 1993）。这可能是因为他们对团体内的成员更有敌意，又或者是在这种情景下，他们只能选择暴力，因为他们没有可以倾诉的对象。

大多数研究都得出了社会排斥会引发反社会行为的结果。然而根据镜像理论，我们可以认为反社会行为也会引发社会排斥，即人们都不愿意和暴力的人做朋友。在组织良好的公民社会中，大家可能都会排斥那种在没有充分理由的情况下，肆意侮辱或攻击社会群体中其他成员的人。

目前尚不清楚是社会排斥引发了反社会行为，还是反社会行为引发了社会排斥。有可能被社会排斥的个体，人性中最强大的驱动力之一——归属需要受到了阻碍（Baumeister & Leary, 1995）。人们可能会认为不能与他人建立和谐的关系会导致精神障碍，进而产生反社会行为；然而，如果经历了社会排斥的个体迫切渴望满足归属感，那他们可能会比被接纳的同龄人更努力地讨人喜欢，更努力地表现得友好、合作和慷慨，以增加被接纳的机会。

因此，社会排斥可能并不是反社会行为产生的原因。要想使这一说法具有说服力，最好的方法是设计一个实验来验证它。特温格、鲍迈斯特、泰斯和施图克（Twenge, Baumeister, Tice, & Stucke, 2001）将社会排斥从其他可能相混淆的因素（例如，性格恶劣）中分离了出来，以便单独考察其对反社会行为的影响。

做了什么

特温格等人（2001）在他们的研究中一共进行了五个实验，本章只着重讲述其中一个实验，对其余四个实验只做简要概述。

被试为 30 名大学生，其中 17 名男生、13 名女生。在实验过程中，一部分被试会经历冷淡的对待，以此来操纵社会排斥情境。实验是在 4~6 名同性群体中进行的，被试首先被要求参与一项互相熟悉的活动，在活动中他们需要记住彼此的名字，并针对某一问题轮流分享自己的想法和感受。15 分钟后，他们被转移到私人隔间，在那里，他们被要求在纸上写下在之后的任务中最愿意与哪两位成员合作。然后主试把纸拿走，并承诺很快就会回来告诉他新小组的组成情况。在主试离开的时间里，被试需要写一篇文章来表达自己对堕胎的看法（写这篇文章的目的之后我再阐述）。接下来，主试返回并告诉被试以下两个消息中的一个：在接纳条件下——“我有个好消息要告诉你，每个人都愿意与你合作”；在排斥条件下——“很不幸，没有人愿意与你合作”。

特温格等人（2001）感兴趣的是被试被排斥或被接纳后的感受，并假设被排斥的个体会产生悲伤或焦虑的情绪。因为前人的研究已经发现，对社会排斥的恐惧与精神痛苦显著相关（Baumeister & Leary, 1995），因此，被试被要求填写一份情绪自评量表，以评估他们的情绪是积极的还是消极的。

当被试填写情绪量表时，主试走过来告诉他们，现在需要把他们之前所写的关于堕胎的文章交给一位同性别但在另一个房间的其他组被试评分。当然这位评分的被试是主试虚构的，这样做主要是为了让真被试相信之后的负面反馈是真的，并评估他们随后的反应性攻击水平。

被试在填写完情绪量表后，就会收到“另一名被试”对他们文章内容的反馈。反馈信息非常关键，因为反馈表的总结评论一栏赫然写道：“这是我读过的最糟糕的文章之一！”文章的各个方面（如组织、风格）都遭到了批评。可以想象，人们在面对这种意想不到的负面反馈时会有多么愤怒，他们甚至想知道“另一名被试”是谁，为什么要侮辱他们的努力和智商？

接着，被试被告知现在要和伤害了自己自尊心的被试进行一项比赛。比赛内容是谁能根据电脑线索更快地按键。在每一轮比赛结束后，反应慢的人的耳机中会传来一段令人不悦的白噪音。当然，整个游戏都是虚构的，电脑只是偶尔向被试发出一阵噪音。实验过程中最重要的一点是，被试可以控制噪音的强度和持续时间，在每轮开始前可以设置对方所受惩罚的噪音强度（范围为 0~10）和持续时间（通过按住鼠标按钮来控制）。被试的攻击水平是通过第一次设置的噪音强度和持续时间来计算的（在第一轮比赛中，他们的“对手”很“默契”地输了）。前人的研究表明，这是衡量攻击性最敏感的方法。

实验结束后，主试仔细地询问了被试的情况。特温格等人（2001）考虑到，实验操纵方式会给被试带来一些压力（在实验中告诉他们没有人愿意和他们一起工作，或批评了他们所写的文章，或既没人愿意与他们共事，文章又受到了批评），这会使他们在实验结束后都很难振作起来！因此，需要在实验结束后向他们解释整个实验，直到他们完全明白自己并没有被真正排斥，也没有人在真正评估他们的文章。尤其是对于那些被排斥的被试，主试需要向其再三说明，其他被试选择了和他们一起工作。此外，主试还要为被欺骗的被试可能经历的任何不适而道歉。

科学研究是否可以采用这种实验方法，仍有待与读者商榷。但是，需要说明的一点是，人们在生活中被忽视或受到严厉批评的情况并不少见，大多数人很快就能“翻篇”。第 4 章和第 10 章更全面地讨论了在人类被试身上进行实验的伦理问题。

发现了什么

关键的问题是，被排斥的经历是否会增加被试对曾经严厉批评他的人的攻击性。答案是肯定的，被排斥的被试比被接纳的被试表现出了更大的攻击性，他们选择更长时间地发出更强烈的噪音。被排斥的个体感觉被切断了与他人的联系，于是采用更恶毒的手段进行报复（如图 25–1 所示）。

特温格等人（2001）研究中的其他实验也得到了类似的结果。在这些实验中，社会排斥被以一种更抽象的方式操纵，即依据虚假的性格测试结果，告知被试两种截然不同的未来中的一个。在排斥条件下，被试被告知自己可能会孤独终老，虽然他们目前可能正享受着令人满意的社会关系，但随着时间的推移，这些关系终将变淡和破裂；在接纳条件下，被试则被告知自己的晚年会有很多人陪伴，他们的人际关系网络将一直持续下去。

同样，被试的攻击性也是用另一种方式来测量的。被试被告知，之前批评他们文章的人正在申请成为心理学系的研究助理，而系里非常重视曾经参与研究的被试对这个人的看法。因此，在被试需要回答的调查问卷上有这样一道题：“如果我负责招聘研究助理，那我会聘用这位申请人吗？”被试需要在“会”与“不会”之间做出选择。在本实验和后续的实验中均发现，社会排斥条件下的被试总是表现出更大的敌意。之所以采用不同的操作方法和测量方式，是为了降低实验结果的偶然性，使研究者对实验结果的信度更有信心（进一步回顾见 Williams, 2007）。

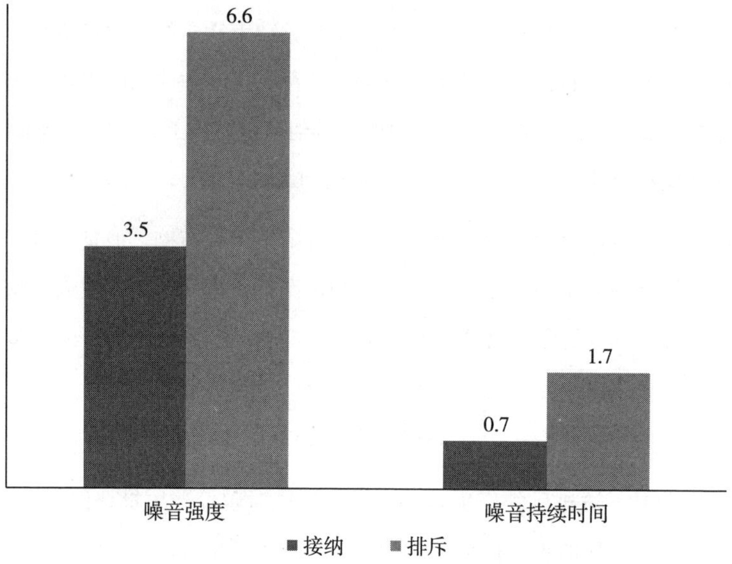

图 25–1[①] 在被同伴排斥或接纳后，被试对之前批评自己文章的人进行噪音惩罚时设置的噪音强度和持续时间

此外，一些实验中还有第三种条件：不幸条件。在这种条件下，被试被告知，虽然他们目前生活得很平静，但是之后一定会发生不幸。设置这一条件的目的是将社会排斥的影响与不愉快但非社会事件的影响区分开来。正如预期的那样，只有社会排斥条件下的被试才更有攻击性。

为什么社会排斥会让人们表现得更有攻击性呢？有一种可能是，社会排斥会让个体的情绪更加消极，而消极情绪会引发攻击行为。令人惊讶的是，在特温格等人（2001）的研究中并没有发现这种结果，被同龄人排斥（本实验）或被告知孤独终老（其他实验）都不会让被试感觉更糟，社会排斥对攻击性的影响并不取决于情绪是积极还是消极。因此，其并不是通过增加消极情绪来增加攻击行为的。

① 图 25–1 中的纵坐标为噪音强度和持续时间，分数越高表示噪音强度越大、持续越久。——译者注

又怎么样了

在特温格等人（2001）进行这项研究之前，我们并不清楚社会排斥是否会提高攻击性。现在我们知道社会排斥是能够提高攻击性的，尤其是报复性攻击。因此，社会排斥更可能是哈里斯和克莱伯德等人发动恐怖活动的原因之一。

社会排斥对攻击行为的影响可能受到多种因素的调节，例如，影响社会排斥的因素、影响问题人格的因素以及二者的结合。以臭名昭著的炸弹客特德·卡钦斯基（Ted Kaczynski）为例。在 20 多年的时间里，这位前数学教授向多位计算机领域的专家邮寄了致命爆炸物，以抗议他所认为的现代技术的弊端。儿童时期的卡钦斯基非常害羞，不善交际，超群的智力加重了他的社交困难，由于跳级，他被班上的大男孩欺负。16 岁时，他考入了哈佛大学，但在那里他变得更加孤独。由于无法与他人建立联系，卡钦斯基选择了与世隔绝，并最终决定独自生活在蒙大拿州的荒野中。对他人的回避进一步削弱了他的人际交往能力。由于得不到友谊的慰藉，他将科技社会视为令人堕落的毒药，并试图杀死那些支持科技社会的人，以公开表达自己的不满。在此需要强调的是，正是卡钦斯基幼年时的内向性格助推了其人生道路上遭受的社会排斥。久而久之，这种强烈的被排斥感又提高了他的攻击性，最终将其从一个缺乏自信的神童变成了无情的杀手，这一结果并非难以置信。

实验研究表明，社会排斥滋生了各种反社会倾向（Tice, Twenge, & Schmeichel, 2001）。例如，如果告知大学生他们未来会孤独终老，那他们就更有可能在限时完成的考试中延迟交卷，在竞争游戏中表现出敌对行为，以及在面对需要捐助的对象时拒绝提供帮助。讽刺的是，远离社会生活的孤岛并不适合人们居住。

到目前为止，仍有一个问题需要解答：被排斥者的内心在想什么？特温格等人（2001）的研究结果发现，情绪对攻击性并没有影响。被排斥后的被试情感麻木，对任何事情都不感兴趣。或许被排斥后的其他心理过程与攻击性水平的提高有关。

一个可能的解释是：经历过社会排斥的个体会试图压抑日益增长的孤独感。这种尝试在很大程度上是成功的，因为他们设法生成了一种相对中性的情绪状态。然而，这种做法是一种自我消耗，会造成被排斥者的意志力短缺（Baumeister, Bratslaysky, Muraven, & Tice, 1998；见本书第 22 章）。因此，他们可能抑制不住自己原本可以抑制得住的冲动，从而实施了攻击行为。这一说法得到了一些研究的支持（Baumeister, Twenge, & Ciarocco, 2002）。当被要求在高脂糖果和健康食品之间做出选择时，与其他被试相比，被排斥者往往会选择前者——一种冲动且轻率的选择。

也许长期与他人隔绝会导致个体的精神疲惫，进而失去对长期有益目标的兴趣，转而选择有害的短期目标；或者，由于不习惯履行社会生活的职责和义务，个体抑制反社会倾向的能力减弱了（Baumeister & Exline, 1999）。无论哪种方式，被排斥者都可能倾向于攻击他们所谓的敌人。

在外人看来，他们攻击的目标往往非常武断。以哈里斯和克莱伯德为例，媒体对他们疯狂开枪之前已经列出了一份杀人名单的事实进行了大肆渲染，然而，最终的受害者只有一个是名单上的。正如目击者所言，这次校园杀戮是随机的。这一现象与特温格等人（2001）的另一项实验结果相一致：被排斥者不仅会攻击冒犯自己的人，也会攻击从未见过的人。他们的复仇似乎具有普遍性，不仅针对曾经排斥过自己的人，而且还针对无辜者。

社会排斥不仅会阻碍个体的归属需要，还会阻碍其他基本需要。根据自我决定理论（Deci & Ryan, 2000），思维流畅的基础是个体对关系、胜任和自主的满足。显然，社会排斥使个体难以与他人建立联系（归属需要得不到满足）；难以有效地完成任务（例如，难以说服别人有效地帮助自己）；难以展现自己（例如，难以通过专业联系促进商业投资）。因此，被排斥者会选择用极端的方式来满足自己的需求，如在别人眼中变得臭名昭著（满足关系需求）、完成一些重要的事情（满足胜任需求）或控制别人的命运（满足自主需求）。

考虑到社会排斥会产生如此大的危害，我们能做些什么呢？特温格等人（2001）研究中的最后一项实验给出了答案。这项实验的结果发现，尽管被排斥者对冒犯过自己的人和陌生人都表现得更有攻击性，但对表扬过自己的人却没有表现出攻击性。由此可见，善意的语言可能会消除社会排斥所滋生的反社会倾向。如果有同学偶尔赞扬过克莱伯德和哈里斯，或许他们就不会进行这场屠杀。可能正是社会排斥加上被嘲讽为“孤独者”和“失败者”引发了他们的暴力行为。事实上，社会排斥也会引发生理上的痛苦（Eisenberg, Lieberman, & Williams, 2003; MacDonald & Leary, 2005），这或许可以解释为什么社会排斥会引发攻击行为。

当然，要消除社会排斥所造成的伤害，最直接的方法就是把害羞、孤独和疏离的人迎回社会的怀抱。不幸的是，社交能力强的人往往不喜欢和这些人相处，因为与他们相处的回报率较低，而且往往会带来社会污名。因此，为了确保社会机构或整个社会的凝聚力，有必要制定相关政策，其中最有效的方法就是让被孤立的孩子更多地参与小规模的活动（Bagley & Pritchard, 1998）。然而，我们目前很难找到能够扭转西方社会日益增长的个人主义倾向的方法。如果我们重视集体幸福，那就应该为此做些什么，毕竟社会融合的缺乏会引发许多其他的社会病态（Twenge, 2000）。

后记

综上所述，社会排斥仅仅是导致暴力行为的众多因素之一，其本身并不足以引发暴力。绝大多数孤寂独处的人都遵纪守法，并不会轻易冒犯他人。社会排斥不是导致暴力的必要条件，大多数暴力活动并不是由被孤立的不满者实施的，而是由长期对政治不满的组织集体实施的（Rummel, 1994）。的确，导致暴力行为的原因是多方面的，而且需要具体案例具体分析。尽管如此，在结束本章内容之前，我们还是想讨论一个已经被广泛引用来解释反社会行为的因素——自尊（self-esteem）。

在书店的自助浏览区，你可能会发现许多书籍都有这样的观点：人类的痛苦是低自尊的产物。这种观点认为，只有学会用乐观的眼光看待自己，才会迎来精力充沛、经济富裕、人与人和谐相处的黄金时代。如果你质疑这个观点过于简单，那你是对的。虽然自尊是与生俱来的，但自尊带来的好处是有限的。有一些研究者声称，高自尊的人会更快乐，更清楚自己是谁、自己喜欢什么，在逆境中坚持的时间也更长（Baumeister, Campbell, Krueger, & Vohs, 2003）；高自尊可以促进个体对社会的良好适应，会让人更加快乐。虽然这些观点有一定的依据，但通常都夸大了自尊的好处（Donnellan, Trzesniewski, Robins, Moffitt, & Caspi, 2005）。

“爱人先爱己”这句话就体现了高自尊有利于人际关系的观点。这一论断的优点是心理学家可以对其真伪性进行检验（虽然非心理学家认为这是众所周知的真理）。我们可以简单地将人分为高自尊的人和低自尊的人，然后比较二者的反社会倾向。如果这句话是正确的，那么高自尊的人应该更平和、更有礼貌，而低自尊的人应该更好斗、更没有礼貌。

有研究者通过两个实验对这一问题进行了研究（Bushman & Baumeister, 2002），实验方法与本章前面介绍的实验类似。首先，要求被试写一篇文章来表达他们对于堕胎的观点；之后，由“另一名被试”对这篇文章进行或积极或消极的评价；最后，向被试提供一个可以惩罚评价自己文章的被试的机会（他 / 她可能会被讨厌的噪音轰炸）。结果表明，被试的自尊水平与攻击行为无关，低自尊的人与高自尊的人在攻击行为上的差异不显著。

然而，这项研究还有一个重要的发现。夸大自我价值的自恋水平高的人的攻击水平要高于自恋水平低的人。也就是说，自卑并不会提高人的攻击水平，但自恋会。当自恋者视若珍宝的自我价值受到威胁时，他们的反应会比谦逊的人更加强烈。

日常生活的数据也证实了这些实验的结果。那些实施严重暴力行为的人（谋杀犯、家暴犯、帮派成员、独裁者）都有较高的自恋倾向（Baumeister, Smart, & Boden, 1996），这也更好地印证了实验结果。与不能清晰地认识自己、认为自己无能的人不同，当有人嘲笑自恋水平高的人时，他们有信心进行反击。当然，如果他们的自尊水平较低，那他们就会采取守势方案，将痛苦内化并试图逃避。

研究表明，高自尊是一把双刃剑，有利也有弊。例如，一项研究根据自尊水平的高低和稳定性（自尊是否会随时间发生波动）对被试进行了分组。结果发现，自尊水平高且稳定的被试表现出的攻击行为最少，而自尊水平高且不稳定的被试表现出的攻击行为最多（Kernis, Grannemann, & Barclay, 1989）。有些自尊水平高的人对自己很自信，不易受社会刺激的影响；而有些人虽然自命不凡，但对批评非常敏感。

这两组人的心理有何不同？有可能是，有些人的自我价值更具有相倚性（contingent）。也就是说，这些人自我价值的高低取决于某些条件的满足。比如，获得一定的声望、实现梦寐以求的目标或履行规定的职责；相反，自我价值为非相倚性的个体，无论何时都会积极地看待自己。当有人批评他们或者当他们把事情搞砸时，他们不会过度不安。他们接受自己的一切，包括缺点。研究证实，自尊稳定的个体在面对威胁时会更加平静（Kernis, 2003）。

回顾哥伦拜恩高中的惨案，我们或许可以把哈里斯和克莱伯德看成高自尊的人。经历社会排斥并没有让他们感到绝望和自怜；相反，他们的反应是残暴和蔑视。然而，他们的自尊是不稳定的，高度依赖于同龄人对他们的尊重和钦佩。他们无法接受现实生活中的同龄人不像自己期待的那样尊重自己，于是展开了可怕的报复。那些大肆宣传可以通过提高自尊水平来解决社会问题的人应该注意自尊稳定性的作用。

启示

社会排斥会提高个体的攻击水平，被排斥者不仅会伤害冒犯他们的人，而且会伤害无辜者。

你怎么想

有些人确实遭到了社会排斥，但总是其他人的责任吗？人们是否应该为自己被排斥而负责（例如，因犯罪而被排斥）？试图接纳不合群的个体会带来很多问题吗？

第 26 章

亲社会流言：分享坏的能促进好的

> 每个人都被自愿当间谍的邻居所包围。
>
> 简·奥斯汀（Jane Austin，1775—1817）
>
> 英国浪漫主义小说家

背景

一个意第绪语的故事（有多个版本）描述了一个无耻的散布流言者。他散布的大部分流言都是关于当地拉比（宗教头衔）的。这个人最终感到羞愧，于是去找拉比请求原谅，并试图弥补拉比。拉比让他拿着一把刀和两个枕头去市场，把枕头切开并在空中使劲摇晃。那人照做后回到拉比面前，问还需要做什么。拉比叫他回去把市场上所有散落的羽毛都捡起来。显然，这是不可能的。这个人开始意识到流言的危害有多大，以及要消除它又有多么困难。

流言（莎士比亚创造的许多术语之一）被认为是闲言碎语、谣言、八卦和吹毛求疵的同义词。它通常发生在办公室的饮水机旁、后院的栅栏边、家庭聚会、学校操场或社交媒体上。尽管流言可能被认为是一种传播有趣新闻的消遣方式，但它更广为人知的是其恶意意图和有害影响。流言常常用来诽谤和边缘化某些人。说悄悄话和散布谣言的人都有邪恶的舌头。一些人认为散布流言是极恶的罪，是上帝最痛恨的六宗罪之一，并建议人们无论如何都要避免传播流言。

但是，有些流言是否会起到重要的社会作用？尽管流言很容易被想象成残忍和有害的，但也可能被认为是富有同情心和建设性的。本泽武（Ben-Ze’ev, 1994）提出好的流言（good gossip）的说法。顿巴（Dunbar, 1996, 2004）通过对人类交流的分析，发现三分之二的交流都是针对社会话题的，而其中大部分都是流言。由于流言在历史和文化中无处不在，因此它很可能是一种人类进化的倾向，可以为个人和集体带来益处。可以说，流言起源于原始社会，目的是帮助人们建立社会联系，以保护弱势个体和群体的利益。随着早期群体规模的扩大，人们有必要开发一种沟通系统，使大家能够尽可能多地关注群体中的人，以便避免或至少对那些被认为性格恶劣和自私的人保持警惕。因此，流言在志趣相投的人之间就充当了一种早期预警系统、一种对抗反社会行为的手段，可以促进团体的凝聚力和团结。流言可以不是恶意和破坏性的，而是善意和有益的。

范伯格、威勒、斯泰拉和柯尔特（Feinberg, Willer, Stellar, & Keltner, 2012）建构了一个理论模型，更精确地解释了流言的功能。该模型认为，目睹不公正或可疑的行为会导致个体产生负性情绪（采用自我报告或生理测量）。这些情绪加上寻求合作和公平的亲社会动机，会促使个体说出亲社会流言，传播这种流言可以使人们将负性情绪释放出来。个体可能会在没有物质或社会奖励甚至自己付出成本的情况下传播亲社会流言。由于人们不想被流言损坏声誉，从而导致被边缘化或排斥，亲社会流言也能起到威慑反社会行为的作用；听到亲社会流言的人，也可以对流言中提到的那个人采取预防措施。因此，亲社会流言能保护弱势个体，促进更大的利益。

范伯格等人认为个体的亲社会倾向水平（一个人的无私、合作和公平程度）既影响亲社会流言的动机，也影响亲社会流言的影响力。那些高亲社会倾向的人在目睹不公平行为时，会体验到更多的负性情绪，进而更有可能传播亲社会流言，并在之后感受到更多的情绪缓解；相反，那些低亲社会倾向的人则会更多地受到亲社会流言的威胁，他们担心别人议论自己，因此不愿意进行明显的反社会行为。

范伯格等人开始对这个模型的各种元素进行实验。他们想知道以下两个相关问题的答案：是什么促使人们传播亲社会流言，以及亲社会流言有什么功能？他们提出了四种假设。其中，“沮丧”假设认为，目睹反社会行为会导致个体产生消极情绪，而消极情绪越强烈，他们就越会传播亲社会流言；“亲社会”假设认为，亲社会流言的主要动机是希望真正帮助和保护他人，而不是获得物质或社会奖励；“释放”假设认为，亲社会流言会减少负性情绪；最后，“威慑”假设认为，亲社会流言会抑制自私行为。范伯格等人制订了一个完整的研究计划。

做了什么

范伯格等人（2012）设计了四项研究，我们在这里详细地描述他们的第一项研究，然后在“又怎么样了”部分中简要地描述他们的第二项、第三项和第四项研究。

52 名大学生参与了研究 1，他们都认为自己参与了一项小组研究，自己是四名小组成员之一。当他们到达实验室时，有两名被试（实际上是主试的同伙）已经到达了，三人（一名真被试和两名假被试）被告知要等待另一名被试（组成四人小组）。在等待过程中，其中一名假被试与真被试被带到了隔壁房间，两人被安排坐在电脑前，中间由隔板隔开，以防止他们看到彼此。除非电脑提示，否则两人不能交流。他们每人身上都连接着一个心率监测器（在他们腹部的左右两侧）。在完成了背景调查后，他们开始进行“信任”游戏。

这个游戏有两个角色：投资人和被投资人。投资人在游戏一开始会有 10 分，他可以将任意分数送给被投资人，而这个被送给被投资人的分数会自动增加两倍，随后被投资人有机会将任意分数返还投资人。例如，如果投资人送给被投资人 5 分，那么被投资人就有了 15 分，随后被投资人可以返还投资人 10 分，使两人都有利可图。被试被告知，实验结束后可以用手中的分数来换钱。

被试被告知，游戏中有四个角色：投资人 A、投资人 B、被投资人和旁观者。投资人要和被投资人玩游戏，而旁观者知道每一轮游戏中投资人送给被投资人的分数，以及被投资人还给投资人的分数。假被试和真被试在被送到隔壁房间后，抽取了表明他们身份的信封。实际上，信封是被操纵的——两个信封里都写着“旁观者”。真被试表明自己的身份是旁观者，而假被试则谎称自己是投资人 B。两人会在第二轮游戏中一起与被投资人玩信任游戏。

然后，真被试（旁观者）和假被试（投资人 B）等待投资人 A 和被投资人完成第一轮游戏。经过一段时间的等待后，主试递给旁观者（而不是投资人 B）一张纸，纸上记录了第一轮游戏的情况。旁观者获悉，投资人 A 已将全部的 10 分都给了被投资人，分数价值自动增加了两倍，但被投资人并没有给投资人 A 任何回报。毫无疑问，旁观者会注意到这种剥削行为。

随后另一名主试给了真被试一个身份信封，并告诉他：“不要打开，直到电脑提示可以打开。”这名主试不知道实验的假设，也不知道谁是真被试，谁是假被试。这种双盲设计（主试和被试均不知道实验操作）消除了实验者预期对研究结果的影响。

在打开信封之前，被试在计算机上回答了与负性情绪相关的问题（见下文），然后打开了电脑文件。文件中有两条指令中的一条，这两条指令是随机分配的，分别代表实验条件和控制条件。在实验条件下，真被试被提醒，坐在他对面的投资人 B 会跟他一起进行下一轮游戏，如果真被试愿意，可以给投资人 B（不知道被投资人的信息）写一两句话，任何信息均可（被试还被告知，投资人 B 知道自己可能会收到一条提示，但不知道提示涉及什么内容。这种设定是为了向被试保证，投资人 B 不知道是谁发出的提示）。被试还被告知，在第二轮游戏后，每位被试都将分开离开，并且很可能再也不会见面。这一信息用于阻止被试产生用提示获得某种奖励的期望。在控制条件下，被试也被告知投资人 B 会在下一轮和被投资人一起进行游戏，而自己将抄写无意义的句子发送给投资人 B（他们也被告知投资人 B 正期待获得小提示）。

在发送（或不发送）提示后，被试要回答第二组问题，涉及他们即将体验到的负性情绪（同样，见下文）。随后他们还被要求回答另外两个问题：“在写了提示后，你觉得自己有多轻松？感觉有多好？”这两个问题用来考察被试的情绪释放。被试（通过电脑）观察了投资人 B 和被投资人之间的信任游戏，然后完成了一项简短的调查。该调查用来考察被试对研究是否存在怀疑。然后，他们与心率监测器断开连接，并接受询问——实验者告知了他们研究的真实目的，包括研究假设和欺骗的必要性。

最后还有几点需要注意。首先，被试在向投资人 B 传递提示前和提示后，分别报告了他们感到沮丧和烦恼的程度，从 0（完全没有）到 100（非常沮丧烦恼）。其次，尽管心率监测器在整个实验过程中都是连接的，但研究仅采集了被试在进行负性情绪报告时的两次为时 1.5 秒的数据，心率数据被作为衡量被试情绪强度的额外指标（随着负性情绪的增加，心率也会加快）。最后，被试所写的提示由两名评定者分别分析。他们要判断提示是否符合范伯格等人对亲社会流言的定义：“通过分享对目标人物的评价信息，来保护他人免受反社会或剥削行为的伤害”。范伯格等人向被试提供了一些流言的例子：“被投资人上一轮没有返还投资人任何分数，因此我建议不要给他分数。”“尽量保留分数，因为被投资人不会给你太多回报。”“你的被投资人不可靠，他只考虑自己的利益，你要小心投资。”

发现了什么

实验组有 27 名被试向投资人 B 发送了提示（被试不知道投资人 B 是假被试，并认为他们将与被投资人一起进行下一轮信任游戏）。在这些提示中，有 26 条被定义为亲社会流言。重要的是，被试在发送提示后的负性情绪与发送前相比显著下降，而控制组则没有这种变化。显然，被试在看到第一轮游戏中的自私和剥削行为后都体验到了负性情绪，然而，只有那些向投资人 B 发送亲社会流言提示的人才表现出了负性情绪的下降，抄写无意义的句子并发送给投资人 B 的人则没有受到这样的影响。此外，实验组比控制组报告了更显著的放松情绪。最后，研究人员发现，控制组被试在抄写无意义的句子并发送给投资人 B 前后，心率（较实验前）都有所提高，而实验组被试的心率则没有显著变化。尽管在目睹了反社会行为的情况下，实验组和控制组被试的心率都有所提高，但只有亲社会流言才能使其恢复到正常水平。

又怎么样了

研究 1 的结果表明，当看到他人的反社会行为时，被试普遍会传播亲社会流言。即使没有任何回报，他们也会选择分享关于贪婪的被投资人的判断信息，以保护投资人免受伤害。自我报告和心率数据表明，目睹剥削行为会使负性情绪增加，而亲社会流言能够消除这些负性情绪。因此，研究 1 的结果证实了范伯格等人提出的“亲社会”假设、“沮丧”假设和“释放”假设。

范伯格等人的研究 2、研究 3、研究 4 采用了不同的方法，也获得了明确的结果。研究 2 发现：第一，被试的亲社会倾向越强，传播亲社会流言的可能性就越大；第二，自我报告显示，被试发送提示是为了保护投资人的利益，而非惩罚自私的被投资人；第三，在目睹被投资人的剥削行为后，体验到较多负性情绪的被试，更倾向于传播亲社会流言；第四，与那些被告知提示无法传递给投资人的被试相比，得知提示会传递给投资人的被试释放了更多的负性情绪，显然，撰写提示并不能让被试释放情绪，发送提示才能，因为后者才能使投资人受益；第五，在目睹了被投资人的自私行为后，亲社会倾向越强的被试体验到的负性情绪就越强，并且在发送提示后体验到的情绪释放也越多；第六，被试越相信他们的提示能够帮助投资人，他们的情绪释放得就越多。

在研究 3 中，范伯格等人发现，在 45 名被试中，有 34 人愿意为发送提示而付钱，他们愿意支付的平均金额为 1.19 美元。也就是说，大部分被试都愿意付出一定的个人成本来传播亲社会流言（有关利他行为的更多信息，见第 18 章）。此外，他们的亲社会倾向越强，愿意支付的金额就越多。同样，他们在目睹贪婪行为之后体验到的负性情绪越强，愿意支付的金额就越多；而支付的金额越多，他们的情绪释放得就越多。最后，通过改变游戏的本质（通过使用“独裁者”游戏——投资人变成了捐赠者，什么回报都得不到），研究者得出结论，被试的目的在于帮助潜在的受害者，而非惩罚违规者。

范伯格等人的前三项研究探讨了亲社会流言的动机，而研究 4 探讨了亲社会流言的功能。具体来说，研究 4 想要探讨亲社会流言是否能够减少自私行为，促进合作。这项研究有三种条件，每种条件下被试都是被投资人，并被告知以下内容：（a）旁观者将有机会向投资人说明被投资人在前几轮的行为（亲社会流言条件）；（b）被投资人和投资人的行为会被观察到，但旁观者没有机会闲聊（观察者条件）；或（c）被投资人和投资人的行为不会被观察到，也没有人可以谈论它（控制条件）。范伯格等人发现，在亲社会流言条件下，被投资人返还投资人的分数比旁观者条件和控制条件要多。这直接证实了他们的“威慑”假设。此外，在亲社会流言条件下，与高亲社会倾向的被试相比，低亲社会倾向的被试返还投资人的分数更多。很显然，他们克制了自己的自私倾向，向投资人返还了更多的分数，以避免声誉受损（如图 26–1 所示）。

这四项研究的结果是，流言并不都是坏的。是的，它有时可能是小气的、剥削性的、伤害性的甚至是残忍的，但它也可能是好的，因为它可以保护特定的个人和群体，以获得更大的利益。好的流言可能要比坏的流言更常见，尽管它很少被关注。范伯格等人（2012）并不是简单地重申了这一点，他们通过实验证明了这种流言的动机和预防功能，同时也探索了调节这些动机和功能的人格差异——亲社会倾向的水平。范伯格等人的研究并非没有潜在的问题（没有任何研究是无懈可击的），它们主要依赖于自我报告的数据（以及一些心率数据），这些数据可能缺乏可信度（见第 14 章）。此外，要求特征也可能会带来偏见（被试怀疑研究的真正目的，见第 13 章）。最后，研究方法和结果可能无法反映所谓的现实世界中流言的复杂性（范伯格等人承认了所有这些可能的缺点）。尽管如此，他们的研究仍然是名副其实的重磅炸弹。

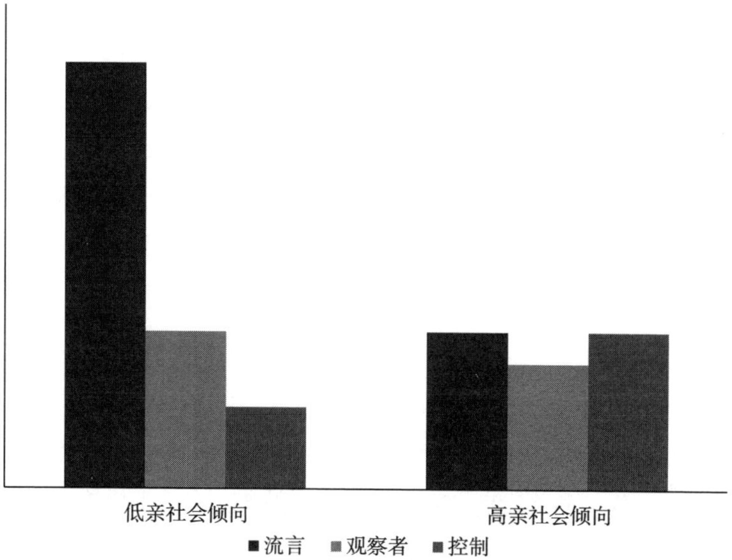

图 26–1 [①]当被投资人被告知（a）旁观者将有机会谈论被投资人；（b）旁观者没有机会闲聊；或（c）没有旁观者时，高、低亲社会倾向的被投资人返还投资人的分数对比

后记

令人痛苦的是，人们总是表现得很自私。剥削和有害行为在历史上一直是每个社会的主要问题，个体很容易为了个人利益而利用他人。有些人不顾他人的痛苦和需求，诽谤他人以显示优越感；有些人利用谎言和欺骗来达到目的；还有些人攻击和偷窃甚

① 图 26–1 中的纵坐标为被投资人返还投资人的分数。——译者注

至谋杀他人。在团体中，只要个体认为自己的行为不会被发现或者不会受到惩罚，就会做出逃避责任的行为，或者借助群体身份来获益。毫无疑问，为了得到奖励或者至少感知到奖励，个体通常会牺牲他人的利益来自私地行事。从纯粹的得失角度来看，反社会行为似乎是理性的，合作和支持更大的利益可能看起来很愚蠢，因此，相当一部分人选择自私行事、不考虑给他人造成的损失和痛苦。此外，也确实存在个体利益和集体利益相冲突的社会困境（Dawes, 1980），比如为什么要向公共广播机构捐款，似乎不这样做也不会妨碍人们收听公共广播；为什么明明一个人的用水量仅仅会对地下水位产生微不足道的影响，还要在干旱时期节约用水？

应对反社会行为有以下三种方法，其中第一种方法是制裁那些做出这种行为的人。在同伴制裁（peer sanctioning）中，社交网络的成员会惩罚“有罪”的人，这种惩罚有多种形式：不友好的绰号、嘲笑、剥夺特权、身体报复、排斥等；在正式制裁（formal sanctioning）中，一些中央机关或机构负责实施惩罚，例如，执法人员逮捕罪犯，而陪审团和法官对其进行审判。

教育是第二种应对反社会行为的方法。世俗教育和宗教教育都试图培养良好的品格，促进合作与服务他人。我们被教导不要撒谎、偷窃、欺骗或谋杀，要公平、友善和富有同情心地对待他人。教育还试图解决社会困境：当个体利益与集体利益相冲突时，鼓励个体为更大的利益让步。20 世纪 70 年代中期，电视上播放了这样一则公益广告：一位美国原住民穿着手工制作的衣服，扎着长长的辫子，头上插着一撮羽毛，划着独木舟沿溪而下。他在划桨时碰到了漂浮在独木舟两侧的垃圾，这条被污染的溪流将他带到了一个被烟雾缭绕的工厂所包围的海湾。这位原住民把他的独木舟拉到岸边，然后走向一条高速公路，一辆过往汽车里的人把一袋垃圾扔到了窗外（袋子在他的脚下摔裂了）。当他盯着那些沿高速公路散落的垃圾时，这位原住民一直保持着庄重的身姿和严肃的表情，同时泪水顺着他的脸颊流了下来（20 世纪 70 年代早期，任何看电视的人都会记得这个令人心酸的场景），这则公益广告的目的是什么？很显然，是为了教育那些做出了自私行为的人，以减少环境污染。

应对反社会行为的第三种方法是分享声誉信息。当人们相互交谈时，他们经常会谈论第三方，特别是那些性格不好、自私和有剥削记录的人。范伯格等人（2012）的研究提醒我们不要忽视这种重要且常见的沟通方式。事实上，与其他流言相比，亲社会流言最有可能存在，因为它起源于最早的人类群体，并且已被各个社会接受。

启示

虽然流言经常被谴责，但它也有宣泄情绪、促进社会交往的功能。亲社会流言通过保护他人免受伤害，从而减轻因目睹反社会行为而产生的负性情绪。此外，它还有助于阻止自私的剥削行为。

你怎么想

人们通常会把流言与女性联系在一起，你认为这种刻板印象有什么不对吗？还是你认为男性和女性都喜欢流言？男性和女性传播流言的方式有什么不同吗？还是他们谈论的主题不同？此外，你有没有传播过流言或成为八卦的目标——是什么激发了这些流言，它们是有益的还是有害的？

第 27 章

爱的关注：克服存在恐惧的良方

> 人总会死去，并且虫子会吃掉他们，但是爱不会。
>
> 威廉·莎士比亚（William Shakespeare, 1564—1616）
>
> 英国剧作家

背景

让我们疯狂一会儿。你想象过自己会在什么年龄死亡吗？死亡的原因是什么？在什么地方死去？“签证期满”时谁会陪在你身边？临死前说的最后一句话是什么？最后的面部表情是怎样的？你的遗体会被火化吗？你的灵柩看起来是什么样的？你的遗体会在哪里被火化？你去世后谁会怀念你？

另一个问题是：上述这些问题让你感觉如何？（不难想象）你不喜欢过多地思考死亡，最多觉得推测死亡可能涉及什么，或者随后可能发生什么或不会发生什么是有趣的。上述问题可能使你感到焦虑或不安，这些都不会使我感到惊讶。我教过几次死亡学（研究死亡的学科），并要求学生写下他们的讣告和墓志铭。许多人都试图逃避这一作业，因为他们觉得“毛骨悚然”。

当然，事实是人终有一死。你会死，你所有的家庭成员和朋友也会死，其他所有人也都会死，死亡意味着肉体不再存在。尽管生活中的不幸和悲剧有许多形式，但死亡是最糟糕的一种。正如欧内斯特·贝克尔（Ernest Becker）所说的，我们所有人都会“深埋于地下几英尺，在黑暗和无声无息中腐烂并永远消失”。我们最终会变成“虫子的食物”，这对虫子来说可能是好消息，但对我们来说不是。

我们该如何面对这个冰冷的事实呢？是什么会使我们想到死亡，又是什么使我们不去思考它的？一般来说，我们该如何管理由于想到无法避免的死亡而产生的极度恐惧呢？现在，让我们开始进入恐惧管理理论（terror management theory ,TMT）（Greenberg, Solomon, & Arndt, 2008; Solomon, Greenberg, & Pyszczynski, 1991）吧。根据 TMT，死亡恐惧是人类的一种原始动机（Greenberg et al., 2008），一个人的许多活动都是由他或她对死亡的恐惧所驱动的。我们会避免想到死亡，我们很可能属于一种试图掩盖死亡的文化；我们也从不单独处理尸体或挖掘坟墓，而且，我们会采用一种保护性的委婉用语，比如“去世”或“不再与我们同在”。然而，对死亡的思考往往是不可避免的，并且会以各种方式影响我们。研究发现，死亡提醒［或者使用 TMT 的术语——死亡凸显（mortality salient）］会促使我们锻炼、生孩子、参战、惩罚违背道德者、坚守社会规范、隔离失败、接受过多的对个人成功的赞扬、相信人类是独特的且优于动物、喜欢明确的信息和结构良好的物理环境，并相信来世和超自然现象（Arndt, Schimel, & Goldberg, 2003; Dechesne et al., 2003; Gailliot, Stillman, Schmeichel, Maner, & Plant, 2014; Landau et al., 2004; Wisman & Goldenberg, 2005）。

根据 TMT，我们试图用以下几种方式管理死亡恐惧。首先，我们的文化提供了个人意义和重要性的来源。我们采纳、坚持和捍卫为我们提供价值感的人生哲学和世界观（宗教或其他），并为此感到自豪。这些意义和价值取代了对死亡的恐惧。我们也通过歧视那些不持有我们信念的人来增强自我意识（Strachman & Schimel, 2006）。（回忆第 7 章讨论的喜爱内群体的倾向）。一般来说，我们寻找提升自尊的方法（Harmon-Jones et al., 1997）。高自尊使我们能够面对死亡的残酷事实，而低自尊却会削弱我们面对它的能力。

另一个对抗死亡恐惧意识的缓冲是与家庭成员、朋友和恋人的关系（Florian, Mikulincer, & Hirschberger, 2002; Kosloff, Greenberg, Sullivan, & Weiss, 2010; Mikulincer, Florian, Birnbaum, & Malishevich, 2002; Mikulincer, Florian, & Hirshberger, 2003）。这些亲密关系给了我们安慰和支持。研究发现，死亡提醒会促进亲密感、爱和对关系的承诺（Cox et al., 2008; Mikulincer et al., 2003），但是为什么亲密关系会减轻我们的存在恐惧呢？一个可能的答案是，亲密关系涉及相互的积极关注，而积极关注能够增强自我价值感和安全感（Pyszczynski, Greenberg, Solomon, Arndt, & Schimel, 2004）。一个多世

纪以前，库利（Cooley, 1902）提出了镜像自我（looking glass self）的概念，说明我们是通过他人的眼睛来看待我们自己的："每个人都是一面镜子，反映了经过的其他人。"我们经常以重要他人看待我们的方式看待自己，这种感知到的关注可能是亲密关系的关键要素，而正是这种亲密关系使我们能够应对死亡恐惧。在我们不可避免地走向死亡的过程中，与所爱之人之间的感情能够给我们安慰。

为了探索这一主题，考克斯和阿尔恩特（Cox & Arndt, 2012）进行了多达七次实验。为了简洁起见，在此我们只讨论前四个。实验 1 检验了死亡提醒是否会导致人们夸大伴侣对他们的积极看法（感知关注）；实验 2 检验了在死亡凸显后，感知关注的夸大是否会发生在任何人身上，而不仅仅是伴侣；实验 3 检验了感知伴侣关注是否会在死亡提醒和对伴侣的承诺之间起中介作用；实验 4 测量了与死亡相关想法的可得性（在脑海中有多突出），这些想法是在进行了死亡凸显的操纵和指示下产生的，这些指示要求被试想象伴侣对这些想法持积极或不积极的态度。

做了什么

15 名男大学生和 28 名女大学生参加了实验 1。他们首先要完成一系列旨在掩饰实验目的的调查问卷。接下来，实验者操纵了死亡凸显性——随机挑选一半的被试回答两个关于死亡的问题："简要描述你在想到死亡后的情绪"和"尽可能具体地写下，你认为当你死去的时候会发生什么。"另一半被试回答的问题形式上与之类似，不过内容涉及的是经历一次与死亡无关的意外事件。然后，被试完成了一个大约五分钟的单词搜索游戏，其中中性单词（如电影和书籍）隐藏在一个 10 × 10 的字母矩阵中。之所以包含这个单词搜索任务，是因为以往的研究证明，延迟一段时间后，死亡凸显的效应最强（Greenberg, Pyszczynski, Solomon, Simon, & Breus, 1994）。接下来，被试完成了关于感知关注的 23 个项目的测量。遵循以往研究的先例，实验者呈现给被试的既有积极的也有消极的形容词，如和蔼、深情、懒惰、有控制欲等，并要求他们评价自己的伴侣对自己这些特质的评价。评价使用九点量表进行评分，从"非常不符合"到"非常符合"。被试也对相同的 23 个形容词就他们如何看待自己进行了评分（两组评分的单词顺序是随机的，以确保呈现顺序不会对结果产生影响）。对于这两组评分，消极的项目采用了反向计分，以得到感知伴侣关注和自我关注的整体得分。考克斯和阿尔恩特的假设是：对死亡凸显的操纵会激发与死亡相关的想法，这会夸大被伴侣积极关注的感觉，但是对自我评价没有影响。

20 名男大学生和 17 名女大学生参加了实验 2。这些学生完成了同样的死亡凸显任务，并经历了与实验 1 相同的五分钟延迟。在实验 1 中，控制话题是与死亡不相关的意外事件，而在实验 2 中，控制话题是强烈的身体疼痛（注意这些控制话题是如何谈及不愉快和意外事件的，提问的形式与谈及死亡时是一样的，这样就能够推理出是死亡本身引发了这个效应，而不是死亡与其他事件共有的某些特征）。然后，被试被要求对相同的 23 个形容词做出反应，使用相同的九点量表，但这次评分涉及普通人如何看待他们、伴侣如何看待他们以及他们如何看待自己（评分顺序依旧随机）。考克斯和阿尔恩特的假设是：死亡凸显操纵后的感知关注的夸大只涉及伴侣，不会发生在对普通人关注的感知和对自我关注的感知上。

29 名男大学生和 19 名女大学生参加了实验 3，他们所有人都处在恋爱状态，恋爱时间从一个月到四年不等。被试回答了与实验 1 和实验 2 相同的两个问题，或者，在控制条件下，回答了两个关于牙疼的问题。随后，被试经历了与实验 1 和实验 2 相同的延迟，并在接下来对感知到的与伴侣关注相关的 23 个形容词做出反应。最后，实验者给被试呈现了 15 个项目，并要求他们评价自己对伴侣的承诺（吸引力、信任和爱）——例如，“我对我的伴侣绝对忠诚”，评价使用九点量表，从“一点都不忠诚”到“非常忠诚”，他们还被要求在进行评价时想着自己的伴侣。这些项目的得分平均起来得到一个总体的承诺分数。考克斯和阿尔恩特的假设是：死亡提醒会使被试夸大对伴侣的承诺，而这可能是由他们对伴侣如何看待他们的感知引起的，或者用专业术语来说就是，他们对伴侣如何看待他们的感知“中介”了这一过程。换句话说，死亡提醒会引发对伴侣关注的夸大感知，进而导致更大的关系承诺。

16 名男大学生和 42 名女大学生参加了实验 4，与实验 3 一样，他们都已恋爱一个月到四年之间。被随机分配到死亡凸显条件下的被试完成了《死亡恐惧量表》(*Fear of Death Scale*)，其中包括像“我非常害怕死亡（是或否）”之类的项目。被随机分配到控制条件下的被试完成了关于牙疼的类似问卷，其中包括像“我非常害怕牙疼（是或否）”之类的项目（注意，这里的主要目的不是测量对死亡或牙医的恐惧，而是为了唤醒它）。接下来，所有的被试都被要求思考一次伴侣对他们持有积极看法或没有持有积极看法的经历（“请写下你的约会对象 / 伴侣使你感觉良好的一次经历”或者“……没有使你感觉良好……”）。所有条件下的被试都被要求想象伴侣的存在，并写满一整页纸。因此，实验的两个自变量是死亡凸显 VS 牙疼和积极关注 VS 非积极关注，因变量是词干补笔任务（word stem completion task），目的是评价死亡想法的可得性。实验者给被试呈现了 25 个词干，其中五个可以用中性词或死亡相关词完成。例如，被试可以在像“DE_ _”这样的词干中填入字母以组成与死亡相关的词，如“DEAD”，也可以组成与死亡无关的词，如“DEED”。同样，被试可以用“IN”或者“EE”填充“COFF_ _”。其他关键的词干有“GRA_ _”“SK_ _L”和“KI_ _ED”（作为读者的你最容易想起的词是什么呢）。被试的死亡可得性得分是他们完成的死亡相关词的个数（分数范围是 0~5）。考克斯和阿尔恩特的假设是：在死亡凸显条件下，想象伴侣给他们带来的良好自我感觉（相比没有使他们感觉良好）会减少与死亡相关想法的可得性（注意这最后一项研究是怎么查明 TMT 提出的心理机制的，并注意是如何间接地评估它们的。即使被试有意识地压抑与死亡有关的外显想法，词干补笔任务也仍然可以反映出他们的内隐思虑）。

发现了什么

在实验 1 中，实验操纵（使被试想起死亡或者意外事件）对两个因变量的影响是不同的。特别是，死亡凸显条件下被试对伴侣关注的感知高于意外事件条件下，然而对自我关注的感知在两个条件间没有显著差异。因此，被试更可能在死亡凸显后，夸大伴侣对他们的积极评价，就像考克斯和阿尔恩特所预期的那样。实验 2 发现了相同的模式：在死亡凸显条件下，对伴侣的感知关注的评分显著高于身体疼痛条件下，但是对普通人关注的感知和对自我关注的感知并没有出现这样的结果，正如考克斯和阿尔恩特所预期的那样，只有在死亡凸显条件下，个体才会产生与死亡相关的想法（如图 27–1 所示）。

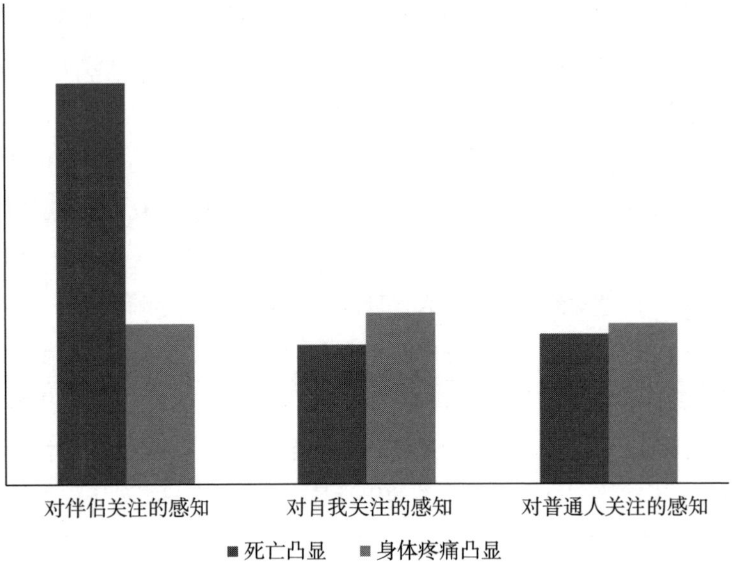

图 27–1[①] **当死亡或者身体疼痛凸显的时候，对伴侣关注的感知、对自我关注的感知和对普通人关注的感知（注意：这个图示是原理图，因为原始文章没有提供平均分）**

实验 3 涉及中介分析，它解决了以下一般情况。假设有自变量 X 和因变量 Y。从实验中，你知道是 X 引起了 Y，但是，你认为这可能是由于 X 引起了 M，而 M 又引起了 Y。那你怎么能在不操纵 M 的情况下找到证据呢？一个快速的方法就是统计。你可以测量 M，看看 X 和 Y 的关联是不是在统计上依赖于 M——换句话说，M 是否中介了两者的关系。现在，把这个想法应用到实验 3 的主要问题上：死亡凸显所引起的更大的对伴侣的承诺，是不是由于感知到的伴侣关注所起的中介作用。与前两个实验一样，死亡凸显和感知到的伴侣关注有显著的关系，而且，在死亡凸显条件下，感知关注与对关系的承诺也存在显著关系。然而，当考克斯和阿尔恩特在统计上控制（保持恒定）感知到的伴侣关注后，死亡凸显在对关系的承诺方面的影响不再显著。这与研究者的预期是一致的，即正是感知关注导致了死亡凸显和对关系的承诺之间的因果关系（Baron & Kenny, 1986）。很明显，在死亡的提醒下，人们对伴侣有更大的承诺，因为在某种程度上，他们的伴侣正是他们感知到的积极关注的来源。也就是说，值得

① 图 27–1 中纵坐标为积极关注感知分数，分数越高表示感知到的关注越积极。——译者注

注意的是，实验并没有对伴侣关注进行任何独立和特定的操纵，对感知关注的因果作用的推断是合理的，但并非无懈可击。

在实验 4 中，正如考克斯和阿尔恩特预期的那样，想象得到伴侣积极关注的被试比想象没有得到积极关注的被试报告了更少的死亡想法。这个主效应需要放在交互效应下去思考：当被试想象没有得到伴侣的积极关注时，他们在死亡凸显后报告了更多的死亡相关想法，但是在想象得到伴侣积极关注的条件下，这一差异却不显著。这种交互作用正是考克斯和阿尔恩特所预期的。

又怎么样了

考克斯和阿尔恩特（2012）的前四个实验都相当有影响力。首先，他们证明在死亡凸显后，人们夸大了从伴侣那里得来的积极关注，但是并没有夸大对自我关注的感知。显然，在死亡凸显后，感知到的伴侣关注被夸大了，这也就是说，对伴侣关注的感知要比对自我关注的感知更具可塑性。考克斯和阿尔恩特随后证明，感知关注的夸大只限于伴侣之间，而非对所有人。显然，一个普通人的关注并不能起到与伴侣关注同样的作用。普通人并不像伴侣那样了解我们，或者与我们拥有同样的情感，因此，伴侣的关注更有意义、更令人向往，也更可能抵消死亡提醒。随后，考克斯和阿尔恩特证明了关系作为存在焦虑的保护来源的能力，取决于个体从伴侣那里感知到的积极关注的程度。也就是说，感知到的积极关注是死亡凸显和对伴侣的承诺的中介变量（然而，需要注意的是，感知到的积极关注是一个中介变量，但不一定是唯一的中介变量）。最后，考克斯和阿尔恩特发现了支持他们观点的证据，即死亡凸显后感知到的积极关注的作用是减少死亡相关想法的可得性。当被试想到死亡，并想象了伴侣对自己的积极关注时，他就会比想象没有得到伴侣积极关注的被试更少地想到死亡。对他人的爱、信任和承诺可以分散我们的注意力，保护我们免于死亡恐惧。

诚然，人们追求亲密关系是出于各种不同的原因。关系不仅为我们提供了情感、信息和实际的支持，也提供了意义和价值，此外，它们还提供了爱与成长的机会。总之，亲密关系和浪漫关系有利于我们的身心健康。考克斯和阿尔恩特的研究清晰地阐明了关系提供的另一个益处：当成为感知到的积极关注的来源时，它们能保护人们免于死亡恐惧。

此外，TMT 不仅是一种社会心理学理论，也是一种人格理论。个体在依恋风格（attachment styles）上存在差异，目前的研究已经发现依恋风格可以调节（增强或减弱）死亡凸显和关系寻求之间的关系（Cox & Arndt, 2012, experiment7; Taubman-Ben-Ari, Findler, & Mikulincer, 2002）。个体基于关系构建自尊的程度也存在差异（Cox & Arndt, 2012, experiment5 和 6），这可能解释了亲密关系对死亡恐惧的不同影响。人格也可能在个体对死亡恐惧的独特反应上发挥作用。在这方面，尼米克等人（Niemiec et al., 2010）发现，与较少冥想的个体相比，较多冥想的个体会用更长的时间记录与死亡相关的想法，并且更不可能压抑这些想法。同样，克塞比（Kesebir, 2014）发现，“谦逊”（现实地接受自己和他人的生活）可以缓冲死亡焦虑，不那么谦逊的个体在死亡提醒后往往表现出更多的恐惧；同样，启动谦逊（使其在心理上更可得）相对于启动自豪更能够减少死亡焦虑。这些以及其他相关的发现促使克塞比（2014）得出结论：“死亡焦虑的黑暗面仅仅是由嘈杂的自我而非安静的自我引发的，这表明自我超越是一种比自我提升更坚实、更健康的焦虑缓冲器。”最后，某些意义深远的经历也可以缓冲死亡焦虑，例如，濒死体验就能够抵消死亡焦虑（Pyszczynski, Greenberg, Solomon, Arndt, & Schimel, 2003）。

后记

思考死亡可能并不全是坏事，尽管它可能引起焦虑甚至恐惧。可以说，有意识地关注死亡可能是建设性的和健康的。例如，意识到时日不多可以使我们更认真地思考接下来的生活方式，更深刻地思考生命的意义。而且，承认存在的短暂可以使人们正确地看待日常生活中的琐事和问题。一般来说，思考死亡能够增强感恩——它能够提醒人们珍惜生命这种有限的资源（Frias, Watkins, Webber, & Froh, 2011）。

鉴于频繁地提起“死亡”，这一章可能显得有些可怕。确实，这一章讲述的是对死亡凸显的无意识操纵，可能会令人不安。因此，它可能会引起一系列应对机制：接受令人安心的世界观，支持内群体、贬损外群体，寻求增强自尊，以及在爱的关系中寻求庇护。为了缓和气氛，让我们大胆地讲一些黑色幽默。与几乎所有事情一样，死亡也可以是有趣的。以幽默和社会可接受的方式宣泄死亡焦虑通常可以使我们感觉良好［西格蒙德·弗洛伊德在《诙谐及其与无意识的关系》（*Jokes and their Relation to the*

Unconscious）一书中就性和攻击冲动提出了这一主张]。事实上，关于死亡的笑话数不胜数，下面就是一些：

> “这里的死亡率是多少？”“与其他地方一样——每人一次。”
>
> 当我死的时候，我会把我的遗体留给科幻小说。
>
> 猝死最大的缺点就是无法删除你的互联网搜索历史。
>
> 医生用床单盖住一位病人的脸，然后转向护士说：“往好的方面想想，至少他的病情稳定了。”
>
> 一名男子正在和奄奄一息的母亲讨论葬礼的安排。“你是想要土葬还是火化？”男子问到。母亲回复道：“我不知道，给我个惊喜呗。”
>
> 一名男子在看了医生后，绝望地回到家中，妻子问他怎么了。他回复道：“医生告诉我，在我的余生中，每天都得吃一片药！”妻子安慰他：“还好吧，不算太糟。”他反驳道：“他只给了我五片药！”

最后，借用美国著名演员兼导演伍迪·艾伦的话：“我并不惧怕死亡，我只是希望它来的时候，我正好不在。”

启示

死亡的必然性是生命中恐惧的主要来源。这种恐惧不仅可以被一个人的人格（依恋风格、自尊、世界观、专注力、谦逊等）调节，所爱之人的积极关注也可以减轻对死亡的恐惧。

你怎么想

有人声称死亡会使生命失去意义，然而，会不会是另外一种情况呢？如果我们长生不老，任何事情都是永恒的，那么还有什么东西值得我们珍惜吗？永生是否会使我们无限自满？此外，你身边的人是如何看待死亡、如何应对死亡的必然性的？

第 28 章

惩罚罪犯：自由意志的动机性信念

> 自由意志和命运的谜题总是使我左右摇摆。
>
> 威廉·沙特纳（William Shatner，1931—）
>
> 加拿大演员

背景

收音机里正在播放烦人的商业广告，所以你把它关了。非常简单，对吧？但是，更深入地探索一下：你的行为是自由选择的，还是仅仅是对喋喋不休的广播的自动反应？或者你的朋友给你发了一条短信，但你正在忙，不想立即回复，于是你让他等着。在完全相同的情况下，你会有不同的反应吗？或者，作为一名大二学生，你还没有确定专业，对未来的职业也不确定。然后，在上心理学课程的时候，你突然灵光乍现：主修心理学，进入研究院，成为一名实验社会心理学家！在做出改变人生的决定时，自由意志（free will）的作用是什么？也许它没有任何作用，一切只是你的命运。现在想象最后一个场景：90 岁时，你开始反思自己丰富的过往——充满了意外和转折，有幸运，也有遗憾。你思考了一些最重要的过往：你和谁结了婚，你在中年时改变了职业，你把一笔意外之财捐给了慈善机构。在生命中，你是否在自由地掌控自己的命运，还是说，发生的任何事都是被预先决定和不可避免的？如果你不确定，那就加入我们吧。自由意志与决定论之争困扰着许多人，哲学家们就这个问题争论了数千年，至今仍没有找到答案。

无论真相是什么，大多数人都相信自由意志（Nahmias, Morris, Nadelhoffer, & Turner, 2005）。这也就是说，大多数人都相信我们是在有意识地控制我们重要的决定和行为。无论以前发生了什么，我们都觉得可以选择自己的行为。在我们的心目中，我们是自己命运的塑造者。当我们看待他人时，我们也有同样的感觉。例如，对行为不受约束的感知促使人们做出自由意志存在的推论（Nichols, 2004）。罪犯在被关押时不会犯罪，然而，一旦被释放，他们就会再次犯罪。简单的观察表明他们的行为是基于自由意志的——他们是自己行为的唯一责任人。确实，整个惩罚罪犯的刑事司法体系可以说是假设存在自由意志。最重要的是：无论我们是向内看还是向外看，自由意志似乎都是常识。

但是，认真思考后情况就不一样了。假设我们的所作所为没有任何原因，那么我们的行为会是完全混乱和不可预测的吗？然而，自由意志并不意味着我们的行为是毫无道理的，而只是意味着我们当前的行动以某种方式避开了过去的影响。“自由”并不意味着“疯狂”，而意味着能够自由地做出理性的选择。然而，困难在于对自由意志做出一个一致的解释，说明我们的行为既不是过去的产物，也不是完全混乱的。对很多人来说，都只有两种选择：决定论（determinism）和随机论（randomness）。

决定论者声称，世界上发生的所有事情都是预先存在的环境的必然结果，以普遍规律和原则描述的方式。每个事件——化学的、物理的、生物的、心理的、社会的——都有一个或多个原因，这些原因解释了这些事件。即使我们可以想象其他可能性，事情的结果也通常只有一种方式（假设我们的想象是被决定的）。此外，如果我们能充分理解所有已经发生的事情——从微观到宏观，那我们就能准确地预测所有随后发生的事情。根据决定论，宇宙中的所有事件（包括人类事件）都嵌套在一个无限复杂的因果关系网中。包括社会心理学在内的科学试图识别这些关系（事实上，物理学假设在量子尺度上存在随机性，然而，在日常尺度上，随机性被抵消了。因此，科学家们依然关心原因）。决定论认为自由意志是一种错觉：由于忽视了行为的原因，我们认为其似乎是自由选择的。

似乎可以通过宣称所有的行动只有在被其他事件（或多或少可能）影响的意义上是被决定的来达成折中。一种行为可能比另一种行为更可能发生，但两者都是有可能发生的。事实上，人类的大多数思维和行为都是内因和外因共同作用的结果。心理学试图尽可能多地找出这些因素，但是，即使某种行为是被高度决定的，一个人也仍然可能有不可侵犯的自由意志的空间。可能存在某些心理空间供个体做出选择，这些心理空间甚至可以压倒许多强大的力量。从这一点来看，当一种行为是由物理力量导致的，那么无论是生理的还是环境的，它都是被决定的；但如果它是由一个人的选择引起的，那么它就是自由选择的。然而，这一切可能都只是一厢情愿的想法，利用了我们对微妙原因的无知。

博学的哲学家们会怎么说呢？他们在这个问题上所持的立场各不相同。存在主义者视自由意志为人性的核心特征。例如，萨特（Sartre, 1946/2007）断言人的本质在于其所做出的自由选择。自由意志不仅存在，而且不可避免——“人注定要自由”。萨特倡导的理念是，我们可以自由地以我们所希望的任何方式塑造自己，但必须承担这样做的责任、负担和痛苦。站在另一个极端的是许多支持决定论的哲学家，他们也许在当今占大多数。但即使是他们也表达了许多不同的意见，例如，仍然没有就决定论的普遍规律是否排除了自由意志达成一致。顽固的不相容论者（incompatibilists）或“强硬的”的决定论者说是不兼容的；灵活的相容论者（compatibilists）或“温和的”决定论者则声称是兼容的。例如，相容论者（Harris, 2012）会宣称，只要你没有被迫去做违背你意志的事情，即使你所有的行为最终都是被决定的，你也依然可以行使自由意志。然而，不相容论者（Honderich, 2002）则视这种精明为背叛，其认为我们事实上是不自由的，这意味着要放弃一些我们最深层的对生活的直觉和希望。

自由意志是否存在似乎对于罪犯是否应该受到谴责和惩罚有着深远的影响。想想看，如果某种犯罪行为不是自由选择的，那么可以说，执行它的人就无法对它负责。如果无法对它负责，那么惩罚他或她的意义就不大了，至少惩罚这种方式是如此。自由意志总是被视为道德责任和正义惩罚的前提。如果某人有间歇性的精神失常、认知障碍或少不更事，我们往往不会在道德上谴责他或她；如果我们认为一个人不应该这样做，我们就会倾向于惩罚他或她，这是因为从根本上说，我们认为他或她本可以以另一种方式行事。因此，自由意志的归因与我们对他人的行为，尤其是反社会行为的看法有关。基于自由意志而存在的道德行为能力和责任有助于证明惩罚的正当性（可能有人会说，正如相容论者所认为的那样，无论犯罪分子是否拥有自由意志，都需要保护社会免于他们的侵害。如果是这样的话，那无论罪犯是罪有应得还是情有可原，仅仅以震慑为由就可以让他们承担责任。从这个角度来看，刑事司法系统就像一所华丽的服从训练学校）。

如果我们让你在寻求答案的过程中白费力气了，请原谅我们！本章关注的不是关于解决自由意志与决定论这一争议的研究；相反，本章探索了自由意志信念的一些可能原因。特别是，克拉克等人（Clark et al., 2014）验证了一个有趣的观点，即普遍存在的自由意志信念是动机性的（motivated），人们相信它，至少部分是因为他们想相信。为什么呢？克拉克等人想知道是否有一种特定的社会心理因素可以解释下面这种现象：想要看到不道德或犯罪行为受到惩罚。他们还推测，通过“消灭”不负责任的人，这种倾向可能是作为一种“保护人类社会的方式”进化的。克拉克等人承袭了哲学家尼采（Nietzsche, 1889/1954）这位严格的决定论者的思想：“今天，我们不再为自由意志的概念而遗憾：我们对它了解得很清楚——神学家最邪恶的诡计，旨在使人们在他们的意义上‘要负责任’……每当人们想追究责任时，通常是一种想要判断和惩罚的本能在起作用。”因此，克拉克等人想要探究自由意志信念是否可能是动机性和功能性的，而不仅仅是基于个人内省或逻辑论证。

做了什么 / 发现了什么

克拉克等人（2014）进行了五项研究：四项实验和一项档案研究（档案研究的数据从现有数据库中收集）。所有这五项研究都验证了这样一种假设：自由意志信念至少部分源于让人们为自己的不道德行为负责的愿望。由于我们将要呈现这五项研究的主要细节，因此我们不再采用把方法和结果分成两个部分的书写格式。

在第一项研究中，171 名被试被告知这是一项关于记忆的研究（掩饰故事）。他们被随机分配阅读（a）报纸上的一篇报道，讲的是一位腐败的法官被发现为了收受来自一个私人青少年临时拘留中心的回扣而监禁儿童，或者（b）一篇关于为一所新学校寻找负责人的文章（所有的新闻文章都是基于真实事件）。在阅读了文章后，被试完成了一些人格问卷，包括《自由意志和决定论量表》（*Free-Will and Determinism Scale*）（Paulus & Carey, 2011），其中包含像“人们完全拥有自由意志”和“意志的力量总是能够战胜身体的欲望”之类的陈述。克拉克等人想要确定，与暴露于道德中性行为中的被试相比，暴露于不道德行为中的被试是否更相信自由意志。研究结果证实了他们的猜想：与阅读普通招聘文章的被试相比，阅读关于腐败法官文章的被试报告了更高水平的自由意志信念。需要记住的是，被试是被随机分配到这两种条件下的，因此我们可以得出结论，简单地阅读一篇文章就会影响自我报告的自由意志信念（如图 28–1 所示）。

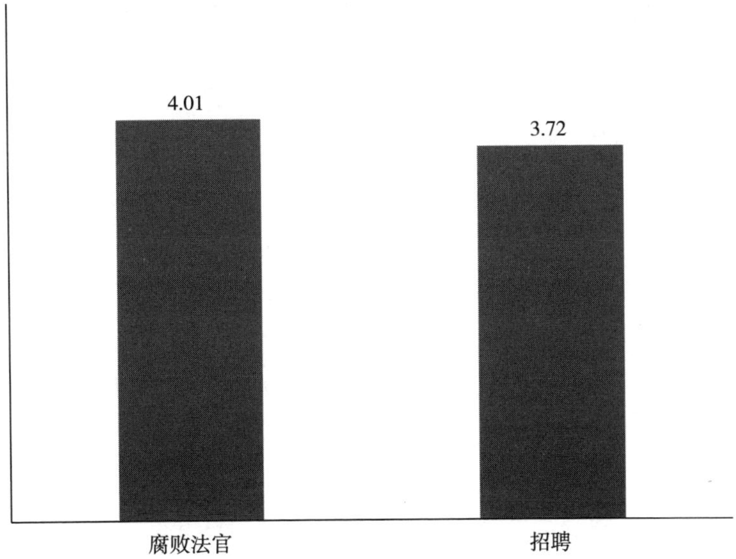

图 28–1[①]　阅读关于腐败法官或者招聘的文章后，被试自我报告的自由意志信念水平

第二项研究也检验了事先暴露于不道德行为中是否会增强自由意志信念。95 名被试被随机分配阅读一篇假设的报道，这篇报道或是关于一名男子入室盗窃并在网上卖了赃物（一种不道德行为），或是关于一名男子从垃圾回收箱中取出铝罐并卖给了回收公司（一种道德中性行为）。在阅读完其中一个场景后，被试要评估男子的行为是不是自由选择的、他是否可以做出其他选择、他是否在运用他的自由意志以及他应该受到多少惩罚。被试也使用第一个研究中用过的《自由意志和决定论量表》评估了自己的自由意志信念。克拉克等人发现，阅读关于盗贼文章的被试比阅读翻找铝罐文章的被试表现出了更强的自由意志信念。在特定的评分上也发现了相同的差异：相比拾荒者，

① 图 28–1 中的纵坐标是自由意志信念分数，分数越高表示持有的自由意志信念越强。——译者注

盗贼被认为拥有更多的自由意志和更多的选择。而且，不难预见，想要惩罚盗贼的评分要高于想要惩罚拾荒者的评分。最后，克拉克等人证明了被试想要惩罚罪犯可能中介了不道德行为对自由意志信念的影响（有关中介逻辑的更多细节，见本书第 27 章）。克拉克等人开始为自由意志的动机性信念构建理论模型。

第三项研究是在实验室之外进行的。在期中考试结束两天后，277 名本科生接收到了来自教授所发的三封邮件中的一封。其中一封邮件声称考试后在教室里发现了一张小抄，但没有查出作弊者是谁；第二封邮件声称发现了一张小抄，而且发现并惩罚了作弊者；第三封邮件声称收件人将在下一节课参与一项活动（这是控制条件）。在所有三个条件下，被试均被要求完成一份附加的调查表，据说这将促进下一节课的讨论。这份调查表包括了前两项研究中的测量自由意志信念的相同测验，还有一个关于考试打小抄的学生应受惩罚的程度的问题（用从“一点也不严重”到“非常严重”进行五点评分），以及一个关于考试中打小抄被抓学生应受的惩罚类型的问题（用从“不惩罚”到“挂科”和“休学”进行六点评分）。与控制条件下的被试相比，两种作弊条件下的被试给出了更高的惩罚评级（两作弊组之间的差异不显著）；而且，他们也比控制组被试声称更相信自由意志（同样，两种作弊条件之间的差异还是不显著）。最后，与第二项研究一样，惩罚的愿望明显中介了实验操纵对自由意志信念的影响。因此，在自然情景下，与被简单地通知下一次课活动的被试相比，那些得知同学作弊（无论同学是否被发现和惩罚）的被试更相信自由意志。而且，正如之前发现的那样，对不道德行为的惩罚欲望的增加与自由意志信念的增加有关。支持克拉克等人理论模型的研究在持续增加。

在前三项研究中，自由意志信念是通过保罗斯和凯里（Paulus & Carey, 2011）的《自由意志和决定论量表》进行直接测量的。然而，社会心理学家喜欢改变他们测量某个特定变量的方式，以确保他们的发现不是由于单一测试的特异性造成的（参见本书的前言）。因此，在第四项研究中，克拉克等人使用了一种间接测量自由意志信念的方式，即让被试对一篇基于最近的神经科学发现的怀疑自由意志的文章表明自己的赞同度。在这项研究中，213 名被试阅读了像第二项研究中关于入室抢劫或从户外垃圾回收箱取走物品的文章。在被告知有关自由意志存在的问题目前在心理学界有待讨论后，被试阅读了一篇反自由意志的文章，并评估了它的价值。例如，他们有多相信这篇文章，或者他们是否认为引证的研究应该得到更多的资助。评分范围从“完全不信（0 分）”到“非常相信（9 分）”。正如预测的那样，与阅读有关翻找铝罐的文章相比，阅读有关入室盗窃文章的被试对反自由意志文章的评价更负面。因此，相比思考道德中性行为，思考不道德行为会使被试更倾向于捍卫自由意志信念。不道德行为激起了他们更强烈的欲望去惩罚犯罪，因此，如果人们相信自由意志，那这样的惩罚会更有意义。第四项研究为克拉克等人的理论模型提供了进一步的证据。

在第五项研究中，克拉克等人寻求更广泛的证据来证明目击他人的不当行为和自由意志信念之间的联系。他们收集了 74 个国家的平均凶杀率（来自联合国毒品和犯罪问题办公室，2011）和自由意志信念数据（来自世界价值观调查协会，2009）。结果发现，凶杀率高的国家的人民表现出了更强的平均自由意志信念。抢劫、强奸、绑架、袭击、偷盗、儿童性虐待、入室盗窃、汽车盗窃和贩卖人口等其他罪行的数据也显示了相同的结果模式。此外，即使在控制了人均国民生产总值、政府类型、政治自由度和教育水平等变量（根据其重叠程度对相关关系进行了统计调整）之后，主要罪行的犯罪率和自由意志信念之间的联系也仍然存在。尽管不如实验研究的结论确凿，但这些现实生活中的发现与克拉克等人的断言是一致的，那就是自由意志信念在一定程度上是由于暴露于他人的伤害性行为中，以及产生的惩罚冲动而激起的。

又怎么样了

克拉克等人（2014）的研究完美地建立在另一项研究之上。他们首先建立了一个基本联系：在思考了另一个人的不道德行为之后，人们会更加相信自由意志。他们随后证明了这个更强的自由意志信念是由想要惩罚的愿望所激起的。他们在一个现场实验（field experiment）中重复了这一效应（以及惩罚愿望的调节作用）。在这个实验中，被试收到了一封来自教授的邮件，内容是关于学术作假或者即将到来的课堂活动。接下来，他们再次使用间接测量自由意志信念的方法（即被试不同意反自由意志文章的程度）重复了这一效应。最后，他们发现，在 74 个国家中，刑事犯罪的高发生率与更强的自由意志信念相关（与之相对的是，低犯罪率国家的人民不那么相信自由意志）。

思考一下克拉克等人所做研究的全面性和复杂性。他们的研究包括了腐败、盗窃和学术欺诈，而不仅仅是某种单一类型的行为。研究者通过操纵假设的和真实的罪行来操纵自由意志信念，不仅在实验室也在现场环境。实验发现，实验操纵不仅影响特定个人的自由意志，也影响其他人。暴露于某人的不当行为不仅增强了个体的自由意志信念，也引起了其对反自由意志研究的怀疑。此外，在国家层面上也发现了犯罪和自由意志信念之间的关系。两项独立研究的中介分析表明，道德不端和自由意志信念的关联源于实施惩罚的愿望。总之，克拉克等人的研究采用了最好的社会心理学研究技术。这些研究结果的完美一致使得它们不太可能是某项研究的特定特征的偶然结果。更确切地说，研究结果看起来很普遍。真是一系列极好的研究！

克拉克等人认为，“暴露于不道德行为中唤起了一种更强的感觉，即行为是自由选择的，因此应服从于道德评价”。对于这一主张，他们获得了强有力的实证证据。自由意志的存在不仅能够证明谴责和惩罚罪犯的正当性，而且想要谴责和惩罚的愿望本身，也能够明显促使人们更加相信自由意志。克拉克等人因此证明了自由意志信念不仅源于直觉洞察或对哲学问题正反两面不带感情的评价。它并不是完全理性的，用他们的话说就是：“我们的核心观点是，这种自由意志的主观体验通过促进道德责任的承担获得了动机性强化，从而支持我们惩罚破坏团队凝聚力的个体这一关键的社会任务。”克拉克等人可能提供了关于“自由意志信念是可塑的”这一观点的第一个科学证明：自由意志信念同时被情境因素（其他人的不道德行为）和心理动机（惩罚这种行为的愿望）所影响。而且，他们的研究与其他令人印象深刻的关于信念的心理动机性的研究相契合（参见第 2 章、第 15 章、第 16 章、第 17 章和第 21 章）。

后记

尽管克拉克等人（2014）的研究既没有证明也没有反驳自由意志的存在，但它确实为自由意志信念提供了深刻的心理学洞见。这些洞见是在心理学相关领域取得进展的背景下提出的。在此，我们简要地考虑三个这样的领域：人格理论、涉及自由意志的神经科学和有关间接能动性（vicarious agency）的研究。

一些早期的心理学家——其中许多是人格理论家——经常就自由意志与决定论的问题发表强烈的非此即彼的看法。弗洛伊德（Freud, 1920）拥护精神决定论（psychic determinism），即思想和行为源于预先存在的无意识精神状态。从神经症的症状与令人困惑的梦到事业选择和艺术杰作，一切都只是潜在的本能、焦虑和欲望（通常来说是极其下流的）的结果。乱七八糟的想法不会自动跳入脑海中，它总是有原因的，只是可能很难被发现。弗洛姆（Fromm, 1941）是一位新弗洛伊德主义者，强调无意识的存在和经济动机，但他并不同意这一看法。与萨特一致，弗洛姆宣称我们确实拥有自由意志，但我们倾向于逃离这种自由，不想勇敢面对具有挑战性的后果。埃里克森（Erikson, 1968）认为自由意志在一生中都在发展，特别是在“可怕的两岁”（那时，学步儿开始通过发脾气彰显他们的意志）和青春期（那时，青少年反抗父母和权威人物）。与此相对，或许受到婴儿条件性恐惧实验成功的鼓舞（你可能熟悉他的臭名昭著的“小阿尔伯特实验”），华生（Watson, 1930）将环境决定论（environmental determinism）作为他的行为主义理论的关键特征。斯金纳（Skinner, 1971）是一位同样激进的行为主义者、行为矫正（behavior modification，即操纵环境来控制行为）的坚定支持者，他认为对自由意志的根深蒂固的信奉会阻碍建立一个更有效和更快乐社会的科学努力。威尔逊（Wilson, 1978）是一位著名的社会生物学家，以研究另一种高社会性物种——蚂蚁而闻名。他认为，行为可以在很大程度上被视为千秋万代的自然选择的结果（没有提到自由意志）。与此相对，马斯洛（Maslow, 1943）和罗杰斯（Rogers, 1951）——两位著名的人本主义心理学家——则反对弗洛伊德学派的精神分析学家和行为主义者，他们强调自由意志在追求自我实现中的关键作用。然而，许多此类观点的一个共同问题是，它们通常都很难转化为可以被实际验证的假设。

神经科学家（Harris, 2012）倾向于认为大脑决定行为，自由意志仅仅是一种错觉。理智、意识和个人关于自由意志的感觉不过是大脑生化过程的附带现象（偶然的副产品）。就像心跳只不过是心脏泵血的附带现象，理智只是大脑的活动而已，本身不产生任何因果性的影响。所有我们假设存在的决定都是由意识之外的神经活动所激发的。大脑并不是自由的，其没有选择任何事情，也不比其他身体器官更自由。根据哈里斯（Harris, 2011）的观点，意图并不能引发行动：“思想仅仅存在于大脑之中。”

这只是无稽之谈吗？也许并不是。19 世纪 80 年代中期，利贝特（Libet, 1985）进行了一系列巧妙的实验，其意义至今仍处于争论之中。实验的结果是，大脑的不同活动模式——所谓的“准备电位”（readiness potential）——似乎先于自我报告的执行简单身体运动的意图，比如弯曲手腕。因此，看起来是大脑先启动了某个动作，而个体在几百毫秒之后才开始意识到这项“决定”（或者，根据 Soon, Brass, Heinze, & Haynes, 2008，是在长达 10 秒之后）。尽管如此，一旦意识到大脑的行动，有意识的理智仍然可能有时间禁止即将到来的行为［利贝特本人相信是这样的，而且相当聪明地称之为“自由拒绝”（free won't）］。换言之，思想或行为有两个阶段，第一阶段是被决定的，第二个阶段是自由选择的。不过，许多神经科学家认为，这样的实验对自由意志存在的主张提出了严峻的实证挑战。一种反驳观点是，弯曲手腕的决定是非逻辑性的，不基于任何原因；相反，人们可以基于任意转瞬即逝的冲动去这样做，毫无疑问，这是有生理基础的（更多批评见 Mele, 2014）。

在一项关于人们对此类实验看法的巧妙研究中，纳米阿斯、谢泼德和罗伊特（Nahmias, Shepard, & Reuter, 2014）向被试介绍了一种新型可穿戴脑成像帽，它能够使神经科学家预测人们的所有决定（到目前为止，还没有这样的帽子存在）。被试阅读了关于一个女人戴了一个月这种帽子的故事，据说这能够使他人预测她所有的决定。80% 的被试报告称这样的技术貌似可信，但并不一定能证明自由意志是不存在的。然而，他们报告说，如果这样的脑成像帽可以用于操纵一个人的决定，那自由意志存在的信念将遭到令人信服的打击（从好的一面来说，这将开启实验社会心理学研究的新世界）。

说自由意志是错觉，就等于说我们误判了引发行为的原因。这些行为被错误地归因于自己而不是真实的原因，而这个真实的原因最终或存在于大脑或存在于环境中。如果是这样的话，那么可以想象的是，心理学家会对这种判断和归因的过程进行研究，并建立一个可检验的模型。根据韦格纳（Wegner, 2002）的看法，有意识的能动性的错觉源于以下事实：当我们行动时，我们通常有一个想法（a）先于这一行动；（b）符合这一行动；（c）似乎足以典型地解释这种行动，因为没有明显的替代解释可用。例如，当我想要煮一杯咖啡时：（a）在我这么做之前，我想“现在我要煮咖啡”；（b）这个想法与我随后的行为是相匹配的；（c）没有其他因素解释为什么我要煮咖啡。然而，如果在煮完咖啡之后，我才有了这一想法，或者我的想法与“现在我要煮咖啡”不一致，又或者是机器人控制着我的手煮了咖啡，那我就会得出结论——我不是出于自己的自由意志来煮咖啡的。这种解释的一个优点是，它是可验证的：通过巧妙地操纵人们的判断和归因，可以成功地使他们拒绝承认实际做过的行为，或者承认实际没有做过的行为。

在这方面，韦格纳等人（Wegner, 2003; Wegner, Sparrow, & Winerman, 2004; Wegner & Wheatley, 1999; Pronin, Wegner, McCarthy, & Rodriguez, 2006）进行了一系列有趣的研究。在一项研究中（Wegner et al. , 2004），被试被要求观看其他人投篮，然而，如果他们事先想象了同龄人的成功投篮，就更可能相信这种成功是由自己引发的，因此就能够证明人们对间接能动性的错觉，即人们相信自己可以影响他人所做的事情。同样，在另一项研究中（Wegner, 2003），被试 A 被要求看着镜子里的自己，他的手臂放置在身体两侧，用罩袍遮挡住且手臂不出现在视野中（在镜子里看不见）。然后被试 B 站在被试 A 的身后，将自己的手臂从罩袍的袖子中伸出，由于被试 A 和被试 B 之间有隔板遮挡，所以大家看到的似乎就是 A 的手臂。当 B 的手臂按照指令完成诸如“挠你的鼻子”或“挥你的右手”等命令时，A 就会产生一种错觉，认为是他的意志在控制着这些动作。除此之外，其他一些实证证据表明，相反的情况也会发生：人们会错误地认为他们的手没有动，而实际上他们确实做了这些动作（Wegner, 2002）。这使得一些“幽灵”现象（就像在一些外来精神力量的明显影响下，在占卜板上拼写单词）更容易理解。在模棱两可的情况下，这个人实际上是在拼写单词，但他并没有把这种行为归因于自己。

心理学究竟能否获得支持自由意志存在或决定论的足够证据呢？正如进化论越来越成为一个科学事实一样，我们也许有一天会见证自由意志或者严格的决定论作为一个科学事实出现。然而，现在，我们为社会心理学在理解自由意志信念方面的进展感到兴奋。为什么自由意志信念那么普遍，而且经常被人们强有力地捍卫？克拉克等人（2014）至少提供了一个重要的答案：自由意志信念具有心理和社会功能，它证明了我们惩罚扰乱社会秩序的不道德或犯罪行为的愿望和努力的正当性。

启示

无论自由意志是否存在，自由意志信念都具有两个重要功能：一是使他人承担道德责任，二是证明惩罚犯罪是合理的。

你怎么想

假设科学家发现了证明自由意志不存在的无可辩驳的证据，那会影响社会的运转方式吗？例如，犯罪分子是会受到更仁慈、更严厉还是与现在相同的刑罚？你个人对形而上学上的不自由做何感想？

/ 参考文献及扩展阅读 /

—第 1 章—

本章文献

Asch, S. E. (1955). Opinions and social pressure. *Scientific American, 19,* 31–35.

扩展阅读

Grant, A., & Sandberg, S. (2016). *Originals: How non-conformists move the world.* New York: Viking.

参考文献

Aronson, E., Wilson, T. D., & Brewer, M. B. (1998). Experimentation in social psychology. In D. Gilbert. S. Fiske, & G. Lindzey (Eds.), *The handbook of social psychology* (4th ed., Vol. 1, pp. 99–142). New York: Random House.

Barker, R. G. (1965). Explorations in ecological psychology. *American Psychologist, 20*, 1–14.

Ioannidis, J. P. A. (2005). Why most published research findings are false. *PLoS Medicine, 2*(8), e124. doi:10.1371/journal.pmed.002012

Mook, D. G. (1980). In defense of external invalidity. *American Psychologist, 38,* 379–388.

Open Science Collaboration. (2015). Estimating the reproducibility of psychological science. *Science, 349*(6251), aac4716. doi:10.1126/science.acc4716.

Bassili, J. N., & Provencal, A. (1988). Perceiving minorities: A factor-analytic approach. *Personality and Social Psychology Bulletin, 14,* 5–15.

Bond, R. (2005). Group size and conformity. *Group Processes and Intergroup Relations, 8,* 331–354.

Chaiken, S., & Stangor, C. (1987). Attitudes and attitude change. *Annual Review of Psychology, 38,* 575–630.

Crutchfield, R. A. (1955). Conformity and character. *American Psychologist, 10,* 191–198.

Deutsch, M., & Gerard, H. B. (1955). A study of normative and informational social influences upon individual judgment. *Journal of Abnormal and Social Psychology, 51,* 629–636.

Gerard, H. B., Wilhelmy, R. A., & Conolley, E. S. (1968). Conformity and group size. *Journal of Personality and Social Psychology, 8,* 79–82.

Goodall, J. (1971). *Tiwi wives.* Seattle, WA: University of Washington Press.

Granberg, D., & Bartels, B. (2005). On being a lone dissenter. *Journal of Applied Social Psychology, 35,* 1849–1858.

Gregor, T. (1985). *Anxious pleasures: The sexual lives of the Amazonian people.* Chicago, IL: University of

Chicago Press.

Herdt, G. H. (1981). *Guardians of the flutes: Idioms of masculinity.* New York: McGraw-Hill.

Hollander, E. P. (1958). Conformity, status, and idiosyncratic credits. *Psychological Review, 65,* 117–127.

Insko, C. A., Smith, R. H., Alicke, M. D., Wade, J., & Taylor, S. (1985). Conformity and group size: The concern with being right and the concern with being liked. *Personality and Social Psychology Bulletin, 11,* 41–50.

Jacobs, R. C., & Campbell, D. T. (1961). The perpetuation of an arbitrary tradition through several generations of a laboratory microculture. *Journal of Abnormal and Social Psychology, 62,* 649–658.

Langer, E. J., Blank, A., & Chanowitz, B. (1978). The mindlessness of ostensibly thoughtful action: The role of "placebic" information in interpersonal interaction. *Journal of Personality and Social Psychology, 36,* 635–642.

Leary, M., Tambor, E., Terdel, S., & Downs, D. (1995). Self-esteem as an interpersonal monitor: The sociometer hypothesis. *Journal of Personality and Social Psychology, 68,* 518–530.

Maass A., & Clark, R. D., III (1984). Hidden impact of minorities: Fifteen years of minority influence research. *Psychological Bulletin, 95,* 428–450.

Milgram, S., Bickman, L., & Berkowitz, L. (1969). Note on the drawing power of crowds of different size. *Journal of Personality and Social Psychology, 13,* 79–82.

Milgram, S., & Sabini, J. (1978). On maintaining urban norms: A field experiment in the subway. In A. Baum, J. E. Singer, & S. Valins (Eds.), *Advances in environmental psychology* (Vol. 1, pp. 9 14). Hills dale, NJ: Lawrence Erlbaum.

Nemeth, C. J. (1986). Differential contributions of majority and minority influence. *Psychological Review, 93,* 23–32.

Nemeth, C., & Chiles, C. (1988). Modelling courage: The role of dissent in fostering independence. *European Journal of Social Psychology, 18,* 275–280.

Nemeth, C. J., & Wachtler, J. (1974). Creating the perceptions of consistency and confidence: A necessary condition for minority influence. *Sociometry, 37,* 529–540.

Robertson, I. (1987). *Sociology* (3rd ed.). New York: Worth Publishers.

Schachter, S. (1951). Deviation, rejection and communication. *Journal of Abnormal and Social Psychology, 46,* 190–207.

Sherif, M. (1936). *The psychology of social norms.* New York: Harper.

Williams, K. D. (1997). Social ostracism. In R. M. Kowalski (Ed.), *Aversive interpersonal behaviors* (pp. 133–170). New York: Plenum.

Williams, K. D., Forgas, J. P., & Hippel, W. V. (2015). *The social outcast: Ostracism, social exclusion, rejection, and bullying.* New York: Psychology Press.

—第 2 章—

本章文献

Festinger, L., & Carlsmith, J. (1959). Cognitive consequences of forced compliance. *Journal of Abnormal and*

Social Psychology, *58*, 203–10.

扩展阅读

Gawronski, B. (2012). Back to the future of dissonance theory: Cognitive dissonance as a core motive. *Social Cognition*, *30*, 652–668.

参考文献

Abelson, R. P. (1963). Computer simulation of "Hot Cognition." In S. Tomkins & S. Messick (Eds.), *Computer simulation of personality* (pp. 277–298). New York: Wiley-Blackwell.

Aronson, E. (1969). The theory of cognitive dissonance: A current perspective. In L. Berkowitz (Ed.), *Advances in experimental social psychology* (Vol. 4, pp. 1–34). New York: Academic Press.

Aronson, E., & Carlsmith, J. M. (1963). Effects of the severity of threat on the devaluation of forbidden behavior. *Journal of Abnormal and Social Psychology*, *12*, 16–27.

Bem, D. J. (1967). Self-perception: An alternative interpretation of cognitive dissonance phenomena. *Psychological Review*, *74*, 183–200.

Brehm, J. W. (1956). Post-decision changes in desirability of alternatives. *Journal of Abnormal and Social Psychology*, *52*, 384–389.

Brehm, S. S., & Brehm, J. W. (1981). *Psychological reactance*. New York: Academic Press.

Bushman, B. J. (1996). Forbidden fruit versus tainted fruit: Effect of warning labels on attraction to television violence. *Journal of Experimental Psychology: Applied*, *2*, 207–226.

Chapanis, N., & Chapanis, A. (1964). Cognitive dissonance: Five years later. *Psychological Bulletin*, *61*, 1–22.

Cialdini, R. B., Trost, M. R., & Newsom, J. T. (1995). Preference of consistency: The development of a valid measure and the discovery of surprising behavioral implications. *Journal of Personality and Social Psychology*, *69*, 318–328.

Cooper, J. (2007). *Cognitive dissonance: 50 years of a classic theory*. Thousand Oaks, CA: SAGE Publishing.

Cooper, J., & Fazio, R. (1984). A new look at dissonance theory. In L. Berkowitz (Ed.), *Advances in experimental social psychology* (Vol. 17, pp. 229–267). New York: Academic Press.

Crocker, J., & Major, B. (1989). Social stigma and self-esteem: The self-protective properties of stigma. *Psychological Review*, *96*, 608–630.

Elliot, A. J., & Devine, P. G. (1994). On the motivational nature of cognitive dissonance: Dissonance as psychological discomfort. *Journal of Personality and Social Psychology*, *67*, 382–394.

Fazio, R. H., Zanna, M. P., & Cooper, J. (1977). Dissonance and self-perception: An integrative view of each theory' s proper domain of application. *Journal of Experimental Social Psychology*, *13*, 464–479.

Festinger, L. (1957). *A theory of cognitive dissonance*. Stanford, CA: Stanford University Press.

Festinger, L., Riecken, H. W., & Schachter, S. (1956). *When prophecy fails: A social and psychological study of a modern group that predicted the destruction of the world*. New York: Harper Torchbooks.

Freedman, J. L. (1965). Long-term behavioral effects of cognitive dissonance. *Journal of Experimental Social Psychology*, *1*, 145–155.

Gawronski, B. (2012). Back to the future of dissonance theory: Cognitive dissonance as a core motive. *Social*

Cognition, *30*, 652–668.

Girandola, F. (1997). Double forced compliance and cognitive dissonance theory. *Journal of Social Psychology*, *137*, 594–605.

Goethals, G., Cooper, J., & Naficy, A. (1979). Role of foreseen, foreseeable, and unforeseeable behavioral consequences in the arousal of cognitive dissonance. *Journal of Personality and Social Psychology*, *37*, 1179–1185.

Harmon-Jones, E. (2000). Cognitive dissonance and experienced negative affect: Evidence that dissonance increases negative affect even in the absence of aversive consequences. *Personality and Social Psychology Bulletin*, *26*, 1490–1501.

Harmon-Jones, E., Brehm, J. W., Greenberg, J., Simon, L., & Nelson, D. E. (1996). Evidence that the production of aversive consequences is not necessary to create cognitive dissonance. *Journal of Personality and Social Psychology*, *70*, 5–16.

Harmon-Jones, E., & Mills, J. (1999). *Cognitive dissonance: Progress* on *a pivotal theory in social psychology*. Washington, DC: American Psychological Association.

Lerner, M. J. (1980). *The belief in a just world: A fundamental delusion*. New York: Plenum.

Linder, D., Cooper, J., & Jones, E. (1967). Decision freedom as a determinant of the role of incentive magnitude in attitude change. *Journal of Personality and Social Psychology*, *6*, 245–254.

Losch, M. E., & Cacioppo, J. T. (1990). Cognitive dissonance may enhance sympathetic tonus, but attitudes are changed to reduce negative affect rather than arousal. *Journal of Experimental Social Psychology*, *26*, 289–304.

Rosenberg, M. (1965). When dissonance fails: On eliminating evaluation apprehension from attitude measurement. *Journal of Personality and Social Psychology*, *1*, 28–42.

Schein, E. (1956). The Chinese indoctrination program for prisoners of war: A study of attempted "brainwashing" . *Psychiatry*, *19*, 149–172.

Scher, S. J., & Cooper, J. (1989). Motivation basis of dissonance: The singular role of behavioral consequences. *Journal of Personality and Social Psychology*, *56*, 899–906.

Sedikides, C., & Gregg, A. P. (2008). Self-enhancement: Food for thought. *Perspectives on Psychological Science*, *3*, 102–116.

Steele, C. M. (1988). The psychology of self-affirmation: Sustaining the integrity of the self. In L. Berkowitz (Ed.), *Advances in experimental social psychology* (Vol. 21, pp. 261–302). New York: Academic Press.

Stone, J., Aronson, E., Crain, A. L., Winslow, M. P., & Fried, C. B. (1994). Inducing hypocrisy as a means for encouraging young adults to use condoms. *Personality and Social Psychology Bulletin*, *20*, 116–128.

Zanna, M. P., & Cooper, J. (1974). Dissonance and the pill: An attribution approach to studying the arousal properties of dissonance. *Journal of Personality and Social Psychology*, *29*, 703–709.

Zanna, M. P., Higgins, E., & Taves, P. (1978). Is dissonance phenomenologically aversive? *Journal of Experimental Social Psychology*, *12*, 530–538.

—第3章—

本章文献

Aronson, E., & Mills, J. (1959). The effect of severity of initiation on liking for a group. *Journal of Abnormal and Social Psychology, 59,* 177–181.

扩展阅读

Tavris, C., & Aronson, E. (2008). *Mistakes were made (but not by me): Why we justify foolish beliefs, bad decisions, and hurtful acts.* Boston, MA: Mariner Books.

参考文献

Abelson, R. P. (1995). Attitude extremity. In R. E. Petty & J. A. Krosnick (Eds.), *Attitude strength: Antecedents and consequences* (pp. 25–41). Hillsdale, NJ: Lawrence Erlbaum Associates.

Arkes, H., & Blumer, C. (1985). The psychology of sunk cost. *Organization Behavior and Human Decision Processes, 35,* 124–140.

Cialdini, R., Cacioppo, J., Bassett, R., & Miller, J. (1978). Low-ball procedure for producing compliance: Commitment then cost. *Journal of Personality and Social Psychology, 36,* 463–476.

Dawes, R. M. (1988). *Rational choice in an uncertain world.* San Diego, CA: Harcourt Brace.

Festinger, L., & Carlsmith, J. (1959). Cognitive consequences of forced compliance. *Journal of Abnormal and Social Psychology, 58,* 203–210.

Gerard, H. B., & Mathewson, G. C. (1966). The effects of severity of initiation on liking for a group: A replication. *Journal of Experimental Social Psychology, 2,* 278–287.

Gunia, B. C., Sivanathan, N., & Galinsky, A. D. (2009). Vicarious entrapment: Your sunk costs, my escalation of commitment. *Journal of Experimental Social Psychology, 45,* 1238–1244.

Kanter, R. M. (1972). *Commitment and community: Communes and utopias in sociological perspective.* Cambridge, MA: Harvard University Press.

Linder, D., Cooper, J., & Jones, E. (1967). Decision freedom as a determinant of the role of incentive magnitude in attitude change. *Journal of Personality and Social Psychology, 6,* 245–254.

Rubin, J. Z., & Brockner, J. (1975). Factors affecting entrapment in waiting situations: The Rosenkrantz and Guildenstern effect. *Journal of Personality and Social Psychology, 31,* 1054–1063.

Tversky, A., & Shafir, E. (1992). The disjunction effect in choice under uncertainty. *Psychological Science, 3,* 305–309.

—第4章—

本章文献

Milgram, S. (1963). The behavioral study of obedience. *Journal of Abnormal and Social Psychology*, *67*, 371–378.

扩展阅读

Perry, G. (2013). *Behind the shock machine: The untold story of the notorious Milgram psychology experiments*. New York: The New Press.

参考文献

Arendt, H. (1965). *Eichmann in Jerusalem: A report on the banality of evil* (rev ed.). New York: Viking Press.

Baumrind, D. (1964). Some thoughts on the ethics of research: After reading Milgram' s "Behavioral Study of Obedience." *American Psychologist*, *19*, 421–423.

Baumrind, D. (1985). Research using intentional deception: Ethical issues revisited. *American Psychologist*, *40*, 165–174.

Burger, J. M. (2009). Replicating Milgram: Would people still obey today? *American Psychologist*, *64*, 1–11.

Cialdini, R. B. (2000). *Influence: Science and practice* (4th ed.). New York: Allyn & Bacon.

Cialdini, R., Cacioppo, J., Bassett, R., & Miller, J. (1978). Low-ball procedure for producing compliance: Commitment then cost. *Journal of Personality and Social Psychology*, *36*, 463–476.

Gilbert, S. J. (1981). Another look at the Milgram obedience studies: The role of a graduated series of shocks. *Personality and Social Psychology Bulletin*, *7*, 690–695.

Haslam, N., Loughnan, S., & Perry, G. (2014). Meta-Milgram: An empirical synthesis of the obedience experiments. *PLoS One*, *9*(4), 93927.

Hofling, C. K., Brotzman, E., Dalrymple, S., Graves, N., & Pierce, C. M. (1966). An experimental study in nurse-physician relationships. *The Journal of Nervous and Mental Disease*, *143*, 171–180.

Landis, C. (1924). Studies of emotional reactions: General behavior and facial expressions. *Comparative Psychology*, *4*, 447–509.

Meeus, W. H. J., & Raaijmakers, Q. A. W. (1995). Obedience in modern society: The Utrecht Studies. *Journal of Social Issues*, *51*, 155–175.

Meyer, P. (1970, February). If Hitler asked you to electrocute a stranger would you? . . . What if Mr. Milgram asked you? *Esquire*, 72–73.

Milgram, S. (1964). Issues in the study of obedience: A reply to Baumrind. *American Psychologist*, *19*, 848–852.

Milgram, S. (1965). Some conditions of obedience and disobedience to authority. *Human Relations*, *18*, 57–76.

Milgram, S. (1974). *Obedience to authority: An experimental review*. New York: Harper & Row.

Milgram, S. (1977, October). Subjects' experiences: The neglected factor in the ethics of experimentation. *Hastings Center Report*, 19–23.

Perry, G. (2013). *Behind the shock machine: The untold story of the notorious Milgram psychology experiments*. New York: The New Press.

Reicher, S. D., Haslam, S. A., & Smith, J. R. (2012). Working toward the experimenter: Reconceptualizing obedience within the Milgram paradigm as identification-based followership. *Perspectives on Psychological Science*, *7*, 315–324.

Ross, L., & Nisbett, R. E. (2011). *The person and the situation: Perspectives of social psychology*. London: Pinter & Martin.

Snow, C. P. (1961). Either-or. *Progressive*, 24.

Vallacher, R. R., & Wegner, D. M. (1987). What do people think they' re doing? Action identification and human behavior. *Psychological Review*, *94*, 3–15.

Vonnegut, K., Jr. (1966). *Mother night*. New York: Dell.

—第5章—

本章文献

Darley, J. M., & Latané, B. (1968). Bystander intervention in emergencies: Diffusion of responsibility. *Journal of Personality and Social Psychology, 8,* 377–383.

扩展阅读

Cook, K. (2014). Kitty Genovese*: The murder, the bystanders, and the crime that changed America.* New York: W. W. Norton.

参考文献

Brigham, J. C., & Richardson, C. B. (1979). Race, sex, and helping in the market place. *Journal of Applied Social Psychology*, *9*, 314–322.

Coates, B., Pusser, H. E., & Goodman, I. (1976). The influence of "Sesame Street" and "Mister Rogers' Neighborhood" on children' s social behavior in the preschool. *Child Development*, *47*, 138–144.

Cunningham, M. R. (1979). Weather, mood, and helping behavior: Quasi-experiments with the sunshine Samaritan. *Journal of Personality and Social Psychology*, *37*, 1947–1956.

Eagly, A. H., & Crowley, M. (1986). Gender and helping behavior: A meta-analytic review of the social psychological literature. *Psychological Bulletin*, *100*, 283–308.

Evans, R. I. (1980). *The making of social psychology: Discussions with creative contributors*. New York: Gardner Press.

Fabes, R. A., Fultz, J., Eisenberg, N., May-Plumlee, T., & Christopher, F. C. (1989). Effects of rewards on children' s prosocial motivation: A socialization study. *Developmental Psychology*, *25*, 509–515.

Fischer, P., Krueger, J., Greitemeyer, T., Kastenmüller, A., Vogrincic, C., Frey, D., Heene, M., Wicher, M., & Kainbacher, M. (2011). The bystander-effect: A meta-analytic review on bystander intervention in dangerous and non-dangerous emergencies. *Psychological Bulletin*, *137*, 517–537.

Harris, M. B., Benson, J. M., & Hall, C. L. (1975). The effects of confession on altruism. *Journal of Social Psychology*, *96*, 187–192.

Latané, B., & Darley, J. M. (1970). *The unresponsive bystander: Why doesn't he help?* New York: Appleton-Century-Crofts.

Latané, B., & Nida, S. (1981). Ten years of research on group size and helping. *Psychological Bulletin*, *89*, 308–324.

Latané, B., & Rodin, J. (1969). A lady in distress: Inhibiting effects of friends and strangers on bystander intervention. *Journal of Experimental Social Psychology*, *5*, 189–202.

Levin, P. F., & Isen, A. M. (1975). Further studies on the effect of feeling good on helping. *Sociometry*, *38*, 141–147.

Levine, M., & Crowther, S. (2008). The responsive bystander: How social group membership and group size can encourage as well as inhibit bystander intervention. *Journal of Personality and Social Psychology*, *96*, 1429–1439.

Levine, R. M., Evans, D., Prosser, A., & Reicher, S. (2005). Identity and emergency intervention: How social group membership and inclusiveness of group boundaries shape helping behavior. *Personality and Social Psychology Bulletin*, *31*, 443–453.

Milgram, S. (1963). Behavioral study of obedience. *Journal of Abnormal and Social Psychology*, *67*, 371–378.

Nisbett, R. E., & Bellows, N. (1977). Verbal reports about causal influences on social judgments: Private access versus public theories. *Journal of Personality and Social Psychology*, *35*, 613–624.

Prentice, D. A., & Miller, D. T. (Eds.). (1999). *Cultural divides: Understanding and overcoming group conflict*. New York: Russell Sage Foundation.

Rosenthal, A. M. (1964). *Thirty-eight witnesses*. New York: McGraw-Hill.

West, S. G., Whitney, G., & Schnedler, R. (1975). Helping a motorist in distress: The effects of sex, race, and neighborhood. *Journal of Personality and Social Psychology*, *31*, 691–698.

—第 6 章—

本章文献

Zajonc, R. B., Heingartner, A., & Herman, E. M. (1969). Social enhancement and impairment of performance in the cockroach. *Journal of Personality and Social Psychology*, 13, 83–92.

扩展阅读

Weisinger, H., & Pawlin-Fry, J. P. (2015). *Performing under pressure: The science of doing your best when it matters most*. New York: Crown Business.

参考文献

Aiello, J. R., & Svec, C. M. (1993). Computer monitoring of work performance: Extending the social facilitation framework to electronic presence. *Journal of Applied Social Psychology, 23,* 537–548.

Baumeister, R. F., & Showers, C. J. (1986). A review of paradoxical performance effects: Choking under pressure in sports and mental tests. *European Journal of Social Psychology, 16,* 361–383.

Bond, C. F., Jr., & Titus, L. T. (1983). Social facilitation: A meta-analysis of 241 studies. *Psychological Bulletin, 94,* 265–292.

Chen, S. C. (1937). Social modification of the activity of ants in nest-building. *Physiological Zoology, 10,* 420–436.

Cialdini, R. B. (1995). A full-cycle approach to social psychology. In G. C. Bronnigan & M. R. Merrens (Eds.), *The social psychologist: Research adventures* (pp. 52–73). New York: McGraw-Hill.

Cottrell, N. B., Wack, D. L., Sekevak, G. J., & Rittle, R. H. (1968). Social facilitation of dominant responses by the presence of an audience and the mere presence of others. *Journal of Personality and Social Psychology, 9,* 245–250.

Geen, R. G. (1991). Social motivation. *Annual Review of Psychology, 42,* 377–399.

Guerin, B. (1993). *Social facilitation.* Cambridge: Cambridge University Press.

Kent, M. V. (1996). Presence of others. In A. P. Hare, H. H. Blumberg, M. F. Davies, & M. V. Kent (Eds.), *Small groups: An introduction* (pp. 41–57). Westport, CT: Praeger.

Markus. H. (1978). The effect of mere presence on social facilitation: An unobtrusive test. *Journal of Experimental Social Psychology, 14,* 389–397.

Michaels, J. W., Blommel, J. M., Brocato, R. M., Linkous, R. A., & Rowe, J. S. (1982). Social facilitation and inhibition in a natural setting. *Replications in Social Psychology, 12,* 21–24.

Mook, D. G. (1980). In defense of external invalidity. *American Psychologist, 38,* 379–388.

Sanders, G. S., & Baron, R. S. (1975). The motivating effects of distraction on task performance. *Journal of Personality and Social Psychology, 32,* 956–963.

Stroebe, W. (2012). The truth about Triplett (1898), but nobody seems to care. *Perspectives on Psychological Science, 7,* 54–57.

Triplett, N. (1898). The dynamogenic factors in pacemaking and competition. *American Journal of Psychology, 9,* 507–533.

Wallace, H. M., & Baumeister, R. F. (2002). The performance of narcissists rises and falls with perceived opportunity for glory. *Journal of Personality and Social Psychology, 82,* 819–834.

Zajonc, R. B. (1965). Social facilitation. *Science, 149,* 269–274.

Zajonc, R. B., & Sales, S. M. (1966). Social facilitation of dominant and subordinate responses. *Journal of Experimental Social Psychology, 2,* 160–168.

Abrams, D., & Hogg, M. A. (2006). Comments on the motivational status of self-esteem in social identity and intergroup discrimination. *European Journal of Social Psychology, 18,* 317–334.

—第7章—

本章文献

Tajfel, H., Billig, M. G., Bundy, R. P. & Flament, C. (1971). Social categorization and intergroup behavior. *European Journal of Social Psychology*, 1, 149–178

扩展阅读

Greenwald, A. G., & Pettigrew, T. F. (2014). With malice toward none and charity toward some: Ingroup favoritism enables discrimination. *American Psychologist*, 69, 645–655.

参考文献

Abrams, D., Randsley de Moura, G., & Travaglino, G. A. (2013). A double standard when group members behave badly: Transgression credit to ingroup leaders. *Journal of Personality and Social Psychology, 105,* 799–815.

Brown, R. (2001). *Group processes: Dynamics within and between groups* (2nd ed.). Cambridge, MA: Wiley-Blackwell.

Crocker, J., Thompson, L. L., McGraw, K. M., & Ingerman, C. (1987). Downward social comparison, prejudice, and evaluations of others: Effects of self-esteem and threat. *Journal of Personality and Social Psychology, 52,* 907–916.

Larvor, B. (1998). *Lakatos: An introduction.* London: Routledge.

Lewin, K. (1952). *Field theory in social science: Selected theoretical papers.* New York: Harper & Row.

McFarland, S., Webb, M., & Brown, D. (2012). All humanity is my ingroup: A measure and studies of identification with all humanity. *Journal of Personality and Social Psychology, 103,* 830–853.

Mook, D. G. (1983). In defense of external invalidity. *American Psychologist, 38,* 379–381.

Ostrom, T. M., & Sedikedes, C. (1992). Outgroup homogeneity effects in natural and minimal groups. *Psychological Bulletin, 112,* 536–552.

Peters, W. (1987). *A class divided.* New Haven, CT: Yale University Press.

Popper, K. (2002). *The logic of scientific discoveries* (2nd ed.). New York: Routledge.

Ratner, K. G., Dotsch, R., Wigboldus, D. H., van Knippenberg, A. D., & Amodio, D. M. (2014). Visualizing minimal ingroup and outgroup faces: Implications for impressions, attitudes, and behaviors. *Journal of Personality and Social Psychology, 106,* 897–911.

Rubin, M., & Hewstone, M. (1998). Social identity theory' s self-esteem hypothesis: A review and some suggestions for clarification. *Personality and Social Psychology Review, 2,* 40–62.

Sherif, M., Harvey, O. J., White, B. J., Hood, W., & Sherif, C. W. (1961). *Intergroup conflict and cooperation: The Robbers Cave experiment* (pp. 155–184). Norman, OK: The University Book Exchange.

Tajfel, H. (1970). Experiments in intergroup discrimination. *Scientific American, 223,* 96–102.

Tajfel, H., & Turner, J. C. (1979). An integrative theory of intergroup conflict. In W. G. Austin & S. Worchel (Eds.), *The social psychology of intergroup relations* (pp. 33–47). Monterey, CA: Brooks/Cole.

Young, S. G., & Hugenberg, K. (2010). Mere social categorization modulates identification of facial expressions of emotion. *Journal of Personality and Social Psychology, 99,* 964–977.

—第 8 章—

本章文献

Darley, J. M., & Batson, C. D. (1973). "From Jerusalem to Jericho": A study of situational and dispositional variables in helping behavior. *Journal of Personality and Social Psychology*, 27, 100–108.

扩展阅读

Gladwell, M. (2002). *The tipping point: How little things can make a big difference.* Boston, MA: Back Bay Books.

参考文献

Allport, G. W. (1961). *Pattern and growth in personality.* New York: Holt, Rinehart & Winston.

Batson, C. D., Cochran, P. J., Biederman, M. F., Blosser, J. L., Ryan, M. J., & Vogt, B. (1978). Failure to help when in a hurry: Callousness or conflict? *Personality and Social Psychology Bulletin, 4,* 97–101.

Darley, J. M., & Latané, B. (1968). Bystander intervention in emergencies: Diffusion of responsibility. *Journal of Personality and Social Psychology, 8,* 377–383

Greenwald, A. G. (1975). Does the Good Samaritan parable increase helping? A comment on Darley and Batson's no-effect conclusion. *Journal of Personality and Social Psychology, 32,* 578–583.

Hartshorne, H., & May, M. A. (1928). *Studies in the nature of character.* Vol. 1. New York: Palgrave Macmillan.

Huston, T. L., Ruggiero, M., Conner, R., & Geis, G. (1981). Bystander intervention into crime: A study based on naturally-occurring episodes. *Social Psychology Quarterly, 44,* 14–23.

Mischel, W. (1968). *Personality and assessment.* New York: Wiley-Blackwell.

Ross, L. (1977). The intuitive psychologist and his shortcomings: Distortions in the attributional process. In L. Berkowitz (Ed.), *Advances in experimental social psychology* (Vol. 10, pp. 174–221). New York: Academic Press.

Ross, L., & Nisbett, R. E. (2011). *The person and the situation: Perspectives of social psychology.* London: Pinter & Martin.

—第 9 章—

本章文献

Lepper, M., Greene, D., & Nisbett, R. E. (1973). Undermining children’s intrinsic interest with extrinsic reward: A test of the “overjustification” hypothesis. *Journal of Personality and Social Psychology*, 28, 129–137.

扩展阅读

Pink, D. H. (2011). Drive: *The surprising truth about what motivates us*. New York: Riverhead Books.

参考文献

Amabile, T. M., Hennessey, B. A., & Grossman, B. S. (1986). Influences on creativity: The effects of contracted for reward. *Journal of Personality and Social Psychology, 50,* 14–23.

Brehm, S. S., & Brehm, J. W. (1981). *Psychological reactance: A theory of freedom and control.* New York: Academic Press.

Cordova, D. I., & Lepper, M. R. (1996). Intrinsic motivation and the process of learning: Beneficial effects of contextualization, personalization, and choice. *Journal of Educational Psychology, 88,* 715–730.

Curry, S. J., Wagner, E. H., & Grothaus, L. C. (1991). Intrinsic and extrinsic motivation for smoking cessation. *Journal of Consulting and Clinical Psychology, 58,* 310–316.

Deci, E. L. (1971). Effects of externally mediated rewards on intrinsic motivation. *Journal of Personality and Social Psychology, 18,* 105–115.

Deci, E. L., Koestner, R., & Ryan, R. M. (1999). A meta-analytic review of experiments examining the effects of extrinsic rewards on intrinsic motivation. *Psychological Bulletin, 125,* 627–668.

Durand, D. (2000). *Perpetual motivation.* New York: ProBalance Inc.

Fabes, R. A., Fultz, J., Eisenberg, N., May-Plumlee, T., & Christopher, F. C. (1989). Effects of rewards on children' s prosocial motivation: A socialization study. *Developmental Psychology, 25,* 509–515.

Glucksberg, S. (1962). The influence of strength of drive on functional fixedness and perceptual recognition. *Journal of Experimental Psychology, 63,* 34–41.

Grusec, J. E. (1991). Socializing concern for others in the home. *Developmental Psychology, 27,* 338–342.

Kohn, A. (1999). *Punished by rewards.* Boston: Houghton Mifflin.

Kunda, Z., & Schwartz, S. H. (1983). Undermining intrinsic moral motivation: External reward and self-presentation. *Journal of Personality and Social Psychology, 45,* 763–771.

Lepper, M. R., Sagotsky, G., Dafoe, J. L., & Greene, D. (1982). Consequences of superfluous social constraints: Effects on young children of social inferences and subsequent intrinsic interest. *Journal of Personality and Social Psychology, 42,* 51–65.

Pittman, T. S., Emery, J., & Boggiano, A. K. (1982). Intrinsic and extrinsic motivational orientations: Reward-induced changes in preference for complexity. *Journal of Personality and Social Psychology, 42,* 789–797.

Ryan, R. M., & Deci, E. L. (2000). Self-determination theory and the facilitation of intrinsic motivation, social development, and well-being. *American Psychologist, 55,* 68–78.

Schwartz, B. (1982). Reinforcement-induced behavioral stereotype: How not to teach people to discover rules. *Journal of Experimental Psychology: General, 111,* 23–59.

Skinner, B. F. (1953). *Science and human behavior.* New York: Macmillan.

Warneken, F., & Tomasello, M. (2008). Extrinsic rewards undermine altruistic tendencies in 20-month-olds. *Developmental Psychology, 44,* 1785–1788.

—第 10 章—

本章文献

West, S. G., Gunn, S. P, & Chernicky, P. (1975). Ubiquitous Watergate: An attributional analysis. *Journal of Personality and Social Psychology*, 32, 55–65.

扩展阅读

Ross, L., & Nisbett, R. E. (2011). *The person and the situation: Perspectives of social psychology*. London: Pinter & Martin.

参考文献

Aronson, E. (2002). *The social animal* (8th ed.). New York: Worth Publishers.

Beckman, L. (1970). Effects of students' performance on teachers' and observers' attributions of causality. *Journal of Educational Psychology, 61,* 76–82.

Cook, S. W. (1975). A comment on the ethical issues involved in West, Gunn, and Chernicky' s "Ubiquitous Watergate: An attributional analysis." *Journal of Personality and Social Psychology, 32,* 66–68.

Fiske, S. T., & Taylor, S. E. (1991). Social cognition (2nd ed.). New York: McGraw-Hill.

Freedman, J. L., & Fraser, S. C. (1966). Compliance without pressure: The foot-in-the-door technique. *Journal of Personality and Social Psychology, 4,* 195–202.

Jones, E. E., & Davis, K. E. (1965). A theory of correspondent inferences: From acts to dispositions. In L. Berkowitz (Ed.), *Advances in experimental social psychology* (Vol. 2, pp. 219–266). New York: Academic press.

Jones, E. E., & Nisbett, R. E. (1971). *The actor and the observer: Divergent perspectives on the causes of behavior.* Moristown, NJ: General Learning Press.

Jones, E. E., & Nisbett, R. E. (1972). *The actor and the observer: Divergent perspectives of the causes of behavior.* In E. E. Jones, D. E. Kanouse, H. H. Kelley, R. E. Nisbett, S. Valins, & B. Weiner (Eds.), *Attribution: Perceiving the causes of behavior* (pp. 79–94). Morristown, NJ: General Learning Press.

Lau, R. R., & Russell, D. (1980). Attribution in the sports pages: A field test of some current hypotheses about attributional research. *Journal of Personality and Social Psychology, 39,* 29–38.

Malle, B. F. (2006). The actor-observer asymmetry in attribution: A (surprising) meta-analysis. *Psychological Bulletin, 132, 895*–919.

Milgram, S. (1963). Behavioral study of obedience. *Journal of Abnormal and Social Psychology, 67,* 371–378.

Nisbett, R. E., Caputo, C., Legant, P, & Marecek, J. (1973). Behavior as seen by the actor and as seen by the observer. *Journal of Personality and Social Psychology, 27,* 154–164.

Pronin, E., Lin, D. Y., & Ross, L. (2002). The bias blind spot: Perceptions of bias in self versus others. *Personality and Social Psychology Bulletin, 28,* 369–381.

Ross, L. (1977). The intuitive psychologist and his shortcomings: Distortions in the attributional process. In L. Berkowitz (Ed.), *Advances in experimental social psychology* (Vol. 10, pp. 174–221). New York: Academic Press.

Ross, L., Amabile, T. M., & Steinmetz, J. L. (1977). Social roles, social control, and biases in social perception processes. *Journal of Personality and Social Psychology, 35,* 485–494.

Salancik, G., & Meindl, J. R. (1984). Corporate attributions as strategic illusions of management control. *Administrative Science Quarterly, 29,* 238–254.

Saulnier, K., & Perlman, D. (1981). The actor-observer bias is alive and well in prison. *Personality and Social Psychology Bulletin, 7,* 559–564.

Wilson, J. Q., & Herrnstein, R. J. (1998). *Crime and human nature: The definitive study of the causes of crime.* New York: Free Press.

—第 11 章—

本章文献

Cialdini, R. B., Borden, R. J., Thorne, A., Walker, M. R., Freeman, S., & Sloan, L. R. (1976). Basking in reflected glory: Three (football) field studies. *Journal of Personality and Social Psychology*, 34, 366–375.

扩展阅读

Gilovich, T., & Ross, L. (2016). *The wisest one in the room: How you can benefit from social psychology's most powerful insights*. New York: Free Press.

参考文献

Allport, G. W. (1954). *The nature of prejudice.* Reading, MA: Addison-Wesley.

Baumeister, R. F., Bratslavsky, E., Finkenauer, C., & Vohs, K. D. (2001). *Bad is stronger than good. Review of General Psychology, 5,* 323–370.

Carnegie, D. (1994). *How to win friends and influence people.* New York: Pocket Books.

Cialdini, R. B. (1995). A full-cycle approach to social psychology. In G. C. Brannigan & M. R. Merrens (Eds.), *The social psychologists: Research adventures* (pp. 52–73). New York: McGraw-Hill.

Goffman, E. (1959). *The presentation of self in everyday life.* Garden City, NY: Doubleday.

Hirt, E. R., Zillman, D., Erickson, G. A, & Kennedy, C. (1992). Costs and benefits of allegiance: Changes in fans' self-ascribed competencies after team victory versus defeat. *Journal of Personality and Social Psychology, 63,* 724–738.

James, W. (1907). *Pragmatism.* New York: Longmans, Green.

Jones, E. E., & Pittman, T. (1982). Toward a general theory of strategic self-presentation. In J. Suls (Ed.). *Psychological perspectives on the self* (Vol. 1, pp. 231–262). Hillsdale, NJ: Lawrence Erlbaum Associates.

Kitayama, S., & Karasawa, M. (1997). Implicit self-esteem in Japan: Name letters and birthday numbers. *Personality and Social Psychology Bulletin, 23,* 736–742.

Leary, M., Tambor, E., Terdel, S., & Downs, D. (1995). Self-esteem as an interpersonal monitor: The sociometer hypothesis. *Journal of Personality and Social Psychology, 68,* 518–530.

Mae, L, Carlston, D. E., & Skowronski, J. J. (1999). Spontaneous trait transfer to familiar communications. Is a little knowledge a dangerous thing? *Journal of Personality and Social Psychology, 77,* 233–246.

Mahadevan, N., Gregg, A. P., Sedikides, C., & De Waal-Andrews, W. (2016). Winner, losers, insiders, and outsiders: Comparing hierometer and sociometer theories of self-regard. *Frontiers in Psychology, 7,* 1–19.

Salovey, P., & Rodin, J. (1984). Some antecedents and consequences of social-comparison jealousy. *Journal of Personality and Social Psychology, 47,* 780–792.

Schlenker, B. R. (1980). *Impression management: The self-concept, social identity, and interpersonal relations.* Monterey, CA: Brooks/Cole.

Sedikides, C., Gaertner, L., & Toguchi, Y. (2003). Pancultural self-enhancement. *Journal of Personality and Social Psychology, 84,* 60–79.

Sedikides, C., & Gregg, A. P. (2008). Self-enhancement: Food for thought. *Perspectives on Psychological Science, 3,* 102–116.

Snyder, C. R., Lassergard, M., & Ford, C. E. (1986). Distancing after group success and failure: Basking in reflected glory and cutting off reflected failure. *Journal of Personality and Social Psychology, 51,* 382–388.

Snyder, M. (1987). *Public appearances/private realities: The psychology of self-monitoring.* New York: W. H. Freeman.

Tajfel, H. (1979). Individuals and groups in social psychology. *British Journal of Social and Clinical Psychology, 18,* 183–190.

Tesser, A. (1988). Toward a self-evaluation maintenance model of social behavior. In L. Berkowitz (Ed.), *Advances in experimental social psychology* (Vol. 21, pp. 181–227). New York: Academic Press.

Tice, D. M., Butler, J. L., Muraven, M. B., & Stillwell, A. M. (1995). When modesty prevails: Differential favorability of self-presentation to friends and strangers. *Journal of Personality and Social Psychology, 69,* 1120–1138.

Turner, J.C. (1985). Social categorization and the self-concept: A social-cognitive theory of group behavior. In E. J. Lawler (Ed.), *Advances in group processes* (Vol. 2, pp. 77–122). Greenwich, CT: JAI Press.

Turner, J. C., Hogg, M., Oakes, P., Reicher, S., & Wetherell, M. (1987). *Rediscovering the social group: A self-categorization theory.* Oxford, England: Basil Blackwell.

—第 12 章—

本章文献

Diener, E., Fraser, S. C., Beaman, A. L., & Kelem, R. T. (1976). Effects of deindividuation variables on stealing among Halloween trick-or-treaters. *Journal of Personality and Social Psychology*, 33, 178–183.

扩展阅读

Zimbardo, P. (2008). *The Lucifer effect: Understanding how good people tum evil.* New York: Random House Trade Publications.

参考文献

Festinger, L., Pepitone, A., & Newcomb, T. (1952). Some consequences of deindividuation in a group. *Journal of Abnormal and Social Psychology, 47,* 382–389.

Johnson, R. D., & Downing, L. L. (1979). Deindividuation and valence of cues: Effects on prosocial and antisocial behavior. *Journal of Personality and Social Psychology, 37,* 1532–1538.

Le Bon, G. (1896). *The crowd: A study of the popular mind.* London: Ernest Benn.

Mann, L. (1981). The baiting crowd in episodes of threatened suicide. *Journal of Personality and Social Psychology, 41,* 703–709.

Milgram, S. (1963). Behavioral study of obedience. *Journal of Abnormal and Social Psychology, 67,* 371–378.

Postmes, T., & Spears, R. (1998). Deindividuation and antinormative behavior: A meta-analysis. *Psychological Bulletin, 123,* 238–259.

Reicher, S., Spears, R., & Postmes, T. (1995). A social identity model of deindividuation phenomena. *European Review of Social Psychology, 6,* 161–198.

Silke, A. (2003). Deindividuation, anonymity and violence: Findings from Northern Ireland. *Journal of Social Psychology, 143,* 493–499.

Silvia, P. J., & Duval, T. S. (2001). Objective self-awareness theory: Recent progress and enduring problems. *Personality and Social Psychology Review, 5,* 230–241.

Spivey, C. B., & Prentice-Dunn, S. (1990). Assessing the directionality of deindividuation behavior: Effects of deindividuation, modeling, and private self-consciousness on aggressive and prosocial responses. *Basic and Applied Social Psychology, 11,* 387–403.

Turner, C. W., Layton, J. F., & Simons, L. S. (1975). Naturalistic studies of aggressive behavior: Aggressive stimuli, victim visibility, and horn honking. *Journal of Personality and Social Psychology, 31,* 1098–1107.

Zimbardo, P. G. (1969). The human choice: Individuation, reason, and order versus deindividuation impulse, and chaos. *Nebraska Symposium on Motivation, 17,* 237–307.

—第 13 章—

本章文献

Mita, T. H., Dermer, M., & Knight, J. (1977). Reversed facial images and the mere-exposure hypothesis. *Journal of Personality and Social Psychology*, 35, 597–601.

扩展阅读

Schafer, J. (2015). *The like switch: An ex-FBI agent's guide to influencing, attracting, and winning people over.* New York: Touchstone.

参考文献

Bornstein, R. F. (1989). Exposure and affect: Overview and meta-analysis of research, 1968–1987. *Psychological Bulletin, 106,* 265–289.

Bornstein, R. F., & D' Agostino, P. R. (1992). Stimulus recognition and the mere exposure effect. *Journal of Personality and Social Psychology, 63,* 545–552.

Cox, D. S., & Cox, A. D. (1988). What does familiarity breed? Complexity as a moderator of repetition effects in advertisement evaluation. *Journal of Consumer Psychology, 15,* 111–116.

Cox, D., & Cox, A. D. (2002). Beyond first impressions: The effects of repeated exposure on consumer liking of visually complex and simple product designs. *Journal of the Academy of Marketing Science, 30,* 119–130.

Cross, H. A., Halcomb, C. G., & Matter, W. W. (1967). Imprinting or exposure learning in rats given early auditory stimulation. *Psychonomic Sciences, 7,* 233–234.

Delplanque, S., Coppin, G., Bloesch, L., Cayeux, I., & Sander, D. (2015). The mere exposure effect depends on an odor' s initial pleasantness. *Frontiers in Psychology, 6,* 911.

Grush, J. E., McKeough, K. L., & Ahlering, R. F. (1978). Extrapolating laboratory exposure research to actual political elections. *Journal of Personality and Social Psychology, 36,* 257–270.

Hoorens, V. (2015). What' s really in a name-letter effect? Name-letter preferences as indirect measures of self-esteem. *European Review of Social Psychology, 25,* 228–262.

Newcomb, T. M. (1961). *The acquaintance process.* New York: Holt.

Nisbett, R. E., & Wilson, T. D. (1977). Telling more than we can know: Verbal reports on mental processes. *Psychological Review, 84,* 231–259.

Orne, M. T. (1962). On the social psychology of the psychology experiment: With particular reference to demand characteristics and their implications. *American Psychologist, 17,* 776–783.

Pettigrew, T. F., & Tropp, L. R. (2006). A meta-analytic test of intergroup contact theory. *Journal of Personality and Social Psychology, 90,* 751–783.

Pettigrew, T. F., & Tropp, L. R. (2008). How does intergroup contact reduce prejudice? Meta-analytic tests of three mediators. *European Journal of Social Psychology, 38,* 922–934.

Saegart, S. C., Swap, W. C., & Zajonc, R. B. (1973). Exposure, context, and interpersonal attraction. *Journal of Personality and Social Psychology, 25,* 234–242.

Stang, D. J. (1974). Intuition as an artifact in mere exposure studies. *Journal of Personality and Social Psychology, 30,* 647–653.

Zajonc, R. B. (1968). Attitudinal effects of mere exposure. *Journal of Personality and Social Psychology Monographs, 9,* 1–27.

—第 14 章—

本章文献

Nisbett, R. E., & Bellows, N. (1977). Verbal reports about causal influences on social judgments: Private access versus public theories. *Journal of Personality and Social Psychology*, 35, 613–624.

扩展阅读

Vazire, S., & Wilson, T. D. (Eds.). (2012). *Handbook of self knowledge*. New York: Guilford Press.

参考文献

Alicke, M. D., & Govorun, O. (2005). The better-than-average effect. In M. D. Alicke, D. Dunning, & J. Krueger (Eds.), *The self in social judgment* (pp. 85–106). New York: Psychology Press.

Bem, D. J. (1967). Self-perception: An alternative interpretation of cognitive dissonance phenomena. *Psychological Review*, *74*, 183–200.

Blakemore, C. (1988). *The mind machine*. London: BBC Books.

Cantor, J. R., Zillman, D., & Bryant, J. (1975). Enhancement of experienced sexual arousal in response to erotic stimuli through misattribution of unrelated residual excitation. *Journal of Personality and Social Psychology*, *32*, 69–75.

Gilbert, D. T., Pinel, E. C., Wilson, T. D., Blumberg, S. J., & Wheatley, T. P. (1998). Immune neglect: A source of durability bias in affective forecasting. *Journal of Personality and Social Psychology*, *75*, 617–638.

Marks, G., & Miller, N. (1987). Ten years of research on the false-consensus effect: An empirical and theoretical review. *Psychological Bulletin*, *102*, 72–90. doi:10.1037/0033–2909.102.1.72

Nisbett, R. E., & Wilson, T. D. (1977a). Telling more than we can know: Verbal reports on mental processes. *Psychological Review*, *84*, 231–259.

Nisbett, R. E., & Wilson, T. D. (1977b). The halo effect: Evidence for the unconscious alteration of judgments. *Journal of Personality and Social Psychology*, *35*, 250–256.

Pronin, E., Lin, D. Y., & Ross, L. (2002). The bias blind spot: Perceptions of bias in self versus others. *Personality and Social Psychology Bulletin, 28*, 369–381.

Ross, L., Greene, D., & House, P. (1977). The false consensus phenomenon: An attributional bias in self-perception and social-perception processes. *Journal of Experimental Social Psychology*, *13*, 279–301.

Stratton, G. M. (1897). Vision without inversion of the retinal image. *Psychological Review*, *4*, 441–481.

Wilson, T. D., Dunn, D. S., Kraft, D., & Lisle, D. J. (1989). Introspection, attitude change, and attitude–behavior consistency: The disruptive effects of explaining why we feel the way we do. *Advances in Experimental Social Psychology*, *22*, 287–343.

Wilson, T. D., & Kraft, D. (1993). Why do I love thee? Effects of repeated introspections about a dating relationship on attitudes toward the relationship. *Personality and Social Psychology Bulletin*, *19*, 409–418.

Wilson, T. D., Lisle, D. J., Schooler, J. W., Hodges, S. D., Klaaren, K. J., & LaFleur, S. J. (1993). Introspecting about reasons can reduce post-choice satisfaction. *Personality and Social Psychology Bulletin*, *19*, 409–418.

Wilson, T. D., & Stone, J. I. (1985). Limitations of self-knowledge: More on telling more than we can know. In P. Shaver (Ed.), *Review of personality and social psychology* (Vol. 6, pp. 167–183). Beverly Hills, CA: Sage.

—第 15 章—

本章文献

Snyder, M., Tanke, E. D., & Berscheid, E. (1977). Social perception and interpersonal behavior: On the self-fulfilling nature of social stereotypes. *Journal of Personality and Social Psychology*, 35, 656–666.

扩展阅读

Jussim, L. (2012). *Social perception and social reality: Why accuracy dominates bias and self-fulfilling prophecy*. New York: Oxford University Press.

参考文献

Blackwell, L., Trzesniewski, K., & Dweck, C. S. (2007). Implicit theories of intelligence predict achievement across an adolescent transition: A longitudinal study and an intervention. *Child Development, 78*, 246–263.

Carlston, D. E., & Skowronski, J. J. (1994). Savings in the relearning of trait information as evidence for spontaneous inference generation. *Journal of Personality and Social Psychology, 66,* 840–856.

Cohen, C. E. (1981). Person categories and social perceptions: Testing some boundaries of the processing effects of prior knowledge. *Journal of Personality and Social Psychology, 40,* 441–452.

Curtis, R. C., & Miller, K. (1986). Believing another person likes or dislikes you: Behaviors making the beliefs come true. *Journal of Personality and Social Psychology, 51,* 284–290.

Darley, J. M., & Fazio, R. H. (1980). Expectancy confirmation processes arising in the social interaction sequence. *American Psychologist, 35,* 867–881.

Dion, K. K., Berscheid, E., & Walster, E. (1972). What is beautiful is good. *Journal of Personality and Social*

Psychology, 24, 285–290.

Dweck, C. S. (1999). *Self-theories: The role in motivation, personality, and development.* Philadelphia, PA: Psychological Press.

Gilbert, D. T. (1998). Ordinary personology. In D. T. Gilbert, S. T. Fiske, & G. Lindzey (Eds.), *The handbook of social psychology* (4th ed., pp. 89–150). New York: McGraw-Hill.

Hebl, M. R., Foster, J. B., Mannix, L. M., & Dovidio, J. F. (2002). Formal and interpersonal discrimination: A field study of bias toward homosexual applicants. *Personality and Social Psychology Bulletin, 28,* 815–825.

Jussim, L. (1991). Social perception and social reality: A reflection-construction model. *Psychological Review, 98,* 54–73.

Jussim, L., Cain, T., Crawford, J., Harber, K., & Cohen, F. (2009). The unbearable accuracy of stereotypes. In T. Nelson (Ed.), *Handbook of prejudice, stereotyping, and discrimination* (pp. 199–227). Hillsdale, NJ: Erlbaum.

Jussim, L., & Harber, K. (2005). Teacher expectations and self-fulfilling prophecies: Knowns and unknowns, resolved and unresolved controversies. *Personality and Social Psychology Review, 9,* 131–155.

Kelley, H. H. (1950). The warm-cold variable in first impressions of persons. *Journal of Personality, 18,* 431–439.

Malle, B. F. (2006). The actor-observer asymmetry in attribution: A (surprising) meta-analysis. *Psychological Bulletin, 132,* 895–919.

Merton, R. (1948). The self–fulfilling prophecy. *Antioch Review, 8,* 193–210.

Miller, R. L., Brickman, P., & Bolen, D. (1975). Attribution versus persuasion as a means of modifying behavior. *Journal of Personality and Social Psychology, 31,* 430–441.

Mischel, W. (1968). *Personality and assessment.* New York: Wiley-Blackwell.

Rosenthal, R., & Jacobson, L. (1968). *Pygmalion in the classroom: Teacher expectation and pupils' intellectual development.* New York: Holt, Rinehart & Winston.

Ross, L. (1977). The intuitive psychologist and his shortcomings: Distortion in the attribution process. In L. Berkowitz (Ed.), *Advances in experimental social psychology* (Vol. 10, pp. 174–221). New York: Academic Press.

Snyder, M., & Swann, W. B., Jr. (1978). Behavioral confirmation in social interaction: From social perception to social reality. *Journal of Experimental Social Psychology, 14,* 148–162.

Word, C. O., Zanna, M. P., & Cooper, J. (1974). The nonverbal mediation of self-fulfilling prophecies in interracial interaction. *Journal of Experimental Social Psychology, 10,* 109–120.

—第 16 章—

本章文献

Quattrone, G. A., & Tversky, A. (1980). Causal versus diagnostic reasoning: On self-deception and the voter's illusion. *Journal of Personality and Social Psychology*, 46, 237–248.

扩展阅读

Varki, A., & Brower, D. (2013). *Denial: Self-deception, false beliefs, and the origins of the human mind*. New York: Twelve Books.

参考文献

Frey, D. (1986). Recent research on selective exposure to information. In L. Berkowitz (Ed.), *Advances in experimental social psychology* (Vol. 19, pp. 41–80). New York: Academic Press.

Greenwald, A. G. (1988). Self-knowledge and self-deception. In J. S. Lockard & D. L. Paulhaus (Eds.), *Self-deception.: An adaptive mechanism?* (pp. 113–131). Englewood Cliffs, NJ: Prentice Hall.

Gregg, A. P., & Mahadevan, N. (2014). Self-deception. In T. Levine (Ed.), *Encyclopedia of Deception* (pp. 836–839). London: Sage.

Jones, E. E., & Berglas, S. (1978). Control of attributions about the self through self-handicapping strategies: The appeal of alcohol and the role of underachievement. *Personality and Social Psychology Bulletin, 4,* 200–206.

Nisbett, R. E., & Wilson, T. D. (1977). Telling more than we can know: Verbal reports on mental processes. *Psychological Review, 84,* 231–259.

Taylor, S. E. (1991). Asymmetrical effects of positive and negative events: The mobilization-minimization hypothesis. *Psychological Bulletin, 110,* 67–85.

—第 17 章—

本章文献

Vallone, R. P., Ross, L., & Lepper, M. R. (1985). The hostile media phenomenon: Biased perception and perceptions of media bias in coverage of the Beirut Massacre. *Journal of Personality and Social Psychology*, 49, 577–585.

扩展阅读

Atkins, L. (2016). *Skewed: A critical thinker's guide to media bias*. Amherst, MA: Prometheus Books.

参考文献

Alicke, M. D., & Govorun, O. (2005). The better-than-average effect. In M. D. Alicke, D. A. Dunning, & J. I. Krueger (Eds), *The self in social judgment: Studies in self and identity* (pp. 85–106). Hove, UK: Psychology Press.

Allport, G. W., & Postman, L. J. (1947). *The psychology of rumor*. New York: Henry Holt and Company.
Cohen, C. E. (1981). Person categories and social perception: Testing some boundaries of the processing effects of prior knowledge. *Journal of Personality and Social Psychology*, *40*, 441–452.

Devine, P. G. (1989). Stereotypes and prejudice: Their automatic and controlled components. *Journal of Personality and Social Psychology*, *56*, 5–18.

Duncan, B. L. (1976). Differential social perception and attribution theory of intergroup violence: Testing the lower limits of stereotyping of blacks. *Journal of Personality and Social Psychology*, *34*, 590–598.

Fiske, S. T., & Taylor, S. (2017). *Social cognition: From brains to culture* (3rd ed.). London: Sage.

Gigerenzer, G., & Goldstein, D. G. (1996). Reasoning the fast and frugal way: Models of bounded rationality. *Psychological Review*, *103*, 650–669.

Goethals, G. R., & Reckman, R. F. (1973). The perception of consistency in attitudes. *Journal of Experimental Social Psychology*, *9*, 491–501.

Hastorf, A. H., & Cantril, H. (1954). They saw a game: A case study. *Journal of Abnormal Social Psychology*, *49*, 129–134.

Heider, J. D., Scherer, C. R., Skowronski, J. J., Wood, S. E., Edlund, J. E., & Hartnett, J. L. (2006). Trait expectancies and stereotype expectancies have the same effect on person memory. *Journal of Experimental Social Psychology*, *43*, 265–272.

Higgins, E. T., Rholes, W. S., & Jones, C. R. (1977). Category accessibility and impression formation. *Journal of Experimental Social Psychology*, *13*, 141–154.

Hirt, E. R., & Markman, K. D. (1995). Multiple explanation: A consider-an-alternative strategy for debiasing judgments. *Journal of Personality and Social Psychology*, *69*, 1069–1086.

Jussim, L., Crawford, J. T., & Rubinstein, R. S. (2015). Stereotype (in) accuracy in perceptions of groups and individuals. *Current Directions in Psychological Science*, *24*, 490–497.

Kruger, J., & Dunning, D. (1999). Unskilled and unaware of it: How diffculties in recognizing one' s own incompetence lead to inflated self-assessments. *Journal of Personality and Social Psychology*, *77*, 1121–1134.

Lord, C. G., Lepper, M. R., & Preston, E. (1984). Considering the opposite: A corrective strategy for social judgment. *Journal of Personality and Social Psychology*, *47*, 1231–1243.

Macrae, C. N., Milne, A. B., & Bodenhausen, G. V. (1994). Stereotypes as energy-saving devices: A peek inside the cognitive toolbox. *Journal of Personality and Social Psychology*, *66*, 37–47.

Mullen, B., Futrell, D., Stairs, D., Tice, D. M., Baumeister, R. F., Dawson, K. E., Riordan, C. A., Radloff, C. E., Goethals, G. R., Kennedy, J. G., & Rosenfeld, P. (1986). Newscasters' facial expressions and voting behavior of viewers: Can a smile elect a president? *Journal of Personality and Social Psychology*, *51*, 291–295.

Pronin, E., Lin, D. Y., & Ross, L. (2002). The bias blind spot: Perceptions of bias in self versus others. *Personality and Social Psychology Bulletin*, *28*, 369–381.

Sherman, J. W., & Frost, L. A. (2000). On the encoding of stereotype-relevant information under cognitive load. *Personality and Social Psychology Bulletin*, *26*, 26–34.

Stangor, C., & McMillan, D. (1992). Memory for expectancy-congruent and expectancy-incongruent information: A review of the social and social developmental literatures. *Psychological Bulletin*, *111*, 42–61.

Swift, A. (2016, September 14th). *Americans' trust in mass media sinks to new low*. Retrieved from www.gallup.com/poll/195542/americans-trust-mass-media-sinks-new-low.aspx

West, R. F., Meserve, R. J., & Stanovich, K. E. (2012). Cognitive sophistication does not attenuate the bias blind spot. *Journal of Personality and Social Psychology*, *103*, 506–519.

Wood, W., Rhodes, N. D., & Biek, M. (1995). Working knowledge and attitude strength: An information-processing analysis. In R. Petty & J. Krosnick (Eds.), *Attitude strength: Antecedents and consequences* (pp. 283–313). Hillsdale, NJ: Erlbaum.

—第 18 章—

本章文献

Batson, C., Dyck, J., Brandt, J. R., Batson, J., Powell, A., McMaster, M. R., & Griffitt, C. (1988). Five studies testing two new egoistic alternatives to the empathy-altruism hypothesis. *Journal of Personality and Social Psychology*, 55, 52–77.

扩展阅读

Wilson, D. S. (2016). *Does altruism exist? Culture, genes, and the welfare of others*. New Haven, CT: Yale University Press

参考文献

Batson, C. D. (1997). Self-other merging and the empathy-altruism hypothesis: Reply to Neuberg et al. *Journal of Personality and Social Psychology, 73,* 517–522.

Batson, C. D. (2011). *Altruism in humans.* New York: Oxford University Press.

Batson, C. D., Ahmad, N., & Stocks, E. L. (2011). Four forms of prosocial motivation: Egoism, altruism, collectivism, and principlism. In D. Dunning (Ed.), *Frontiers of social psychology: Social motivation* (pp. 103–126). New York: Psychology Press.

Batson, C. D., Batson, J. G., Slingsby, J. K., Harrell, K. L., Peekna, H. M., & Todd, R. M. (1991). Empathic joy and the empathy-altruism hypothesis. *Journal of Personality and Social Psychology, 61,* 413–426.

Batson, C. D., Duncan, B. D., Ackerman, P., Buckley, T., & Birch, K. (1981). Is empathic emotion a source of altruistic emotion? *Journal of Personality and Social Psychology, 40,* 290–302.

Batson, C. D., Klein, T. R., Highberger, L., & Shaw, L. (1995). Immorality from empathy-induced altruism: When compassion and justice conflict. *Journal of Personality and Social Psychology, 68,* 1042–1054.

Batson, C. D., O' Quinn, K., Fultz, J., Vanderplas, M., & Isen, A. (1983). Influence of self-reported distress and empathy and egoistic versus altruistic motivation for helping. *Journal of Personality and Social Psychology, 45,* 706–718.

Bloom, P. (2014). *Against empathy*. New York: Harper-Collins.

Cialdini, R. B., Brown, S. L., Lewis, B. P., & Luce, C. (1997). Reinterpreting the empathy-altruism relationship: When one into one equals oneness. *Journal of Personality and Social Psychology, 73,* 481–494.

Cialdini, R. B., Darby, B. L., & Vincent, J. E. (1973). Transgression and altruism: A case for hedonism. *Journal of Experimental Social Psychology, 9,* 502–516.

Darley, J. M., & Latané, B. (1968). Bystander intervention in emergencies: Diffusion of responsibility. *Journal of Personality and Social Psychology, 8,* 377–383.

Dovidio, J. F., Piliavin, J. A., Gaertner, S. L., Schroder, D. A., & Clark, R. D. III (1991). The arousal/costreward model and the processes of intervention: A review of the evidence. In M. S. Clark (Ed.), *Prosocial behavior* (pp. 86-118). Newbury Park, CA: Sage.

Eisenberg, N. (1991). Meta-analytic contributions to the literature on prosocial behavior. *Personality and Social Psychology Bulletin, 17,* 273–282.

Fultz, J., Batson, C. D., Fortenbach, V. A., McCarthy, P. M., & Varney, L. L. (1986). Social evaluation and the empathy-altruism hypothesis. *Journal of Personality and Social Psychology, 50,* 761–769.

Kant, I. (1898). *Kant's critique of practical reason and other works on the theory of ethics* (4th ed.; T. K. Abbott, Trans.). New York: Longman, Green, and Co. (Original work published in 1785.)

Latané, B., & Darley, J. M. (1970). *The unresponsive bystander: Why doesn't he help?* Englewood Cliffs, NJ: Prentice-Hall. Nagel, T. (1979). The possibility of altruism. Princeton, NJ: Princeton University Press.

Schaller, M., & Cialdini, R. B. (1988). The economics of empathic helping: Support for a mood-management motive. *Journal of Experimental Social Psychology, 24,* 163–181.

Singer, P. (1995). *How are we to live? Ethics in an age of self-interest.* New York: Prometheus Books.

Wegner, D. M., & Wheatley, T. P. (1999). Apparent mental causation: Sources of the experience of will. *American Psychologist, 54*, 480–492.

—第 19 章—

本章文献

Aron, A., Aron, E. N., Tudor, M., & Nelson, G. (1991). Close relationships as including other in the self. *Journal of Personality and Social Psychology*, 60, 241–253.

扩展阅读

Anderson, J., & Szuchman, P. (2011). *Spousonomics: Or how to maximise returns on the biggest investment of your life*. New York: Random House.

参考文献

Aron, A., & Aron, E. N. (1986). *Love as the expansion of self: Understanding attraction and satisfaction.* New York: Hemisphere.

Berscheid, E., Dion, K., Walster, E., & Walster, G. W. (1971). Physical attractiveness and dating choice: A test of the matchmaking hypothesis. *Journal of Experimental Social Psychology, 7,* 173–189.

Brenner, M. (1973). The next-in-line effect. *Journal of Verbal Learning and Verbal Behavior, 12,* 320–323.

Clark, M. S., & Mills, J. (1979). Interpersonal attraction in exchange and communal relationships. *Journal of Personality and Social Psychology, 37,* 12–24.

Clark, M. S., & Mills, J. (1993). The difference between communal and exchange relationships: What is and is not. *Personality and Social Psychology Bulletin, 19,* 684–691.

Clark, M. S., & Taraban, C. (1991). Reactions to and willingness to express emotion in communal and exchange relationships. *Journal of Experimental Social Psychology, 27,* 324–336.

Clark, M. S., Mills, J., & Corcoran, D. M. (1989). Keeping track of needs and inputs of friends and strangers. *Personality and Social Psychology Bulletin, 15,* 533–542.

Clark, M. S., Mills, I, R Powell, M. C. (1986). Keeping track of needs in communal and exchange relationships. *Journal of Personality and Social Psychology, 51,* 333–338.

Clark, R. D. III, & Hatfield, E. (1989). Gender differences in receptivity to sexual offers. *Journal of Psychology & Human Sexuality, 2,* 39–53.

Dunning, D. (2012). The relation of self to social perception. In M. Leary & J. Tangney (Eds.), *Handbook of Self and Identity* (2nd ed., pp. 481–501). New York: Guilford.

Hendrick, C., & Hendrick, S. S. (1986). A theory and method of love. *Journal of Personality and Social Psychology, 50,* 392–402.

Hendrick, S. S., & Hendrick, C. (1995). Gender differences and similarities in sex and love. *Personal Relationships, 2,* 55–62.

James, W. (1948). *Psychology.* Cleveland, OH: Fine Editions Press. (Original work published 1890).

Kelley, H. H., & Thibaut, J. W. (1978). I*nterpersonal relations: A theory of interdependence.* New York: Wiley-Blackwell.

Kurdek, L. A. (1998). The nature and predictors of the trajectory of change in marital quality over the first 4 years of marriage for first-married husbands and wives. *Journal of Family Psychology, 12,* 494–510.

Lee, J. A. (1973). *The colors of love.* New York: Bantam.

Lewandowski Jr., G., Loving, T. J., Le, B., & Gleason, M. E. J. (Eds.). (2011). *The science of relationships: Answers to your questions about dating, marriage and family.* Dubuque, IA: Kendall Hun.

Lewin, K. (1948). The background of conflict in marriage. In G. Lewin (Ed.), *Resolving social conflicts: Selected papers on group dynamics* (pp. 84–102). New York: Harper.

Liebrand, W. B. G. (1984). The effect of social motives, communication and group size on behavior in an N-person, multi-stage mixed-motive game. *European Journal of Social Psychology, 14,* 239–264.

Lord, C. G. (1980). Schemas and images as memory aids: Two models of processing social information. *Journal of Personality and Social Psychology, 38,* 257–269.

Mueller, J. H., Thompson, W. B., & Dugan, K. (1986). Trait distinctiveness and accessibility in the self-schema. *Personality and Social Psychology Bulletin, 12,* 81–89.

Nisbett, R. E., Caputo, C., Legant, P., & Marecek, J. (1973). Behavior as seen by the actor and as seen by the observer. *Journal of Personality and Social Psychology, 27,* 154–164.

O'Leary, K. D., Acevedo, B. P., Aron, A., Huddy, L., & Mashek, D. (2012). Is long-term love more than a rare phenomenon? If so, what are its correlates? *Social Psychological and Personality Science, 3,* 241–249.

Rogers, T. B., Kuiper, N. A., & Kirker, W. S. (1977). Self-reference and the encoding of personal information. *Journal of Personality and Social Psychology, 35,* 677–678.

Ross, L., Greene, D., & House, P. (1977). The false consensus effect: An egocentric bias in social perception and attribution processes. *Journal of Experimental Social Psychology, 13,* 279–301.

Segal, E. (1970). *Love story.* New York: HarperCollins.

Sternberg, R. J. (1986). A triangular theory of love. *Psychological Review, 93,* 119–135.

Thibaut, J. W., & Kelley, H. H. (1959). *The social psychology of groups.* New York: Wiley-Blackwell.

Waller, W. (1938). *The family: A dynamic interpretation.* New York: Dryden Press.

—第20章—

本章文献

Gilbert, D. I., Tafarodi, R. W. & Malone, P. S. (1993). You can't not believe everything you read. *Journal of Personality and Social Psychology*, 65, 221–233.

扩展阅读

Sunstein, C. R. (2014). *On rumors: How falsehoods spread, why we believe them, and what can be done.* Princeton, NJ: Princeton University Press.

参考文献

Abelson, R. P. (1995). *Statistics as principled argument.* Mahwah, NJ: Lawrence Erlbaum Associates.

Abelson, R. P., & Miller, J. C. (1967). Negative persuasion via personal insult. *Journal of Experimental Social Psychology, 3,* 321–333.

Ebbinghaus, H. (1964). *Memory.* New York: Dover. (Original work published 1885.)

Gilbert, D. T. (1992). How mental systems believe. *American Psychologist, 46,* 107–119.

Gilovich, T. (1993). *How we know what isn't so: The fallibility of human reasoning in everyday life.* New York: Free Press.

Levin, I. P., Faraone, S. V., & McGraw, J. A. (1981). The effects of income and inflation on personal satisfaction: Functional measurement in economic psychology. *Journal of Economic Psychology, 1,* 303–318.

McHugo, G. J., Lanzetta, J. T., & Bush, L. K. (1991). The effect of attitudes on emotional reactions to expressive displays of political leaders. *Journal of Nonverbal Behavior, 15,* 19–41.

O'Neill, B. (1999). *Honor; symbols, and war*. Ann Arbor: University of Michigan Press.

Schermer, M. (1997). *Why people believe weird things: Pseudoscience, superstition, and other confusions of our time.* New York: W. H. Freeman.

—第21章—

本章文献

McFarland, C., Ross, M., & DeCourville, N. (1993). Women’s theories of menstruation and biases in recall of menstrual symptoms. *Journal of Personality and Social Psychology*, 65, 1093–1104.

扩展阅读

Shaw, J. (2016). *The memory illusion: Remembering, forgetting, and the science of false memory*. London: Random House.

参考文献

American Psychiatric Association. (2013). *Diagnostic and statistical manual of mental disorders* (5th ed.). Arlington, VA: American Psychiatric Publishing.

Aronson, E., & Mills, J. (1959). The effect of severity of initiation on liking for a group. *Journal of Abnormal and Social Psychology, 59*, 177–181.

Ascher-Svanum, H. (1982). *Alcohol use and psychological distress during the menstrual cycle*. Unpublished doctoral dissertation, University of Minnesota, Twin Cities, MI.

Baird, J. C., Wagner, M. F., & Fuld, K. (1990). A simple but powerful theory of the moon illusion. *Journal of Experimental Psychology: Human Perception & Performance, 16*, 675–677.

Bass, E., & Davis, L. (1994). *The courage to heal: A guide for women survivors of sexual abuse*. New York: Harper Perennial Library.

Brooks-Gunn, J., & Ruble, D. N. (1986). Men' s and women' s attitudes and beliefs about the menstrual cycle. *Sex Roles, 14*, 287–299.

Ceci, S. J. (1995). False beliefs: Some developmental and clinical considerations. In D. L. Schacter (Ed.), *Memory distortion: How minds, brains, and societies reconstruct the past* (pp. 91–128). Cambridge, MA: Harvard University Press.

Clark, D. M., & Teasdale, J. D. (1982). Diurnal variation in clinical depression and accessibility of memories of positive and negative experiences. *Journal of Abnormal Psychology, 91*, 87–95.

Clarke, A., & Ruble, D. N. (1978). Young adolescents' beliefs concerning menstruation. *Child Development, 49*, 201–234.

Clore, G. L., Schwartz, N., & Conway, M. (1994). Cognitive causes and consequences of emotion. In R. S. Wyer & T. K. Srull (Eds.), *Handbook of social cognition* (2nd ed., Vol. 1, pp. 323–418). Hillsdale, NJ: Lawrence Erlbaum Associates.

Conway, M., & Ross, M. (1984). Getting what you want by revising what you had. *Journal of Personality and Social Psychology, 47*, 738–748.

Crews, F. (1995). *The memory wars: Freud's legacy in dispute*. New York: The New York Review of Books.

Festinger, L., & Carlsmith, J. (1959). Cognitive consequences of forced compliance. *Journal of Abnormal and Social Psychology, 58*, 203–210.

Frattaroli, J. (2006). Experimental disclosure and its moderators: A meta-analysis. *Psychological Bulletin, 132*, 823–865. Retrieved from http://dx.doi.org/10.1037/00332909.132.6.823

Goethals, G. R., & Reckman, R. F. (1973). The perception of consistency in attitudes. *Journal of Experimental Social Psychology, 9*, 491–501.

Greenwald, A. G. (1980). The totalitarian ego: Fabrication and revision of personal history. *American Psychologist, 35*, 603–618.

Hawes, E., & Oei, T. P. S. (1992). The menstrual distress questionnaire: Are the critics right? *Current Psychology, 11*, 264–281. doi:10.1007/BF02686846

Holmes, D. S. (1990). The evidence for repression: An examination of sixty years of research. In J. L. Singer (Ed.), *Repression and dissociation: Implications for personality theory, psychopathology, and health* (pp. 85–102). Chicago, IL: University of Chicago Press.

Hume, D. (1990). *Principal writings on religion including dialogues concerning natural religion and the natural history of religion*. New York: Oxford University Press.

Kahneman, D., & Tversky, A. (1973). On the psychology of prediction. *Psychological Review, 80*, 237–251.

Kassin, S., & Kiechel, K. L. (1996). The social psychology of false confessions: Compliance, internalization, and confabulation. *Psychological Science, 7*, 125–128.

Klebanov, P. K., & Ruble, D. N. (1994). Toward an understanding of women's experience of menstrual cycle symptoms. In V. J. Adesso & D. M. Reddy (Eds.), *Psychological perspectives on women's health* (pp. 183–221). Philadelphia: Taylor & Francis.

Krystal, J. H., Southwick, S. M., & Charney, D. S. (1995). Post-traumatic stress disorder: Psychobiological mechanisms of traumatic remembrance. In D. L. Schacter (Ed.), *Memory distortion: How minds, brains, and societies reconstruct the past* (pp. 150–172). Cambridge, MA: Harvard University Press.

Kunda, Z. (1990). The case for motivated reasoning. *Psychological Bulletin, 108*, 480–498.

Loftus, E. F. (1994). *The myth of repressed memory*. New York: St. Martin's Press.

Loftus, E. F., Miller, D. G., & Burns, H. J. (1987). Semantic integration of verbal information into a visual memory. In L. S. Wrightsman & C. E. Willis (Eds.), *On the witness stand: Controversies in the courtroom* (pp. 157–177). Newbury Park, CA: Sage.

Mack, J. E. (1995). *Abduction: Human encounters with aliens*. New York: Ballantine.

Madey, S. F., & Gilovich, T. (1993). Effect of temporal focus on the recall of expectancy-consistent and expectancy-inconsistent information. *Journal of Personality and Social Psychology, 65*, 458–468.

Marcus, G. B. (1986). Stability and change in political attitudes: Observe, recall, and "Explain". *Political Behavior, 8*, 21–44.

Moos, R. H. (1968). The development of a menstrual distress questionnaire. *Psychosomatic Medicine, 30*, 853–867.

Nigro, G., & Neisser, U. (1983). Point of view in personal memories. *Cognitive Psychology, 15*, 467–482.

Pennebaker, J. W. (2000). The effect of traumatic disclosure on physical and mental health: The values of writing and talking about upsetting events. In J. M. Violanti & D. Paton (Eds.), *Posttraumatic stress intervention: Challenges, issues, and perspectives* (pp. 97–114). Springfield, IL: Charles C. Thomas.

Roediger, H. L., & McDermott, K. B. (1995). Creating false memories: Remembering words not presented in lists. *Journal of Experimental Psychology: Learning, Memory, & Cognition, 21*, 803–814.

Romans, S., Clarkson, R., Einstein, G., Petrovic, M., & Stewart, D. (2012). Mood and the menstrual cycle: A review of prospective data studies. *Gend*er Medicine, *9*, 361–384.

Ross, M. (1989). Relation of implicit theories to the construction of personal histories. *Psychological Review, 96*, 341–357.

Ruble, D. N., & Brooks-Gunn, J. (1979). Menstrual symptoms: A social cognition analysis. *Journal of Behavioral Medicine, 2*, 171–194.

Schacter, D. L., & Kilstrom, J. F. (1989). Functional amnesia. In F. Boller & J. Grafman (Eds.), *Handbook of neuropsychology* (Vol. 3, pp. 209–231). Amsterdam, The Netherlands: Elsevier.

Spiegel, D. (1995). Hypnosis and suggestion. In D. L. Schacter (Ed.), *Memory distortions: How minds, brains, and societies reconstruct the past* (pp. 129–149). Cambridge, MA: Harvard University Press.

Tavris, C. (1992). *The mismeasure of woman*. New York: Simon & Schuster.

Walker, W. R., Skowronski, J. J., & Thompson, C. P (2003). Life is pleasant—and memory helps to keep it that way! *Review of General Psychology*, *7*, 203–210.

Wright, L. (1994). *Remembering Satan*. New York: Knopf.

—第 22 章—

本章文献

Wegner, D., Erber, R., & Zanakos, S. (1993). Ironic processes in the mental control of mood and mood related thought. *Journal of Personality and Social Psychology*, 65, 1093–1104.

扩展阅读

Leaf, C. (2009). *Who switched off my brain: Controlling toxic thoughts and emotions*. Nashville, TN: Thomas Nelson.

参考文献

Adriaanse, M. A., Vinkers. C. D. W., De Ridder, D. T. D., Hox, J. J., & De Wit, J. B. F. (2011). Do implementation intentions help to eat a healthy diet? A systematic review and meta-analysis of the empirical evidence. *Appetite, 56,* 183–193

Ajzen, I. (1991). The theory of planned behavior. *Organizational Behavior and Human Decision Processes, 50,* 179–211.

Albarracin, D., Johnson, B. T., Fishbein, M., & Muellerleile, P. A. (2001). Theories of reasoned action and planned behavior as models of common use: A meta-analysis. *Psychological Bulletin, 127,* 142–161.

Ansfield, M. E., Wegner, D. M., & Bowser, R. (1996). Ironic effects of sleep urgency. *Behaviour Research and Therapy, 34,* 523–531.

Baumeister, R. F., Bratslaysky, E., Muraven, M., & Tice, D. M. (1998). Ego depletion: Is the active self a limited resource? *Journal of Personality and Social Psychology, 74,* 1252–1265.

Brandstâtter, V., Lengfelder, A., & Gollwitzer, P. M. (2001). Implementation intentions and efficient action initiation. *Journal of Personality and Social Psychology, 81,* 946–960.

Dalton, A. N., & Spiller, S. A. (2012). Too much of a good thing: The benefits of implementation intentions depend on the number of goals. *Journal of Consumer Research, 39,* 600–614.

Daniel, M. W., & Schneider, D. J. (2003). The white bear story. *Psychological Inquiry, 14,* 326–329.

Frankl. V. E. (1963). *Man's search for meaning.* New York: Pocket Books.

Freud, S. (1914). *The psychopathology of everyday life.* New York: Palgrave Macmillan.

Gollwitzer, P. M. (1999). Implementation intentions: Strong effects of simple plans. *American Psychologist, 54,* 493–503.

Gollwitzer, P. M. (2014). Weakness of the will: Is a quick fix possible? *Motivation and Emotion, 38,* 305–322.

Gollwitzer, P. M., & Sheeran, P. (2006). Implementation intentions and goal achievement: A meta-analysis of effects and processes. *Advances in Experimental Social Psychology, 38,* 69–119.

Hagger, M. S., & Chatzisarantis, N. L. D. (2016). A multilab preregistered replication of the ego-depletion effect. *Perspectives on Psychological Science, 11,* 546–573. Doi: 10.1177/1745691616652873

Macrae, C. N., Bodenhausen, G. V., Milne, A. B., & Jetten, J. (1994). Out of mind but back in sight: Stereo types on the rebound. *Journal of Personality and Social Psychology, 67,* 808–817.

Mann, T., Tomiyama, A. J., Westling, E., Lew, A. M. Samuels, B., & Chatman, J. (2007). Medicare's search for effective obesity treatments: Diets are not the answer. *American Psychologist, 62,* 220–233.

Schlam, T. R., Wilson, N. L., Shoda, Y., Mischel, W., & Ayduk, O. (2013). Preschoolers' delay of gratification predicts their body mass 30 years later. *The Journal of Pediatrics, 162,* 90–93.

Sheeran, P., & Orbell, S. (2000). Self–schemas and the theory of planned behaviour. *European Journal of Social Psychology, 30,* 533–550.

Smullyan, R. M. (1992). *The Tao is silent.* New York: Harper.

Tangney, J. P., Baumeister, R. F., & Boone, A. L. (2004). High self-control predicts good adjustment, less pathology, better grades, and interpersonal success. *Journal of Personality, 72,* 271–324.

Topa, G., & Moriano, J. A. (2010). Theory of planned behavior and smoking: Meta-analysis and SEM model. *Substance Abuse Rehabilitation, 1,* 23–33.

Van Koningsbruggen, G. M., Stroebe, W., Papies, E. K., & Aarts, H. (2011). Implementation intentions as goal primes: Boosting self-control in tempting environments. *European Journal of Social Psychology, 41,* 551–557.

Wegner, D. M. (1994). *Ironic processes of mental control.* Psychological Review, 101, 34–52.

Wegner, D. M., Ansfield, M., & Pilloff, D. (1998). The putt and the pendulum: Ironic effects of the mental control of action. *Psychological Science, 9,* 196–199.

Wegner, D. M., & Schneider, D. J. (2003). The white bear story. *Psychological Inquiry, 14,* 326–329.

Wegner, D. M., Schneider, D. J., Carter, S., & White, T. (1987). Paradoxical effects of thought suppression. *Journal of Personality and Social Psychology, 53,* 5–13.

Wegner, D. M., Wenzlaff, R. M., & Kozak, M. (2004). Dream rebound: The return of suppressed thoughts in dreams. *Psychological Science, 15,* 232–236.

—第23章—

本章文献

Raccuia, L. (2016). Single–Target Implicit Association Tests (ST-pIAT) predict voting behavior of decided and undecided voters in Swiss referendums. *PLoS ONE, 11*, e0163872.

扩展阅读

Banaji. M. R., & Greenwald, A. G. (2013). *Blindspot: Hidden biases of good people*. New York: Delacorte Press.

参考文献

Banaji, M. R., &Hardin, C. D. (1996). Automatic stereotyping. *Psychological Science, 7*, 136–141.

Bargh, J. A. (Ed.). (2007). *Social psychology and the unconscious: The automaticity of higher mental processes* (pp. 265–292). New York: Psychology Press.

Ben-Shakhar, G., & Elaad, E. (2003). The validity of psychophysiological detection of information with the guilty knowledge test: A meta-analytic review. *Journal of Applied Psychology, 88*, 131–151.

Bond, C. F., Jr., & DePaulo, B. M. (2006). Accuracy of deception judgements. *Personality and Social Psychology Review, 10*, 214–234.

Bond, C. F, Jr., & DePaulo, B. M. (2008). Individual differences in judging deception: Accuracy and bias. *Psychological Bulletin, 134*, 477–492.

Bradburn, N. M., Sudman, S., & Wansink, B. (2004). *Asking questions: The definitive guide to questionnaire design for market research, political polls, and social and health questionnaires* (Rev. ed.). San Francisco, CA: Jossey-Bass.

Carlsson, R., & Agerström, J. (2016). A closer look at the discrimination outcomes in the IAT literature. *Scandinavian Journal of Psychology, 57*, 278–287.

Chartrand, T. L., & Bargh, J. A. (2000). Studying the mind in the middle: A practical guide to priming and automaticity research. In H. Reis & C. Judd (Eds.), *Handbook of research method's in social psychology* (pp. 253–285). New York: Cambridge University Press.

Crews, F. (1995). *The memory wars: Freud's legacy in dispute*. New York: A New York Review book.

Dovidio, J. F., & Gaertner, S. L. (2004). Aversive racism. *Advances in Experimental Social Psychology, 36*, 1–52.

Fazio, R. H., Jackson, J. R., Dunton, B. C., & Williams, C. J. (1995). Variability in automatic activation as an unobtrusive measure of racial attitudes: A bona fide pipeline? *Journal of Personality and Social Psychology, 69*, 1013–1027.

Friese, M., Smith, C. T., Plischke, T., Bluemke, M., & Nosek, B. A. (2012). Do implicit attitudes predict voting behavior particularly for undecided voters? *PLoS ONE, 7*, e85680.

Galdi, S., Arcuri, L., & Gawronski, B. (2008). Automatic mental associations predict future choices of undecided decision-makers. *Science, 321*, 1100–1102.

Gawronski, B., Galdi, S., & Arcuri, L. (2015). What can political psychology learn from implicit measures? Empirical evidence and new directions. *Political Psychology, 36*, 1–17.

Gawronski, B., Hofmann, W., & Wilbur, C. (2006). Are “Implicit" attitudes unconscious? *Consciousness and Cognition, 15*, 485–499.

Greenwald, A. G., McGhee, D. E., & Schwartz, J. K. L. (1998). Measuring individual differences in implicit cognition: The Implicit Association Test. *Journal of Personality and Social Psychology, 74*, 1464–1480.

Greenwald, A. G., Poehlman, T. A., Uhlmann, E. L., & Banaji, M. R. (2009). Understanding and using the Implicit Association Test: III. Meta–analysis of predictive validity. *Journal of Personality and Social Psychology, 97*, 17–41.

Gregg, A. P. (2007). When vying reveals lying: The timed antagonistic response Alethiometer. *Applied Cognitive Psychology, 21*, 621–647.

Gregg, A. P., & Klymowsky, J. (2013). The implicit association test in market research: Potentials and pitfalls. *Psychology & Marketing, 30*, 588–601.

Gregg, A. P., Mahadevan, N., Edwards, S. E., & Klymowsky, J. (2014). Detecting lies about consumer attitudes using the timed antagonistic response alethiometer. *Behavior Research Methods, 46*, 758–771.

Karpinski, A., & Steinman, R. B. (2006). The single category implicit association test as a measure of implicit social cognition. *Journal of Personality and Social Psychology, 91*, 16–32.

Krapohl, D., & Shaw, P. (2015). *Fundamentals of polygraph practice*. San Diego, CA: Academic Press.

Lykken, D. (1959). The GSR in the detection of guilt. *Journal of Applied Psychology, 43*, 385–388.

Lykken, D. (1998). *A tremor in the blood: The uses and abuses of the lie detector.* Reading, MA: Perseus Books.

Maison, D., & Gregg, A. P. (2016). Capturing the consumer' unconscious: Applying the IAT in consumer research. In C. Jansson-Boyd & M Zawisza (Eds.), *International handbook of consumer psychology* (pp. 143–153). London: Routledge.

Meijer E. H., Verschuere. B., Gamer, M., Merckelbach, H., & Ben-Shakhar G. (2016). Deception detection with behavioral, autonomic, and neural measures: Conceptual and methodological considerations that warrant modesty. *Psychophysiology, 5*, 593–604.

National Research Council. (2003). *The polygraph and lie detection*. Washington, DC: The National Academies Press.

Nosek, B. A. (2007) Implicit-explicit relations. *Current Directions in Psychological Science, 16*, 65–60.

Nosek. B. A., Greenwald, A. G., & Banaji. M. R. (2007) The implicit association test at age 7: A methodological and conceptual review, In J. A. Bargh (Ed.), *Social psychology and the unconscious: The automaticity of higher mental processes* (pp. 265–292), New York: Psychology Press.

Oswald. F. L., Mitchell, G. Blanton, H., Jaccard, J., & Tetlock, P. E. (2013), Predicting ethnic and racial discrimination: A meta-analysis of LAT criterion studies. *Journal of Personality and Social Psychology, 105*, 171–192.

Raccuia. L. (2016). Single-Target Implicit Association Tests (ST-IAT) predict voting behavior of decided and undecided voters in Swiss referendums. *PLoS ONE, 11*, e0163872.

Roccato, M., & Zogmaister, C. (2010), Predicting the vote through implicit and explicit attitudes, A field research. *Political Psychology, 31*, 249–274.

Rudman, L. A. & Kilianski, S. E. (2000). Implicit and explicit attitudes toward female authority. *Personal in and Social Psychology Bulletin, 26*, 1315–1328.

Suchotzki. K Verschuere, B., Van Bockstaele, B., Ben–Shakhar, G., & Crombez, G. (2017), Lying takes time: A meta-analysis on reaction time measures of deception. *Psychological Bulletin, 143*, 428–453.

Verschuere. B., Suchotzki, K., & Debey, E. (2015). Detecting deception through reaction times, In P. A. Granhag, A. Vrij, & B. Verschuere (Eds.), *Deception detection: Current challenges and new approaches*, Chichester, UK: John Wiley & Sons, Ltd.

Vrij, A. (2008). *Detecting lies and deceit* (2nd ed.). New York: Wiley-Blackwell.

—第 24 章—

本章文献

Rothman, A. J., Martino, S. C., Bedell, B. T., Detweiler, J. B., & Salovey, P. (1999). The systematic influence of gain-and loss-framed messages on interest in and use of different types of health behavior. *Personality and Social Psychology Bulletin*, 25, 1355–1369.

扩展阅读

Sukel, K. (2016). *The art of risk: The new science of courage, caution, and chance*. New York: National Geographi

参考文献

Banks, S. M., Salovey, P., Greener, S., Rothman, A. J., Moyer, A., Beauvais, J., & Epel, E. (1995). The effects of message framing on mammography utilization. *Health Psychology*, *14*, 178–184.

Baumeister, R. F., Bratslaysky, E., Finkenauer, C., & Vohs, K. D. (2001). Bad is stronger than good. *Review of General Psychology*, *5*, 323–370.

Baumeister, R. F., Tice, D. M., & Hutton, D. G. (1989). Self-presentational motivations and personality differences in self-esteem. *Journal of Personality*, *57*, 547–579.

Bruce, V., Green, P. R., & Georgeson, M. (1996). *Visual perception: Physiology, psychology and ecology* (3rd ed.). New York: Psychology Press.

Coombs, B., & Slovic, O. (1979). Newspaper coverage of causes of death. *Journalism Quarterly*, *56*, 837–843.

Detweiler, J. B., Bedell, B. T., Salovey, P., Pronin, E., & Rothman, A. J. (1999). Message framing and sunscreen use: Gain-framed messages motivate beach-goers. *Health Psychology*, *18*, 189–196.

Eidelmann, S., & Crandall, C. C. (2012). Bias in favor of the status quo. *Social and Personality Psychology Compass*, *6*, 270–281.

Kahneman, D. (2011). *Thinking fast and slow*. New York: Farrar, Strauss, Giroux.

Kahneman, D., Knetsch, J. L., & Thaler, R. H. (1991). Anomalies: The endowment effect, loss aversion, and status quo bias. *Journal of Economic Perspectives*, *5*, 193–206.

Kahneman, D., & Tversky, A. (1972). Subjective probability: A judgment of representativeness. *Cognitive Psychology*, *3*, 430–454.

Kahneman, D., & Tversky, A. (1981). The framing of decisions and the rationality of choice. *Science*, *221*, 453–458.

Nisbett, R. E., & Wilson, T. D. (1977). Telling more than we can know: Verbal reports on mental processes. *Psychological Review*, *84*, 231–259.

Petty, R. E., & Wegener, D. T. (1998). Attitude change: Multiple roles for persuasion variables. In D. Gilbert, S. Fiske, & G. Lindzey (Eds.), *The handbook of social psychology* (4th ed., pp. 323–390). New York: McGraw-Hill.

Piattelli-Palmarini, M. (1996). *Inevitable illusions: How mistakes of reason rule our minds*. New York: Wiley-Blackwell.

Thaler, R. (1980). Towards a positive theory of consumer choice. *Journal of Economic Behavior and Organization*, *1*, 39–60.

Tversky, A., & Kahneman, D. (1973). Availability: A heuristic for judging frequency and probability. *Cognitive Psychology*, *5*, 207–232.

Tversky, A., & Sha r, E. (1992). The disjunction effect in choice under uncertainty. *Psychological Science*, *3*, 305–309.

—第 25 章—

本章文献

Twenge, J. M., Baumeister, R. F., Tice, D. M., & Stucke, T. S. (2001). If you can' t join them, beat them: The effects of social exclusion on aggressive behavior. *Journal of Personality and Social Psychology*, 81, 1058–1069.

扩展阅读

Williams, K. D., Forgas, J. P., & Hippel, W. V. (2015). *The social outcast: Ostracism, social exclusion, rejection, and bullying*. New York: Psychology Press.

参考文献

Bagley, C., & Pritchard, C. (1998). The reduction of problem behaviors and school exclusion in at–risk youth: An experimental study of school social work with cost-benefit analyses. *Child and Family Social Work*, *3*, 219–226.

Baumeister, R. F., Bratslaysky, E., Muraven, M., & Tice, D. M. (1998). Ego depletion: Is the active self a limited resource? *Journal of Personality and Social Psychology*, *74*, 1252–1265.

Baumeister, R. F., Campbell, J. D., Krueger, J. I., & Vohs, K. D. (2003). Does high self-esteem cause better performance, interpersonal success, or healthier lifestyles? *Psychological Science in the Public Interest*, *4*, 1–44.

Baumeister, R. F., & Exline, J. J. (1999). Virtue, personality, and social relations: Self-control as a moral muscle. *Journal of Personality*, *67*, 1165–1194.

Baumeister, R. F., & Leary, M. R. (1995). The need to belong: Desire for interpersonal attachments as a fundamental human motivation. *Psychological Bulletin*, *117*, 497–529.

Baumeister, R. F., Smart, L., & Boden, J. M. (1996). Relation of threatened egotism to violence and aggression: The dark side of high self-esteem. *Psychological Review*, *103*, 5–33.

Baumeister, R. F., Twenge, J. M., & Ciarocco, N. (2002). The inner world of rejection: Effects of social exclusion on cognition, emotion, and self-regulation. In J. Forgas & K. Williams (Eds.), *The social self: Cognitive, interpersonal, and intergroup perspectives* (pp. 161–174). New York: Psychology Press.

Bushman, B. J., & Baumeister, R. F. (2002). Does self-love or self-hate lead to violence? *Journal of Research in Personality*, *36*, 543–545.

Deci, E. L., & Ryan, R. M. (2000). The "What" and "Why" of goal pursuits: Human needs and the self-determination of behavior. *Psychological Inquiry*, *11*, 227–268.

Donnellan, M. B., Trzesniewski, K. H., Robins, R. W., Moffitt, T. E., & Caspi, A. (2005). Low self-esteem is related to aggression, antisocial behavior, and delinquency. *Psychological Science*, *16*, 328–335.

Eisenberg, N. I., Lieberman, M. D., & Williams, K. D. (2003). Does rejection hurt? An fMRI study of social exclusion. *Science*, *302*, 290–292.

Garbarino, J. (1999). *Lost boys: Why our sons turn violent and how we can save them*. San Francisco: Jossey-Bass.

Kernis, M. H. (2003). Towards a conceptualization of optimal self-esteem. *Psychological Inquiry*, *14*, 1–26.

Kernis, M. H., Grannemann, B. D., & Barclay, L. C. (1989). Stability and level of self-esteem as predictors of anger arousal and hostility. *Journal of Personality and Social Psychology*, *56*, 1013–1022.

MacDonald, G., & Leary, M. R. (2005). Why does social exclusion hurt? The relationship between social and physical pain. *Psychological Bulletin*, *131*, 202–223.

Newcomb, A. F., Burowski, W. M., & Pattee, L. (1993). Children’s peer relations: A meta-analytic review of popular, rejected, neglected, controversial, and average sociometric status. *Psychological Bulletin*, *113*, 99–128.

Pyszczynski, T. A., & Greenberg, J. (1981). Role of disconfirmed expectancies in the instigation of attributional processing. *Journal of Personality and Social Psychology*, *40*, 31–38.

Rummell, R. J. (1994). *Death by government*. New Brunswick, NJ: Transaction Publishers.

Tice, D. M., Twenge, J. M., & Schmeichel, B. J. (2001). Social exclusion and prosocial and antisocial behavior. In J. P Forgas & K. D. Williams (Eds.), *The social self: Cognitive, interpersonal, and inter-group perspectives* (pp. 175–187). Philadelphia: Psychology Press.

Twenge, J. M. (2000). The age of anxiety? The birth cohort change in anxiety and neuroticism, 1952–1993. *Journal of Personality and Social Psychology*, *79*, 1007–1021.

Williams, K. D. (2007). Ostracism. *Annual Review of Psychology*, *58*, 425–452.

—第 26 章—

本章文献

Feinberg, M. Willer, R., Stellar, I & Keltner, D. (2012). The virtues of gossip: Reputational information sharing as prosocial behavior. *Journal of Personality and Social Psychology*, 102, 1015–1030.

扩展阅读

Westacott, E. (2011). *The virtues of our vices: A modest defense of gossip, rudeness, and other bad habits*. Princeton, NJ: Princeton University Press.

参考文献

Ben-Ze'ev, A. (1994). The vindication of gossip. In R. F. Goodman & A. Ben-Ze'ev (Eds.), *Good gossip* (pp. 11–24). Lawrence, KS: University Press of Kansas.

Dawes, R. M. (1980). Social dilemmas. *Annual Review of Psychology, 31,* 169–193.

Dunbar, R. I. M. (1996). *Grooming, gossip, and the evolution of language*. Cambridge, MA: Harvard University Press.

Dunbar, R. I. M. (2004). Gossip in evolutionary perspective. *Review of General Psychology, 8,* 100–110.

—第 27 章—

本章文献

Cox, C. R., & Arndt, J. (2012). How sweet it is to be loved by you: The role of perceived regard in the terror management of close relationships. *Journal of Personality and Social Psychology*, 102, 616–632.

扩展阅读

Solomon, S., Greenberg, J., & Pyszczynski, T. (2015). *The worm at the core: On the role of death in life*. New York: Random House.

参考文献

Arndt, J., Schimel, J., & Goldberg, J. L. (2003). Death can be good for your health: Fitness intentions as a proximal and distal defense against mortality salience. *Journal of Applied Social Psychology, 33,* 1726–1746.

Baron, R. M., & Kenny, D. A. (1986). The moderator/mediator variable distinction in social psychological research: Conceptual, strategic, and statistical considerations. *Journal of Personality and Social Psychology, 51,* 1173–1182.

Becker, E. (1997). *The denial of death.* New York: Free Press.

Cooley, C. H. (1902). *Human nature and the social order.* New York: Scribners.

Cox, C. R., Arndt, J., Pyszczynski, T., Greenberg, J., Abdollahi, A., & Solomon, S. (2008). Terror management and adult’s attachment to their parents. *Journal of Personality and Social Psychology, 94,* 696–717.

Dechesne, M., Pyszczynski, T., Arndt, J., Ranson, S., Sheldon, K. M., van Knippenberg, A., & Janssen, J. (2003). Literal and symbolic immortality: The effect of evidence of literal immortality on self-esteem striving in response to mortality salience. *Journal of Personality and Social Psychology, 84,* 722–737.

Florian, V., Mikulincer, M., & Hirschberger, G. (2002). The anxiety-buffering function of close relationships: Evidence that relationship commitment acts as a terror management mechanism. *Journal of Personality and Social Psychology, 82,* 527–542.

Freud, S. (1960). *Jokes and their relation to the unconscious* (J. Strachey, Trans.). New York: W. W. Norton. (Original work published 1905.)

Frias, A., Watkins, P. C., Webber, A. C., & Froh, J. J. (2011). Death and gratitude: Death reflection enhances gratitude. *Journal of Positive Psychology, 6,* 154–162.

Gailliot, M., Stillman, T. F., Schmeichel, B. J., Maner, J. K., & Plant, E. A. (2014). Mortality salience increases adherence to salient norms and values. *Personality and Social Psychology Bulletin, 40,* 289–300.

Greenberg, J., Pyszczynski, T., Solomon, S., Simon, L., & Breus, M. (1994). Role of consciousness and accessibility of death-related thoughts in mortality salience effects. *Journal of Personality and Social*

Psychology, 67, 627–637.

Greenberg, J., Solomon, S., & Arndt, J. (2008). A basic but uniquely human motivation: Terror management. In J. Shah (Ed.), *Handbook of motivation science* (pp. 114–134). New York: Guilford Press.

Harmon-Jones, E., Simon, L., Greenberg, J., Pyszczynski, T., Solomon, S., & McGregor, H. (1997). Terror management theory and self-esteem: Evidence that increased self-esteem reduces mortality salience effects. *Journal of Personality and Social Psychology, 72,* 24–26.

Kesebir, P. (2014). A quiet ego quiets death anxiety: Humility as an existential buffer. *Journal of Personality and Social Psychology, 106,* 610–623.

Kosloff, S., Greenberg, J., Sullivan, D., & Weiss, D. (2010). Of trophies and pillars: Exploring the terror management functions of short-term and long-term relationship partners. *Personality and Social Psychology Bulletin, 36,* 1037–1051.

Landau, M. J., Solomon, S., Greenberg, J., Cohen, F., Pyszczynski, T., Arndt, J., Miller, C. H., Ogilvie, D. M., & Cook, A. (2004). Deliver us from evil: The effects of mortality salience and reminders of 9/11 on support for President George W. Bush. *Personality and Social Psychology Bulletin, 30,* 1136–1150.

Mikulincer, M., Florian, V., Birnbaum, G., & Malishevich, S. (2002). The death-anxiety buffering function of close relationships: Exploring the effects of separation reminders on death–thought accessibility. *Personality and Social Psychology Bulletin, 28,* 287–299.

Mikulincer, M., Florian, V., & Hirshberger, G. (2003). The existential function of close relationships: Introducing death into the science of love. *Personality and Social Psychology Bulletin, 28,* 287–299.

Niemiec, C. P., Brown, K. W., Kashdan, T. B., Cozzolino, P. J., Breen W. E., Levesque-Bristol, C., & Ryan, R. M. (2010). Being present in the face of existential threat: The role of trait mindfulness in reducing defensive responses to mortality salience. *Journal of Personality and Social Psychology, 99,* 344–365.

Pyszczynski, T. A., Greenberg, J., Solomon, S., Arndt, J., & Schimel, J. (2003). *In the wake of 911: The psychology of terror.* New York: American Psychological Association.

Pyszczynski, T. A., Greenberg, J., Solomon, S., Arndt, J., & Schimel, J. (2004). Why do people need self–esteem? A theoretical and empirical review. *Psychological Bulletin, 130,* 435–468.

Solomon, S., Greenberg, J., & Pyszczynski, T. (1991). Terror management theory of self-esteem. In C. R. Snyder & D. Forsyth (Eds.), *Handbook of social and clinical psychology: The health perspective* (pp. 21–40). New York: Pergamon Press.

Strachman, A., & Schimel, J. (2006). Terror management and close relationships: Evidence that mortality salience reduces commitment among partners with different worldviews. *Journal of Social and Personal Relationships, 23,* 965–978.

Taubman-Ben-Ari, O., Findler, L., & Mikulincer, M. (2002). The effects of mortality salience on relation-ship strivings and beliefs: The moderating role of attachment style. *British Journal of Social Psychology, 41,* 419–441.

Wisman, A., & Goldenberg, J. L. (2005). From the grave to the cradle: Evidence that mortality salience engenders a desire for offspring. *Journal of Personality and Social Psychology, 89,* 46–61.

—第 28 章—

参考文献

Erikson, E. (1968). *Identity: Youth and crisis.* New York: W. W. Norton Company.

Freud, S. (1920). *A general introduction to psychoanalysis* (G. Stanley Hall, Trans.). New York: Boni and Liveright.

Fromm, E. (1941). *Escape from freedom.* New York: Holt, Rinehart and Winston.

Harris, S. (2011). *The moral landscape.* New York: Free Press.

Harris, S. (2012). *Free will.* New York: Free Press.

Honderich, T. (2002). *How free are you?* The determinism problem (2nd ed.). Oxford: Oxford University Press.

Libet, B. (1985). Unconscious cerebral initiation and the role of conscious will in voluntary action. *The Behavioral and Brain Sciences, 8,* 529–566.

Maslow, A. H. (1943). A theory of human motivation. *Psychological Review, 50,* 370–396.

Mele, A. R. (2014). *Free: Why science hasn't disproved free will.* Oxford: Oxford University Press.

Nahmias, E., Morris, S., Nadelhoffer, T., & Turner, J. (2005). Surveying freedom: Folk intuitions about free will and moral responsibility. *Philosophical Psychology, 18,* 561–584.

Nahmias, E., Shepard, J., & Reuter, S. (2014). It' s OK if "my brain made me do it" : People' s intuitions about free will and neuroscientific prediction. *Cognition, 133,* 502–516.

Nichols, S. (2004). The folk psychology of free will: Fits and starts. *Mind and Language, 19,* 473–502.

Nietzsche, F. (1954). *Twilight of the idols* (W. Kauffman, Trans.). New York: Penguin Books. (Original work published 1889).

Paulus, D. L., & Carey, J. M. (2011). The FAD-Plus: Measuring lay beliefs regarding free will and related constructs. *Journal of Personality Assessment, 93,* 96–104.

Pronin, E., Wegner, D. M., McCarthy, K., & Rodriguez, S. (2006). Everyday magical powers: The role of apparent mental causation in the over-estimation of personal influence. *Journal of Personality and Social Psychology, 91,* 218–231.

Rogers, C. (1951). *Client-centered therapy: Its current practice, implications and theory.* London: Constable.

Sartre, J. P. (2007). *Existentialism is a humanism* (C. Macomber, Trans.). New Haven, CT: Yale University Press. (Original work published in 1946).

Skinner, B. F. (1971). *Beyond freedom and dignity.* New York: Alfred A. Knopf, Inc.

Soon, C. S., Brass, M., Heinze, H. J., & Haynes, J. D. (2008). Unconscious determinants of free decisions in the human brain. *Nature Neuroscience, 11,* 543–545.

United Nations Office on Drugs and Crime. (2011). *Crime and criminal justice statistics.* Retrieved by Clark et al. (2014) from www.unodc.org/unodc/en//data-and-analysis/statistics/crime.html

Watson, J. B. (1930). *Behaviorism* (rev. ed.). Chicago, IL: University of Chicago Press.

Wegner, D. (2002). *The illusion of conscious will.* Cambridge, MA: MIT Press.

Wegner, D. M. (2003). The mind' s best trick: How we experience conscious will. *Trends in Cognitive Sciences, 7,* 65–69.

Wegner, D. M., Sparrow, B., & Winerman, L. (2004). Vicarious agency: Experiencing control over the movement of others. *Journal of Personality and Social Psychology, 86,* 838–848.

Wegner, D. M., & Wheatley, T. (1999). Apparent mental causation: Sources of the experience of free will. *American Psychologist, 54,* 480–492.

Wilson, E. O. (1978). *On human nature.* Cambridge, MA: Harvard University Press.

World Values Survey Association. (2009). *World values survey.* Retrieved by Clark et al. (2014) from www.worldvauessurvey.org/

Experiments With People：Revelations From Social Psychology, Second Edition /by Kurt P. Frey and Aiden P. Gregg /ISBN: 978-1-138-28211-7

北京阅想时代文化发展有限责任公司为中国人民大学出版社有限公司下属的商业新知事业部，致力于经管类优秀出版物（外版书为主）的策划及出版，主要涉及经济管理、金融、投资理财、心理学、成功励志、生活等出版领域，下设“阅想·商业”“阅想·财富”“阅想·新知”“阅想·心理”“阅想·生活”以及“阅想·人文”等多条产品线，致力于为国内商业人士提供涵盖先进、前沿的管理理念和思想的专业类图书和趋势类图书，同时也为满足商业人士的内心诉求，打造一系列提倡心理和生活健康的心理学图书和生活管理类图书。

《社会学经典入门（第 14 版）》

- 一本高达 14 版次，帮助人们理解自己在今天的社会和明天的世界中的位置的社会学通俗读物。
- 被美国大学广泛采用的全彩社会学入门书。
- 北京大学社会学博士、南京大学社会学院教授风笑天领衔翻译。

《社会心理学经典入门（第 6 版）》

- 一本被美国多所名校采用的全彩社会心理学入门通俗读物。
- “长江学者”特聘教授、北京大学心理与认知科学学院博士生导师谢晓非领衔翻译。
- “说服术与影响力教父”西奥迪尼带领我们步入社会心理学课堂，探索社会背后现象、以人类目标需求为基础的心理于行为机制。